Hermann Mayer

Die Geschichte der Universität Freiburg in Baden in der ersten Hälfte des XIX. Jahrhunderts

1. Teil: 1806 - 1818

Hermann Mayer
Die Geschichte der Universität Freiburg in Baden in der ersten Hälfte des XIX. Jahrhunderts
1. Teil: 1806 - 1818

ISBN/EAN: 9783743319707

Hergestellt in Europa, USA, Kanada, Australien, Japan

Cover: Foto ©ninafisch / pixelio.de

Manufactured and distributed by brebook publishing software (www.brebook.com)

Hermann Mayer

Die Geschichte der Universität Freiburg in Baden in der ersten Hälfte des XIX. Jahrhunderts

DIE

UNIVERSITÄT FREIBURG

IN BADEN

IN DER

ERSTEN HÄLFTE DES XIX. JAHRHUNDERTS.

I. TEIL.

1806 — 1818.

BONN
P. HANSTEINS VERLAG.
1892.

H. Schreiber hat seine „*Geschichte der Albert-Ludwigs-Universität zu Freiburg i. B.*" (3 Teile, Freiburg 1857—60) mit dem Ende des 18. Jahrhunderts im allgemeinen abgeschlossen. Nun ist aber bekanntlich gerade die nächstfolgende Zeit, der Anfang des 19. Jahrhunderts, so reich an Umwälzungen und Veränderungen jeder Art, wie vielleicht kaum ein anderer Abschnitt der Geschichte. Dass in einer solchen Zeit aber auch die Geschichte eines einzelnen Gemeinwesens *im Staate* des Wissenswerten nicht weniger bieten dürfte, als die Staatengeschichte überhaupt, dieser Gedanke ist es gewesen, der zur vorliegenden Arbeit geführt hat. Wie sollte die Hohe Schule zu Freiburg, in der Mitte eines Landes gelegen, das bei fast allen größern Unternehmungen jener Zeit als Durchgangsland diente, eines Landes, das sich gerade damals zu dem Staat, den es heute bildet, entwickelte — wie sollte sie von den Stürmen jener Zeit verschont, von den Zeitereignissen unberührt geblieben sein?

Was die *Anordnung* betrifft, so habe ich die ganze Arbeit zunächst in *zwei große*, wenn auch etwas ungleiche *Teile* zerlegt, die Zeit der *Regierung des Großherzogs Karl Friedrich* (bis 1811) und der *des Großherzogs Karl*. Wenn dabei des Zusammenhangs wegen manches aus dem zweiten Zeitabschnitt in dem ersten vorweggenommen werden musste, so wird man es entschuldbar finden. Innerhalb jener beiden großen Zeiträume habe ich das Zusammengehörige in einzelne Kapitel zusammenzustellen versucht, konnte also auch hier nicht streng chronologisch vorgehen.

Als *Quellen* wurden in erster Linie *Protokolle der Konsistorialsitzungen, Personalakten* usw. der hiesigen Universität benutzt. Von Druckschriften habe ich zu Rate gezogen *J. König* „Beiträge zur Geschichte der *theolog. Fakultät* in Freiburg," Progr. 1884; *E. Pfister*, die *finanziellen* Verhältnisse der Universität Freiburg von der Gründung bis zur Mitte des 19. Jahrhunderts." Freiburg 1889. Die übrigen ab und zu benutzten Schriften wie auch die betr. *Zeitungen* jener Zeit werden im Text an den betreffenden Stellen genannt werden.

Erster Hauptteil.
Die Regierung des Grossherzogs Karl Friedrich
(1806—1811.)

I. Die Frage des Weiterbestehens der Universität.

Der edle Karl Friedrich hatte durch jene Veränderungen, die der Anfang des neuen Jahrhunderts in so ausgedehntem Maß gebracht, in ganz kurzer Zeit *zwei* Universitätsstädte, Heidelberg und Freiburg, bekommen: jene durch den Reichsdeputationshauptschluss (1803) mit der Pfalz, deren Herrscherhaus ausgestorben war, diese durch den Frieden von Pressburg (1805) mit den oberrheinischen Besitzungen des soeben von dem Gewaltherrn zu Boden geschmetterten Hauses Habsburg. So erwünscht nun der Erwerb gerade dieser zwei schönen Städte und ihrer herrlichen und fruchtbaren Gebiete für den neuen Landesherrn sein mochten und sein mussten, eine so große Gefahr schloss die Einverleibung der beiden Universitäten in denselben kleinen Staat für den Fortbestand der einen oder der anderen in sich. Denn dass das kleine badische Land nicht *zwei* Universitäten unterhalten könne, schien von vornherein klar zu sein, ebenso ausgemacht aber auch, dass Freiburg es sei, welches der an Alter, Frequenz und litterarischer Berühmtheit bevorzugten Nebenbuhlerin werde weichen müssen. Dieser Gefahr war man sich aber auch in der Breisgaustadt gleich nach dem entscheidenden Friedensschluss (26. Dez. 1805) bewusst. Wenigstens hieß es schon im Konsistorium vom 8. Januar 1806 „dass man sich darauf gefasst mache und jene Verfügungen vorbereitungsweise treffe, welche zur Aufrechterhaltung der Hohen Schule erforderlich sind." In dieser Hinsicht war denn auch schon am 31. Dezember 1805 beschlossen worden, eine kurze Darstellung über die dermalige Einrichtung, einen Vermögensnachweis, den Personalbestand und eine tabellarische Zusammenstellung der Studienstiftungen zu machen, „um bei dieser Gelegenheit gleich auf der Stelle davon Gebrauch machen zu können." Und man ließ es nicht bei dem Beschluss bewenden, der demnächst zu erwartenden Besitznahmekommission von Kurbaden[1]) durch den damaligen *Prorektor Weißegger von Weißeneck*[2]) „und allenfalls zween Herren Dekanen" den Besuch zu machen und die Hohe Schule „in casum casus" zu empfehlen, sondern es wurde auch eine Deputation nach Karlsruhe bestimmt, um dem neuen Landesherrn selbst aufzuwarten und die nötigen Unterhandlungen mit dessen Ministern und Räten aufzunehmen. Diese Deputation, bestehend aus dem Prorektor, dem Prof. *Joh. Math. Alex. Ecker*[3]) als dem Dekan der mediz. Fakultät, und Prof. *Joh. Georg Jacobi*[4]), dem bekannten Dichter, musste nun freilich in Karlsruhe verschiedenorts die wenig tröstliche Aussage hören „der Kurstaat sei für

---

[1]) Den Großherzogstitel brachte bekanntlich erst der Beitritt zum Rheinbund, 12. Juli 1806. Offiziell führte ihn Karl Friedrich seit dem 13. August d. J.
[2]) Erst Professor d. histor. Hilfsdisziplinen, dann seit 1797 des Natur-, Staats- u. Völkerrechts vgl. Schreiber a. a. O. III S. 130 flg.
[3]) Vgl. Bad. Biographieen, herausgeg. v. Weech I. Bd. S. 209 und *Schreiber* a. a O. III. S. 216, sowie die *Gedächtnisrede* auf ihn von *K. Beck*, gehalten am ersten Jahrestag seines Todes, 5. Aug. 1830; endlich auch die 1886 erschienenen biographischen Aufzeichnungen seines Sohnes Dr. *Alex. Ecker* „Hundert Jahre einer Freiburger Professoren-Familie" S. 25 flg. Ich füge noch folgende Einzelheiten aus den Personalakten hinzu. 1811 wurde Ecker Geh. Hofrat. 1818 machte er eine längere Reise nach Paris und London, um die dortigen weit vorgeschrittenen medizin. Anstalten kennen zu lernen. U. a. war er auch medizin. Referent beim Dreisamkreisdirektorium. Im Ganzen ist er 45 Jahre im Staatsdienst, 32 davon in dem der Universität tätig gewesen.
[4]) Vgl. Bad. Biogr. I. S. 419 und Schreiber a a. O. III. S 141. Er war bekanntlich der ältere Bruder des Philosophen Friedr. Heinr. Jacobi. Das Matrikelbuch der Albertina, der er 30 Jahre hindurch, 1784—1814, angehörte, beklagt seinen Verlust in folgenden Worten: dies 4. Januarii 1814 suprema fuit Joanni Georgio Jacobi . . . . . . Albertinae ornamento delicioque nobilissimo ac celeberrimo parnassi Germanici veterano, cathedra eius adhuc vacat nec sane facilis erit huius iacturae reparatio.

zwei Universitäten zu klein, die von Heidelberg sei schon mit großen Kosten eingerichtet und nach Erfordernis der Unterthanen von verschiedener Religion organisirt" insofern nämlich daselbst die theologische Fakultät 3 Abteilungen, eine katholische, eine lutheranische und eine reformirte hatte. Schließlich schmeichelten sich die Deputirten aber doch, — wie es in ihrem Bericht an das Konsistorium heißt, — durch Vorstellungen soweit Stimmung gemacht zu haben, dass man die Erhaltung hoffen dürfe. Immerhin wurde aber nicht für überflüssig erachtet, jenes oben (S. 6) genannte Promemoria ausarbeiten zu lassen, in welchem man u. A. auf „die vorteilhafte Lage Freiburgs zu einer Universität und das Schöne und Bequeme ihrer Gebäulichkeiten und verschiedener wissenschaftlicher Einrichtungen" ausführlich hinweisen solle. Auch sollte hervorgehoben werden, dass im Aufhebungsfall die nicht unbeträchtlichen Einkünfte im Württembergischen aller Wahrscheinlichkeit nach verloren gingen. Schließlich hielt man es aber auch für angebracht, angesehene und gewichtige Persönlichkeiten um ihre Verwendung für die hohe Schule anzugehen, so an erster Stelle den *Erzherzog Karl* als den (1796 erwählten — s. Schreiber III, S. 80) *Rector magnificus*. Auch an den Kurerzkanzler *Karl Theodor v. Dalberg* in Regensburg wurde (in Form einer Neujahrsgratulation) ein Schreiben geschickt, auf welches derselbe mit der Versicherung, „zu Aufrechterhaltung der hohen Schule Allthunliches beizutragen", antwortete. Endlich übergab man auch (Febr. 1806) durch Vermittlung des Generalintendanten *Monard* ein dahin gerichtetes Empfehlungsschreiben (mémoire) dem Divisionsgeneral *Clarke*, von dem man wusste, dass er bei den ersten französischen Ministern viel vermochte. Dem General Clarke (später von Napoleon zum Herzog von Feltre erhoben) verehrte man, um ihn noch günstiger zu stimmen, bei seinem Besuch der Universitätsbibliothek 5 Bände „histor. Gemälde oder biograph. Schilderungen aller Herrscher und Prinzen des Erzhauses Oesterreich."[1]) Ebenso wurde dem Intendanten Monard selbst, der auch persönlich in Karlsruhe und Paris Fürbitte einzulegen versprach, ein Gemälde, das er der Universität abkaufen wollte, als Geschenk angeboten und auf seine Weigerung hin förmlich aufgedrängt (April 1806).

---

[1]) Verfasser dieses Werkes war Weissegger.

Unterdessen bemühten sich die Juristen der Universität, vom Standpunkt des Rechts aus einer Aufhebung vorzubeugen. Der Professor des Kirchenrechts, Appellationsrat *Sauter* (vgl. Schreiber a. a. O. III, S. 136. Bad. Biogr. II, S. 238) suchte in einer ausführlichen Abhandlung nachzuweisen, dass dem jetzigen protestantischen Landesherrn positive Gesetze entgegenstehen, die Freiburger Universität aufzuheben, weil sie eine katholische kirchliche Korporation sei. *Mertens* (vgl. Schreiber III, S. 184), Professor des deutschen Staats- und Lehenrechtes, stellte denselben Satz auf, begründete ihn aber (mit staatsrechtlichen Gründen) darauf, dass die Hohe Schule eine öffentliche gemeinnützige Lehranstalt sei, ihr Fond größtenteils inkorporirte pfarrliche Einkünfte. Von jener erstgenannten Schrift Gebrauch zu machen, stand man aber nach reiflicher Ueberlegung ab, weil, „wenn man die Universität als eine geistliche Korporation qualifizirte, man sie am Ende selbst in die Damnationsmasse dieser Art von Körperschaften (Säkularisationsgüter! — s. unten S. 14) hineinwerfe." Den zweiten Aufsatz legte man zwar einem Schreiben an den schon erwähnten Kurerzkanzler bei, fügte jedoch furchtsam die Bitte hinzu „davon keinen diplomatischen Gebrauch zu machen, es trete denn der Fall ein, dass zur Rettung der Universität kein anderes Mittel mehr übrig wäre (welches man casu quo seiner kurfürstlichen Gnaden eröffnen werde.)" Dalberg selbst hielt übrigens diesen Aufsatz für recht gut und meinte, man dürfe hoffen, auf Grund desselben bei den Höfen in Stuttgart und Karlsruhe gerechtes Gehör zu finden. Er versprach auch (Schreiben vom 15. April) nochmals, was in seinen Kräften stehe, zu tun.

Aber auch die *Stadt* Freiburg wusste recht wol, was der Verlust der Hochschule für sie bedeuten würde. Der Magistrat setzte deshalb auch seinerseits eine Kommission ein, um zu beraten, wie man einer möglichen Auflösung entgegentreten könne. Auf eine höfliche Einladung hin schickte auch die Universität mit Freuden zwei Vertreter, Ecker und Albrecht (vgl. Schreiber III, S. 122), zu dieser Kommission.

Nach und nach schien sich denn auch die drohende Wetterwolke wieder zu verziehen. Die erste — nicht offizielle — Nachricht, dass die Universität vom Kurfürsten bestätigt sei, empfing Exprorektor Jacobi von dem aus Karlsruhe zurückkehrenden Hofrat *v. Drais* (vgl. Bad. Biogr. I, S. 194), dem die Universität im Vertrauen auf seine Verwendung einen Ausweis über ihre finanziellen Verhältnisse mitgegeben hatte, und der auch in der Folgezeit dieses Vertrauen im vollsten Maß rechtfertigte. Derselbe (v. Drais) habe dem Kurfürsten namentlich das ruhige und sittliche Betragen der Freiburger Akademiker angerühmt, auch sei der Kurfürst — so wenigstens schmeichelte sich Herr v. Drais — mehr für die Universität dahier als für die zu Heidelberg[1]) eingenommen. Nur beschwerte sich Herr v. Drais bei Jacobi, dass einige Studenten in Freiburg nach dem Beispiel der Heidelberger Uniform zu tragen anfingen. Auf diesen Wink hin beschloss man natürlich alsbald, dass die Professoren gleich in ihrer nächsten Vorlesung den Studenten „nachdrucksam" vortragen sollten, „an den Röcken u. s. w. dasjenige wegzulassen und zu ändern, was einer Uniform ähnlich ist."

Eine offizielle Nachricht von Karlsruhe an das Konsistorium traf erst am 21. Mai ein, und zwar hieß es, dass man „zunächst die auswärtigen Renten der Universität zu retten gedenke, und wenn dies gelinge oder sonst Aussichten sich eröffnen würden, wie ohne eine der Staatskasse allzubeschwerliche Summe zur Deckung des Ausfalls ihre Erhaltung in hinlänglich gutem Zustand möglich sey", so werde man die Universität fortbestehen lassen und — wie es in dem Erlass der kurbadischen Hofkommission an den Magistrat der Stadt weiter hieß — „ihrem Fortkommen allen möglichen Vorschub thun." Der Kurfürst selber soll, als man die Aufhebung einer der beiden Universitäten bei ihm in Antrag brachte, die wahrhaft fürstlichen Worte gesprochen haben: „Mit Nichten, sie gehören nicht unserem Lande allein, sie gehören der Menschheit an. Fern sei der Gedanke, eine derselben aufzuheben, wir wollen ihrer sorgsam pflegen, und sie in Stand setzen, Tüchtiges zu leisten, damit das Licht der Wissenschaft, der wahren Aufklärung, von ihnen ausgehend sich fortan über Deutschland verbreiten möge." (Vgl. auch Pfister a. a. O. S. 127.) Auch jetzt

---

[1]) Die Eifersucht der beiden Universitäten machte sich auch in der Presse Luft. So führte das Freiburger Konsistorium bittere Klage darüber, dass schon öfters Stellen in der „Allgemeinen Zeitung" vorgekommen seien, in denen von seiten der Universität Heidelberg Auspielungen auf die Schwesterschule stünden, die ihr zum Nachteil und zur Herabsetzung gereichten.

hieß es wieder, dass zu diesem gnädigen Entschluss die Meldung von dem sittlichen und bescheidenen Betragen der Studierenden viel beigetragen habe. — Nachdem die Freudenbotschaft „zur tröstlichen Wissenschaft" genommen, wurde alsbald eine Denkschrift an den Kurfürsten sowie eine Aufwartung der Dekane bei Herrn v. Drais beschlossen (24. V.). Der Magistrat der Stadt aber verlieh dem Prorektor zum äußern Ausdruck des Dankes gegen ihn und das Konsistorium für ihre Bemühungen um die Erhaltung des Kleinods der Stadt das Ehrenbürgerrecht. An demselben 21. Mai traf auch von Erzherzog Karl, dem hohen Rektor, ein schmeichelhaftes Schreiben ein, in dem er seiner Freude über die Erhaltung der Hohen Schule Ausdruck gibt und hervorhebt, dass dieselbe immer „durch gründliche Gelehrsamkeit ebenso als durch kluge Mäßigung und sich nie verleugnende Konsequenz bei allen Wechseln der Opinionen und der Interessen" sich ausgezeichnet habe.

II. Landesübergabe und Huldigung.

Unterdessen hatte durch den eben genannten Herrn v. Drais als Kurbad. „Besitznahmskommissarius" die definitive feierliche Landesübergabe des Breisgaus und mithin auch der Stadt und Universität Freiburg am 15. April im Münster — in Anwesenheit natürlich auch des corpus academicum — stattgefunden.[1] „Zum Zeichen der Devozion" hatte die Universität ein Programm: „Grundlinien zur Geschichte der albertinischen hohen Schule dahier" durch Prof. Ecker anfertigen lassen, von dem schön ausgestattete Exemplare an den Kurfürsten, die Minister und Räte abgesandt wurden. Ein Auszug davon kam in das „Allg. Intelligenzblatt" (Nr. 37) zur weiteren Verbreitung.[2]
Von einem eigentlichen Programm bei der Huldigung (30. Juni)[3] konnte man deshalb absehen; dagegen wurde Prof. Jacobi beauftragt, ein Gedicht zu machen. Auch von den

---
[1] Vgl. auch Kleinschmidt „Karl Friedrich von Baden." Heidelberg 1878. S. 183. — „Allg. Intelligenzblatt" 1806. Nr. 30, 32, 33. — J. König a. a. O. S. 104 u. 139
[2] Im folgenden Monat fand dann auch die Uebergabe der an Württemberg abzutretenden Landesteile statt (vgl. unten.)
[3] Vgl. König a. a. O. S. 105 u. 141. — „Allg. Intelligenzblatt" 1806 Nr. 52, 54, 55, 56, 57.

400 Abdrücken dieses Gedichtes (Aufschrift: „Sr. churfürstl. Durchlaucht Karl Friedrich von Baden, ihrem gnädigsten Beschützer, huldigt am 30. Juni 1806 die hohe Schule zu Freiburg i. Br.") wurden wiederum einige auf weißem Atlas für den Kurfürsten u. a. hohen Persönlichkeiten angefertigt. Was die in Aussicht gestellten Einzelabhandlungen der vier Dekane betrifft, so wurde angeregt, dass wenigstens eine oder die andere in *deutscher* Sprache geschrieben werde, weil man unter der Hand vernommen habe, „dass Sr. Churfürstl. Durchlaucht wie auch die meisten aus den Herren Ministern und größeren Staatsdienern nicht gern lateinische Ausarbeitungen lesen."

Was den Akt der Huldigung selbst betrifft, so wurde von einem förmlichen Eidschwur abgesehen[1]) und nur verlangt, dass die einzelnen Professoren eine „Subjektionsformel" unterschrieben, in der sie sich auf Ehr und Treu verpflichteten, den Kurfürsten von Baden und seine Nachfolger als einzige Landesherrn anzuerkennen. — Am Tage des feierlichen Huldigungsaktes versammelten sich die Professoren des Morgens zwischen 9 und 10 Uhr im Ständehaus (jetzigen Erzbischöfl. Palais) und zogen von da auf den „Schwörplatz" (Münsterplatz) mit den anderen Behörden und nachher in das Münster nebenan (vgl. v. Drais „Gemälde aus dem Leben Karl Friedrichs, des ersten Großherzogs von Baden." Mannheim 1829. S. 213 und 214.) Abends war großer Freiball für die Professoren nebst ihren Familien und die Studenten[2]).

III. *Einverleibung der Klosterbibliotheken.*

Die neue Regierung war in väterlicher Sorgfalt gleich von vornherein bemüht, ihren beiden Universitäten in jeder

---

[1]) Auf eine Anfrage des Herrn v. Drais, wie man es seither bei Huldigungen gemacht habe, wurde vom Konsistorium geantwortet, man habe bis jetzt noch nie gehuldigt. Zwar hätten es seinerzeit die Schweden, Franzosen und Baiern verlangt, die Universität habe aber solches jedesmal von sich abzuwenden gewusst und sei ihrem Landesherrn treu geblieben, diese (die Habsburger) aber hätten nie eine Huldigung verlangt.

[2]) Für letztere wurden 40 Billete ausgeteilt: 8 für die Theologen, 17 für die Juristen, 7 für die Mediziner, 8 für die Philosophen; je 6 Studenten gingen auf *ein* Billet.

Weise aufzuhelfen. Namentlich sollte ihnen ein großer Schatz sich eröffnen in den *Bibliotheken der säkularisirten Klöster.* Schon im Juni d. J. hatte der Prorektor der Albertina letztere für diesen Fall dem Geheimen Referendar Maler, Kommissär in Angelegenheit der geistl. Stifter und Klöster, wegen ihres Einkünftenabgangs (s. unten) empfohlen, „weil sich vielleicht aus diesen Mitteln am füglichsten Etwas zum Besten der Universität machen lasse." Und am 21. August und 13. November beschloss man, direkt an den Klosteraufhebungskommissär die höfliche Bitte zu richten, dass die Klosterbibliotheken „wenigstens in Ansehen jener Werke, welche in der akadem. Bibliothek mangeln, wie auch der physikalischen Instrumente, Naturalien- und Münzkabinete, Kupfersammlungen u. a. in das Wissenschaftliche einschlagenden Apparaten der hohen Schule überlassen werden." Diesem Wunsche wurde denn auch insofern entsprochen, als die Universität von den breisgauischen Klöstern die erwünschte Auslese aus den „der Großhzgl. Hofbibliothek entbehrlichen⁻ Bücherschätzen bekam, d. h. wenn die Hofbibliothek „das für sie Erforderliche daraus werde ausgewählt und erhalten haben." Den Anfang machte (Nov. 1806) das nahe liegende *Güntersthal,* dann folgten *St. Märgen* und *Wonnental,* etwas später *Tennenbach, St. Trudpert, St. Peter, St. Blasien, Säkkingen, Krotzingen, Allerheiligen in Freiburg, St. Margaretha in Waldkirch,* endlich 25. März 1807 das Paulinerkloster in *Bonndorf* und 3. Dezember desselben Jahres *Oehningen,*[1]) schließlich also *alle* Bibliotheken des Breisgaus[2]) mit Ausnahme von *Schuttern,* dessen Bücherschätze

[1]) Die Bibliothek der Benediktinerabtei in *Villingen* kam erst 1818, nach Aufhebung des dortigen Lyzeums, „vollständig" — d. h. nach Auswahl von „nur" 1340 Bänden für die Hofbibliothek — an die Albertina.

[2]) Auch auf die Bibliothek des Klosters *Beuron* in Hohenzollern machte der Kurator die Universität 12. November 1807 aufmerksam: man solle sehen, ob man sie, weil sie seiner Ansicht nach minder wertvoll sei, um geringen Preis oder umsonst mit Erlaubnis des Fürsten von Hohenzollern erhalten könne, wenn man die Sigmaringischen Untertanen von den Kollegiengeldern befreie. Er fügte noch die Mahnung hinzu, „mit der Resolution in dieser Sache zu eilen, weil es sehr wahrscheinlich sey, dass die Hohenzollernschen Häuser vielleicht nach Norden geschoben werden."

der Universität Heidelberg zukamen. *Gengenbach* wurde zwischen beiden Universitäten durchs Los verteilt. — Auf beiden Hochschulen sollten „alle Dubletten nach und nach in ein Verzeichnis gebracht und gegeneinander ausgewechselt werden." Bei einigen Klöstern, wie bei St. Blasien, St. Peter und St. Trudpert, wurde noch die Bedingung hinzugefügt, dass einige Werke, namentlich solche für die Pastoral ausschließlich brauchbare, die man füglich entbehren könne, als Pfarrbibliothek zurückgelassen werden sollten. — Freilich befand sich eine oder die andere dieser Bibliotheken nicht gerade im besten Zustand: in Waldkirch fand man z. B., dass die Stiftsbibliothek „durch Mäuse stark beschädigt worden sei", worauf die Hofkommission anordnete, dass man diese Bibliothek ganz nach Freiburg überführe, dort einen Katalog, da noch kein solcher vorhanden sei, anfertigen lasse und denselben zur Auswahl an die Hofbibliothek sende. Nichtsdestoweniger, und trotzdem das Beste vorweg nach Karlsruhe genommen wurde, war es doch eine recht bedeutende Erwerbung von vielfach sehr wertvollen Werken. Aus den zwei einzigen Klöstern St. Märgen und Allerheiligen (in Freiburg) wurden beiläufig 450 Bände, die Dubletten nicht mitgezählt, „brauchbarer" Werke berechnet. Die Kosten für die Ueberführung wurden — so meldete der Bibliothekskustos — durch ein einziges Werk, das die Bibliothek bis jetzt noch nicht besass, opera S. Augustini studio monach. e congreg. S. Mauri, vollauf ersetzt. Schwierigkeiten im Herausgeben machte nur der Fürstabt von St. Blasien, welcher noch immer hoffte und versuchte, seine Bücherschätze nach Klagenfurt mitzunehmen, wo ihm und seinen Konventualen von Kaiser Franz ein Kloster als Unterkunft geschenkt wurde, das jährlich 40000 fl. Einkünfte abwarf. — Sonst wurden (mit Bewilligung der Regierung 4. III. 1807) aus manchen Klöstern sogar gleich auch die Bücher*kästen* mitgenommen, da man durch die Anschaffung solcher sich in beträchtliche Kosten zu stürzen befürchtete, aus St. Blasien schließlich (Erlass vom 23. XII. 1807) auch die Kanzel des Refektoriums. — Immerhin aber führte die Bibliothekkommission bittere Klage, dass selten ein schönes Werk nicht für die Hofbibliothek schon vorgemerkt sei, ja dass sogar bei solchen, die in zwei verschiedenen Klöstern sich vorgefunden, *beide* nach Karlsruhe wanderten (so z. B. die Pariser Polyglotte). Auf eine diesbezügliche Vorstellung beim Kabinet in Karlsruhe erhielt man in Aussicht gestellt, dass die Universität von den Dubletten je ein Exemplar bekommen werde, doch verstehe die Hofbibliothek darunter nur Exemplare von der nämlichen Ausgabe. Ueber die der Universität überdies, namentlich durch Verwendung des neuen Kurators v. Ittner, zugewiesenen mathematischen, physikalischen und Naturalienkabinete aus Salem, St. Blasien und Meersburg, sowie die Buchdruckerei St. Blasien vgl. Pfister a. a. O. S. 129.

IV. Finanzielle Bedrängnis.

Hatte so die Universität eines nicht unbedeutenden Anwachsens ihrer Bücherschätze und Sammlungen sich zu erfreuen, eines Anwachsens, das nur durch die aus den napoleonischen Kriegen hervorgegangenen Veränderungen möglich geworden, so brachten anderseits gerade diese Kriege ihr auch mittelbare und unmittelbare *Verluste* derart, dass ihre Lage eine Zeit lang geradezu eine verzweifelte zu nennen und jedenfalls mit ein Anlass zu jenen Gerüchten und Versuchen der Aufhebung war. Betrachten wir uns also in Kürze diese allgemeinen *finanziellen Verhältnisse*. Einzelne Beispiele werden dieselben am besten kennzeichnen. Schon am 8. Januar 1806, als es sich um Anstellung eines Sprachmeisters handelte, wurde die Bewilligung jedes außerordentlichen Beitrags verweigert mit der Begründung, „es gehen ungeachtet der häufigen Klagen bereits gar keine Zinsen ein. Die Stipendisten werden schwerlich können bezahlt werden, wenn sich die Lage nicht bald ändert" u. s. f. Das jährliche Defizit betrug damals schon 5—6000 fl. Dazu kamen aber nun noch etwa ebenso große Kriegslasten, die schließlich gänzliche Zahlungsunfähigkeit nach sich zogen und die Universität in die Notwendigkeit versetzten, ein beträchtliches Kapital aufzunehmen, um wenigstens für das laufende und das nächste Besoldungsquartal bezahlen zu können; selbst die Besoldung auch nur der ordentlichen Professoren war eine Zeit lang nicht mehr möglich. Dem Kapitularen des fürstl. Stiftes St. Blasien, Remigius Dord, wurde auf seine Bitte um Anweisung eines provisorischen Gehalts für die ihm übertragene Versehung der Lehrkanzel für Dogmatik und Polemik eröffnet, man habe geglaubt, in

dieser Auswahl eines provisorischen Lehrers aus einem der
bemittelten Stifter des Breisgaus „eine weise Maßregel wahrzunehmen, wie einerseits dieses Lehramt nicht länger versäumt
und anderseits die Kasse der Universität dadurch geschont
werden könne." Einen Gehalt dem Bittsteller anzuweisen, „liege
für jetzt außer den Grenzen der Möglichkeit." Man erwarte, so
wird weiter auseinandergesetzt, auch wenn man freilich keinen
Rechtsanspruch darauf habe, von der Opferwilligkeit des Fürstabtes, dass das Stift St. Blasien dieses „kleine" Opfer bringen
und den betr. Lehrer ganz unterhalten werde. — Weniger
wichtige Stellen, wie z. B. die eines Tanz- und Fechtlehrers,[1])
ließ man überhaupt unbesetzt. — Auch die *Pensionsauszahlungen*
gerieten unter solchen Umständen begreiflicherweise ins Stocken.
Schon 19. April 1806 wurde beschlossen, mit den Pensionen
an diejenigen „Individuen", die nicht hier, sondern auswärts
„domizilirt" seien, „an sich zu halten und die Betreffenden,
wenn sie sich darum melden sollten, zur Geduld zu verweisen,
bis wieder bessere Umstände eintreten" u. s. f. — Selbst bei
weit geringeren Ausgaben z. B. für chirurgische Instrumente
(40 fl.), die man noch vom Jahre 1805 her schuldig war, oder
für eine Papierscheer und Federmesser (3 fl. 26 kr.) wurde
dem Zahlungsausweis jeweils vorsichtig hinzugefügt, „wenn
nämlich die diesseitige Kasse zu zahlen imstande sein werde."
In dem auszubessernden Disputirsaal mussten (nach Konsisto-

---
¹) Die Schicksale des in jener Zeit (Juli 1806) um diese Stelle
sich bewerbenden und den Unterricht schon erteilenden Mannes
kennzeichnen recht gut die Notlage der Hohen Schule. Im Jahre
1807 wurde er zur Probe auf ein Jahr angestellt mit 200 fl. Gehalt,
nachträglich ward jedoch diese Bewilligung wieder zurückgezogen.
Eine Vorstellung des bedrängten Familienvaters hatte nur den Erfolg,
dass das Konsistorium (11. Aug. 1808) aus Mitleid 100 fl. Unterstützung beim Kuratorium zu beantragen beschloss. Letzteres ging darauf
ein, jedoch nur unter der ausdrücklichen Bedingung, dass diese 100 fl.
als milde Gabe und ohne Verbindlichkeit für die Zukunft anzusehen
seien. Erst vom 1. Mai 1809 an erhielt der Mann seine 200 fl. Die den
Unterricht mitbenutzende Stadt wurde um Einräumung eines Tanz-
und Fechtbodens angegangen. Dieselbe erklärte jedoch, (30. XI.),
kein einziges Gebäude zu besitzen. Schließlich fand der Tanz- und
Fechtmeister selbst, nachdem ihm vom Konsistorium eine Zulage
von 6 Louisd'or für den Saal bewilligt worden, einen Raum um die
Miete von 8 Louisd'or.

rialbeschluss vom 31. Mai 1806) „die Lamberien mit Leinfarbe angestrichen werden, weil die Anstricharbeit mit Oel zu teuer zu stehen komme."

Um wenigstens für die allernötigsten Ausgaben das so sehr vermisste bare Geld zu bekommen, hatte man u. A. schon unterm 4. Februar 1806 dem Schaffner in Biberach die Anweisung gegeben, die Früchtevorräte zu verkaufen und die Gelder, wie sie eingingen, ohne Verzögerung an die Hauptkasse zu übermachen. Einen ähnlichen Befehl erhielt am 12. ds. Monats der breisgauische Schaffner. Auch der gesamte Weinvorrat des vorhergegangenen Jahres sollte sobald als möglich verkauft werden — wobei man sich tröstete damit, dass er, weil von geringer Güte, sich doch nicht lange werde halten lassen. Ein Angebot des damaligen Bierbrauers Gramm, 25- 30 Saum à 8 fl. 15 kr. per Saum zu nehmen, wurde angenommen, da der Preis „für die Zeit annehmlich" sei. (8. III.) Im folgenden Monat (26. IV.) wurde an Getreide der Sester vom besten Weizen zu 2 fl. 6 kr., vom besten Roggen zu 1 fl. 24 kr. und von der besten Gerste zu 1 fl. 12 kr. verkauft. Um die künftige (Sommer 1806) Quartalbesoldung und andere „notdürftige" Ausgaben zu decken, beschloss man sogar, das Kirchensilber anzugreifen, zunächst (12. II.) sechs große silberne Lichtstöcke zu versetzen, für die man etwa 1000 fl. zu bekommen hoffte.

Aber die gewöhnlichen meist fortlaufenden Ausgaben waren noch das Wenigste. Weit drückender und empfindlicher für die Kasse waren die — auch jetzt, nachdem kein Krieg im Lande selbst mehr war — unaufhörlichen *Kriegslasten*. So wurde u. a. noch nachträglich im Juli 1806 dem Oberamt Badenweiler und dem Stabsamt Thiengen eine Kriegskontribution von 352000 fl. „vonwegen des vorletzten Krieges" auferlegt, wovon die Hohe Schule wegen ihrer Bodenzinsen in Thiengen und Mengen - die aber in letzter Zeit nie eingegangen waren — 481 fl. 58 kr. zu zahlen hatte. Dazu kam nicht lange darauf — und auch später — die Verpflegung französischer im Breisgau „kantonirter" Truppen. Als Kriegssteuer für 1807 mussten gleich zu Anfang des Jahres von der Hohen Schule 243 fl 23 kr. bezahlt werden.

Nun hatte man aber auch im Breisgau allein schon in den letzten 30 Jahren ca. 30000 fl. auf *Neubauten und Bau-*

reparaturen verwendet. Jetzt sah man gerade diese Bauschulden in erster Linie als „Gegenstand einer sehr ernsthaften Betrachtung" an und kam schließlich zu dem traurigen Ergebnis, „bei der möglichsten Einschränkung aller Ausgaben bleibe von den dermaligen Jahreseinkünften nicht nur nichts übrig, sondern es müsse von Jahr zu Jahr bald mehr bald minder zugesetzt werden, nachdem die Pachtzinse in Schwaben ausgefallen."

Mit diesen *schwäbischen Pachtzinsen* aber verhielt es sich folgendermaßen.

Bekanntlich hatte die Universität seit langer Zeit, zum großen Teil seit ihrem Bestehen, zahlreiche und nicht unbedeutende Güter auswärts. Namentlich war dies der Fall in Schwaben, das jetzt größtenteils zu Württemberg gekommen war. Nun scheint die württembergische Regierung vorgeblich oder in Wirklichkeit der Ansicht gewesen zu sein, daß — worauf Prof. Sauter, wie wir (S. 6) gesehen, in unvorsichtiger Weise Nachdruck gelegt hatte — die Albertina eine *kirchliche* Korporation und als solche der Säkularisation unterworfen sei. Schon am 3. Februar 1806 kam von dem Schaffner in Ehingen der Bericht, dass der kgl. württembergische Landeskommissär daselbst am 29. Januar die Schaffneien Ehingen und Munderkingen samt Zubehör in Civilbesitz genommen habe — trotz aller Protestationen und Vorstellungen. Gleich darauf, 13. Februar, kam ein ähnlicher Bericht vom Schaffner in Rottenburg, dass am 6. d. M. die Universitätsgefälle der dortigen Stadtpfarrei in Beschlag genommen und zum Zeichen dafür an die Pfarrhoftür das württembergische Wappen angenagelt worden sei. Auf diese und andere Schreckensnachrichten hin beschloss man, Schreiben an den König von Württemberg selbst, an den Kaiser Franz und an die beiden schon oben genannten Fürsten, den Erzherzog(-Rektor) Karl[1]) und den Kurerzkanzler um ihre hohe Verwendung zu schicken, an letzteren namentlich deshalb, weil die Albertina die einzige katholische Universität weit und breit sei. Ferner ließ man, da ein solcher Verlust bei der ohnehin schon bedrängten Lage als geradezu den Bestand der Schule bedrohend angesehen wurde, auch

---

[1]) Dieser versicherte in einem Antwortschreiben vom 17. III. die Hohe Schule seines fortwährenden Wohlwollens, erklärte aber zugleich auch, leider nichts machen zu können.

den kurbadischen Besitznahmskommissär davon in Kenntnis setzen. Endlich begab sich Professor *Hug* (über ihn s. Schreiber a. a. O. S. 151—153), ein gewandter Redner und eines der angesehensten und tüchtigsten Mitglieder des Lehrkollegiums, selbst — ohne daß ihm „die Qualifikation als Deputirter beigelegt wurde" — nach Stuttgart, um mit dem Minister Winzingerode und anderen Personen am Hof über die Angelegenheit zu sprechen. U. a. besprach er sich auch mit dem Geh. Rat v. Spittler,[1]) der in diesen Dingen im Staatsrat Bericht zu erstatten hatte. Dieser rief — so berichtet Hug selbst an das Konsistorium 20 II. — nach den Auseinandersetzungen Hugs aus: „Trefflicher Herr Professor! Sie doziren gut; wie wünschte ich, dass ich Sie und Ihre Gefälle der Universität Tübingen schenken könnte, Sie machten wahrlich einen doppelten Gewinn." Durch diese Aeußerung erschreckt. habe er (Hug) „nun eingesehen, woran er eigentlich sei und auf eine gute Art das Kompliment abgewendet." Schließlich entließ ihn Spittler unter wiederholten herzlichen Versicherungen, sich für die Hohe Schule zu verwenden.

Unterdessen war aber Württemberg in der Beschlagnahme der Renten der Universität in Schwaben sowie im Ober- und Niederhohenbergischen ganz unbekümmert weitergeschritten. Und als es sich gerade damals um Wiederbesetzung des erledigten Pfarrvikariats Wendelheim daselbst handelte und das bischöfl. Ordinariat in Konstanz die Bewerber der Universität namhaft machte, erklärte das kgl. württemberg. Oberamt in Rottenburg offen heraus, „die Rechte und Gefälle der Universität seien zufolge des von kgl. württemberg. Oberlandeskommissionswegen erhaltenen Auftrags in Civilbesitz genommen worden und so könne das Patronatsrecht auf diese Pfarre für den gegenwärtigen Erledigungsfall von ihr nicht mehr ausgeübt werden." Nun war man gerade in diesem Fall sehr in Verlegenheit: auf der einen Seite wollte man natürlich sein gutes Recht „sich nicht platterdings aus den Händen winden lassen," anderseits aber hatte man zu befürchten, dass wenn man in diesem einzelnen und doch andern gegenüber immerhin weniger bedeutenden Fall Schritte thue, unter den gegen-

---
[1]) Derselbe war früher Professor in Göttingen. Er starb schon 14. III. 1810 im Alter von erst 58 Jahren.

wärtigen Umständen man „die Hauptsache am kgl. Hof in Stuttgart verderben könne." Man schlug nun eine Art Mittelweg ein, indem man auch diese Angelegenheit in die bewährte Hand des Kollegen Hug legte.

Aber dieser erhielt sowohl hier am württembergischen Hof als auch bei der vonseiten Oesterreichs zur Uebergabe der abgetretenen Länder beauftragten Kommission, an die er sich jetzt wandte, nichts als leere Versicherungen „sich thunlichst verwenden zu wollen." Ein Einschreiten, hieß es da, könne schon deshalb nicht statthaben, weil es noch ungewiss sei, ob nicht allenfalls die betr. Länder den' „Adquirenten von Frankreich" übergeben würden. Der an der Spitze der genannten Kommission stehende Hofrat v. Steinherr wies ihn (Hug) daher auch — durch Schreiben von Günzburg vom 5. Mai — an den französischen Generalintendanten *Fririon* zu Ehingen, weil dieser von seinem Gouvernement zum Uebergabskommissär der schwäbisch-österreichischen Anteile bestimmt sei, die dem König von Württemberg durch den Pressburger Frieden zugedacht worden. — Zuvor wandte man sich jedoch an einen andern Franzosen, dessen Fürsprache man sich schon früher zu erfreuen hatte (vgl. S. 4), an Monard, der ebenfalls bei der Landesübergabekommission war. Ihm legte man einen förmlichen Rechenschaftsbericht vor über alles, was die württembergische Regierung an Rentenzinsen, Realitäten usw. in Beschlag genommen, und Monard versprach, dafür sorgen zu wollen, „dass es Württemberg zur Verbindlichkeit gemacht werde, der Universität die Gefälle verabfolgen zu lassen." Und am 30. April berichtete er, dass der Kriegsminister Berthier alles „begnehmigt habe, auch ihn deswegen belobt habe, was er bei der hiesigen Landesübergabe in den procès verbal habe fließen lassen." Man möge ruhig abwarten, bis die förmliche Uebergabe der an Württemberg gefallenen Länder vor sich gehe. Der König müsse die Gefälle unfehlbar verabfolgen lassen u. s. w. — Aehnliche Versicherungen, die immer noch einen „Hoffnungsschimmer weiter flackern ließen," gab durch Vermittlung Monards auch Fririon.

Wirklich kam auch endlich im Mai d. J. — also etwa um die gleiche Zeit, in der die endgültige Bestätigung des Fortbestandes der Hohen Schule bekannt wurde — die erfreuliche sichere Kunde, dass das württembergische Sequester auf die schwäbischen Besitzungen aufgehoben sei.¹) So konnten denn auch — zum erstenmal am 7. Juni — wenigstens die Pensionen wieder vollständig ausbezahlt werden, nachdem man noch im April d. J. beschlossen hatte, vorerst mit der Pensionsauszahlung an die auswärts Wohnenden an sich zu halten, und solche, „wenn sie sich melden sollten, zur Geduld zu verweisen, bis wieder bessere Umstände einträten . . . ." — Jetzt erst konnte man auch daran denken, auf jenen schwäbischen Gütern manches Schadhafte auszubessern, was man während der Kriegszeiten und so lange der Verlust derselben in Aussicht gestanden, unterlassen hatte. Immerhin fiel einstweilen durch die im Pressburger Frieden angeordnete Trennung der Herrschaften Triberg, der Städte Villingen und Bräunlingen samt den dazu gehörenden Gebieten vom übrigen Breisgau und deren Anfall an Württemberg das ziemlich beträchtliche Umgeld weg, so dass auch die Universität den bis jetzt davon bezogenen sechsten Teil — etwa 400 fl. — verlor. Eine Begünstigungsklausel beim Uebergabsprotokoll (Uebergabe durch Fririon 30. Mai), wonach die Universität im vollen Besitz ihrer Rechte wenigstens im Umfang der Schaffnei Villingen bleiben solle, führte man auf den bestimmten Willen Napoleons zurück.²) Bekanntlich kamen die genannten Gebiete noch in demselben Jahre an Baden zurück: Villingen und Bräunlingen am 12. September, Triberg (durch Tausch) am 17. Oktober. Die gemeinschaftliche Huldigung der Stände derselben fand am 22. November im Münster statt.

Natürlich konnte doch auch jetzt die Lage der Universität nach so vielen harten Schlägen nur sehr langsam eine bessere werden, und die ökonomischen Verhältnisse lagen noch immer zu sehr danieder, als dass man die vielfach einlaufenden Bitten um Gehaltserhöhungen, Pensionen u. s. f. berücksichtigen zu können glaubte (vgl. cons. acad. von 23. V., 20. VII. 1809 u. a. m.) Als sprechendes Beispiel der auch später immer noch bedauerlichen Lage einzelner angestellten Lehrer kann ein Gesuch des Lektors der französischen Sprache (Diderot) vom 5. Juli 1809 gelten, in dem dieser um etwas

---

¹) Nur verlangte die württembergische Regierung, dass der jeweilige Pfarrvikar in diesen Pfarreien ein Württemberger sei.
²) Bericht des Syndikus von Villingen an Professor Hug.

Frucht und Brod für seine Kinder bittet! Man wies ihm ein Viertel Weizen und ein Viertel Roggen bei der Breisgauer Schaffnei an.

V. Verhältnis der Universität zum Gymnasium.

Aber die Ausgaben der Hohen Schule blieben nicht auf sie selbst beschränkt, sondern sie hatte infolge ihrer damals noch engeren Verbindung mit dem *Gymnasium* auch Anforderungen vonseiten dieses zu befriedigen. Z. B. scheint die Universität von jeher die jedes Jahr an Gymnasialschüler ausgeteilten Prämien bezahlt zu haben. So richtete denn auch am 17. Juli 1806 der Gymnasialpräfekt an den Studienkonsess das Ansuchen um Anschaffung von 13 Bücherprämien[1]). Man entsprach dem Ansuchen, gleichzeitig aber wurde die Bibliothekskommission ermahnt, darauf zu sehen, „dass diese Auslage den Betrag für die Medaillenprämien nicht übersteige." Zum letzten Mal wurden (für 14 von 146 Schülern) solche Bücherprämien von der Universität bezahlt am Schluss des Schuljahres 1806/07. (Konsistorialbeschluss 28. VII. 1807). Denn unterdessen hatte die *neue Organisation des Gymnasiums* stattgefunden, d. h. dasselbe war durch Verordnung vom 10. März 1807 der *Regierungsleitung allein* übergeben worden. Es hörte also jetzt auf, ein mit der Universität „wesentlich verbundenes" zu sein. Die betr. Bekanntmachung im Intelligenzblatt Nr. 25 d. J. 1807 lautete: „Das Gymnasium steht fernerhin unter der Oberdirektion der Regierung, welche gutfindenden Falls das Kuratelamt um seine Berathung angeht, aber die Entscheidung selbst giebt oder autorisirt. Damit war auch von jetzt an der Gymnasialpräfekt als solcher nicht mehr Mitglied des Studienkonsesses. Auch finden sich im Jahr 1807 die letzten Lyceisten im Matrikelbuch der Universität miteingetragen.[2]) Trotzdem blieben die Ansprüche, die für das Gymnasium an die Hohe Schule gestellt wurden, immer noch nicht aus. Die Besoldungen freilich des neuen selbständigen Gymnasiums wurden durch die vom Großherzog gnädigst übernommene Bedeckung gesichert. Dagegen ging man die Uni-

---

[1]) Die Gesamtzahl der in den fünf Klassen sich befindenden Schüler betrug in jenem Jahr 132.

[2]) Vgl. Schreiber a. a. O. III. S. 175. — siehe auch unten.

versität z. B. an, die Heizung der Schulzimmer zu bestreiten,
ja noch einmal forderte man die Bezahlung der Bücherprämien
wie bisher, oder aber eine entsprechende Summe Geldes. Trotz
alles Sträubens musste sich schließlich die Hohe Schule auf
Drängen des Hofkommissärs zu einem „jährlichen Pausch-
quantum von 200 fl." verstehen. — Leichter wurde es der
Hohen Schule, einem anderen Wunsche, den Herr v. Drais im
gleichen Jahr 1807 dem Konsistorium vortrug, zu entsprechen,
nämlich von den ihr aus den Klöstern so reichlich geflossenen
Bücherschätzen die in duplo vorhandenen Werke und Schriften
an die zu gründende *Gymnasiumsbibliothek* abzugeben, „damit
die Knaben künftig gebildeter beim Eintritt zur hohen Schule
sich erfinden lassen mögen." Ja man versprach sogar, den
jährlichen Zinsbetrag von einem bei der kgl. bayrischen Bezirks-
hauptkasse in Schwaz liegenden Kapital von 418 fl. Wiener
Währung abzutreten, damit man damit einen kleinen Fond für
eine Gymnasiumsbibliothek gründen könne. Aber nur zu bald
scheint die Universität diese ihre Bereitwilligkeit als allzugroß
bereut zu haben: am 25. Oktober 1810 erklärte sie auf eine
hierauf gerichtete Anfrage seitens des Ministeriums, es stehe
ja den Gymnasialprofessoren die akademische Bibliothek täglich, und auch den Gymnasialschülern an gewissen Tagen zur
Verfügung; die Errichtung einer Gymnasialbibliothek erscheine
also eigentlich unnötig. Erst im Jahre 1813 lesen wir, dass
dem Konsistorium ein Verzeichnis derjenigen Bücher vorgelegt
wurde, die infolge höchsten Erlasses vom 30. März d. J.[1]) an
die Gymnasialpräfektur abzugeben sind: 198 Bände im ganzen,
hauptsächlich griechische und lateinische Klassiker. Die Universität glaubte „durch diese Werke statt der für die Universitätsbibliothek aus den Zinsen von Schwazer Kapital zu jährlich
17 fl. 33¹/₂ kr. angeschafften Bücher, die nicht abgesondert von
andern verrechnet und verzeichnet wurden, hauptsächlich aber
durch 64 Bände der neuen Leipziger Bibliothek der schönen
Wissenschaften und der Plantin. Ausgabe der Werke des Justus
Lipsius 4 Voll. in fol. u. a. eine hinlängliche Aequivalentsumme
für die vom Jahre 1797 bis 1804 bezogenen Unterrichtsgelder,
die beiläufig etwas zu 150 fl. betragen, erzielt zu haben."

---

[1]) Also geschah es erst infolge eines Druckes seitens der
Regierung.

Aber in demselben eben genannten Ministerialerlass hieß es, dass das Schwazer Kapital dem Gymnasialfond einverleibt sei und die Bibliothek die seit 1797 aus den Zinsen angeschafften Klassiker an den Gymnasiumspräfekten abzugeben habe. In der Folge gab denn auch, wie es scheint,[1]) die Universität alljährlich Schulbücher im Wert der Schwazer Unterrichtskapitalzinse an das Gymnasium ab.

Nun unterhielt aber ferner die Universität für das Gymnasium den *Gottesdienst in der Kollegi(Jesuiten)kirche*, was auch auf jährlich etwa 500 fl. geschätzt wurde. Um so mehr verwunderte sich die Kuratel, dass doch immer noch bei jeder Gelegenheit Ansprüche gemacht wurden, z. B. wenn ein Ofen hergestellt (26. IX. 1810) oder Fensterläden angebracht werden sollten (8. XI. 1814), oder als man 1812 für eine zu errichtende lateinische Vorbereitungsklasse die Universität um (unentgeltliche) Ueberweisung eines Zimmers anging u. Ä. — Meistens entschied sich das Ministerium zugunsten des Gymnasiums. So war es auch in den nicht seltenen anderen Fällen, in denen *Universität und Gymnasium in Streit* kamen und in denen es sich herausstellte, wie wenig das Verhältnis der beiden Schulen zu einander streng geregelt war. So stellte z. B. 12. Dezember 1810 das Ministerium einen Abbé Sonntag als gemeinschaftlichen Lehrer des Französischen für Universität und Gymnasium an, mit der Bestimmung, dass „an seinem Gehalt 200 fl. vorschussweise aus dem landesfürstlichen aerario übernommen, aber auf den Universitätsfond angewiesen werden solle." Die Universität machte gegen diesen Beschluss Vorstellungen; dieselben fruchteten aber nichts, und schließlich musste man sich doch dazu verstehen. Als ferner laut Erlasses vom 22. Oktober 1811 die Gymnasiasten nicht mehr mit Ruten, sondern mit Karzer bestraft werden sollten, fragte das Kreisdirektorium am 6. November bei der Universität an, ob der für die Akademiker bestimmte *Karzer* auch zum Gebrauch für die Gymnasiasten hergelassen werde, oder ob man dem Gymnasium ein „anderes angemessenes Behältnis" dafür überlassen wolle. Man entschied sich für das Letztere. Und als dann der mit dem Aufsuchen eines solchen „Behältnisses" beauftragte Schaffner als das passendste und entbehrlichste Zimmer

---

[1]) Konsistorialbeschluss vom 4. Januar 1816, S. 163.

das im 3. Stock neben dem des Hausdieners gelegene bezeichnet hatte, weil dasselbe „am meisten abgelegen sey und unter der Aufsicht des Hausknechtes stehe, wenn allenfalls Unfug getrieben werden sollte," so hatte das Konsistorium nichts zu erinnern, als dass, „wenn deshalb einige Kosten erforderlich wären, solche hoffentlich nicht auf die Universität fallen werden." Auch bei dieser Gelegenheit wurde geklagt, dass bei allen möglichen Ausbesserungen im Gymnasium die Universität herhalten müsse, und später noch, im Jahr 1815 (7. Oktober), hielt man es für angebracht, den Gymnasialpräfekten aufzufordern, „die Gymnasialschüler in Hinkunft zum Ersatz desjenigen, was sie mutwillig zerstören oder besudeln würden, anzuhalten."

Aeußerlichkeiten und Förmlichkeiten aller Art zu regeln scheint man mehr bedacht gewesen zu sein; so wurde z. B. im Dezember 1811 genau bestimmt, „dass zur Erhaltung des nötigen Ansehens bei öffentlichen Erscheinungen der Vorstand und die Professoren des Gymnasiums sich jedesmal der Universität unmittelbar anschließen sollen." — Dagegen scheinen ganz grundlegende Bedingungen im Verhältnis der beiden Schulen zu einander nicht recht genau geregelt gewesen zu sein, so die des *Uebertritts vom Gymnasium zur Universität* sogar. Wenigstens ist es doch schon stark, wenn der Gymnasialpräfekt dem Konsistorium vom 28. Dezember 1810 einige „Individuen" anzeigen muss, die ohne Entlassungsschein vom Gymnasium in die philosophische Fakultät sich eingeschlichen haben. Auch von andern Gymnasien wussten sich Leute einzuschmuggeln, wie derselbe Gymnasialvorstand meldet, „die man bei einer vorschriftsmäßigen Immatrikulation des Konsistorium leicht zu entdecken wissen werde." Die Kuratel ermahnte daher auch die Universität, in Zukunft bei der Immatrikulation sorgfältiger zu sein, worauf der Prorektor auch gleich eine genaue Durchsicht der Immatrikulationslisten veranstalten ließ. Und durch Ministerialerlass vom 1. Juni 1810 und noch ausführlicher vom 25. Juli 1811 wurde eingeschärft:

1) keinem die Erlaubnis zum Uebergang auf die Universität zu geben, „bevor nicht ordnungsmäßig das ein halbes Jahr vorher jedesmal einzusendende Verzeichnis der den genannten Fächern (Theol., Jurisprud. Cameral. Mediz.) oder auch nur der Philologie, Forstwissenschaft, Mathematik, Physik

etc. sich widmen wollenden jungen Leute unter Bemerkung der vorgeschriebenen Eigenschaften anher vorgelegt und mit den betr. Ministerien Kommunikation gepflogen, sodann Resolution diesfalls und Erlaubnis zur Fortsetzung ihrer Studien erfolgt ist."

2) Besondere Zeugnisse, wie nach den Verordnungen von 1803 und 1808, seien nicht mehr nötig, sondern dafür solle „die von hieraus (Karlsruhe) oder dem Landespolizeydepartement rücksichtlich der Mediziner oder dem Kirchendepartement rücksichtlich der Theologen und Philologen zu erteilende *Staatserlaubnis* eintreten, welche durch das betr. Kreisdirektorium einzuholen und den Vorständen der hohen Schulanstalten auf die Vorlage der verordneten Verzeichnisse hin zu erteilen sey," und ohne welche durchaus kein Individuum auf der Universität immatrikuliert werden dürfe.

Aber trotzdem kamen schon in nicht allzulanger Zeit darauf Ueberschreitungen wieder vor, indem mehrere junge Leute sich dem „Studium der höheren Wissenschaften" widmeten, ohne die genannte hiezu unbedingt nötige Staatserlaubnis zu haben. Deshalb wurde untern 23. Juli 1812 vom Ministerium verordnet:

1) Kein Lehrer der Theologie, Jurisprudenz, Medizin und Kameralwissenschaften darf erstmals den ordentlichen Besuch seiner Kollegien erlauben, ohne dass ein jeder seiner Zuhörer sich gehörig in Gemäßheit der deshalb vorliegenden bestimmten höchsten Verordnungen über die erhaltene Staatserlaubnis zu seinen Studien ausweise.

2) Jeder Professor hat gleich nach Anfang des Lehrkurses ein Verzeichnis seiner Zuhörer mit Beschluss der Staatserlaubnis zu machen; diese Verzeichnisse sind vom Dekan der Fakultät zusammenzustellen und dem Ministerium zu überreichen.

Eine besondere „Qualifikation und Immatrikulationsfähigkeit" mussten natürlich auch Chirurgen, Tierärzte u. a. nachweisen.

Als später (Mai 1818) schärfere Verordnungen die Studierfreiheit besonders hinsichtlich der Mediziner und Juristen beschränkten, ließ das Engere Konsistorium unterm 3. Juni 1818 an das Ministerium die Bitte ergehen, „dass jedem aus der Philosophie mit der Note „gut" Aufsteigenden auch ohne erhaltene Staatserlaubnis jedes höhere Studium, ohne jedoch deshalb auf Staatsdienste Anspruch machen zu können, frei gegeben werden möchte."

VI. *Versuche zur Besserung in der wirtschaftlichen Verwaltung.*

Wir haben oben gesehen, dass zur Besserung der immer noch nicht glänzenden finanziellen Lage verschieden Maßregeln getroffen wurden. Aber man sah bald ein, dass alle diese *Einzelmaßregeln* auf die Dauer nichts fruchteten. So ersuchte man denn endlich durch *neue umfassendere Vorschläge* das derzeitige Defizit zu decken. So hatte schon am 31. Juli 1806 der Prorektor angeraten:

1) vom Landesherrn zu verlangen, jene *Studienstiftungen* angreifen zu dürfen, auf welche *überrheinische* Familien, Distrikte und Gemeinden Ansprüche haben, die aber durch den Luneviller Frieden erloschen sind. Die den betr. Stiftungen anheimgefallenen Erträgnisse werden zu 2000 fl. berechnet.

2) Da die *Stadt* immer ihrerseits alles zu thun versprochen, was der Universität von nutzen sein könne, so wolle man sie auch jetzt angehen um Aushilfe durch Anweisung eines Fonds von liegenden Gütern, z. B. Gemeindematten u. A.

3) könnte aus dem *Kirchenvermögen* der neubadischen Lande der hiesigen Universität — wie es für die zu Heidelberg geschehen — ein bedeutender Zuschuss ausgemittelt werden.

4) könnten bei der *Universität selbst Ersparnisse* gemacht werden, z. B. durch Einstellung der Besoldung des Herrn v. Greiffenegg u. a., oder wenn die Universität und ihre Glieder vom Landesherrn die *Postfreiheit* erlangen könnten, was ca. 400 fl. jährliche Ersparnis machen würde.

5) Im nötigsten Fall könne man, was freilich im Augenblick unmöglich war — an den Kanonikaten zu Horb und Rheinfelden die Präbenden einziehen, was der Universität durch Urkunde vom J. 1468 von Herzog Sigismund erlaubt sei.[1]

So also, glaubte man, könne geholfen werden, *wenn der Landesfürst auch nur* eine geringe Summe aus der Staatskasse beilege. — An die Hofkommission wie an die Stadt wurden alsbald auch darauf sich beziehende Schreiben gerichtet. Der Großherzog ordnete auch schon am 8. Jan. 1807 „zur Ver-

---

[1] Ueber diese Präbenden s. Näheres bei Pfister S. 128.

mehrung der Einkünfte" der Universität einen Zuschuss aus dem kathol. milden Fond — gleich anfangs 5000 fl. — und aus der wieder in Günzburg durch glückliche Unterhandlung gewonnenen Rente von dem vorderösterreichischen Studienfond an. Bald suchte jedoch die Universität darum nach, anstatt des Beitrags aus dem Religionsfond von den erkauften Kloster- und Stiftsgütern entsprechende *Liegenschaften* käuflich überlassen zu bekommen, weil „die Subsistenz der Hohen Schule durch *Realitäten* viel mehr radizirt und gesichert sei als durch Beiträge in barem Geld oder in Kapitalien." Sie kaufte dann auch damals den Mundenhof, das stiftsgüntersthalische Hofgut u. s. w.[1])

Was den vierten der oben genannten Punkte betrifft, so erhielt die Universität am 8. Okt. d. J. wirklich die *Postfreiheit*. Dieselbe wurde freilich schon durch Verordnung vom 5. Juni 1809[2]) insofern beschränkt, als sie jetzt nicht mehr die einzelnen Mitglieder der Hohen Schule samt ihren Familien zu genießen hatten, sondern nur noch:

1) Der Kurator in seiner auswärtigen Korrespondenz über Universitätsgegenstände,

2) der Prorektor während seines Amtes,

3) die Dekane in amtlicher Korrespondenz,

4) die Kanzlei- und Administrationsbeamten in Amtssachen,

5) die Universitätsbibliothek, der botanische Garten, das physikalische und das Naturalienkabinet und kurz alle subsidia litteraria, die durch ihre Direktoren Korrespondenz führen."

Die Bitte, „den Professoren wenigstens ein Aversum als Entschädigung zukommen zu lassen," wurde durch Ministerialverordnung am 18. Sept. 1809 abgeschlagen. — Später, im Jahre 1815 (11. Sept.) wurde vom Ministerium der Oberpostdirektion bedeutet, dass „den beiden Landesuniversitäten H. und Fr. das Brief- und Postwagenfreytum ebenso wie anderen Landesstellen zustehe," d. h. daß das engere Konsistorium, das akadem. Direktorium, die Wirtschaftsdeputation u. s. w.

---

[1]) vgl. Pfister S. 132 flg.

[2]) namentlich weil im Jahre zuvor das Postporto in allen bairischen Staaten erhöht worden war, so dass für alle die zahlreichen nach Oesterreich gehenden Briefe statt 10 kr. jetzt 22 kr. pro $\frac{1}{2}$ Bogen, und 28 kr. pro 1 Bogen bezahlt werden musste.

vom Postporto befreit, alle Sendungen in Geld aber bezahlt werden sollten.

Durch Erlass vom 7. Nov. 1807 wurde der Universität auf ihr Ansuchen hin — eben auch um durch das daraus erzielte Pachtgeld die finanzielle Lage zu verbessern — von der Regierung auf das Jahr 1808 (und die folgenden Jahre) das *Verlagsrecht des neuen oberrheinischen Provinzialblattes* zugestanden. „Redaktion, Druck und Verschleiß" wurden zuerst dem Magistratsrat Schnetzler als dem „Kommissär der Universität" überlassen. Derselbe hatte 400 fl. zu zahlen und eine bestimmte Anzahl von Exemplaren an die Universität, die einzelnen Professoren und die Regierung abzuliefern. Als Schnetzler jedoch schon im Oktober des Jahres (1808) sich Verhältnisse halber nicht mehr imstande erklärte, die Geschäfte weiter zu führen, wurde am 6. Dez. 1808 das Blatt um 700 fl. sowie die Buchdruckerei „samt allen Requisiten" um 200 fl.[1]) jährl. Pachtzins an *Buchhändler Herder* auf 10 Jahre überlassen. Dieser, bisher Hofbuchdrucker und Buchhändler in Meersburg, war durch Großhzgl. Verordnung vom 12. März 1808 auf sein Ansuchen als „akademischer Buchhändler" unter gesetzlich bestimmten Abmachungen nach Freiburg versetzt worden. Das Bezahlen besagter Pachtsumme kam übrigens Herder sehr schwer an; mehr als einmal sah sich die Universität genötigt, die bittersten Klagen zu führen, dass er seine Schuldigkeit so lange nicht abtrage. Schließlich beantragte das Engere Konsistorium — auf Anraten der Wirtschaftsdeputation — am 4. Novemb. 1812 beim Ministerium, den Vertrag mit Herder für nichtig zu erklären.

Aber nicht nur Prorektor und Konsistorium waren auf jede Weise bestrebt, Mittel aufzufinden, mit denen man der Geldnot abhelfen könne, sondern auch das *Ministerium* gab — nach Durchsicht des nach Karlsruhe geschickten Berichtes über den Finanzzustand der Hohen Schule[2]) und nach einer

---

[1]) In Büchern abzuliefern, welche die Universität selbst auswählt und mit 10% Rabatt erhält. — Ueber Herder vgl. den Artikel „Bartholomäus Herder" in den Bad. Biogr. III, S. 52 flg.

[2]) Dieser von der Wirtschaftsadministration entworfene Bericht musste notwendig zu denken geben. Dass allein an Steuern ca. 1000 fl. zu zahlen seien, abgesehen von andern Auslagen, hatte der Prorektor schon am 4. Dez. 1810 im Konsistorium geklagt. Weder

an Ort und Stelle vorgenommenen Untersuchung¹) — kund (29. Apr. 1811), dass es von der Notwendigkeit einer *umfassenderen Reform* überzeugt sei, und befahl daher dem Kuratorium:

1) Das bisher bestandene sog. *Oekonomische Konsistorium* als *aufgelöst* zu erklären;

2) dasselbe unter dem Namen „*Oekonomische Wirtschaftsdeputation*" durch ernannte Mitglieder aus den vier Fakultäten zu ersetzen.

Dass solche und andere Reformen vielleicht Schwierigkeit bei der Durchführung finden könnten, scheint man sich auch gar nicht verfehlt zu haben. Wenigstens wurde u. a. der für das Schuljahr 1811/12 zum Prorektor gewählte Prof. d. Medizin Laumeyer von der Regierung nicht bestätigt; vielmehr wünschte dieselbe, dem Prorektor des verflossenen Jahres, dem Juristen Ruef, das Amt zu verlängern, weil eben „bei den in Aussicht stehenden Reformen in der Wirtschaftsadministration man einen Mann haben müsse, der schon einmal das Amt bekleidet und die Mängel der zu verbessernden Oekonomie kennen gelernt habe."

VII. *Veränderungen auf anderen Gebieten.*

Die Erwähnung dieser Reformen in der wirtschaftlichen Verwaltung führt uns zur Besprechung der Veränderungen und Reformen in der *Organisation der Hohen Schule überhaupt*, soweit dieselben in diesen Zeitabschnitt fallen und von nennenswerter Bedeutung sind.

a. *Rektoratswechsel.*

Schon Ende 1806 (Schreiben vom 19. Nov.) hatte *Erzherzog Karl*, da er nach veränderter Sachlage nicht mehr imstande sei, „in dieser Eigenschaft durch seinen persönlichen Standpunkt vielleicht irgend einmal nützlich zu werden," das *Rektorat niedergelegt*, um der Universität „zu einer ihrer der-

---

in der Haupt- noch in der Schuldentilgungskasse war ein Vorrat vorhanden. Deshalb wurde auch damals wieder u. A. der Schaffner angewiesen, vom Kellervorrat ca. 200 Saum Wein zu verkaufen, um bares Geld zu bekommen.

¹) Vgl. Pfister a. a. O. S. 136.

maligen Lage angemesseneren Wahl eines neuen Vorstehers freie Hand zu lassen. Daraufhin wurde beschlossen, „eine rührende Denkschrift" an ihn abzuschicken und alsbald den *Großherzog* zur *Uebernahme des Rektorats* zu bestimmen. Letzterer — der schon (wie auch sein Vorgänger Karl Friedrich) Rektor der Heidelberger Universität war — nahm denn auch am 10. Jan. 1807 an, wie Prof. Albrecht im Allg. Intelligenzblatt Nr. 31 (Jahrg. 1807) ausführte, als der dritte des Zähringerstammes, der dieses Amt an der Albertina bekleidete, bezw. diesen Titel führte.[1])

b. Einsetzung eines „Kuratoriums."

Eine einschneidende Veränderung in der Verwaltung beider badischen Universitäten brachte der Ministerialerlass vom 10. Jan. 1807, nach welchem für beide ein eigener am Orte selbst wohnender *Kurator* und in Karlsruhe ein besonderer unmittelbarer Berichterstatter in Universitätssachen an der Regierung ernannt wurde. Die Stellung und die Befugnisse des Kurators wurden durch die Verordnung vom 10. März d. J. näher bestimmt. Darin hieß es u. a. „der Kurator hat, als perpetuirlicher Kommissarius vom Hof, den Rang vor dem derzeitigen Prorektor, präsidirt dem Studienkonsess, und empfängt alle außergerichtlichen, gegen einen Konsistorialbeschluss ergriffen werdenden Rekurse, zur Vermittlung oder unmittelbaren Einberichtung an S. Kgl. Hoheit. Es ist demnach die großherzogliche Regierung, gegen den Eintausch anderer Staatsobsorgen, von der auf das Kuratelamt übertragenen Oberleitung in Universitätssachen entledigt. Der zeitige Prorektor als ebenmäßiger und ordentlicher Bevollmächtigter S. Kgl. Hoheit, präsidirt nach wie vor in dem akademischen Senat,

---

[1]) Der erste war Markgraf Karl von Niederbaden, geb. 1476, Rektor 1496, drei Tage nach seiner Immatrikulation; der zweite Markgraf Christoph v. Niederbaden, geb. 1477, Rektor 1497. — Ueber die Stellungen des Rektors und Prorektors vgl. die ohne Namen erschienene Schrift (von H. J. Wetzer) „die Universität Freiburg nach ihrem Ursprung, ihrem Zwecke u. s. w. Freiburg 1844." S. 21 ff. Die Schrift, für die auch damals (1844) wieder ernstlich bedrohte Schule geschrieben, bietet überhaupt einen Ueberblick über ihre Organisation usw.

welchen derselbe auch bey Solennitäten anführt, und dieses
corpus bleibt überhaupt im Besitz aller bisher ihm anvertrauten Administrationen." Alle Berichte an den Großherzog
oder an das Ministerium mussten von Prorektor und Konsistorium zuerst an das Kuratorium abgehen.[1]) Unmittelbar an
den Hof sei ein Bericht nur dann zu senden, wenn „1.) der
Kurator dringender Geschäfte wegen längere oder kürzere
Zeit abwesend sei, 2.) wenn die Universität gegen eine Kuratelverfügung den Rekurs ergreifen wolle." — Durch diese Einrichtung wurde übrigens der Geschäftsgang vielfach recht
schleppend und kostspielig. Um nur ein Beispiel zu erwähnen,
so musste im August 1807 der Prorektor zu dem Kurator nach
Zürich, wo derselbe gerade weilte[2]), reisen, um sich mit ihm
betreffs des Vorlesekatalogs für das nächste Semester zu verständigen. Nun war aber der Kurator zufällig Geschäfte
halber von Zürich auf einige Zeit abwesend und musste durch
einen „Expressen" berufen werden, wodurch zwei Tage verloren gingen. — Aber auch geringfügigere Sachen, z. B. die
aushilfsweise Vertretung eines Professors, die Verleihung von
Prädikaten an Handwerksleute, — z. B. „Universitätsmaler"
)Senatsprotok. 2. XI. 1807.) — mussten dem Kurator angezeigt
bezw. von seiner Erlaubnis abhängig gemacht werden. Auch hatte
die Prorektoratswahl, obgleich bis Ende Oktober Sitzungen
waren, jetzt schon Anfangs d. M. stattzufinden, damit der
Kurator noch rechtzeitig dem Großherzog die Neuwahl zur
Bestätigung vorlegen könne. Dagegen war dem Konsistorium
schon im Februar 1807 bemerkt worden, dass der Kurator
jedenfalls „den Rechten und Vorzüglichkeiten der Hohen
Schule überhaupt, und auch in Betreff des Wissenschaftlichen
nicht vorzugreifen hätte, ohne mit derselben oder dem Studienkonsess oder den Fakultäten Rücksprache zu nehmen. Auch
wolle man die hiesige Hohe Schule in Anbetracht mehrerer ihr
eigenen Verhältnisse nicht mit der Universität zu Heidelberg
gleichstellen, weil zwischen beiden in verschiednen Hinsichten

---

[1]) Eingeschärft durch Verordnung vom 14. April 1809, nach
dem kurz zuvor der Prorektoratswechsel mit Umgehung des Kuratoriums direkt an den Großherzog gemeldet worden war.

[2]) Er war zugleich außerordtl. bevollmächtigter Gesandter
bei der Eidgenossenschaft.

ein großer Unterschied, z. B. in Ansehung ihres eigenen Fonds und deren Verwaltung, obwalte."

Als Kurator für Freiburg wurde der vormalige Johanniterordenskanzler Geh. Rat *v. Ittner* bestimmt. Seine feierliche Vorstellung durch den Hofkommissär v. Drais fand am 12. März (1807) im Konsistoriumssaal statt.[1]) — Ittner hat sich immer sehr eifrig für die Universität in Karlsruhe verwendet und sich unbestreitbare Verdienste um dieselbe erworben. (Vgl. auch S. 11.)

c. Einsetzung eines besonderen Amtmannes.

Eine weitere wichtige Einrichtung war die, dass durch Ministerialerlass vom 28. Mai *1810* für *Disziplinarsachen* ein besonderer *Amtmann* bei der Universität eingesetzt wurde.[2]) Einen Grund dazu mögen vielleicht die nicht enden wollenden Studentenunruhen — von denen unten die Rede sein wird — abgegeben haben. Das Konsistorium (in der Sitzung vom 19. Juni) beschwerte sich dagegen: es scheine diese Einrichtung einerseits unnötig, anderseits sei sie dem Konsistorium lästig infolge der dadurch bedingten neuen Ausgaben. Disziplinarsachen würden meistens durch das Prorektorat abgetan, welches je nach Wichtigkeit der Sache die Dekane der Fakultäten oder die Juristenfakultät beiziehe. Letzterer würden auch alle Rechtsstreitigkeiten der Studirenden zur Begutachtung übergeben und nach deren Antrag entschieden, was bisher zur allseitigen Zufriedenheit geschehen sei. Einem besondern Amtmann könne man doch nicht unentgeltlich den Dienst zumuten usw. Doch das Sträuben half nichts. Nachdem der zuerst vorgeschlagene Syndikus Leiner um Enthebung gebeten, wurde durch Ministerialverordnung vom 2. Juli die Stelle dem Hofrat und Prof. Mertens übertragen, „wenn von demselben keine besonderen Bedingnisse etwa auch wegen einer Besoldungserhöhung gemacht würden." Mertens nahm einstweilen an, behielt sich aber vor, wenn die Stelle ihm allzulästig oder in seinen übrigen Geschäften hinderlich sein sollte, sie wieder

---

[1]) Kurator von Heidelberg wurde Geh. Rat Freiherr v. Reitzenstein.
[2]) In Heidelberg schon am 7. Mai d. J. geschehen; vgl. Kleinschmidt a. a. O. S. 166.

abgeben, auch um eine angemessene Belohnung dafür ansuchen zu dürfen.

d. *Lehrangelegenheiten.*

In dasselbe Jahr 1810 fallen die ersten Verhandlungen des Bischöflich-konstanzischen Generalvikariats mit dem Ministerium wegen *Einführung eines Religionskollegiums* an der Universität, d. h. eines „zweckmässigen Religionsunterrichts für die Akademiker." Durch die Kuratel teilte das Ministerium die Angelegenheit dem Konsistorium mit, welches von den seitens der theolog. Fakultät gemachten drei Vorschlägen am 23. April 1811 den ersten genehmigte, wonach „der Unterricht in der Universitätskirche von einem in jeder Hinsicht tauglichen Mann am Sonntag nach einem wolgeordneten System in einer halbstündigen Rede abzuhalten wäre, worauf sodann das Messopfer folgen würde —" also ein Sonntagsgottesdienst, dem nur Akademiker beiwohnen dürfen. Ein geeigneter Religionslehrer, welcher zugleich ein theologisches Nebenfach einige Stunden in der Woche übernehmen könne, solle eine Besoldung aus dem Religionsfond oder einer andern geeigneten Quelle erhalten.

Am 23. Aug. 1811 wurde von der Regierung ein *Religionskolleg* genehmigt *für die philosophischen Schüler,* wöchentlich einmal in einem Hörsaal zu halten. Ausersehen wurde Prof. *Wanker,* der dafür von der Universitätskasse jährlich 100 fl. erhielt. Alle Angehörigen der philosophischen Fakultät, so wurde verordnet, müssen sich Zeugnisse geben lassen über den fleißigen Besuch dieses Kollegs, und nur auf Grund solcher Zeugnisse werden sie zu den höheren Fakultäten zugelassen. — Am 7. Sept. d. J. genehmigte sodann die Kuratel den Vorschlag des bischöflichen Vikariats, wonach neben den philosophischen auch die theologischen Schüler an diesem Religionsunterricht teilzunehmen hätten.

Was die Studien im Allgemeinen betrifft, so hatte man schon im Anfang des Jahres 1807 nach dem Vorschlag des Kurators v. Ittner *einheitliche Kollegiengelder* nach dem Muster anderer Universitäten, namentlich Heidelbergs einzuführen versucht. Freilich fand die Sache vorderhand noch starken Widerspruch. Erst am 12. Sept. d. J. wurde die Einführung angekündigt — zugleich mit den unten zu nennenden Veränderungen.[1]) Drei Wochen später (1. Okt.) verlangten einige Professoren, dass die Schulbänke wegen der Kollegiengelder numerirt würden, damit man wahrnehmen könne, ob die Studenten ihre Schuldigkeit in dieser Sache getan hätten. Es sei solches bei andern Universitäten auch eingeführt. Das Konsistorium hielt es jedoch für besser, die Angelegenheit dem Belieben der einzelnen Professoren zu überlassen.

Die Einheitlichkeit der Kollegiengelder wollte übrigens nicht gleich allen behagen. Gelegentlich erfahren wir beim Durchlesen der deswegen damals erhobenen Beschwerden, dass z. B. bei der Juristenfakultät[2]) die Honorare bis jetzt verschieden waren je nach dem Stand, aus dem die Studenten waren; für Grafen betrug z. B. das Honorar für ein Kollegium 32 fl., für Freiherrn 24, für Adelige 18, für Bürgerliche 8 fl.

Weit eingreifender war eine andere Neuerung aus der gleichen Zeit, die einer *fast vollständigen Umwälzung des Studienplans* gleichkam. Schon längere Zeit hatte sich — nicht zur Freude des Konsistoriums — das Kuratorium damit beschäftigt. Im Sept. d. J. berichtete dann der Prorektor aus Zürich, wo er den gerade dort weilenden Kurator aufsuchte (s. oben S. 28) er habe aus den Akten in dessen Wohnung ersehen, „dass das künftige Schicksal der Universität nicht erfreulich sei." Und am 1. Okt. mahnte er die Kollegen vor allem zur Eintracht, „weil aller Wahrscheinlichkeit nach in der Folge Manches bevorstehe, was die Hohe Schule in ihrer Verfassung gewaltig erschüttern könnte, wenn die Glieder unter sich nicht in einem guten Vernehmen stehen." Alles sollte nach Heidelberger Muster zugeschnitten werden. Wie die Kollegiengelder von jetzt ab ganz nach Heidelberger Taxe zu bezahlen waren, so sollte jetzt *der ganze Studienplan* so viel als möglich dem der Schwesteruniversität angepasst werden. Zunächst wurden die *halbjährigen Kurse eingeführt*, d. h. die „obligaten" Lehrfächer sind in einem halben Jahr (Semester) jeweils vollständig zu lesen. Dagegen wurden — trotz lebhaften Wider-

---

[1]) Veröffentlicht im Intelligenzblatt vom 8. Okt. — Ueber die Art der Bezahlung vgl. Titel IV. 18 der 1810 herausgegebenen akademischen Gesetze.

[2]) Ob auch bei den andern?

spruchs seitens des Konsistoriums — *die bisherigen Semestralprüfungen* abgeschafft.[1] Nur die zur Erlangung von Stipendien in Stiftungen verlangten Prüfungen blieben natürlich bestehen.[2] — Wol oder übel gab das Konsistorium zu diesen Neuerungen 15. Sept. d. J. (1807) seine Zustimmung. Freilich wurden auch später noch immer wieder Vorstellungen betr. eine Zurücknahme derselben gemacht. Z. B. erging sich ein Konsistorialbeschluss vom 19. Sept. 1808 dahin, „es sei sehr zu wünschen, dass die ehemaligen Semestralprüfungen wieder eingeführt würden, auch dass wenigstens für wichtige Lehrfächer *jährige* Kurse bestimmt würden, so dass die betr. Professoren im zweiten Semester jeweils die Fortsetzung lesen.....“ Beides werde „zur gründlicheren Erlernung der Wissenschaften und Beseitigung der Superfizialität vieles beitragen."

Endlich suchte man auch einen schon lange schädigenden Misstand zu beseitigen, indem man die *Nebenferien* auf *eine und dieselbe* Zeit für *alle* Professoren zu verlegen beschloss, „damit die Studenten nicht den ganzen Sommer hindurch partielle Unterbrechungen und daher die Verleitung vor sich haben, auch die übrigen verlesenen Kollegien nicht zu besuchen." Auch *Anfang und Schluss des Semesters* überhaupt wurden wenigstens einigermassen festgestellt. Der Anfangszeitpunkt schwankte in den folgenden Jahren zwischen dem 13. und 30. April bezw. 25. Okt. und 4. Nov., der Schluss wurde auf 24. Sept. bzw. März festgesetzt. Doch stellte man es jedem Professor frei, je nach notwendigen Umständen früher oder später zu schließen, während anderteils wenigstens auf den gedruckten Vorlesekatalogen es meistens heißt, dass die Vorlesungen „unfehlbar" an dem und dem Tag ihren Anfang nehmen.

Was die *Vorlesungen selber* betrifft, so durfte nach allerhöchster Verordnung vom Wintersemester 1810/11 an *kein Professor mehr nach eigenen Heften lesen*, sondern es wurden

---

[1] Nur in der theolog. Fakultät wurden sie 3 Jahre darauf wieder eingeführt. Vgl. König a. a. O. S. 124 flg.

[2] Nicht lange nachher kam eine Verordnung heraus, nach welcher bei diesen Prüfungen statt der bisherigen Noten andere einzuführen seien, nämlich: eminentia — profectus prorsus insignis — insignis — laudabilis — exiguus — nullus.

bestimmte Lehrbücher vorgeschrieben, an die man sich halten
müsse, oder aber die Professoren sollten wenigstens einen gedruckten kurzen „systematischen Abriss" ihres Lehrfachs als
Leitfaden für die Vorlesungen einstweilen herausgeben.

c. Aus einzelnen Fakultäten.

Besondere *Verhältnisse einzelner Fakultäten* anlangend,
habe ich nur einiges Wenige zu erwähnen. Eine schwere
Gefahr drohte der *juristischen Fakultät* durch eine im Allg.
Intelligenzblatt vom 12. Nov. 1806 — ohne vorherige Benach-
richtigung der Universität oder der Fakultät selbst — erschienene Verordnung, dass die Rechtskandidaten den *praktischen* Lehrkurs der Rechte auf der Universität Heidelberg
wenigstens durch ein halbes Jahr „oder lieber ein ganzes"
zu hören hätten. Auf die gegenüber dieser Bevorzugung der
Heidelberger Hochschule ergangene Vorstellung des Konsistoriums anwortete v. Drais beruhigend, es sei dies nur eine zeit-
veilige Vorkehrung, und er sei bereit, „die eigenen Vorschläge
der Hohen Schule über genügende künftige Einrichtungen im
juridischen sowol als in andern Lehrfächern gelegentlich zu
vernehmen." Und am 29. August 1808 sprach das Hofgericht
den ausdrücklichen Wunsch aus, dass man die praktischen
Kollegien auch hier wieder eröffne, „damit zum Nachteil der
hiesigen Anstalt junge Leute nicht genötigt seien, mit größerem
Kostenaufwand an der Universität zu Heidelberg diesen Teil
der praktischen Jurisprudenz nachzuholen." Am 13. September
erwiderte die juristische Fakultät, es werde in diesem Lehrfach
so viel, ja in seiner Art noch mehr als in Heidelberg gelehrt,
„welches sich durch die bloße Vergleichung der Anzeige der
Vorlesungen an den beiden Universitäten zeige." Das Hofgericht
beruhigte sich denn auch bei dieser Erklärung und gab sogar
unterm 7. Okt. d. J. seiner Genugtuung darüber Ausdruck.

In demselben Sommerhalbjahr des Jahres 1808 musste
an der Universität begonnen werden, über den *code Napoléon*,
das neue Landrecht des Großherzogtums, zu lesen. Die amtliche
Einführung (3. Febr. 1809) dieses Zivilgesetzbuches[1]) brachte dem

---
[1]) Mit gewissen, den Verhältnissen des Landes angepassten
„Modifikationen."

Lande anstatt der Unzahl der bis jetzt geltenden zivilrechtlichen Bestimmungen in den verschiedenen Landesteilen ein großes gemeinsames Gesetzbuch. Geltung erlangte es freilich doch erst mit dem 1. Januar 1810, da man vorher nicht erwarten konnte, dass Beamte und Untertanen sich genügend damit vertraut gemacht hätten. Auch dem Prorektorat der Hohen Schule war unterdessen vom Justizministerium ein Exemplar der amtlichen Ausgabe des Kodex zum Ratstisch der juristischen Fakultät übersandt worden mit dem Befehl, sich in ihren Rechtshandlungen von dem bestimmten Verbindlichkeitsziel an darnach zu richten. Der genannte Kursus des neuen bad. Landrechts an einer der beiden inländischen Universitäten war auch, seitdem der *Universitätszwang* 26. Juli 1810 für ganz Baden *aufgehoben* worden war, die einzige Beschränkung für die badischen Studenten, spez. die Juristen, während sie sonst studiren konnten, auf welcher Hochschule sie wollten. (Dies besagt § 17 der neuen Akademischen Gesetze vom Jahr 1810.) Gewisse später hinzugekommene Abänderungen veranlassten die Ministerialeröffnung vom 10. Februar 1812, dass „in jedem Semester Vorlesungen über das neue Landrecht *inbezug auf die im Badischen festgesetzte Abänderung* und bei den Vorlesungen über das ius criminale unter Rücksichtnahme auf das 8. Organisationsedikt gehalten werden" sollen.

In ebendemselben Jahre (1808) noch, in welchem in der iuristischen Fakultät über den Code Napoléon zu lesen begonnen werden musste, erging (19. Nov.) an die *philosophische Fakultät* von der Regierung die Aufforderung, dass einer ihrer Lehrer *Vorlesungen über Pädagogik* halten und gleich im laufenden Kurs noch damit beginnen solle.

Weit umfassendere Veränderungen sind in der *theologischen Fakultät* zu verzeichnen. Anschließend an den Erlass vom 8. Januar 1807, wonach von da an in Freiburg nur noch katholische, in Heidelberg nur noch protestantische Theologie zu lehren sei,[1]) wurden durch Eröffnung vom 28. Mai d. J. die *Heidelberger katholischen Theologieprofessoren Schnappinger, Dereser und Werk*, sowie der *(katholische) Professor der Philosophie Schmitt* nach *Freiburg* versetzt. Ueber die dadurch

---

[1]) Vgl. auch v. Drais „Gemälde aus dem Leben Karl Friedrichs, des ersten Großherzogs von Baden" Mannh. 1829. S. 210.

Die Universität zu Freiburg i. Br. 1806—1818.   35

notwendig gewordenen Verschiebungen und Veränderungen in der theologischen Fakultät¹) vgl. König a. a. O. S. 105 ff., über die finanziellen Bestimmungen hierzu Pfister a. a. O. S. 130.

VIII. Das Lehrerkollegium.

Nach diesen und wenigen anderen Versetzungen und Veränderungen stellt sich das *Lehrerkollegium* der Hohen Schule folgendermaßen dar:

	theol.	iur. (u. camer.)	med.	philos. Fak.
Ordinarii.	6	6	6	6
Extraordin.		1	1	1
Assistenten.			2	

Dazu lasen dann noch in der philos. Fakultät ein Professor des Gymnasiums²) das *Französische* (statt des früheren Lektors) und Rat *Schnetzler* lat. Klassiker (Vergil u. a.), sowie der *protestantische Stadtpfarrer Wucherer*. Mit der Anstellung des letzteren verhielt es sich so. Bei der schon 1806 geplanten und 1807 erfolgten *Errichtung einer „evangelisch-lutherischen Stadt- und Universitätspfarrei"* war von vornherein bestimmt, dieselbe solle „so fundirt werden, dass jederzeit ein in Sitten und Kanzelgabe ausgezeichnetes, zu einer passenden Lehrstelle in der philosophischen Fakultät oder am Gymnasium, wo es erfordert werde, geeignetes, schon durch Erfahrung erprobtes Subjekt dahin gesetzt werden könne." Der erste in dieser Weise angestellte Stadt- und Universitätspfarrer also, Gust. Friedr. Wucherer,³) sollte zwei Vorlesungen „im mathematischen Fach" halten. Als er aber ankam, war die Lehrstelle für reine und angewandte Mathematik schon besetzt,

---

¹) Schnappinger bekam Dogmatik zugewiesen. Dereser das alte und neue Testament, Werk Pastoraltheologie und Katechetik; die Philosophie wurde getrennt, und es erhielt Schmitt Logik und Metaphysik, Boll — bisher schon in Freiburg — praktische Philosophie.
²) Abbé Sonntag, 1812 zum Extraord. ernannt.
³) Vgl. Bad. Biogr. III, S. 522.

weshalb er mit den Vorlesungen für theoretische und experimentelle Physik beauftragt wurde. Zweimal mit seinem Gesuch abgewiesen — weil bei der dermaligen schlechten finanziellen Lage neue Ausgaben nicht möglich seien — wurde er endlich vom Engeren Konsistorium am 21. Mai 1813 als Ordentlicher Professor vorgeschlagen und als solcher am 19. Juli bestätigt, und zwar erhielt er die erledigte Lehrkanzel des Prof. Albrecht für Physik und Technologie. — *Lektoren* für Französisch und Italienisch gab es schon länger, später trat noch einer für Englisch dazu. — Endlich finden wir noch angezeigt einen *Tanz- und Fechtmeister*, sowie mehrere „*Meister*" für *Zeichnen, Malen und Musik*. — Bis 1811 kamen noch hinzu in der medizinischen Fakultät drei Doktoren (Privatdozenten) und ein Extraordinarius, in der philosophischen Fakultät ein Doktor (der zugleich in der medizinischen las) und ebenfalls ein weiterer Extraordinarius.

Die Gesamtzahl der in dieser Periode an der Albertina wirkenden Lehrkräfte beträgt also etwa *dreißig*. Unter diesen waren aber sehr bedeutende, zum Teil weit über die Grenzen des Heimatlandes hinaus *berühmte Namen*. Da die hervorragenderen fast alle teils bei Schreiber, teils in den Badischen Biographien oder an beiden Orten (und auch anderwärts) eingehender besprochen sind, so begnüge ich mich hier mit der Aufzählung ihrer *Namen* und ihres *Faches*.

a) Die *theologische Fakultät* zählte lange Jahre den vielleicht gelehrtesten Mann des ganzen Lehrkollegiums, jedenfalls einen der vielseitigsten Gelehrten von damals zu den Ihrigen, den schon (S. 15) genannten Geistl. Rat und Prof. *Leonhard Hug*.[1]) Von seiner Vielseitigkeit giebt uns schon der Lektionskatalog Zeugnis: las er doch nicht nur über das Alte und das Neue Testament, sondern auch über Biblische Altertümer, orientalische Sprachen, lateinische und griechische Klassiker, römische und griechische Literaturgeschichte usw. Sein Hauptwerk war die in diesem Zeitraum (1808) zum erstenmal herausgegebene „Einleitung in die Schriften des Neuen Testamentes." — Neben ihm glänzte als Stern erster Größe sein Freund *Ferd. Geminian Wanker*,[2]) Professor der Moral, vom

---

[1]) S. Schreiber a. a. O. III. S. 151 ff. Bad. Biogr. I, S. 405.
[2]) S. Schreiber III, 165. Bad. Biogr. II, 423.

Großherzog auf die 3. Ausg. seines Handbuches der christl. Moral (Wien 1810) hin am 18. Febr 1811 zum Geistl. Rat ernannt. — Unter den von Heidelberg nach Freiburg versetzten Theologen war namentlich *Dereser*¹) literarisch tätig durch seine Uebersetzungen von Schriften des Alten und Neuen Testamentes (Jeremias Klagelieder u. Baruch, Frankfurt 1809, Briefe Pauli, Heilbronn 1809 u. a.) — Die andern Namen sind, außer den oben (S. 34) genannten, *Schinzinger*,²) Professor der Kirchengeschichte usw., und seit 1811 eine kurze Zeit *Felner*, (der dann Gymnasialpräfekt, 1814 Pfarrer in Merzhausen wurde.)

b) In der *iuristischen Fakultät* ragt namentlich *Ruef*³) als Professor des Römischen Rechts und Bibliothekar wie als Rat beim Appellationsgericht des Breisgaus hervor. Letzteres war auch der (schon genannte) Lehrer des Kirchenrechts *Sauter*.⁴) Natur-, Staats- und Völkerrecht trug *Weißegger* von Weißeneck⁵) vor, Deutsches Staatsrecht, Lehenrecht, code Napoléon *Mertens*,⁶) Kriminalrecht *Hartleben* (seit 1810), Kirchenrecht *Lugo*.

c) Bei der *medizinischen Fakultät* waren hochverdient der schon oben (S. 9) erwähnte *Ecker*⁷) und *Schmiderer*.⁸) Die Uebrigen sind: *Laumeyer* (für Pharmakologie usw. „vir in medendis oculis prae aliis peritus"), *Menzinger* (Botanik, Mineralogie usw.), *Morin* († 1809, Pathologie), *Müller* († 1809) und dessen Nachfolger *Schaffroth* (Therapie usw.).

d) *Philosophische Fakultät*. Der weitaus bedeutendste Mann ist jedenfalls der bekannte *Karl v. Rotteck*, dessen Bedeutung übrigens weit über das Gebiet akademischer Tätigkeit hinausgeht. In dem in Rede stehenden Zeitabschnitt lehrte er Geschichte mit ihren Hilfswissenschaften und arbeitete an

---

¹) Bad. Biogr. I, 173.
²) Bad. Biogr. I, 258.
³) Schreiber, III, 186. Bad. Biogr. II, 227.
⁴) Bad. Biogr. II, 238. — Einen Nekrolog brachte das Freiburger Wochenblatt Nro. 24 d. J. 1817
⁵) S. Schreiber III, S. 130.
⁶) Bad. Biogr. II, 73.
⁷) Als Prorektor gab er 1807 als Programm heraus „Brevis enarratio eorum, quae anno elapso Academiae laeta et felicia acciderunt."
⁸) Schreiber III, 224.

der vom Jahre 1812 an im Druck erschienenen vielgenannten Weltgeschichte.¹) Nächst ihm war eine Zierde der Universität und beliebt in der ganzen Bürgerschaft, die er bei jeder Gelegenheit mit seinen Gedichten erfreute, der schon oben (S. 3) genannte *Jacobi*. — Als Mathematiker war hervorragend der frühere Benediktiner *Rinderle*.²) Die übrigen sind *Boll, Schmitt*.³) *Wucherer* (s. S. 35) und *Albrecht* († 1813) (s. S. 36).

Ein unerquickliches Kapitel bilden die langwierigen und teils mit Bitterkeit geführten *Rangstreitigkeiten*, wie sie namentlich zwischen den von Heidelberg nach Freiburg versetzten und den gleichaltrigen schon in Freiburg sich befindenden Professoren stattfanden. Schon bei der Prorektoratswahl am 1. Oktober 1807 gab es — nachdem der zuerst gewählte Professor Rinderle abgelehnt — Zwistigkeiten zwischen Schmitt und Albrecht, von denen jeder nach den Gesetzen der Anciennität das Vorrecht zu haben glaubte, gewählt zu werden. Der Streit wurde endgiltig erst durch die Ministerialverordnung vom 25. Februar 1808 entschieden, wonach die betr. Professoren „nach ihrem ersten Anstellungsdekret zu rangiren" angewiesen wurden, „ohne Rücksicht darauf, ob solche auf in- oder ausländische Lehrstellen lauteten." Diese Anordnung entschied für Albrecht, der auch am 24. März d. J. gewählt wurde. Dieser Streit, durch welchen die Wahl des Prorektors vom Oktober bis beinahe in den April verschoben wurde, war die Ursache, dass von jetzt an *nicht wie bisher im Spätjahr, sondern im Frühjahr* (um Ostern) *der Prorektoratswechsel* stattfindet.

Fast zu der gleichen Zeit glaubten sich die drei Heidelberger Theologen gegen Hug, dem auch das Dekanat ein halbes Jahr verlängert worden war, zurückgesetzt und „als Stiefbrüder" behandelt, als „Leute, die man von den akademischen Aemtern entfernt halten wolle". (Konsistorialsitzung 24. X. 1807). Bei einer andern ähnlichen Rangstreitigkeit zwischen Wanker, Schinzinger und Dereser einigte man sich schließlich dahin, durch das Loos zu entscheiden. Der edel-

---

¹) Vgl. Schreiber III, 132. Bad. Biogr. II, 211. Ausführlicher hat das Leben des großen Mannes sein Sohn Hermann v. Rotteck beschrieben (Pforzheim 1843).
²) Bad. Biogr. II, 188. Schreiber III, 116.
³) Siehe S. 41 Anm.

mütige Wanker aber, für den dabei der erste Platz herauskam, leistete freiwillig Verzicht darauf (31. VIII. 1808).

Um, wie es scheint, bei solchen Rangstreitigkeiten in der Besetzung von Ehrenämtern freie Hand zu haben, dem Würdigeren und Verdienstvolleren selbst gegen den dem Alter nach eher Berechtigten den Vorzug geben zu können, wurde durch Ministerialentscheidung vom 18. Juni 1810 „*die bisherige Observanz*, dass keiner zum Dekanat oder zu einer anderen akademischen Magistratur gelangen könne, der nicht seine Vormänner mit der akadem. Magistraturstelle bekleidet gesehen habe," *aufgehoben*. Am 7. Juli d. J. wurde die Aufhebung derselben „Observanz" auch bezüglich des Prorektorats verkündigt; tatsächlich hatte jedoch in diesem Falle eine solche, wie bemerkt wird, nicht bestanden. Freilich brach später noch einmal, bei der Prorektoratswahl zu Ostern 1813, ein Streit aus zwischen v. Rotteck und (dem Heidelberger) Schmitt. Und da auch das Konsistorium betr. des Turnus geteilter Ansicht war, so ließ man ihre beiderseitigen Eingaben an das Ministerium gelangen. Dieses verlangte einfach die Stimmenzahl zu wissen, und da auf Rotteck 8, auf Schmitt nur 4 Stimmen gefallen waren, so wurde für den ersteren entschieden, mit dem Bemerken, dass man die in älterer Zeit aufgestellten Grundsätze von einem unabänderlichen Turnus nicht anerkenne, dass vielmehr der zu erwählende Prorektor einfach eine entschiedene Stimmenmehrheit als Zeichen des größeren Vertrauens der Mitglieder des Kollegiums haben müsse. Natürlich sei man an diese Stimmenmehrheit an höchster Stelle nicht unbedingt gebunden usw. — Am gleichen Tag (17. IV. 1813) wurde auch Werk als Dekan der theologischen Fakultät bestätigt, nachdem heftige Debatten vorausgegangen und seine Wahl beanstandet worden war, weil derselbe das Doktorat nicht hatte.

Aber auch an *anderen Streitigkeiten* fehlte es leider im Lehrkollegium nicht. So reichte z. B. am 28. Februar 1810 *Sauter gegen v. Rotteck Injurienklage* ein, weil derselbe sich erlaubt hatte, im philosophischen Fakultätsprotokoll vom 20. Okt. 1806, § 1. über ihn mit folgenden Worten herzufahren: „Prof. Sauter, dieser Mann (ohnehin nur usurpatorisch eingeschlichen) hatte den Mut, den geschlossenen Akten noch eine Schrift, und zwar eine Schmähschrift gegen mich beizulegen." Nur wenn Rotteck, erklärte Sauter, diese grobe Unwahrheit und

Unbill bis zur Unleserlichkeit auslösche, stehe er (Sauter) von
der Klage ab. Auf die Mahnungen des Konsistoriums hin
löschte denn auch (im cons. ordin. vom 13. IV.) Rotteck alles
Anstößige aus.

Fast kein Ende nehmen wollten die Unannehmlichkeiten
die man mit dem *Stiftungsverwalter Sartori* Ende 1809 und
Anfang 1810 hatte. Demselben wurde nichts Geringeres als
Unredlichkeit in der Verwaltung zum Vorwurf gemacht. Er
war übrigens auch schon in die Angelegenheit des 1809 verstorbenen Münsterpfarrers und früheren Professors *Schwarzl*,[1])
die der Universität so arge Verdrießlichkeiten bereitete, verwickelt.

Bevor wir uns vom Lehrkollegium trennen, möge noch
Einiges über die damaligen *Besoldungsverhältnisse* erwähnt
werden. Dieselben waren schon bei den ordentlichen Professoren mitunter ziemlich verschieden. In der theologischen Fakultät
erhielt z. B. Werk (vom 1. März 1807 an) jährlich 931 fl. nebst
einer Kompetenz im Anschlag von 108 fl. und aus dem Religionsfond 200 fl., zusammen also 1239 fl.: sein Kollege Dereser
erhielt selbst später, vor seinem Weggang als Stadtpfarrer
nach Karlsruhe (Mai 1810) nur etwas mehr als 1100 fl. — Jacobi (philos. Fak.) wurde, wie schon erwähnt, noch unter
österreichischer Herrschaft 1784) mit 1000 fl. jährlich angestellt,
Ecker (mediz. Fak., 1797 mit 1200 fl., Schaffroth (mediz.)
bei seiner Anstellung (1809) mit 800 fl. nebst den Naturalien.[2]) —
Für den anzustellenden Professor in der philosophischen Fakultät,
der zugleich die neuerrichtete evangelische Stadtpfarrei zu
versehen hatte (s. oben), wurde aus den breisgauischen Klostereinkünften eine Besoldung von 530 fl. in Geld, 10 Malter

---

[1]) S. Schreiber III, 168 ff.

[2]) Was diese Naturalien betrifft, so finde ich eine genaue Angabe von der Größe derselben erst später gelegentlich erwähnt.
Prof. Duttlinger erhielt nämlich 31. Dez. 1833 als Entschädigung
für die Uebernahme der Vorlesung über die neue Prozessordnung
die „ganze Naturalkompetenz" bewilligt. Und da wird denn erwähnt,
dass dieselbe bestanden habe aus: „3 Malter, 8 Sester, 6 Becher
Weitzen, ebensoviel Roggen, 1 Malter, 4 Sester, 5 Messle, 7 Becher
Gerste, und 7 Ohm, 5 Maas Wein." (Aus den Personalakten Duttlingers.)

Roggen, 20 M. Dinkel usw. ausgesetzt, nebst freier Wohnung in dem vormaligen Allerheiligenkloster (jetzigen Burgkaserne in der Herrenstraße), wo auch zuerst die Kirche war.

Von außerordentlichen Professoren erhielten z. B. Ittner (durch Ministerialerlass vom 25. Juni 1812) einen Anfangsgehalt von 400 fl., Dr. Moser (für Aesthetik u. Philol.) vom 9. Februar 1814 einen solchen von 500 fl. Der Supplent für griech. und hebräische Sprache erhielt monatlich 20 fl. — Dem, wie schon früher erwähnt, für Gymnasium und Universität gemeinsam angestellten französischen Sprachlehrer wurden jährlich 300 fl. ausbezahlt. Bei der Anstellung eines neuen französischen Lehrers am 10. Juni 1810 wurde diesem ausdrücklich vorgeschrieben, täglich zwei Stunden freien Unterricht am Gymnasium und eine Stunde an der Universität zu geben. Auch solle er auf Erfordern den Unterricht in der spanischen und englischen Sprache besorgen. Die jährliche Besoldung betrug dafür jetzt 700 fl.[1])

Mit den *Gehaltserhöhungen* hatte es in diesem und dem nächsten Zeitraum) bei der Geldnot immer seine Schwierigkeiten, und man schob die Gewährung darauf sich beziehender Bittgesuche zum mindesten immer lange hinaus. Man beschloss daher am 28. Dez. 1809, die Kuratel zu ersuchen, „sie wolle bei den bekannten ökonomischen Umständen der Universität durch zweckmässige Vorschläge beim Hof ins Mittel treten, dass die Universität instand gesetzt werde, ihre *Mitglieder standesgemäss zu besolden* und die anderweitigen Ausgaben nach dem Bedürfnis der Umstände zu bestreiten." Und was insbesondere die Ordinarii betrifft, so beantragte man später, am 21. Mai 1813, beim Ministerium, „dass die Zahl der ordentlichen Professoren in jeder Fakultät für immer bestimmt werde und der jüngste künftig in das Ordinariat eintretende Professor sich mit einem geringeren Anfangsgehalt begnügen müsse, welcher nach ihren Dienstjahren und Fleiss von Zeit zu Zeit vermehrt werden könnte, so dass drei Klassen von Besoldungen für die ordentlichen Professoren beständen."

Aber nicht nur wenn es sich um Gehaltserhöhungen handelte, sondern auch sonst suchte man gerade in den Be-

---

[1]) Diese Stunden wurden übrigens in den Lektionskatalog nicht aufgenommen.

soldungan so oft als möglich zu sparen. So beschloss man z. B. am 23. Januar 1810, als Prof. Hartleben — erst 1809 an die Hochschule berufen — als Kreisrat bei dem Kinzigkreis angestellt wurde, *dessen Lehrstelle* (er hatte über jurist. Encyklopädie und Methodologie usw. gelesen) *nicht mehr zu besetzen* mit „einem besonderen Individuum," worauf die juristischen Professoren sich bereit erklärten, dass sie in diesem Falle in die Lehrfächer des Abgehenden sich teilen wollten („dass keiner zurückbleiben sollte"). Die darüber benachrichtigte Kuratel erwiderte aber am 2. Februar 1810 entrüstet, eine solche Kanzelverteilung geschehe nur zum größten Nachteil des wissenschaftlichen Unterrichts, wie es sich früher schon gezeigt, wo die Akademie auf dem Punkt gewesen sei „in den engen Kreis eines Lyzäums zusammen zu sinken, und wirklich habe es das Ansehen, als wenn dieses System wieder aufgestellt werden sollte." Die Lehre des Kriminalrechts, die Theorie und die Uebungen des praktischen Rechts seien so umfangreich, dass sie übrig genug einen Mann beschäftigten; man begreife daher nicht, wie die Herren Professoren es sich zu verteilen gedächten.

IX. Die Institute der Universität.

Dem verhältnismäßig recht umfangreichen *Vorlesekatalog*[1]) steht auch eine nicht unbedeutende — wenn auch mit der

---

[1]) Wie breit übrigens in jener Zeit die Vorlesungen in dem Verzeichnis angekündigt wurden, dafür nur folgendes Beispiel. „Hr. Prof. Hug trägt vor. . . Geschichte der griech. Bildnerey. Runde Bildnerey; ihre Entwicklung in allen Stoffen, bis auf Theodoros von Samos; ihr Fortgang zur schönen Kunst bis Polyklet — Verschiedenheit der Schulen — ikonische Bildnerey, ihre Höhe mit Lysippos. Zuflucht der Kunst zu den Ptolemeern; Rückkehr in ihr Vaterland; ihre Auswanderung nach Rom und Zerfall. Halbrunde Bildnerey über Holz- und Marmorflächen; im Erzgusse. Toreutik in edlen Metallen zu Tempelgefässen und Prunkgeschirren. Mikrotechnik; Myrmecidische Werke usw. Daktyloglyphik; Bildnerey in edlen Steinen; ihr Anfang und Wachstum bis Pyrgoteles; Zustand unter den Nachfolgern Alexanders; ihr neues Leben unter den Römern, und ihre Erhaltung bis auf Severus. Steine, welche bearbeitet wurden. Zustand der mechanischen Vorrichtungen und ihre Behandlung."

heutigen natürlich nicht zu vergleichende — Anzahl von Universitäts*instituten* zur Seite. Von der *Bibliothek* und ihrer Bereicherung in diesen Jahren war schon oben (S.8 ff.) die Rede[1]) — Den Zwecken einer medizinischen Klinik diente das zum Teil der Universität unterstehende *Krankenhaus*[2]), das „auf 24 (später mehr) Kranke reichlich gestiftet" war. In diesem Haus wurden auch die praktisch-chirurgischen Uebungen abgehalten. Ferner wurde in einem besondern Zimmer derselben zu praktischen Uebungen in der Entbindungskunst „öfters Gelegenheit verschafft." Von einer besondern „auf 6 Kindbetterinnen erweiterten Gebäranstalt" (des Hofrat Ecker) ist erst später, W. S. 1816/17 die Rede. — Teils ganz neu geschaffen teils bedeutend bereichert wurden aus aufgehobenen Klöstern die *Sammlungen von Naturalien*, von *physikalischen* und *astronomischen Instrumenten*, das *anatomische Theater*, das *anatomisch-pathologische Museum* und das *chemische Laboratorium*. Einen recht ansehnlichen Umfang muss damals auch der *medizinisch-botanische Garten* schon gehabt haben. 1808 wurde der Kuratel auf ihr Verlangen ein vollständiges Verzeichnis der vorhandenen Gewächse eingereicht, worauf sie in Aussicht stellte, „durch ihre Korrespondenten in der Schweiz u. a. Orten die diesseitige Flora nach und nach zu bereichern." — Zu diesen Instituten und Sammlungen der Universität selbst kamen dann aber noch *Privatsammlungen* einzelner Professoren — so z. B. die des Prof. Schniderer von „tierischen Eingeweidewürmern und Steinen, von kranken Tierknochen" usw. —, die bei Vorlesungen jeweils benutzt wurden.

X. *Studenten und Studentenleben.*

Endlich noch einiges vom *Leben und Treiben der Studenten* und von der *Frequenz* der Hohen Schule.

Wir haben oben gesehen, wie die Erhaltung der Universität zu einem guten Teil — wie es wenigstens hieß — dem

---

[1]) Besonders erwähnt wurde damals jeweils, dass sie an Inkunabeln sehr reich sei.

[2]) Vgl. Ecker, Nachrichten von der Einrichtung und den Gesetzen des klinischen Hospitals an der Hohen Schule zu Freiburg. (Rosset) 1808.

guten Betragen der Freiburger Studenten zuzuschreiben war. Ein Gleiches hatte man nun freilich in der Folgezeit nicht immer zu loben. Im Gegenteil. Noch im Jahre 1806 hören wir fast mehr als genug von Ausschreitungen der Studenten, bald schlimmer, bald mehr harmloser Natur. Angesichts solcher sah sich Ende Dez. 1806 Hr. v. Drais zu der Aeußerung veranlasst, „der gute Kredit der Universität in Ansehen der Sittlichkeit gehe so verloren." Entschuldigend gewissermaßen fügte er jedoch hinzu, dass „einige Heidelberger Studenten dahier seien, welche die hiesigen zu einem freieren Leben, wie solches in Heidelberg geführt werde, anreizen." Auch der damalige Prorektor zweifelte, wie es scheint, nicht an der Unschuld der eigentlichen Freiburger Studenten und warnte bei seinem Abgang vom Amte am 1. Okt. 1807 vor den Heidelberger Studenten, die im nächsten Schuljahr kommen würden, „in der Absicht, unter den hiesigen Vorfälle zu veranlassen, die vermögend wären, die Universität um ihren guten Ruf zu bringen, den sie bei S. Kgl. Hoheit wegen der sittlichen Aufführung ihrer Akademiker hätte." Es werde also für den neuen Prorektor eine der vorzüglichsten Sorgen sein, auf die Moralität der Studenten streng zu halten. — Einige dieser Heidelberger erregten auch schon durch das Tragen von „gar sonderbarer" Kleidung in den Kollegsälen Anstoß. Dies, so beschloss man (31. Dez. 1806), solle von den Professoren selbst an den betr. Studenten gerügt, und wenn nötig, sollten solche von den Kollegien ausgeschlossen werden; überhaupt sei „ein solcher Unfug exemplarisch gegebenen Falles sogar mit Exklusion zu bestrafen." Den betr. Heidelberger Herren aber wurde eröffnet, dass sie im Fall der Fortsetzung ihres Treibens die Stadt zu verlassen hätten; denn es sei der Universität nicht darum zu tun, *viele* Studenten, sondern nur *gute und wolgesittete* Jünglinge zu haben.

Aber es kam auch in den folgenden Jahren nur allzuoft zu Ausschreitungen und sogar zu blutigen Händeln der Studenten sowol unter einander als auch mit der Bürgerschaft und namentlich mit dem Militär. So wurden z. B. am 11. Mai 1808 zur Nachtzeit zwei Bürger von Studenten misshandelt. Letztere wurden mit dreitägigem Karzer bestraft, aber „nicht als überwiesene Misshändler der Bürger, sondern als nächtliche Schwärmer und Anlassgeber zu Händeln." —

Am 9. Juni desselben Jahres wurden mehrere Studenten wegen grober Beleidigung der Garnisonsoffiziere vom Stadtkommandanten angezeigt usw. — Natürlich waren mitunter auch die Studenten die Herausgeforderten oder die Angegriffenen. Z. B. waren am 21. Februar 1808 im Schützenhaus und auf der Strasse „Leute aller Stände, Honoratioren, Studenten und Bürger," vom Militär mit Säbeln und Schlägen grob misshandelt worden ohne die geringste Veranlassung, wie es hieß, vielmehr habe es „den Anschein gehabt, als wenn die Soldaten hiezu einen Wink irgendwoher bekommen hätten." Zur Untersuchung wurde eine gemischte Kommission — der Oberpolizei-, Militär- und akademischen Behörde — eingesetzt. Außerdem wandte sich das erbitterte Konsistorium, obwol der Oberst der schuldig befundenen Soldaten Genugtuung in Aussicht gestellt hatte, direkt an den Großherzog und in einem anderen Schreiben an das Kuratorium.

Da aber in den meisten Fällen die Universitätsbehörde gegen ihre Mitglieder nicht streng genug einzuschreiten schien und so die Händel sich eher immer mehrten, so erinnerte das Kuratorium unteren 31. August desselben Jahres daran, wenn nicht ernsthaftere Vorkehrungen getroffen würden, „so laufe die Universität Gefahr, ihre Gerichtsbarkeit zu verlieren, worauf es allem Anschein nach abgesehen sei. Es erfordere Klugheit, wachsame Aufsicht über die Sitten und öffentliche Ordnung, wenn man dieses abwehren wolle." Die Unordnungen seien sogar schon Sr. Kgl. Hoheit zu Ohren gekommen „und zwar auf eine Art, wobei der Universität vieles zu Schuld gelegt werde, und daher nicht ohne Grund zu besorgen stehe, dass man darüber in Verantwortung gezogen würde." Von einer direkten Vorstellung an den Hof sah man diesmal ab, weil der Kurator beim Ministerium jedenfalls gut sprechen werde.

Dieser, der Kurator, hatte jedoch in einem andern Schreiben aus demselben Jahre auf die zahlreichen freilich auch vielfach übertriebenen Gerüchte hin nochmals Veranlassung genommen, eine ernste Mahnung an das Konsistorium auf Abstellung öffentlicher Schwärmereien usw. zu richten, „besonders wäre darauf zu sehen, dass unter den Studenten *keine Verbindungen zu Landsmannschaften* oder andern unzulässlichen Zwecken entstehen, die sich dem Vernehmen nach unter der

Hand bilden sollen." Das Konsistorium antwortete entschuldigend
auf diese Klagen: 1) Man könne es den Studenten nicht verwehren,
Sommers bis Abends 11 Uhr, Winters bis 10 Uhr in
öffentlichen Schenkhäusern zu sein, da solches allen Einwohnern
der Stadt erlaubt sei. 2) solle das Militärkommando den
Patrouillen einschärfen, nach dieser Zeit die etwa betroffenen
Studenten mit aller Schonung erst zu warnen und dann
erst . . . . auf die Wache abzuführen, auf Verlangen sie aber
dem akademischen Pedell verabfolgen zu lassen. 3) Die Strafbaren
seien mit Nachtarrest — von Abends 7 Uhr bis Morgens
5 Uhr je nach der Jahreszeit — zu bestrafen. 4) Betr. der
Landsmannschaften habe man zwar einige Anzeichen, aber
doch noch keine offizielle Anzeige von dem Vorhandensein
solcher. — Man beschloss jedoch, einen Anschlag „intra
valvas" oder in jedem Hörsaal zu machen, dass diejenigen
Akademiker, die in solche Gesellschaften sich einlassen und
äußerliche Zeichen, z. B. Kokarden, Achselschnüre, Hutquasten
usw. tragen, sich dem Schutz der Universität entziehen und
mithin für keine Akademiker mehr anzusehen seien. Man wartete
aber mit dem Anheften dieses Anschlags dann noch, weil man
hoffen durfte, die Sache mache sich von selbst, und weil man
fürchtete, die Akademiker könnten dadurch nur noch mehr
zu solchen Verbindungen aufgereizt werden. Wirklich konnte
man auch schon kurz darauf die erfreuliche Bemerkung machen,
dass „schon einige die Hutmaschen abgenommen," und man
gab sich der frohen Hoffnung hin, „die übrigen würden es
jedenfalls auch tun, weil sie wissen, dass die Universität dieses
Unwesen mit Kokarden und Landsmannschaften nicht dulde."

Bald jedoch wurden energischere Maßregeln notwendig
sowol gegenüber den Ausschreitungen der Studenten überhaupt
als auch gegenüber den Landsmannschaften. Das Konsistorium
vom 29. Okt. 1808 schon beschloss, ein Lokal für zwei Karzer
auszusuchen für geringere und schwerere Vergehen, ohne
dass die Eingesperrten Gelegenheit hätten, mit jemand zu
reden. Dieser Beschluss scheint durch eine Mahnung des
Kuratoriums veranlasst worden zu sein. Dasselbe hatte nämlich
die Universität zwar gegen die Klage der Regierung
wegen zu gelinder Behandlung der Studenten bei nächtlichen
Ausschreitungen in Schutz zu nehmen versucht, legte aber der
akademischen Behörde dringend ans Herz, zwei Punkte zu

beobachten: „1) Dass die Studenten, welche öffentliches Aufsehen und Zusammenlauft erregen, allemal mit zweitägiger Karzerstrafe belegt werden müssen; 2) dass, wenn solcher Studenten nur einer erkannt und eingefangen würde, der die Mitschuldigen nicht angäbe, eines solchen Arrest zu verschärfen und nach Befund der Umstände zu verlängern wäre....." — Was sodann die *studentischen Verbindungen* betrifft, so wurde vorerst unterm 20. Februar 1809 durch Ministerialreskript eingeschärft, „dass keine willkürlichen Uniformen, keine Hutkordons und nur den Zivil- und Militärstaatsdienern vorbehaltene Auszeichnungen getragen werden" dürfen. Eine *umfassende Verordnung* aber enthielt erst ein Ministerialerlass vom *4. Juni 1810* (veröffentlicht im Regierungsblatt d. J. Nr. 33). Nachdem in dieser zuerst von der „Bestrafung der Realinjurien der Akademiker zu Freiburg und Heidelberg", die mindestens in dem Consilium abeundi bestehen müsse, geredet wird, heißt es weiter: „2) Alle geheimen Studenten-Orden werden durchaus untersagt, die bereits bestehenden gleich nach Verkündigung dieser Verordnung aufgelöst; 3) im Falle dieses nicht geschieht, so sind bei solchen Orden und Verbindungen, wenn sie auch außerdem keinen nachteiligen Zweck haben, die Oberen, Senioren, Werber, Sekretarien oder Agenten mit dem consilio abeundi und nach Maß der Strafwürdigkeit mit einfacher oder geschärfter Relegation zu bestrafen, die übrigen weniger gravirten Mitglieder mit 10—14tägiger Karzerstrafe zu belegen .... 4) Haben aber Orden und Verbindungen noch außerdem gefährliche Endzwecke, so sind die Häupter und Werber zu verhaften, ihre Papiere zu versiegeln, und sie nach Befinden, wie vorhin gesagt worden, zu bestrafen. 5) Hausbesitzer und andere sollen einer solchen Gesellschaft bey schwerer Strafe keine Unterkunft gestatten. 6) Ebenso ist die Errichtung oder Fortdauer von Landsmannschaften unter diesem oder anderm Namen untersagt, und wird, falls sie mit geheimen Eiden oder Verpflichtungen verbunden ist, so, wie die vorgemeldete Errichtung von Orden bestraft...... Porektor, Senat und Konsistorium sowie alle Lehrer haben, falls sie von dergleichen Verbindungen Kunde erhalten, dem Universitätsbeamten sogleich Nachricht davon zu geben." Vgl. die akademischen Gesetze von 1810. V. Titel § 33 (u. 37).

Von dem Erfolg dieser Maßregeln in Freiburg finde ich leider nirgends eine Spur berichtet. Dagegen möge hier ein

Artikel aus Heidelberg in der Freyburger Zeitung Nr. 159 d.
J. 1810 seine Stelle finden: „Die neulichen außerordentlichen
Maßregeln der Regierung gegen die Verbindungen der hiesigen
Studenten, welche die Frequenz der Universität nur (!) um 58
vermindert haben, sind von den herrlichsten Folgen gewesen.
Es herrscht hier jetzt musterhafte Ruhe und Ordnung und eine
seltsame Verträglichkeit der Studierenden unter sich, so dass
auch von Duellen nichts mehr gehört wird. Neue Verbindungen
werden bey der jetzigen energischen Verfassung um so weniger
wieder entstehen, da die bey der letzten Untersuchung geführten Akten mehrfach gezeigt haben, wie die besseren Mitglieder der Verbindungen nicht selten durch ihre Obern getäuscht und gemißbraucht wurden. . . . ." Dazu muss bemerkt
werden, dass überhaupt in Heidelberg ein viel regeres Verbindungsleben herrschte. Tauchte doch daselbst in jener Zeit
sogar einmal der Plan unter solchen Verbindungsstudenten
auf, die ganze Akademie solle sich in 5 Korps teilen und ohne
Ausnahme jeder Student zu einem dieser Korps gehören. —
Es wurde tatsächlich in Heidelberg eine ganze Anzahl (ca. 20)
solcher Leute teils relegirt, teils auf die Festung Dilsberg geschickt, während, wie gesagt, ich von Freiburg nirgends etwas
derart erwähnt finde.

Dass man auch namentlich *politische* Umtriebe und Unruhen vonseiten solcher Verbindungen befürchten zu müssen
glaubte, hatte wol seine Ursache einmal in dem Bekanntwerden der gerade damals wieder im Breisgau sich regenden
Begeisterung für das Haus Habsburg, wobei man sogar vielfach eine Wiedervereinigung mit demselben anzustreben schien;
sodann aber vielleicht auch insbesondere in folgender Tatsache. Im Sommer des Jahres 1809 waren *Vorarlberger Aufständische* auch in die Länder der Rheinbündler als der
Vasallen ihres Zwingherrn eingefallen und hatten schwäbische
Ortschaften überrumpelt, so dass ein badisch-württembergisches
Korps gegen sie gesandt werden musste. Damals nun wollten
auch 20 Freiburger Studenten zu den Aufständischen sich begeben; 5 von ihnen wurden jedoch unterwegs aufgefangen
und nach Freiburg zurückgebracht, die andern entkamen.[1]) —
Solcher Vorkommnisse wegen war man lange im Zweifel, ob

---

[1]) Vgl. Kleinschmidt a. a. O. S. 232.

man Studirende aus Vorarlberg aufnehmen solle oder dürfe.
Auf eine Anfrage antwortete das Ministerium am 22. Nov.
1809, es sei nicht nötig, diese *Leute ganz* von der Universität auszuschließen und dadurch ihrer Frequenz zu schaden; indessen habe man mit verdoppelter Sorgfalt über ihr politisches Betragen zu wachen.

Im nächsten Jahr (1810) kamen die neuen *akademischen Gesetze* für die beiden Universitäten des Großherzogtums heraus (gedruckt in Karlsruhe in der Chr. Fr. Müllerschen Hofbuchdruckerei); dieselben waren notwendig geworden, weil nicht nur die bisherigen Gesetze der beiden Hochschulen in manchen Punkten von einander abwichen, sondern auch „in anderen Hinsichten eine Revision dieser Gesetze nötig befunden wurde." Abdrücke derselben mussten die Studirenden bei ihrer Immatrikulation unterschreiben.

Diese neuen Universitätsgesetze[1]) wurden u. a. auch der damals gerade neu entstandenen *Universität Berlin* zugeschickt, welche ihrerseits durch ein Schreiben vom 20. Febr. d. J. mittelst Beischließung eines gedruckten Gesetzesentwurfs ihre Entstehung angezeigt hatte. Man beschloss auch alsbald mit derselben wie mit einigen der ältern ein „Kartell inbetreff der Relegation" zu schließen.

Noch sei erwähnt, dass (bis S. S. 1811) den damaligen Vorlesekatalogen jeweils die Bemerkung hinzugefügt wurde: „Ueber den *sittlichen Zustand der* hier *Studirenden* wacht das Prorektorat und jeder einzelne Professor, welche alle den festen Vorsatz haben, die Disziplin zu handhaben, die guten Sitten, das ruhige und stille Betragen der Studirenden, durch welche die Universität sich die höchste Gnade des Landesherrn erworben hat, auch ferner gegen jeden Ruhestörer streng zu schützen." Erst vom W. S. 1816/17 an wurde dann wieder ein Zusatz gemacht: „Ueber das sittliche Betragen der Akademiker wacht das Universitätsamt."

Wenn ich schließlich zur Besprechung der *Frequenz* der Hohen Schule übergehe, so muss ich bedauern, erst von dem W. S. 1807/8 an die Anzahl der Immatrikulirten (aus den Konsistorialprotokollen) genau angeben zu können. Aus dem

---

[1]) Denen übrigens unterm 13. Jan. 1812 der Großherzog noch einen Nachtrag betr. die Bestrafung der Duellanten hinzufügen ließ. —

Matrikelbuch selber lässt sich nur die Zahl der jeweils — zweimal im Jahr — neu Immatrikulirten ersehen.[1] — Die Frequenz-Tabelle von dem genannten Jahrgang an also ist folgende:

Semester:	Inländer	Ausländer	Summe.
1807/08	234	84	318
1808	193	71	264
1808/09	239	75	314
1809	228	60	288
1809/10	252	73	325
1810	215	53	268
1810/11	236	66	303
1811	225	46	271

Sehen wir uns diese Zahlen einmal im Allgemeinen an, so mag zunächst *im Verhältnis zur heutigen Frequenz* uns die Gesammtzahl gering erscheinen. Wir müssen uns aber erinnern, dass noch in den siebziger Jahren die Zahl der Immatrikulirten fast durchgängig eine geringere war und bis im Jahr 1877 die Zahl 300 nur einmal (W. S. 1874/75) erreicht wurde. Sodann aber ist bemerkenswert, wie nach obiger Tabelle damals immer die *Winter*halbjahre die größere Anzahl aufweisen, während heutzutage das Gegenteil der Fall ist. *Mit Heidelberg verglichen* war freilich Freiburg damals bedeutend weniger besucht. Heidelberg hatte in jenen Jahren meist über 400 Studenten, und nur im W. S. 1810/11 sank dort die Zahl auf 317 und kam so der zu Freiburg beinahe gleich. Heidelberg hatte eben schon damals bedeutenden *Zuzug aus nichtbadischen Ländern*, während dies bei Freiburg in nur geringem Maß der Fall war. Während in Freiburg das Verhältnis der Ausländer zu den Inländern in jenen Jahren durchschnittlich 2 : 7 (1811 z. B. sogar 2 : 10) war, war es in Heidelberg durchschnittlich 5 : 2.[2]

---

[1] Dieselbe betrug z. B. anno scholastico 1805/6: 90, davon 25 gymnasii studiosi; 1806/7: 134, davon 53 gymn. stud.; 1807/8: 84; 1808/9: 102 usw. — Unter den 1806/7 neu Eingeschriebenen wurde einer propter homicidium aus dem Album gestrichen!

[2] Heidelberg hatte z. B. 1808/09: 294 Ausl. 125 Inl.; 1809/10: 330 Ausl. 107 Inl., 1810/11: 209 Ausl. 108 Inl.

Was die *Stärke der einzelnen Fakultäten* betrifft, so standen sich alle vier so ziemlich gleich, am stärksten freilich waren meistens die theologische und die medizinische. Das Hervortreten der letzteren ist namentlich der geringen Zahl der Mediziner in Heidelberg gegenüber bemerkenswert.[1] Heidelberg war eben schon damals sozusagen die Hohe Schule der Juristen,[2] während Freiburg zu einer solchen der Mediziner auserkoren scheint. Letzteres sprach auch der bekannte Anatom und Phrenolog *Gall*, der gerade in jener Zeit in Freiburg seine vielbesuchten Vorträge hielt, aus, als die Behauptung, *eine* medizinische Studienanstalt sei für das Land genug, ihm zu Ohren kam. „Heidelberg," sagt er, „wird schwerlich jemals zu einer vollkommenen medizinischen Studienanstalt gedeihen. Bedeutende Vorzüge scheinen mir für Freiburg zu entscheiden. Es wird gar nicht schwer sein, dort ganz passende Lokale zu finden, weil es an Gebäuden, die sogar mit Gärten umgeben sind, nicht fehlt. Freiburg hat außerordentlich reiche Stiftungen, die nicht weggenommen werden können, und nur noch einen sehr geringen Zuschuss von Seiten des Staates erfordern würden, um alle Auslagen für die ganze Universität zu bestreiten. Die Zuchthäuser und Spitäler befördern den klinischen, anatomischen und physiologischen Unterricht, was in Heidelberg so äußerst mangelhaft ist. Die Zahl der Mediziner ist schon gegenwärtig in Freiburg weit beträchtlicher als in Heidelberg, wo deren nur 18—20 sind usw. Es lässt sich auch nichts gegen die Biederkeit der Bewohner und gegen die unvergleichlich schöne und gesunde Lage, gegen die Wohlfeilheit der Lebensmittel usw. sagen. Freiburg scheint daher geeignet zu sein, der wahre Sitz der Musen und der Kultur, und vielleicht eine der vorzüglichsten Universitäten in Deutschland zu werden, besonders wenn man bedenkt, wie reichlich der Staat verdienstvolle Lehrer zu belohnen, und wie liberal seine Gesinnungen gegen das Fortwirken des Geistes zu sein pflegen."[3] — Wenn wir die Entwicklung bis

---

[1] 1808/09 z. B. zählte Heidelberg 40, Freiburg 83, also mehr als doppelt so viel!

[2] Deren es z. B. in dem genannten W. S. 1808/09 bei einer Gesamtfrequenz der Universität von 419 nicht weniger als 227 gab!

[3] Freiburger Intelligenzblatt. Nr. 63. Jahrgang 1807.

heute betrachten, müssen wir dem Mann in den meisten Punkten Recht geben.

Um nochmals auf die Gesamtzahlen der obigen Tabelle zurückzukommen, so dürfte es vielleicht auffällig erscheinen, dass von einem herabmindernden Einfluss der Kriegszeiten nichts oder kaum etwas zu bemerken ist. Nun brach aber gerade in einem dieser Kriegsjahre, *1809*, auch noch ein *ansteckendes Fieber* aus, das auch unter der Zahl der Studenten seine Opfer sich holte. Und da aus Angst viele weggingen, dachte man sogar einmal daran, die Universität zu schließen. Doch hören wir darüber das Matrikelbuch selber:

Infesti erant anno 1809 urbi Friburgensi menses Julius et Augustus. Complures enim iuvenes et puellas *febris nervica* corripuit, atque haud paucos etiam consumsit. Decem omnino academici a 15ta Julii usque ad 31^mum Augusti tumulo sunt illati. Cum tot academici morbo decumberent, alii aegris inservirent, alii febris metu perculsi discederent, deliberarunt Patres academici, num decrescente in dies discipulorum numero scholae publicae sint claudendae, et anno scholastico, cuius terminus haud procul distaret, imponendus sit finis. Unanimi autem voto conclusum fuit, praelectiones publicas tamdiu continuandas esse, quamdiu sufficiens discipulorum numerus adfuerit; nulli vero denegandam esse licentiam, si ad suos reverti velit.

XI. Festlichkeiten.

Von den großen *politischen Ereignissen* und den mächtigen *Umwälzungen* jener stürmereichen Zeit[1]) und der Stellungnahme der Universität zu denselben erfahren wir — abgesehen von den Eingangs besprochenen Einwirkungen auf die Finanzen — aus den Protokollen soviel wie gar nichts. Auch das Ma-

---

[1]) Das Aufhören der römisch-deutschen Kaiserwürde verursachte u. a. eine Veränderung in den Doktordiplomen, insofern jeder Ausdruck von da ab weggelassen werden musste, der auf jene Würde Beziehung gehabt hätte (Konsistorialbeschluss vom 30. August 1806). Daher wurden seit diesem Zeitpunkt (Juli bezw. August 1806) die Worte des Textes jener Diplome: auctoritate sacra Caesareae Majestatis Francisci secundi et auspiciis Electoris Caroli Friderici etc. abgeändert in: auctoritate et auspiciis regiae celsitudinis Magni Ducis et principis nostri Caroli Friderici.

trikelbuch hat nur einmal eine Bemerkung. Zum Jahr 1807 stehen nämlich unter Memoranda u. a. folgende Trostworte: Hoc ipso anno, in quo Puni Germanorum, Borussi, in Napoleonis potestatem redacti, bellumque late in terris septentrionalibus saeviit, nos in otio collocati respiravimus et conquievimus paullisper ab aerumnis et calamitatibus tam diu toleratis.

Um so reichlicher fließen die Nachrichten über *Festlichkeiten* aller Art und deren Vorbereitungen. Ich zähle die nennenswertesten auf.

Am 27. Juli 1806 war zur *Feier der* schon am 8. April in Paris stattgefundenen *Vermählung*¹) des damaligen *Kurprinzen* und späteren Großherzogs *Karl* mit *Stephanie Beauharnais*, der Adoptivtochter Napoleons, im Münster ein feierliches Hochamt mit Tedeum. Ich erwähne diese Feier namentlich auch deshalb, weil das Corpus academicum bei der an dasselbe ergangenen Einladung zur Teilnahme gleich die Bedingung stellte, dass ihm die Plätze der jetzt aufgelösten vorderösterreichischen Landstände überlassen würden, mit denen es 1790 bei einer ähnlichen Feier in Streit geraten sei. Um so mehr glaube man darauf ein Anrecht zu haben, als die Universität „Patron und collatrix der Münsterpfarrkirche" sei.

Dass auf ähnliche feierliche Weise neben dem *Geburtstag des Landesherrn* (22. Novemb.) auch alljährlich der Napoleons selber (15. Aug.) begangen wurde, braucht wol kaum erwähnt zu werden.

Größere Vorbereitungen traf man auf den *Besuch des Großherzogs im Mai 1807*. Schon im Konsistorium vom 18. April wurde beschlossen, „die Vorderseite der alten Universität gothisch zu bemalen, zu verzieren und zu beleuchten, sowie die Akademiker zu Musik, vielleicht auch einem Fackelzug, und einem zum Vortrag eines von Jacobi zu entwerfenden Gedichtes zu veranlassen" usw. — Bei einem *zweiten Besuch* am Abend seines Lebens, im Mai *1811*, hatte sich der Großherzog in seiner Bescheidenheit und wol auch weil er wusste, wie sehr der Hohen Schule das Sparen woltue,²) jeglichen

---

¹) Vgl. u. a. das Allg. Intelligenz- und Wochenblatt für den Breisgau und die Ortenau. 1806. Nro. 34

²) War doch kurz vorher jener Bericht über den Finanzstand der Albertina nach Karlsruhe gelangt (s. S. 25).

Aufwand beim Empfang verbeten. Die Universität beschloss deshalb nur, Jacobi solle „ein Cantate machen, das dann die Studenten bei einem zu veranstaltenden musikalischen Aufzug mit Fackeln abzusingen hätten. Damit dieses mit Anstand und in Ordnung geschehe, habe jemand von Ansehen die nötige Leitung zu übernehmen." Einige von den „gesetzteren" Akademikern, nach späterer Vereinbarung aus jeder Fakultät drei oder vier, sollten ausgewählt werden, die „sich getrauten," dem Großherzog aufzuwarten und „das Cantate mit einem schicklichen Spruch ihm zu präsentiren."

Die *Heirat Napoleons mit Maria Louise* feiert das Matrikelbuch durch folgende Worte: Secunda Aprilis eiusdem anni (1809) Napoleon Galliarum Imperator et Rex Italiae cum Maria Ludovica Francisci II. Austriae Imperatoris, Bohemiae et Hungariae Regis filia nuptias iniit, quas Deus optimus diuturnae pacis pignus esse velit.

In demselben Jahre 1809, am 19. Nov., wurde zur Feier des so glücklich endigenden Feldzugs Napoleons gegen Kaiser Franz, den ehemaligen Landesherrn, und des schließlich errungenen Sieges über Erzherzog Karl, den einstigen Rektor der Albertina, in Form eines Pontifikalamtes usw. ein *Friedensfest* gefeiert.

Dass der oben erwähnte Wunsch des Matrikelbuches, der jedenfalls auch bei diesem Friedensfest allüberall gehegt wurde, dass, sage ich, dieser Wunsch nach einem recht lange dauernden Frieden nicht in Erfüllung gegangen ist, lehrt die Geschichte. Der edle Karl Friedrich hat freilich den Wiederausbruch des Krieges, der Tausende seiner Landeskinder auf den Schnee- und Eisfeldern Russlands ins Grab gebettet hat, nicht mehr erlebt. Der Tod hat ihn vor diesem Schmerz bewahrt: am *10. Juni 1811* hat er im 83. Lebensjahr nach mehr als halbhundertjähriger Regirung[1]) das Zeitliche gesegnet. Er war ein edler Landesvater im wahren Sinne des Wortes gewesen, dem deshalb ganz Baden und nicht an letzter Stelle die Albertina, die er vor dem drohenden Untergang bewahrt hat, ein warmes Andenken bewahrt. Mit Recht hob

---

[1]) Er regirte im ganzen 73 Jahre, davon 65 selbständig.

Rotteck, der die Trauerrede¹) auf den Verewigten bei der
besonderen akademischen Trauerfeier in der Universitätskirche am 22. Juli hielt, hervor, dass derselbe „unser (d. h.
der Universität) wankendes Gemeinwesen von neuem befestigt,
unseren wissenschaftlichen und ökonomischen Bedürfnissen
auf eine großmütige Weise gesteuert, und uns durch die gnä-
digste Annahme des unmittelbaren akademischen Vorsteher-
amtes . . . . die kostbarsten Pfänder seines Wohlwollens und
seines Entschlusses gegeben, diese Albertina, das Monument
der Liberalität seiner eigenen, erhabenen Stammesgenossen,
für die Zukunft zu erhalten, zu schützen, zu erweitern."

Bei den *Leichenfeierlichkeiten in Karlsruhe*, der Ausstellung der Leiche, dem feierlichen Gottesdienst und der Ueberführung vom Residenzschloss bis Gottesau (23. Juni), von wo
der Leichnam nach Pforzheim in die Fürstengruft gebracht
wurde,²) war die Universität durch den Prorektor Ruef und
je einen Professor der 3 andern Fakultäten, Schnappinger
(z. Z. Dekan), Schaffroth (Exdekan) und Rotteck (Dekan), vertreten. Diese nahmen, wie die Trauerordnung vorschrieb,
„in tiefer Trauerkleidung, mit stehendem Kragen auf den
Röcken" teil. Sie wussten nach ihrer Rückkehr nicht genug
zu erzählen, wie herzlich und ehrenvoll sie aufgenommen
und behandelt worden seien, und wie sie die Zeit gut benutzt
hätten, für die Universität Freunde und Gönner zu gewinnen
bezw. zu bestärken, Vorurteilen gegen die Universität zu begegnen u. s. f. . . . „und so dürfe in dieser Hinsicht die Universität die Reisekosten nicht bereuen."³)

---

¹) Auch im Druck in der Herderschen Universitätsbuchdruckerei
erschienen.

²) Vgl. v. Drais a. a. O. S. 266 und den genaueren Bericht
der Großhzgl. Bad. Staatszeitung d. J. 1811, Nro. 180.

³) Die Trauerkleider der Abgesandten, zu 40 fl. für die Person
berechnet, glaubte die Wirtschaftsdeputation nicht aus der Kasse
bestreiten zu können; man könne sich ja durch die Kuratel an das
Ministerium wenden, um aus der Staatskasse die Kosten ersetzt zu
bekommen. Aber die Kuratel schlug es ab, „weil man diesen Weg
leicht umsonst einschlagen könnte;" man werde die Summe schon
aus der Kasse ersetzen können usw.

Zweiter Hauptteil.
Die Regirung des Grossherzogs Karl (1811—1818).

I. *Gefährdung auswärtiger Besitzungen und Rechte.*

Die *Huldigung* bei dem neuen Großherzog Karl, dem Enkel Karl Friedrichs, fand vonseiten der Universität durch eine Abordnung am 25. August 1811 in Karlsruhe statt. Der Abgesandte, Hofrat Ecker, ward sehr gnädig empfangen und erhielt „alles Gute" für die Hohe Schule versprochen. Schien so durch dieses Versprechen aus Höchstem Munde der Universität in nächster Zeit in ihrer Stellung innerhalb des Landes keine Gefahr irgend welcher Art zu drohen, so war dies um so mehr von außen der Fall.

Auf Befehl des Franzosenkaisers wurde am 15. Juli 1812 die *Pariser Universität in den Besitz der Güter der Albertina im Elsass* — der Propsteien Oelenberg und St. Ulrich — eingesetzt und an das Konsistorium das Ansinnen gerichtet, alle auf jene Besitzungen sich beziehenden *Urkunden* auszuliefern. Den mit diesem Befehl vom Vorsitzenden des Kollegiums in Kolmar Abgesandten befriedigte man einstweilen durch Mitteilung der „Inventarien" und meldete gleich die Angelegenheit dem Ministerium in Karlsruhe, beifügend, man habe einen Rückstand an Bodenzinsen, Gülten und Pachtschillingen von 112,900 Livres mit Recht anzusprechen. Das Ministerium riet, „von den Urkunden von besonderem Wert Abschriften fertigen zu lassen, und die Abgabe der verlangten Urkunden bis auf fernere Weisung vom Hof dermalen noch nicht geschehen zu lassen, zugleich habe man durch Ansinnen an den zu Straßburg befindlichen zur Uebernahme der Urkunden bevollmächtigten Kommissär den Versuch zu machen, ob derselbe nicht geneigt sey, die in Anspruch genommen werdende Entschädigung . . . . gegen Zahlung eines Aversi zu übernehmen." — Nochmals verlangte am 13. August 1813 der „Inspecteur de l'académie" in Straßburg die Herausgabe benannter Urkunden. Inzwischen wurde der Krieg der Verbündeten gegen Napoleon glücklich geführt, und so hatte man Aussicht, dass der Sache eine andere Wendung gegeben werde. Schon während das österreichische Hoflager nach dem Einrücken der Verbündeten in Frankreich seinen Aufenthalt in Freiburg hatte, wurden von der Universität verschiedene Versuche gemacht, u. a. von dem damaligen Prorektor von Rotteck eine Bittschrift an Kaiser Franz und eine solche an Metternich übergeben — einstweilen im Drang der Kriegsgeschäfte natürlich ohne eigentlichen Erfolg. Erst nach dem glücklichen Ausgang des Krieges und dem (ersten) Sturze Napoleons glaubte man (26. Mai 1814) den günstigen Zeitpunkt gekommen, sich für die seit der Revolution verlorenen Güter der Hohen Schule[1]) zu verwenden, damit diese in den Besitz eines Teiles der Güter und Gefälle selbst wieder komme, oder doch eine entsprechende Entschädigung dafür erhalte. Man glaubte um so eher etwas zu erreichen, als in allen früheren Uebergabsurkunden jener Länder, in denen die Universität Besitzungen hatte, auf die Verwendung des späteren kgl. französischen Kriegsministers, des schon (S. 4) genannten Herzogs von Feltre, hinzugefügt worden war: sauf les droits et les propriétés de l'Université de Fribourg. — Aber eine an Metternich für den Wiener Kongress übergebene Vorstellung in dieser Sache wurde nicht einmal beantwortet. Als dann nach dem Wiederausbruch des Krieges im Jahre 1815 und nach dem abermaligen Uebergang der verbündeten Heere nach Frankreich ein „Oesterreichisches Generalgouvernement des Ober- und Niederelsass" zu Kolmar errichtet worden war, wandte man sich an dieses. wurde jedoch von da an das Hohe Armee-Ministerium und von diesem weiter an das Großherzogl. Badische Ministerium der auswärtigen Angelegenheiten verwiesen. Letzteres erließ am 8. Febr. 1816 eine Verfügung, in welcher namentlich betont wurde, es komme jetzt darauf an, „eine Deduktionsschrift in Betreff der Arrérages oder Interkalareinkünfte vom Ausbruch der französischen Revolution

---

[1]) Vgl. Schreiber a. a. O. III, S. 74 ff.

an bis zur friedensschlussmäßigen Abtretung gedachter Güter an Frankreich in französischer Sprache zu verfassen und mit den nöthigen Beweisen zu versehen, welche dann der in Paris niederzusetzenden Liquidationskommission übergeben und nach Möglichkeit unterstützt werden würde."

Trotzdem nun alsbald die Wirtschaftsdeputation ein solches Ersatzforderungsverzeichnis verfasste und dasselbe von Abbé Sonntag ins Französische übersetzt und nach Karlsruhe abgeschickt wurde, war doch bis Ende 1816 so gut wie nichts geschehen. Man ließ deshalb auch dem Rektor der Universität Straßburg, der die auf jene elsässischen Güter sich beziehenden Urkunden forderte, am 19. Nov. d. J. erklären, dass, bevor die Albertina „mit ihren Schadloshaltungsforderungen wirklich befriedigt sey," eine solche Herausgabe nicht stattfinden könne. Und in Karlsruhe ließ man am 4. Dez. d. J. anfragen, ob denn die abgesandte Abhandlung an ihren Bestimmungsort abgeschickt worden sei.

Eine neue Stütze für die Forderung der Universität bot die unterdessen bekannt gewordene Note des kgl. französischen Gesandten vom 28. Oktob. d. J., wonach „unter der jetzigen französischen Regierung kein Verboth mehr für die dortseitigen (d. h. französischen) Gemeinden existire, ihre schuldigen Kapitalien und Zinsen an die diesseitigen Unterthanen und Gläubiger abzutragen." So glaubte deshalb auch die Albertina um so mehr jetzt das Recht zu haben, „ihre ehemaligen Bodenzinse im Oberelsass pro praeterito et futuro zu reklamiren." Von Paris[1]) schrieb man jedoch zurück, dass diese Forderung an Frankreich durch die dafür geltend gemachten Artikel aus dem Frieden von 1814 und aus der Uebereinkunft von 1815 keineswegs begründet sei. — Die Universität stützte sich aber in einem abermaligen Schreiben an das Ministerium nicht allein auf jene Verträge, sondern vielmehr noch auf das *Eigentumsrecht*. Dasselbe habe geschlafen während der Zeit fran-

---

[1]) Der Legationsrat Gerstlacher daselbst machte im Vertrauen schon vorher auf die Schwierigkeit des Wiedererlangens aufmerksam, weil es namentlich darauf ankomme, „zu beweisen, ob Frankreich bey der friedensschlussmäßigen Abtretung der Elsässer Güter auch die Verbindlichkeit zur Schadloshaltung für den früheren in via facti erworbenen Genuss derselben übernommen, oder ob die Universität seit dem Luneviller Frieden desfalls Schritte gethan habe."

zösischer Ueber- und deutscher Ohnmacht, sei aber in den Jahren 1814 und 1815 nicht sowol durch jene Verträge als durch die Siege der verbündeten Mächte wieder erwacht. Aber alle Bemühungen, alle Entrüstungs- und Beschwerdeschriften und Schreiben halfen, wie es scheint, nichts. Wenigstens gab ein Ministerialerlass vom 8. Febr. 1817 die traurige Versicherung, „dass von einer Revindikation der Bodenzinse (seit dem Luneviller Frieden) nach § 37 des Reichsdeputationsrezesses vom 25. Febr. 1803 keine Rede seyn könne . . . . ."

Schon bald nach dem Beginn dieser langwierigen Unterhandlungen mit dem *westlichen* Nachbar brechen neue Schwierigkeiten und Unannehmlichkeiten im *Osten* aus.

Im Bewusstsein, dass die Angelegenheiten der (früheren) *Güter und Pfarreien in Württemberg* noch lange nicht endgiltig geregelt seien, und in einer gewissen Ahnung neuer Verwicklungen hatte man sich den König von Württemberg auf jede Weise geneigt zu machen gesucht. Als derselbe z. B. am 10. Febr. 1813 um Erteilung der Doktorwürde für den Rektor und vier Theologieprofessoren an seiner neuen Hohen Schule in *Ellwangen* nachsuchte, ging man nicht nur bereitwilligst darauf ein, sondern leistete auch auf alle sonst übliche Vergütung Verzicht. Auch beschloss man, die Ueberreichung der Urkunden[1]) möglichst feierlich zu machen. — Trotzdem kam es nicht lange darauf zu lang andauernden Verwicklungen mit Württemberg.

Nach den oben (S. 14 ff.) erwähnten Misshelligkeiten wegen der Gefälle, Patronatsrechte u. a. im Württembergischen, die ja noch glimpflich für die Universität endigten, war im Jahr 1807 ein *Staatsvertrag zwischen Baden und Württemberg* zustande gekommen, in dem die Beherrscher beider Länder „auf die denselben in beiden Staaten wechselseitig zustehenden Patronatsrechte zu ihren gegenseitigen Gunsten verzichteten." Durch die Verordnungen vom 14. Mai und 3. Juni 1813 wurden ferner *alle Patronats- und Kirchenbesetzungsrechte der Privatpersonen und Körperschaften aufgehoben*. Kraft dieser Verordnungen also, erklärte die württembergische Regierung, habe auch die Albertina ihre im Württembergischen besessenen

---

[1]) Hug, der dieselbe besorgte, bekam bei dieser Gelegenheit den kgl. württembergischen Zivilverdienstorden.

Patronatsrechte verloren, dieselben seien der Krone Württemberg angefallen. Zugleich lud aber auch schon an demselben 3. Juni d. J. das kgl. Württembergische *Katholische Geistliche Ratskollegium* die Universität ein, „die *Pfarreien Ehingen und Rottenburg* an S. M. den König gegen andere zu überlassen." Man sträubte sich lange und ging erst am 12. Mai 1814 bedingungsweise auf den Umtausch gegen zwei andere Pfarreien ein, was aber auch dann noch von dem Ordinariat verworfen und erst am 11. August d. J. genehmigt wurde.

Unterdessen aber hatte das Konsistorium am 8. Juli 1813 beschlossen, eine „triftige Deduction" beim Ministerium zu machen. Zu diesem Ende solle Prof. Sauter eine gründliche Darstellung aus den Stiftungsurkunden und den Grundsätzen des Kirchenrechts zusammenstellen, um eine Erklärung bewirken zu können, „dass die diesfallsigen Rechte der Universität wegen ihrer *besonderen Eigenschaft nicht* unter der allgemeinen Aufhebung obengenannter Rechte begriffen seyen." Nachträglich wurde jedoch die Angelegenheit an Mertens übertragen, der etwa Folgendes ausführte:

Jene Verordnungen über das Patronatsrecht der Standes- und Grundherren, der Gemeinden und Körperschaften gehn die Universität eigentlich gar nichts an, indem sie nicht Patronatsrechte besitzt und ausübt, sondern selbst „*parochus primitivus seu habitualis der ihr durch die Urstiftung inkorporirten Pfarreien*" ist. Dieselben sind eigentlich also nie erledigt, die Universität ernennt nur zu denselben von Zeit zu Zeit Pfarrvikare. Ein Beweis, dass die Universität wirklich in einem ganz andern Verhältnis als (andere) Patronatsherren steht, ist der Umstand, dass, — trotzdem schon durch Verordnung vom 14. Juli 1807 den Gemeinden das Kirchenherrlichkeits- oder Patronatsrecht benommen — sie doch seither als parochus primitivus ihr Recht der Pfarrvikarernennung ausgeübt hat und auch immer die höchste Bestätigung ohne weiteres erhielt, wie z. B. 1809 bei der hiesigen Münsterpfarrei . . . . . . Auch ist schließlich „eine diesfällige Beeinträchtigung der Hohen Schule inbezug auf die im Königreich Württemberg gelegenen ihr einverleibten Pfarreien . . . . . . *höchst präjudizirlich.*"

Aber alles half für jetzt nicht. Am 23. August wurde die Universität mit ihrer Vorstellung vom Ministerium *abgewiesen.*

mit der Begründung, dass gerade deswegen jenem früheren Erlass jetzt ein weiterer mehr ins Einzelne gehender gefolgt sei, um eben ausdrücklich jetzt die *Korporationen und selbst Privatpersonen* zu erwähnen, während im früheren nur *allgemein* von den bisherigen *Standes- und Grundherren* die Rede gewesen sei. *Also mache jetzt die Hohe Schule keine Ausnahme mehr.* Wohl oder übel musste sich das davon benachrichtigte Konsistorium vom 16. Sept. in das Unvermeidliche fügen, was man freilich nur in der Form tat, dass man beschloss, „*zu warten bis zu einem weiter eintretenden Fall einer Pfarreierledigung.*" Man gab also nicht die Ansprüche überhaupt und für immer, sondern nur für den vorliegenden Fall auf.[1]) Jetzt erst wurde Sauter wieder gebeten, die Gründe, womit er die Rechte der Universität zu stützen gedenke, darzulegen. Er riet nun in der Sitzung vom 5. Okt. d. J., man solle von dem Verhältnis der Universität zu den ihr einverleibten Pfarreien gar nicht sprechen, sondern auf allem, was nicht ausdrücklich abgesprochen sei, indes verharren, übrigens zuwarten, was für Folgen aus dem Abgesprochenen etwa gezogen werden dürften. „Denn was man jetzt als gewisse und bleibende Rechte darstellen würde, könnte nur Anlass geben, nicht nur die übrigen, sondern auch die benannten anzufechten, weil es leicht sey, ein Haus zu erschüttern, dessen Fundamente untergraben worden seyen, und noch leichter, aus einem widrigen Grundsatz widrige Folgen zu ziehen." Er erinnere sich, fügte er noch bei, des Spruches „inimici hominis domestici eius."

Auch in Karlsruhe war man bemüht, der Universität wenigstens für die Zukunft zu ihrem Recht zu verhelfen. Am 24. März 1814 ersuchte das badische Ministerium jenes zu Stuttgart, „die Universität bey der Ausübung ihrer fraglichen Rechte nach den dortseitigen Staatsgesetzen zu belassen." Der katholische Geistliche Rat in Stuttgart zog jedoch aus der bedingungsweise und noch nicht einmal förmlich geschlossenen Abtretung seitens der Universität den Schluss, dass dadurch das Recht, über jene Pfarreien (Ehingen[2]) und Rottenburg)

---

[1]) Man hoffte wol auch, in ruhigeren Zeiten als die augenblickliche war, eher etwas zu erreichen.

[2]) Nach einer Meldung der kgl. württembergischen Landvogtei zu Ulm vom 14. März 1815 vergab der König von Württemberg

zu verfügen, an den König von Württemberg übergegangen sei, während doch gerade dieses Recht als Hauptbedingung der erst in Aussicht gestellten Abtretung von der Universität genannt wurde.

Tatsächlich kam man also trotz aller Verhandlungen keinen Schritt vorwärts. Selbst als durch die Verordnung vom 28. Dez. 1815 *die den Grundherrn 1813 entzogenen Patronatsrechte denselben wieder eingeräumt* wurden und die Universität sich alsbald unmittelbar beim Großherzog in Erinnerung brachte (März 1816), da antwortete das Ministerium am 10. April 1816: da die höchste Verordnung vom 28. Dez. 1815 *nur* die Standes- und Grundherren angehe, so könne rücksichtlich der Hohen Schule keine nachträgliche Entschließung gefasst werden. Man hatte also durch jene Berufung auf die „besondere Eigenschaft"[1]) der Hohen Schule und die in Anspruch genommene Ausnahmestellung gerade das Gegenteil erwirkt. — Eine wiederholte „feierliche Protestation" des Konsistoriums vom 28. Okt. 1816 „gegen die Abtretung des Nominationsrechts auf beide Stadtpfarreien sowie gegen die Entziehung des universitätischen Klein-, Obst- und Blutzehnten des Filials Hausen" hatte deshalb auch nur den Erfolg, dass durch Allerhöchste Verfügung vom 25. Nov. d. J. „die Universität mit ihrer wiederholten Vorstellung wegen Wiedereinsetzung in ihre Patronatsrechte" jetzt endgültig und kurzerhand *abgewiesen* wurde.

Wieder flackerte ein Hoffnungsschimmer auf, als in demselben Jahre 1816 *König Friedrich von Württemberg* starb und ihm *sein Sohn Wilhelm nachfolgte*. Um sich bei diesem gut anzuschreiben und von ihm vielleicht eher etwas zu erreichen, beschloss man, wenn das Ministerium in Karlsruhe nichts dagegen habe, eine Abordnung gelegentlich des Ablebens des alten und der Thronbesteigung des neuen Königs nach Stuttgart zu senden. Eine solche ging auch am 2. Dez. d. J. wirklich ab, trotzdem von Karlsruhe die Erlaubnis noch nicht

---

auch die Kaplanei ad St. Catharinam in dieser Stadt (Ehingen) „vermöge Devolutionsrechtes" d. h. weil von der Universität innerhalb bestimmter Zeit nicht besetzt. Dasselbe war schon früher mit der Pfarrei Ummendorf bei Biberach geschehen.

[1]) S. oben S. 57.

ausdrücklich erteilt war und vielmehr erst später, am 11. Jan. 1817 das Ministerium des Jnnern schrieb, dass man eine solche Abordnung nach Stuttgart „*für ganz unnöthig erachte.*"

Aber noch ging es fast drei Jahre, bis endlich durch Ministerialerlass vom 24. *August 1819 die Grund- und Patronatsrechte der Universität wieder gewährt wurden.*[1])

II. Die Kriegsjahre und ihre Folgen.

Die großen Ereignisse der Jahre 1812—1815 waren natürlich auch an der Albertina nicht vorübergezogen, ohne tiefe Spuren zurückzulassen. Gleich beim (ersten) Durchzug der nach Frankreich rückenden Truppen der Verbündeten im Dezember des Jahres 1813 wurde die *Universitätskirche* zu einem *Militärmagazin* hergegeben. In derselben wurden nicht nur Mehl und Früchte, sondern auch Branntwein und Heu untergebracht. Das letztere hat man[2]) der Feuersgefahr[3]) wegen fortzuschaffen und ein besonderes Heumagazin außerhalb der Stadt — etwa in dem vormaligen Holzhaus an der Dauphinéstraße vor dem Schwabenthor — einzurichten. Eine in diesem Sinne an das Dreisamkreisdirektorium gerichtete Vorstellung wurde jedoch von diesem am 23. Febr. 1814 abgewiesen, weil eine solche Verlegung aus der Jesuiten- oder Universitätskirche „aus mehrerley Rücksichten unthunlich sey."

Der *untere Stock des Hauptgebäudes* der Universität wurde zu einem „*Montirungsdepot*" verwendet. Auf eine dagegen von der Universität gerichtete Beschwerde hin verordnete freilich das Großherzogliche Direktorium des Dreisamkreises am 9. Dez. 1813, dass das Stadtamt dieses „Montirungsdepot

---

[1]) S. Pfister, die finanz. Verhältn. d. Univers. Freiburg, S. 148.

[2]) Konsistorialbeschluss vom 10. Dezember 1813.

[3]) Diese Furcht ließ eine am 9. Februar 1814 an das Engere Konsistorium gerichtete Anzeige des Sakristans der genannten Kirche nicht unbegründet erscheinen. Darnach hatten sich in der vorhergehenden Nacht angekommene Russen mit brennenden Pechfackeln an das Heumagazin gedrängt und Heu gefasst. Der heftig wehende Wind nahm das auf der Straße und unter der Thür liegende Heu mit sich fort, und so hätte in der stürmischen Nacht leicht eine große Feuersbrunst entstehen können. Das Gleiche sei übrigens auch in der vorhergegangenen Nacht geschehen.

unverzüglich daselbst auszuquartiren und entweder in das städtische Kaufhaus oder das neue Spital zu verlegen" habe. Dass man aber mit dem Befolgen dieses Befehls gar nicht so sehr eilte, bezeugt eine später nochmals vom Konsistorium erhobene bittere Klage wegen dieser Belästigung.

In denselben Dezembertagen des Jahres 1813 wurde man auch mit *Pferdeeinquartirung* im Universitätsgebäude bedroht. Dass eine daraufhin eingegangene Bitte des Konsistoriums vom 10. Dez., von *aller* Einquartirung befreit zu bleiben, nicht erhört wurde, ist natürlich.

Weil bei der Unruhe der Zeiten eine *Berufung des Plenums* nicht immer gleich möglich war, wurde der Wirtschaftsverwaltung in derselben Sitzung vom 10. Dez. erlaubt, wenn der Fall nicht ein ganz dringender sei, die Angelegenheiten für sich allein oder wenn möglich nach Beratung mit den Mitgliedern der Wirtschaftsdeputation — bei wichtigeren Sachen mit Beiziehung des Prorektors zu erledigen.

In denselben Monat Dezember[1]) d. J. 1813 fällt auch der *Besuch der verbündeten Herrscher selbst* und ihres Gefolges sowie ihrer Feldherrn gelegentlich ihres Durchzugs nach Frankreich. Zuerst traf, am 11. Dez., Fürst *Schwarzenberg*, ein; vier Tage darauf (15. d. M.) *Kaiser Franz* mit Erzherzog *Ferdinand*, Großherzog von Würzburg; am 22. d. M. endlich der *russische Kaiser*. Auch die Hohe Schule beteiligte sich lebhaft an dem frohen Empfang, der aller dieser Fürstlichkeiten wartete. In der obengenannten Sitzung vom 10. Dez. war beschlossen worden, dass bei Schwarzenberg der Prorektor mit den vier Dekanen, bei den Kaisern aber die ganze Schule in corpore erscheinen sollte. Als die Kaiser unter ungeheurem Jubel ihren Einzug in die Stadt hielten, wurden die alte und die neue Universität sowie die Bibliothek feierlich beleuchtet; ein nächtlicher Umzug der Akademiker mit Fackeln und Gesang beschloss die Festlichkeit. — Noch in demselben Monat trafen u. a. ein der Kosakenhetmann Graf *Platow*,[2]) der russische General *Barclay de Tolli*, im Januar der *König von Preußen*, *Metternich*, *Stein*, Lord *Castlereagh* u. a., am 7. Januar auch ganz unerwartet der *Großherzog*.[3])

---

[1]) Nachdem schon am 27. Nov. der österreichische Feldzeugmeister Kolloredo angekommen. Vgl. unten.

[2]) Mit 6 Regimentern Kosaken.

[3]) Das Matrikelbuch berichtet über diese Besuche: Anno 1813

Das *Durchziehen der Truppenmassen* selber wollte kein Ende nehmen, jeden Tag fast trafen, auch im Februar noch, neue ein. Dieselben weilten freilich meistens nur ganz kurze Zeit, wenn sie überhaupt sich aufhielten, in der Breisgaustadt, während die Fürstlichkeiten mit ihrem Gefolge bis Mitte Januar größtenteils blieben.¹) — Und kaum war man von den genannten Truppendurchzügen und Einquartirungen seit Anfang März recht befreit, als schon im Mai d. J. gelegentlich des *Rückzugs aus Frankreich* neue begannen und wieder über zwei Monate andauerten. Auch im Jahr 1815 waren die durchziehenden Truppenmassen zwar nicht mehr so zahlreich, aber immerhin groß genug bei der noch gänzlichen Erschöpfung der Bürger. Dass unter diesen ungeheuren *Einquartirungslasten*²) auch die Albertina zu leiden hatte, lässt sich leicht

ad finem vergento coniuncti Austriae, Russiae, Borussiaeque, nec non et omnium Germaniae principum exercitus Rhenum transgressi sunt, magnum illud herculeumque opus perfecturi. Vidit urbs nostra maximam ingentium harum legionum per Brisgoviam in Helvetiam (die meisten gingen zunächst nach Basel) transeuntium, atque inde in Galliam irrumpentium partem celeberrimosque earum duces, inter quos unum, qui reliquis omnibus praeerat, nempe Carolum Philippum e principibus de Schwarzenberg, nominare sufficiat . . . . . Mit ähnlichen Worten wird dann der drei Monarchen gedacht und namentlich die Freundlichkeit des Kaisers Franz, des ehemaligen Landesherrn, und seines Bruders Ferdinand, „qui bibliothecam Academicam per integram et amplius horam perlustraverat", hervorgehoben.

¹) Von Freiburg aus sandte damals (3. Jan. alten Stiles, 1814) u. a. Kaiser Alexander dem österreichischen Hofrat von Gentz für seine „verdienstvollen" Schriften den russischen St. Annenorden.

²) Im Ganzen waren vom 27. Nov. 1813 bis 1. Aug. 1814 in Freiburg einquartirt und verpflegt worden: 1274 Gesandtschaften (Generäle und Stabsoffiziere), 9295 Subalternoffiziere und Aerzte, 621,518 Gemeine, 12,025 Bediente, 136 kranke und verwundete Offiziere, zusammen also 644,248 Mann. Vom 22. März bis 31. Dez. 1815 waren es: 291 Generäle und St., 3308 Subalt. u. Ä., 72,263 G., zusammen also 75,862. Ich erinnere dabei daran, dass Freiburg damals nur 10,000 Einwohner zählte. — Zum Vergleich setze ich bei, dass z. B. die Stadt Lörrach mit 1927 Einwohnern im ersten Krieg vom 22. Nov. 1813 bis 1. Sept. 1814: 327,962 Mann, im zweiten vom 21. März bis 31. Dez. 1815: 82,955 Mann einquartirt und verpflegt hat; es kommen also hier doch noch bedeutend mehr, nämlich 205

denken.¹) Ebenso aber auch, dass unter diesen Umständen in jenen großen Kriegsjahren²) die noch immer nicht glänzenden *Finanzen* der Universität aufs neue zerrüttet wurden. Zwar waren gleich zu Anfang der Regirung des Großherzogs Karl auch von Karlsruhe aus Maßregeln³) ergriffen worden, um die Universität so viel als möglich von Ausgaben zu entlasten. So lautete z. B. ein Erlass vom 30. Dez. 1811 dahin, dass „die theologischen Professuren künftighin mit nahegelegenen Pfarreien der Maßen verbunden werden sollen, dass letztere durch vicarii zu besorgen seyen, wodurch die Besoldung aus dem Universitätsfond wo nicht ganz, wenigstens größtenteils erspart werden könne." Das konnte aber natürlich nicht hindern, dass in der darauffolgenden Zeit die Lage immer schlechter wurde und dass schon am 10. Dez. 1813 der „Wirthschaftsdirektor" Schinzinger sich zu der Erklärung genötigt sah, dass „das Universitätsärarium in einer so äußerst beklemmten Lage sich befinde, wie vorher noch nie. Gegenwärtig seyen gerade noch 1000 fl. in der Kasse, und das laufende Besoldungsquartal werde schwer zusammenzubringen sein." Als Ursache giebt derselbe an, dass die Jahreseinnahmen, namentlich von den württembergischen Besitzungen, durch die auferlegten, ganz beispiellosen Kriegssteuern und Lieferungen außerordentlich vermindert worden seien. Dazu kamen aber

---

Mann auf *einen* Einwohner (in beiden Kriegen zusammen), in Freiburg nur 72, also nur der dritte Teil etwa.

¹) Einige nähere Angaben hat Pfister a. a. O. S. 140.

²) Ueber die Ereignisse des Jahres 1814 äußert sich das Matrikelbuch: .... ad effectum nempe hoc anno perducebatur id, quod anno 1812 deperdito ac plane destructo in gelidis Russorum regionibus gallicano exercitu feliciter coeptum fuerat, labefacta arrogans Gallorum praepotentia, insolens totius Europae tyrannus Napoleon Bonaparte — *quod monstrum immane* (man vergleiche damit die Sprache des Matrikelbuches vom Jahr 1809 oben S. 54!) *Corsicana insula in generis humani internecionem avomuerat* — de Gallorum throno, quem iniuria occupaverat, omnibusque tyrannorum artibus satis firmasse sibi visus fuerat, deiectus atque in insulam Elbam ut ita dicam deportatus fuit ...... Kurz nachher heißt es von Napoleon, dass er sein Volk velut rapacem praedonum phalangem per orbem terrarum circumagebat.

³) Ueber die von Direktor Hartmann (Ende 1811) gemachten Vorschläge vgl. Pfister S. 138.

noch Ueberschwemmungen, Hagelschlag und die oben genannten großen Einquartirungen, — nicht nur in Freiburg selbst, sondern auch auf den Schaffneien, so dass an einen Pachtschilling von letzteren gar nicht zu denken war. Man beschloss deshalb, an das Ministerium eine Eingabe zu machen um Unterstützung oder wenigstens um die Erlaubnis, ein Geldanlehen von 8000 fl. machen zu können. Die vom Ministerium gegebene Erlaubnis vom 28. Jan. 1814 erstreckte sich jedoch nur auf 4000 fl. Aber selbst diese Summe konnte man nirgends erhalten,[1]) während unterdessen die Schuldenlast immer stieg. So meldete u. a. am 13. Januar 1814 der Oberschaffner von Ehingen, dass es ihm nicht möglich sei, seiner früheren Zusicherung entsprechend bis zum 22. d. M. das Geld (1000 fl.) an die Hauptkasse einzusenden. — Im Sommer dieses Jahres (1814) beschloss man auch gelegentlich der Wiederbesetzung des Lehrstuhls von Jacobi, der am 28. Jan. d. J. gestorben war, den Gehalt für dieses Fach zu vermindern,[2]) „da das universitätische Aerarium sich gegenwärtig in kläglicheren Umständen, als solches je der Fall war, befinde."

Aber wenn nur überhaupt der Gehalt zu rechter Zeit jeweils allen hätte ausbezahlt werden können! Am 3. August 1814 meldet die Wirtschaftsverwaltung, dass *die Universitätskasse nicht imstande* sei, die (am 22. d. M.) verfallenen *Besoldungen auszuzahlen* „wegen der von der Großherzogl. Obereinnehmerey dahier nicht erhaltenen Subsidien." In ähnlichem Sinn wird auch später, namentlich in der Sitzung vom 12. April 1815, Klage geführt und beschlossen, das Ministerium zu bitten, „es wolle dem Finanzministerio die Lage der diesseitigen Kasse nachdrücksam vorstellen und dadurch veranlassen, dass der besagten Obereinnehmerey der Auftrag zugehe, das jetzt laufende Quartal gleich bei der Verfallzeit an die Hohe Schule abzuführen."

Durch dieses öftere Nichtausbezahlen von Besoldungen wurden also auch *die einzelnen Glieder* geschädigt, wie es die

---

[1]) Noch im Sept. 1815 konnte Hofgerichtsadvokat Schmidt, dem gelegentlich einer Geschäftsreise nach Konstanz Vollmacht erteilt worden war, für die Universität 8000 fl. oder noch mehr aufzunehmen, nichts ausfindig machen.

[2]) Jacobi hatte schon bei seiner Berufung im Jahre 1784 (durch Joseph II.) 1000 fl. bekommen.

Universität durch die Kriegslasten unmittelbar wurde. Dass beide jedenfalls in jener Kriegszeit *mehr* zu leiden hatten als die Schwesteruniversität Heidelberg, wurde auch gelegentlich hervorgehoben. Am 26. Febr. 1814 trug nämlich der Prorektor dem versammelten Konsistorium die Frage vor, „ob nicht jetzt, wo — des harten Bedrängnisses der Gegenwart ungeachtet — in der frohen Aussicht auf eine zu bereitende bessere Zukunft Gemeinden, Körperschaften und Privatpersonen zu der vorzunehmenden *Landesbewaffnung*[1]) so reichlich beitragen, und auch die Universität Heidelberg einen schönen Beitrag ihrer Angehörigen von mehr als 800 fl. habe einliefern können: die Individuen der hiesigen Universität gleichfalls zur Darbringung *freiwilliger Gaben* aufgefordert, und der eingehende Betrag durch die Universitätsbehörde auf den Altar des Vaterlandes niedergelegt werden sollte?" Die Frage wurde verneint, und zwar in der Erwägung, dass die Professoren und Universitätsbeamten das verflossene Quartal nicht einmal ganz ihre Besoldung hatten ausbezahlt erhalten, dass was an Kollegiengeldern eingehe, „kaum einen Namen habe," und zudem die Frequenz wirklich sehr gering sei . . . ., dass die *Einquartirungslasten hier so stark* seien, *wie an wenigen andern Orten, wie z. B. in Heidelberg* es *nicht* der Fall sei. Man stand also von der Sammlung, „die doch kein nennenswertes, der Würde der Hohen Schule angemessenes Resultat brächte," ab und beschloss, es jedem Einzelnen zu überlassen, was er beitragen wolle.

Um den Bewohnern im einzelnen, so weit wie möglich, die Einquartirungslast zu erleichtern, hatte (beim Rückzug der Heere aus Frankreich) im Juni 1814 der Kommandant des Militärs, General v. Stockhorn, den Antrag gestellt, „den Bürgern die Soldaten wenn auch nicht aus dem Quartir, doch von der Kost abzunehmen, wenn man ihm etliche große Zimmer mit Küchen, wo die Soldaten kochen und sich selbst verpflegen könnten, anweisen würde." Als ein hiezu „vorzüglich taugliches Lokal" nun bezeichnete man den im untern Stock des Kollegiums befindlichen sog. *Disputirsaal*[2]) nebst der daran-

---

[1]) Am 14. April 1814 kam ein Erlass heraus, die *Landsturmpflichtigkeit* der auf einer in- oder ausländischen Universität studirenden Akademiker betreffend.

[2]) Das ehemalige Refektorium der Jesuiten.

stoßenden Küche ..... Dass die Ausführung dieses Planes durch die notwendig entstehende Unruhe die Vorlesungen ganz gewaltig stören, wenn nicht unmöglich machen würde, lag auf der Hand. Entrüstet beschloss deshalb auch das davon unterrichtete Konsistorium am 7. Juli, „eine Protestation einzureichen und nur der Gewalt zu weichen; sobald das eingelegte Militär Störung der Kollegien verursache, dieselben zu schließen und an den Minister zu berichten." — Man stand, wie es scheint, daraufhin auch von der Ausführung ab.

Groß war die Freude gewesen über den so *glücklichen Ausgang des Feldzugs in Frankreich im Jahre 1814*, über die endliche *Niederwerfung Napoleons, die Einnahme von Paris*,[1]) die Wiedereroberung des linken Rheinufers usw.[2]) und man vergass darüber — wie das Matrikelbuch sagt — fast alle belli onera et incommoda. Aber leider sollte der Friede nicht allzu lange dauern. Während noch die pastores gentium, wie das Matrikelbuch der Albertina sie nennt, in Wien, wohin sie schon im Spätjahr 1814 gewandert waren „de vulneribus sanandis .... consulturi," in endlosen Beratungen sich ergingen,[3]) hatte Napoleon Elba verlassen und war unerwartet wiederum in Frankreich erschienen. So begann denn im März 1815 nochmals der Krieg mit all seinen Leiden und Lasten. Die *Universitätskirche* wurde nochmals zu Kriegszwecken benutzt, und zwar als *Oesterreichisches Haber- und Zwiebackmagazin* (23. Mai). Als zu diesem Zweck die Stühle in der Kirche großenteils ausgebrochen und weggeräumt werden mussten, da bemerkte das Konsistorium, dass es sich „wegen der bedrängten Lage der Universitätskasse gegen alle sowohl aus der Abbrechung der Stühle, als auch ihrer nachmaligen Wiederauf-

---

[1]) Der festliche Gottesdienst zur Feier dieses Ereignisses fand am 10. April statt. Man hatte dazu um so mehr Grund, als gerade auch in jenen Gefechten vor der französischen Hauptstadt *badische* Truppen unter der Führung des *Grafen Wilhelm von Hochberg* hervorragenden Anteil genommen hatten.

[2]) Am 30. Mai war feierlicher Gottesdienst zum Dank für die *Befreiung des katholischen Kirchenoberhauptes.*

[3]) Dasselbe Matrikelbuch meint, man könne über den Ausgang dieser Beratungen des *Wiener Kongresses* nichts weiteres bis dahin (März 1815) sagen, als was in Psalm 21, v. 19 stehe: Divisi sunt sibi vestimenta mea, et super vestem meam miserunt sortem.

stellung entstehenden Kosten verwahren" müsse. - Und als nach dem Krieg die Wiederherstellung der Kirche sich in die Länge zog, beschloss man am 20. März 1816, eine Vorstellung an das Ministerium zu machen: „dass es der hohen Schule ..... besonders wenn wider Vermuthen die Reparationskosten ihr aufgebürdet werden sollten, sehr erwünscht wäre, wenn die Kirche *nicht* wieder hergestellt würde, und dass sich vielleicht bald eine Gelegenheit zeigen dürfte, das Bibliotheksgebäude, welches der Feuersgefahr ausgesetzt sey, und bey dem immer mehr anwachsenden Büchervorrath ohnehin in Bälde werde zu klein werden, zu verkaufen und die geräumige *Kollegienkirche für die Universitätsbibliothek einzurichten.* Man unterstelle jedoch den Gegenstand dem höchsten Ermessen."

Gerade acht Tag nachher kam von Karlsruhe die Antwort, man werde wegen Verwendung dieser Kirche weitere Entschließung sich vorbehalten, bis die Frage über den künftigen Sitz des Bischofs entschieden sein werde. Bekanntlich wurde sie später als Kirche wieder hergestellt.

Natürlich war aber die Herausgabe der Universitätskirche als Magazin nicht das einzige, wozu der Krieg nötigte, sondern, wie schon (S. 65) erwähnt, waren auch in diesem Jahr (1815) die Lasten der Einquartirungen, Lieferungen usw. wenn auch nicht so beträchtlich wie im vorhergehenden Jahr, so doch immerhin groß genug. Das Konsistorium beschloss daher auch am 17. Mai d. J. wieder eine Vorstellung an das Ministerium zu machen, dasselbe wolle „den *inländischen Pachtgütern der Hohen Schule die Befreiung von Militäreinquartirung, Lieferungen und anderen Kriegslasten* gnädigst erteilen, oder bey S. K. H. dem Großherzog wegen solcher Verleihung für die Hohe Schule sich hochgefällig verwenden." Die Bitte sei zu begründen 1.) mit der hilflosen Lage der Universität, die sich von den im letzten Feldzug getragenen Lasten noch nicht erholt habe, und namentlich mit der traurigen Tatsache, dass 2) „ohne den ungeschmälerten Bezug der Erträgnisse dieser Pachtgüter, bey deren Erwerbung die bessere Dotation der Universität der Zweck gewesen sey, nicht einmal die Besoldungen der Professoren bezahlt werden können;" 3) „weil von jeher wissenschaftliche Anstalten und vor allem hohe Schulen sich solcher Begünstigung oft selbst von feindlichen Heeren[1] zu

---
[1] Vgl. Schreiber, Gesch. d. Univ. III, S. 68.

erfreuen gehabt, und gleich liberale Ansichten erst im vorigen Jahre selbst die persönliche Befreyung der Heidelberger Professoren von der Einquartierungslast, wenn nicht allzustarke Durchzüge einträten, veranlasst hätten." 4) „Es sey zu hoffen, dass im Falle der Gewährung der Bitte auch die Württembergische Regierung eine ähnliche Befreiung eintreten lasse." Auf diesen Punkt wies man noch nachdrücklicher hin, als man wirklich aus Württemberg in Erfahrung gebracht hatte, dass Hoffnung auf solche Befreiung vorhanden sei, wenn das Badische Ministerium solches getan habe. 5) „.... das, was der Universität aus eigenen Mitteln zu ihrer Unterhaltung gebricht, würde doch blos allein durch verhältnismäßige Aushilfe aus der Staatskasse ergänzt werden" usw.

Aber die Hoffnung,[1]) dass diese Bitte gewährt werde, erfüllte sich leider nicht: ein Erlass vom 8. Juni d. J. führte aus, dass man *diese Befreiung nicht gewähren könne und die Universität wie andere beigezogen werden müsse.*

Acht Tage nach diesem Erlass, am 16. Juni d. J. berichtete die Stadtdirektion, sie habe eine Abordnung in das Hauptquartier des Fürsten von Schwarzenberg nach Heidelberg abzusenden beschlossen, um die *Errichtung eines Militärspitals* in Freiburg abzuwenden. Sie fordere die Universität auf, ein Mitglied von ihr dieser Gesandtschaft sich anschließen zu lassen, da man den Zweck namentlich dann zu erreichen hoffe, wenn man die Nachteile, die ein solches Spital für die Universität bringen könne, die Ansteckung nämlich und die Furcht vor derselben, beredt vorstelle. Die Universität bedeutete zuerst, „keinen Deputierten senden zu können wegen der Kosten, die sie zu bestreiten nicht imstande wäre." Erst als der Stadtdirektor erklärte, dass die *Stadt* die Kosten der *ganzen* Abordnung, also auch des von der Universität mit derselben abgesandten Mitglieds, tragen würde, schickte sie den bewährten Hofrat Ecker mit.

Wie sehr die langen unruhigen Zeiten, namentlich die beiden Kriegsjahre 1814 und 1815 mit all ihren Lasten und

---

[1]) Am 24. Mai begründet das Konsistorium seine Bitte um Aufnahme eines Kapitals damit, dass, wenn auch jene Befreiung .... „*wozu sich die Universität gegründete Hoffnung mache,*" gegeben würde, doch gleichwol „ihrem jetzt wirklichen, durch die vergangenen Ereignisse herbeigeführten Geldmangel keineswegs abgeholfen sey."

Anforderungen, die Finanzen der Universität zerrüttet haben, davon geben uns die noch lange fortdauernden Klagen — ähnlich den oben erwähnten — Zeugnis. Nach einer allgemeinen Berechnung der Universität selbst hatte sie *während der genannten beiden Kriegsjahre allein 10—12,000 fl. Schulden* gemacht. Dazu kam noch, dass — ebenfalls infolge der Kriege — kein Pachtschilling von den Universitätspachthöfen einging usw. Und die Besserung dieser Zustände ließ recht lange auf sich warten. Noch nach einer zwei Jahre später angestellten Berechnung betrugen die jährlichen *Ausgaben* 25,820 fl.,[1]) dagegen die reinen *Einnahmen* nur 21,017 fl., was also auch einen *laufenden jährlichen Abgang* von nicht weniger als *4803 fl.*, ausmachte. Man bat deshalb am 12. April 1817, „dieses Defizit *staatswegen* zu decken, vorzüglich durch *Inkorporirung einiger einträglicher Pfarreyen oder Befreyung der Universitätsgüter von Staatslasten*." Und als bald darauf eine *neue Besteuerung* der „*Universitätsrealitäten im Inland*" eingeführt werden sollte, ließ das Konsistorium einen Bericht der Wirtschaftsdeputation nebst einer von Rotteck entworfenen „bündigen" Erklärung an das Ministerium des Innern abgehen, in welch letzterer gebeten wurde, „dass die Universitätsrealitäten, als deren Erträgnis den Fond zu den — aushilfsweise von der Staatskasse zu bestreitenden — Besoldungen bilde, nicht von der Besteuerung (usw. nur), sondern auch von Zehendabgaben befreyt werden möchten, oder dass wenigstens der Beschwerde wegen übermäßiger Schätzung der Güter abgeholfen werden wolle."

Auf die so große Opfer heischenden Kriegsjahre folgte übrigens bekanntlich — nachdem schon die vorhergehenden Jahrgänge keine sehr fruchtbaren gewesen waren — das *vollständige Fehljahr 1816*, das wiederum der Universität mit ihren vielen liegenden Gütern großen Schaden brachte.[2])

III. *Veränderungen in der Verwaltung.*

Ein Plan, der gleich nach dem Regierungsantritt des Großherzogs Karl aufgetaucht war, nämlich *die juristische Fakultät* (von Freiburg) *nach Heidelberg*, die *medizinische* von dort *nach Freiburg*, zu verlegen, wurde zum Glück wieder aufgegeben.

---

[1]) Ueber die Einzelheiten vgl. unten.
[2]) Vgl. Pfister a. a. O. S. 143.

Dagegen trat nicht lange darauf eine recht tief in die gesamte Verwaltung der Hohen Schule eingreifende Veränderung ins Leben. Der *Kurator v. Ittner*, der sich um die Albertina unbestreitbare Verdienste erworben hatte,[1]) wurde nämlich als Direktor des Seekreises nach Konstanz *versetzt*. Angeblich und vorerst nur für die Zeit der Abwesenheit desselben wurde nun durch Erlaß vom 21. Okt. 1811 bestimmt:

1) ein sog. *Engeres Konsistorium* wird (neben dem Plenum) aufgestellt; dasselbe

2) besteht aus dem Prorektor als dem Vorsitzenden, dem Exprorektor und je einem (andern) Mitglied der vier Fakultäten.

3) Zu diesen vier (Fakultätsvertretern) sind von jeder Fakultät zwei Personen vorzuschlagen, von welchen sodann eine als Mitglied ernannt wird.

4) Die Geschäftsführung der vier Mitglieder dauert ein Jahr lang; damit aber nicht alle auf einmal abtreten, werden zwei an Ostern, zwei an Michaeli abgehen.[2])

5) Jedes Mitglied ist sogleich wieder wählbar, jedoch nicht gezwungen, die Wahl wieder anzunehmen. . . . . .

6) Wird ein Mitglied zum Prorektor ernannt, so ist natürlich ein anderer Beisitzer für den Rest des Jahres zu ernennen.

7) Dieses Engere Konsistorium hat *alle jene Geschäfte zu besorgen, die bis jetzt die Kuratel besorgt hat.*

8) Besonders wichtige Geschäfte,[3]) die auf die gesamte Universität Bezug haben, sind dem *Großen* Konsistorium (Plenum) vorzutragen.

9) Bei Stimmengleichheit ist das Votum des Prorektors entscheidend. . . . . . . usw.

Dass durch diese Einrichtung der, wie oben erwähnt (S. 34), ohnehin schon schleppende Geschäftsgang *nicht be-*

---

[1]) So sehr, dass die Freiburger Zeitung (Fortsetzung des Intelligenzblattes) in Nr. 73 d. J. 1808 schreiben konnte, die Universität habe sich von ihren Verlusten außer durch die Schenkungen des Großherzogs namentlich „durch den Eifer und die Sorgfalt ihres Kurators . . ., eines Freundes der Wissenschaften und ausgezeichneten Gelehrten, vollkommen (?) erholt."

[2]) Die an Ostern 1812 zuerst Abgehenden werden durch das Los bestimmt.

[3]) Z. B. Die Erkennung öffentlicher und geschärfter Relegationen, die Vorschlagung des Prorektors u. a.

schleunigt wurde, war wol bald einzusehen. Es kam aber nun noch hinzu, dass zwischen dem Ministerium und der Universität selbst als *vermittelnde Behörde* das *Kreisdirektorium* trat, und dass mit der Zeit über Dinge, welche durchaus nur Universitätseigentum und -interessen betrafen, wie über die Einrichtung einer Klinik, die Wiederherstellung der Kollegienkirche u. a., vom Ministerium an das Kreisdirektorium in erster Linie Bericht erstattet wurde. So kam es, dass man 25. Sept. 1817 sich entschloss, das Ministerium zu bitten, in allen diesen Angelegenheiten *unmittelbar* an die Universität zu berichten, und nur wo es sich nebenher um fremdes — von der Provinzstelle zu wahrendes — Interesse handle, *zugleich* auch mit dem Kreisdirektorium zu verhandeln. „oder dass — wenn solche separirte Berichterstattung nicht möglich ist — dem Kreisdirektorio wenigstens der Auftrag ertheilt würde, sich vordersamst mit der hohen Schule ins Einvernehmen zu setzen." Diese Eingabe erregte aber in Karlsruhe kein geringes Missfallen. Zuerst wurde lange gar keine Antwort erteilt. Dann aber schrieb am 7. April 1818 das Ministerium ganz gereizt, dass der betr. Wunsch um Abänderung des Geschäftsgangs „sehr auffallend und ungeeignet" gefunden worden sei, und dass man „von einer untergeordneten Stelle nicht erwartet habe, dass solche der ihr vorgesetzten obern und höchsten Stelle vorschreiben wolle, wie und auf welche Weise die desfallsigen Geschäfte besorgt werden sollen."

Eine weitere wichtige Veränderung war die vom Ministerium am 23. Dez. 1811 verordnete *Einsetzung einer ständigen Stiftungskommission*, bestehend aus zwei „tüchtigen und thätigen Personen, die zwischen den Exekutoren, der Stiftungsverwaltung und dem Konsistorium eine Mittelstelle zu bilden hätten." Das Konsistorium mahnte jedoch, „es wolle sich aus den consistoriales keiner melden, bis ein ordentlicher Gehalt für dieses so arbeitreiche Geschäft ausgeworfen sey." Letzteres geschah auch wirklich, und durch Ministerialbeschluss vom 1. April 1813 wurden Schinzinger und v. Rotteck mit je 200 fl. jährlichen Gehalts zu Stiftungskommissären ernannt. Die Ernennung sollte auf 6 Jahre gelten, jedoch sollten nicht beide zusammen austreten, sondern der eine am 23. April 1816, der andere am 23. April 1819. Bei dem ersten nötigen Wechsel aber schon, im Jahre 1816, beantragte man beim Ministerium

„die jetzigen zwei Exekutoren *für immer* in ihrem Amt zu belassen." Als Grund wird namentlich angegeben, dass sie sich jetzt „gut einstudirt" hätten und „ein neues Hineinstudiren schwierig" sei u. a. m.

Von einzelnen Veränderungen — wenn dieselben auch nicht Verwaltungsangelegenheiten sind — aus dieser Zeit bemerke ich noch folgende. Durch Erlass vom 15. Juli 1812 wurde bestimmt, dass künftighin *in allen Fakultäten bei den Promotionen die Professio fidei* wegfallen solle. Bei den *Immatrikulationen* hatte man sie schon vorher beinahe unvermerkt in Abgang kommen lassen.[1] — Eine genaue Bestimmung darüber, wie es mit der *Aufnahme und Verpflichtung neuer Professoren* gehalten werden solle, wurde erst durch Ministerialerlass vom 21. Nov. 1817 gegeben. Danach sollte:

1) jeder neue Ordinarius oder Extraordinarius im nächsten halben Jahr nach seiner Ernennung entweder eine *lateinische Rede* öffentlich morgens 11 Uhr in der Aula halten oder ein *lateinisches Programm* durch den Druck bekannt machen;

2) hat jeder in einer Konsistorialsitzung das *Handgelübde* zu geben, dass er die Universitätspflichten erfüllen wolle;

3) hat er *dem Großherzog Treue und Gehorsam* zu geloben.

Letzteres, das Untertanen- und Staatsdienergelöbnis, war eigentlich das einzige, was *tatsächlich* nicht schon vorher stattgefunden hatte.

IV. Lehrkollegium und Lehrangelegenheiten.

Selbst im Lehrerkollegium machten sich allerhand Unregelmäßigkeiten, wie sie so unruhige Kriegszeiten mit sich bringen, geltend. In fast allen Fakultäten war lange Zeit hindurch ein oder meistens sogar mehrere ordentliche Lehrstühle nicht besetzt, und wurden die betr. Fächer durch Vertreter gelehrt. Der tatsächliche Bestand des Kollegiums war daher im Jahre 1818 folgender:

	theol.	iurist.	med.	philos.
Ordtl. Prof.	5	3	4	4
Außerordtl.	—	2	3	3
Doktoren	—	1	2	2
Gehilfen	—	—	1	—
	5	6	10	9

---

[1] Bericht des Konsistoriums vom 17. Juni 1812.

Seit dem Tode des Großherzogs Karl Friedrich war ein *Lehrstuhl für Französisch errichtet* worden: dagegen war der für *Baukunst* nach dem Weggang Arnolds[1]) der 1816 in den Militärdienst übertrat, *eingegangen*. Als Gründe wurden angegeben: 1) Die misslichen Verhältnisse der Finanzen, 2) die Entbehrlichkeit dieser Kanzel, da in Heidelberg und Karlsruhe eine solche bestehe.

Freilich scheint die Zahl der ordentlichen Professoren und die Verteilung der Lehrgegenstände unter sie überhaupt nicht so genau bestimmt gewesen zu sein. Denn erst im Jahre 1813 wurde der schon oben erwähnte Antrag beim Ministerium gestellt, „dass die Zahl der ordentlichen Professoren in jeder Fakultät für immer bestimmt werde...."

Gestorben sind in diesem Zeitraum die Professoren *Albrecht* (1813), *Laumayer* und *Jacobi* (1814) *Lugo* (1816) *Sauter, v. Weisseneck* (1817). Von neu angestellten Professoren sind zu nennen: in der juristischen Fakultät seit 1817 *Glatz*,[2]) in der medizinischen Fakultät seit 1818 Medizinalrat *Schütz*, in der philosophischen seit 1813 *Sonntag* (für das Französische), seit 1817 *Erhardt* (auf dem seit 1816 erledigten Lehrstuhl Schmitts). *Rotteck* trat 1817 *in die juristische Fakultät* an Stelle des am 14. März 1817 verstorbenen Weisseneck über. *v. Ittner*, bisher außerordentlicher Prof., wurde 1818 zum ordentlichen Prof. (für naturwissenschaftl. Fächer) ernannt. Vorerst nur provisorisch und erst im Winterhalbjahr 1818/19 als außerordentlicher, 1819 als ordentlicher Professor in der juristischen Fakultät angestellt wurde der bisherige Hofgerichtsrat und später so bekannt gewordene *Duttlinger*.[3])

Was die *Besoldungen* betrifft, so war, wie oben (S. 41) erwähnt, insofern eine gewisse Regelung 1813 getroffen worden, als drei Klassen von ordentlichen Professoren inbezug auf

---

[1]) Seit 1811 außerordentlicher, seit 1812 ordentlicher Professor.

[2]) Derselbe las im Winterhalbjahr 1817/18: „Ueber die allgemeine Getreidetheuerung, ihre Ursachen, die Mittel ihrer Abwendung und Verhütung."

[3]) Fünf Monate lang war trotz mehrfacher Anträge, von den drei erledigten jurist. Lehrstühlen wenigstens einen zu besetzen, gar kein Schritt von Karlsruhe aus geschehen. — Ueber Duttlingers Leben vgl. Bad. Biographien I, 204.

Besoldung gebildet wurden. Die Gehälter dieser Klassen waren auch wirklich sehr verschieden. So erhielt z. B. *Wucherer* bei seiner Anstellung im Mai 1813 einen Anfangsgehalt von nur 300 fl. und die halbe Naturalkompetenz,¹) erst 1818 erhielt er „die ganze Professorsbesoldung" von 800 fl. und Naturalien im Wert von 200 fl.; *Schmiderer* dagegen, bekanntlich damals einer der ältesten Lehrer der Albertina, erhielt vom 23. April 1817 an 1405 fl. und eine Naturalkompetenz von 8 Saum Wein, 8 Mutt Weizen, 8 Mutt Roggen, 3 Mutt Gersten; dessen Kollege *Schütz* wurde im Februar 1818 schon mit einem Anfangsgehalt von 600 fl. und der gleichen Naturalkompetenz angestellt. Namentlich aber waren die geistlichen Professoren ungleich schlechter gestellt als die weltlichen, indem sie durchweg auch nur 600 fl. und die halbe Naturalkompetenz erhielten. Dieser Unterschied namentlich scheint jenen *ausführlichen Besoldungsplan* mit veranlasst zu haben, der *1817* dem Ministerium vorgelegt wurde. Denn der erste Punkt dieses Planes war der, dass der Unterschied zwischen geistlichen und weltlichen Professoren wegfallen solle, und dass erstere nur dann von der Gleichstellung ausgeschlossen seien, wenn sie Nebengehalte von Pfarreien genießen Im Uebrigen wurde bestimmt:

a) Die ordentlichen Professoren bekommen die ersten vier Jahre 700 fl. und die Hälfte der Naturalkompetenz, nach 4 Jahren 800 fl. und die ganze Kompetenz, nach weiteren 4 Jahren die ganze Besoldung, welche

b) in 1000 fl. und 120 fl. an Früchten, zusammen 1120 fl., für *18 ordentliche Professoren*²) berechnet, also eine Gesamtsumme von 20,160 fl. ausmachte.

c) Die außerordentlichen Professoren und Supplenten erhalten 1) bei der theol. Fakultät 200 fl., 2) bei der jurist. 1200 fl., 3) bei der mediz. 1800 fl., 4) bei der philos. 1800 fl. — Die Sprach- und Exerzitienmeister erhalten zusammen 1160 fl.

Die Gesamtsumme der für Besoldungen jährlich verausgabten Gelder beträgt also nach diesem Plan 25,820 fl.³)

---

¹) Zum Vergleich sei erwähnt, dass der 1816 zum Sekretär der Universität ernannte Aktuar Biecheler 450 fl. und die halbe Naturalkompetenz erhielt.

²) 5 theol., 4 iurist., 5 med., 4 philos.

³) Vgl. oben S. 72.

Außer ihrer Besoldung hatten die Lehrer der Universität aber auch gewisse *Privilegien*, so z. B. das einer *ausgedehnten Zensurfreiheit*. Vor Missbrauch derselben ließ das Ministerium am 7. Oktob. 1811 strengstens warnen und untersagte, „über Schriften, welche im Namen der gesamten akademischen Behörde und Körperschaft erscheinen, weder in privat- noch andern, öffentlichen Schriften sich eines nachteiligen Urteils zu erlauben, bei Verlust dieser Freiheit selbst und einer nach Befund der Umstände zu erwartenden angemessenen Ahndung."

V. Die Institute der Universität.

Nicht mit Unrecht war die Albertina namentlich auf ihre *Bibliothek* stolz und hätte deshalb derselben auch gern einen den Schätzen entsprechenderen Ort angewiesen. Namentlich befasste man sich auf den Vorschlag Arnolds, des Professors der Baukunst, damit, die „ohnehin wenig besuchte Kollegikirche" für die Bibliothek zu bestimmen[1]). Die Kosten der Ausführung wurden von Arnold auf 1800—2000 fl. berechnet, eine Summe, die aus dem Erlös der Altäre, Orgel, Glocken usw. vollauf gedeckt würde. Dann habe Freiburg aber auch eine Universitätsbibliothek, wie sie nur wenige Städte in Deutschland aufzuweisen hätten. Man stimmte dem Gedanken Arnolds im allgemeinen bei, jedoch habe „die Ausführung des Vorschlags einsweils bis zu einer thunlichen Zeit auf sich zu beruhen, und sey dann wieder in Anregung zu bringen." Unterdessen trat Arnold ab und der Plan kam einstweilen wieder in Vergessenheit, wie es scheint. Da man übrigens wie gesagt nicht einmal die Besoldungen aus der eigenen Kasse glatt bestreiten konnte, so war von derselben noch viel weniger eine Aushülfe für die Bibliothek und ihre Ansprüche zu erwarten. Man beschloss daher, dieselbe „wie manches andere Bedürfnis der gütigen Vorsorge des Staates anheimzustellen," und darauf hinzuweisen, wie wenig die bisher für die Bedürfnisse der Bibliothek ausgesetzte Summe ausreiche. Das Ministerium ersah aus dem von der Hohen Schule eingeschickten Bericht, dass diese Klage recht wol begründet sei, und forderte unterm 4. März 1813 ein Gutachten darüber, wie hoch die

---

[1] Vgl. S. 70.

Summe zu bestimmen sei und „in wiefern bei dem dermaligen Zustand des Aerariums etwa durch Erhöhung der Matrikelgelder, wie auch bei Doktorspromotionen oder wosonsther eine angemessene Beihilfe zu verschaffen sein möchte." Die Bibliothekskommission kam nun auf den Gedanken, dem Konsistorium (vom 23. April 1813) vorzustellen, man solle höheren Orts um die Erlaubnis nachsuchen, „*die Kirche zu einem anderen Zweck zu verwenden*, und die daraus entstehende jährliche Ersparung von ungefähr 700 fl. der Bibliothek zuzuwenden." Die Sache unterliege insofern keinem Bedenken, als Kirchen genug da seien und die Gymnasiasten z. B. gut in die eben so nahe Ursulinerkirche gehen könnten. Ein Schreiben aus Karlsruhe vom 3. Sept. konnte jedoch mit Recht dem entgegenhalten. dass die Ursulinerkirche für die weibliche Schuljugend gewidmet und deshalb eine Verlegung des Gymnasialgottesdienstes dahin unzweckmäßig sei. Anderseits halte man es auch für unglaublich, dass die Universitätskirche einen jährlichen Aufwand von 700—800 fl. erfordern solle; man möge jedenfalls darüber nähere Erläuterung eingehen lassen .... Ebenso möge die Universität, um mit einer Erhöhung der Gebühren für Doktorpromotionen sich befassen zu können, vorerst ein Verzeichnis einschicken darüber, wie hoch bis jetzt immer der Betrag gewesen sei. Einen Beitrag für die Bibliothek den Honoratioren der Stadt aufzuerlegen, wie beautragt worden sei, könne bedenklich sein, man müsse davon absehen.

Dass man nach den Kriegsjahren den Plan, die Universitätskirche als Bibliothek herzurichten, nochmals aufnahm, ohne aber einer Verwirklichung desselben auch nur im geringsten näher zu treten als das erste Mal, ist schon oben S. 70 erzählt worden.

Einem lange gefühlten Bedürfnis, wie es hieß, wurde Rechnung getragen durch die *Gründung* eines *polytechnischen Instituts* im Jahre *1818*. Der Unterricht, einstweilen unter der Leitung Wucherers, wurde noch am 3. Nov. d. J. begonnen.

Die Errichtung einer anderen wichtigen Anstalt hatte als unmittelbaren Anlass eine die Universität zu Heidelberg wieder einmal vor ihrer Schwester zu Freiburg bevorzugende Ministerialverordnung im Regirungsblatt vom 4. Juli 1816, worin den *Kandidaten der Medizin und Chirurgie, welche sich* zugleich der *Geburtshilfe* widmen, die *Verbindlichkeit* auferlegt wurde, „*wenigstens ein halbes Jahr die Entbindungsanstalt zu Heidelberg oder eine andere ebenso vollkommene Gebäranstalt zu besuchen*, bevor sie zur rigorosen Prüfung in der Geburtshülfe zugelassen werden." Diese Verordnung also „unwirksam zu machen," beschloss das Konsistorium vom 21. Juli 1816, dass der derzeitige Prorektor Ecker¹) mit dem Stadtdirektor Schnetzler sich besprechen sollte, wie man „ein Lokal" zur *Errichtung einer Entbindungsanstalt* von der Stadt abgetreten bekommen könne, „so dass dann zugleich mit dem Mangel einer solchen Anstalt auch die dermal anscheinende Nothwendigkeit jener Verordnung wegfiele." Noch in den letzten Tagen desselben Jahres wurde sodann eine Vorstellung an das Ministerium abgesendet und gebeten: 1) den Bau einer Gebäranstalt, der dem Staat *keine* Auslagen verursache, zu genehmigen, 2) zu verordnen, dass auch der Besuch der Freiburger Anstalt zum Bestehen genannter Prüfungen befähige . . . . . Zugleich wurde bemerkt, man sei sehr gekränkt dadurch, dass in der erwähnten Verordnung der Universität Heidelberg und selbst auswärtigen Hochschulen „ein der diesseitigen höchst nachtheiliger Vorzug beigelegt werde." Die hiesige medizinische Lehranstalt habe eine solche Einrichtung, dass sie sich mit jeder andern vorzüglichen Anstalt dieser Art messen dürfe; ihr zahlreicher Besuch sowol von In- als von Ausländern beweise dieses usw.

Ein Weiteres zur Förderung des praktischen Unterrichts für junge Aerzte geschah zwei Jahre später durch *Errichtung einer sog. ambulatorischen Kinderklinik* oder *praktischen Lehranstalt für Kinderkrankheiten*. In dieser sollten alle armen Kinder gepflegt werden, „welche im Waisenhaus, wie die, welche sonst durch die Güte der Armenkommission die Arzneien oder die Krankenkost oder beides genießen." Dieselbe war also eigentlich an eine stehende Anstalt, das Waisenhaus, angeknüpft. Eine solche Einrichtung war im allgemeinen auch schon 1809 in einem lobenden Schreiben des Ministeriums an Ecker gebilligt worden. Der Gedanke war jetzt (1818) von

---

¹) Dieser war für seine während der Kriegsjahre den kranken und verwundeten russischen Kriegern geleisteten Dienste vom Kaiser von Russland zum Ritter des Wladimir-Ordens IV. Klasse ernannt worden (1815. 4. Januar alten Stils).

Medizinalrat Prof. Schütz wieder aufgenommen worden, welcher der medizinischen Fakultät den Vorschlag machte, eine solche Anstalt zu errichten, und um Unterstützung dafür nachsuchte. Nach der Genehmigung ließ dann Schütz am 13. Juni 1818[1]) die Stadtbezirkskommissäre ersuchen, die in ihren Bezirken wohnenden Eltern kranker Kinder, die die Kurkosten für sie aus den öffentlichen Kosten anzusprechen hätten, bei ihm jeweils in seiner Wohnung zu melden. Weil schon bald nach der Errichtung sogar viele Erwachsene Eingang suchten und das Unternehmen allerseits Anklang gefunden zu haben scheint, so wurde nach kurzer Zeit diese Kinderklinik zu einer *allgemeinen ambulatorischen Poliklinik* von den ersten Kinderjahren bis in das selbsttätige hohe Alter „für Leute, die teils für das akademische Hospital nicht geeignet, theils sich desselben zu bedienen gerade nicht nothgedrungen" waren. Schon im ersten Vierteljahr vom 16. Juli bis 16. Okt. 1818 wurden behandelt 152 (83 Erwachsene und 69 Kinder), davon geheilt 96, mit Linderung entlassen 18; es blieben in der Behandlung zurück 35, gestorben sind nur 3.

VI. *Studenten und Studentenleben.*

Dass in den oben geschilderten unruhigen Kriegszeiten die *Studien* vielfach gestört und oft längere Zeit ganz unterbrochen waren, wird niemand wundern. Denn ganz abgesehen von den eingetretenen Störungen infolge der Truppendurchzüge usw. galt es ja schon im Jahre 1813 für die Akademiker nicht in letzter Linie, mitzuhelfen und tapfer mitzukämpfen für die Befreiung vom Joche der Fremdherrschaft, wie sie ja auch schon früher[2]) immer in der ersten Reihe gestanden waren, wenn es gegolten hatte, Vaterland oder Vaterstadt zu verteidigen. Das Matrikelbuch selbst spricht sich darüber mit folgenden Worten aus: .... dum plures Academici regulari se militiae pro patriae ac Germanorum a iugo gallico liberatione adscribi fecissent, alii vero ad militiam subsidiariam,

---

[1]) Vgl. das Wochenblatt Nr. 56.
[2]) Vgl. Schreiber a. a. O. II, 103 u. 451. III, 104 u. „Geschichte der Stadt Freiburg" an verschiedenen Orten, namentlich im 4. Teil.

nationalem, (Landwehr)¹) vocati essent, pauci dein, qui supererant, per continuos legionum atque omnis generis apparatuum bellicorum transitus, armorumque tumultus, nec non per animi ad ea, quae secutura essent, intentionem a litterarum studiis impedirentur.

Hauptsächlich auf Anregung des damaligen Pfarrers von St. Martin, Dr. Biechele,²) wurde am 18. Dez. 1817 an höchster Stelle beantragt, eine *aus vier Mitgliedern* (einem aus jeder Fakultät *und dem Universitätsamtmann* bestehendes *Sittenephorat* — wie solches in Heidelberg bestehe und wie früher eine ähnliche Einrichtung unter der Benennung Consistorium ordinarium auch in Freiburg bestanden habe — einzurichten. Dasselbe solle zum Zweck haben, „über die sittliche Aufführung der Akademiker zu wachen, und den Eltern, oder wem sonst die Aufführung einzelner Akademiker näher am Herzen liegt; auf mündliche oder schriftliche Erkundigungen Nachricht zu geben."

Von gröberen Vergehen und Ausschreitungen der Akademiker erfahren wir aus dieser Zeit nichts mehr. Das Konsistorium glaubte deshalb auch dem Verlangen der geistlichen Behörde, eine strengere Ueberwachung der Akademiker überhaupt einzuführen, entgegenhalten zu müssen,³) dass „in Freiburg die Studenten von jeher eingezogener gewesen seien, als irgend anderswo."

Um so mehr war man darauf bedacht, die neuerdings erlassenen Befehle gegen die schon früher verbotenen Ver-

---

¹) Ein Erlass der Großherzogl. Generalkommission für Landesbewaffnung vom 14. April 1814 befahl, dass „die an einer der beiden inländischen Universitäten Studirenden an dem Universitätsorte in die 2. Klasse der *Landsturmpflichtigen* einzutragen sind, und die auf eine andere Universität ziehen wollenden sich zu Haus in die 1. Klasse eintragen lassen und versprechen müssen, bei eintretender Gefahr auf den ersten Rückruf zu kommen und den Vaterlandsvertheidigern zu helfen." — Zwei Monate vorher, am 19. Febr. d. J., war jedoch ein Erlass erschienen, wonach die *Theologen* und diejenigen philosophischen Schüler, die sich zum Studium der Theologie erklärt haben, von der Landwehr befreit werden können.

²) Derselbe hatte 1805 einen Ruf an die Albertina auf den Lehrstuhl der Dogmatik (nach dem Tode Klüpfels) ausgeschlagen vgl. Dr. H. Hansjakob, St. Martin zu Freiburg als Kloster u. Pfarrei. Freiburg 1890. S. 156 und Bad. Biogr. I, S. 83.

³) In derselben Sitzung vom 18. Dez.

bindungen mit aller Strenge auszuführen.¹) Schon jenen akademischen Gesetzen vom Jahr 1810 war bald nachher ein *Revers* hinzugefügt worden, den jeder Studirende bei der Immatrikulation zu unterschreiben hatte und in dem er das *Ehrenwort* gab, *kein Mitglied einer geheimen Ordens- oder landsmannschaftlichen Verbindung zu sein*, oder, falls er in einer solchen sich befinde, augenblicklich *auszuscheiden*. Am 25. Februar 1813 war sodann ein neuer Erlass des Ministeriums „*die Auflösung aller (?) auf der Universität oder sonst bestehenden Ordens- u. a. Verbindungen*²) *betr.*" erschienen, vermöge dessen binnen 14 Tagen Bericht zu erstatten, und über die „von den Individuen eingereichten Lossagungsreserve" ein Verzeichnis von der Universität einzusenden war. Das Universitätsamt gab auch schon Anfangs des folgenden Monats (März) einen betr. Bericht ab, und bemerkte darin „es ergehe wegen einer unter den Akademikern bestehen sollenden Verbindung Concordia an die Behörden das Nöthige," d. h. es müsse näher Einsicht genommen werden und „falls diese Verbindung die genannten Eigenschaften hat, ihr das Sigill abgenommen und sie aufgehoben werden." Man kam wirklich zu der Wahrnehmung, dass sich jene Verbindung „durch eigene Statuten und ein Sigill, auch andere dem Vornehmen nach daselbst obwaltende Missbräuche zu einer im Großherzogl. Reg.-Bl. vom 25. v. M. num. V. erwähnten Ordensverbindung allerdings zu qualifiziren scheine." Ein daraufhin am 22. März erschienener Ministerialerlass verlangte von der Universität nähere Erklärung darüber, „wie sie die bis zur jetzigen Auflösung fürgedauerte Dultung einer besonderen, sogar mit Statuten und Protokollen versehen gewesenen Gesellschaft zu verantworten gedenke."

Ein neues „*Dehortatorium*," diesmal namentlich auf die *Landsmannschaften*³) sich beziehend, erging auf allerhöchste Verordnung vom 2. Juni 1818.

---

¹) Vgl. S. 45 ff.

²) Ueber das Unwesen dieser „*Orden*," ihre Zwiste mit der übrigen akademischen Bürgerschaft usw. vgl. z. B. Scherr, deutsche Kultur- und Sittengeschichte (6. Aufl. Leipz. 1876), S. 478.

³) Vgl. über dieselben z. B. Treitschke Geschichte des 19. Jahrhunderts II. Teil, S. 413.

Zum Schluss sei auch hier die *Frequenztabelle* der Hohen Schule innerhalb des in Rede stehenden Zeitabschnittes — als Fortsetzung zu S. 56 — gegeben.

	Inländer	Ausländer	Gesamtzahl
1811/12	249	58	307
1812	195	71	266
1812/13 [1])	188	69	257
1813	192	74	266
1813/14	120	59	179
1814	128	41	169
1814/15	211	61	272
1815	159	42	201
1815/16	199	73	272
1816	194	74	268
1816/17	238	73	311
1817	213	62	275
1817/18	244	81	325
1818	211	62	273
1818/19	268	69	337

Bemerkenswert ist diesmal von Einzelzahlen, dass die Zahl der *Angehörigen* der *philosophischen Fakultät* in diesem Zeitraum fast in stetem Zunehmen begriffen ist und die der Mediziner und Theologen übersteigt, einige Male[2]) sogar über 100 hinauskommt. Die geringste Stärke zeigen auch jetzt wieder die Juristen, deren Zahl[3]) sogar fast durchgängig hinter der (der sonst meist aber nicht immer, mit den Medizinern zusammengezählten) Chirurgen zurückbleibt. — Auch die übrigen Erscheinungen sind die gleichen wie die oben S. 50 und 51 beobachteten.

VII. *Angriffe von auswärts und abermalige Gefährdung des Bestandes.*

Es war nicht genug gewesen, dass die Albertina in den Kriegsjahren *materiellen* Schaden erlitten hatte, es sollten ihr auch anderweitige Angriffe und Verunglimpfungen, die wenig-

---

[1]) Unter den 64 zum erstenmal Immatrikulirten dieses Semesters steht obenan ein Serenissimus princeps Carolus de Fürstenberg philos. cand.

[2]) 1816/17 mit 101, 1817/18 mit 108 (1818: 100).

[3]) 1818 nur 18!

stens Versuchen zu einer Schädigung gleichkommen, nicht erspart werden. Als ein solcher Versuch ist zu bezeichnen die zu jener Zeit lange und eigentlich ganz unverdienter Weise ungeheures Aufsehen erregende Schrift eines Berliner Professors Dr. *Kiesewetter „Beschreybung einer Reise durch Teutschland in den denkwürdigen Jahren 1814, 15 und 16."* 1. Teil, *Berlin 1816.* In diesem Buche hatte sich der Verfasser folgende Verunglimpfungen und Verleumdungen der Freiburger Hohen Schule erlaubt: „Freyburg, die andere badische Universität, die *aber (!) katholisch ist, steht Heidelberg unendlich (!) weit nach;* sie sollte vor einigen Jahren aufgehoben werden, allein sie *wusste sich von der französischen Regierung einen Schutzbrief zu verschaffen* und blieb ungestört. Die aus den Bibliotheken der aufgehobenen Klöster erhaltenen Bücher wurden unter beide Universitäten vertheilt, aber die, welche Freyburg erhalten, *liegen noch unaufgestellt da* . . . . . Wie *kläglich* es um Freyburg steht, erhellet unter anderm aus der Menge Studenten, die alljährig *im Lande umherziehen und betteln.*"

Das über diese unverschämten Angriffe auf's äußerste erbitterte Konsistorium beschloss am 7. Nov. 1816 auf Veranlassung v. Rottecks, den Verfasser derselben bei seiner zuständigen Behörde, dem akademischen Senat in Berlin, förmlich zu belangen. Ferner sollte ein Verteidigungsaufsatz Eckers in eines oder mehrere der öffentlichen und verbreiteteren Blätter[1]) eingerückt werden. — In der Eingabe an den Berliner Senat wies man u. a. darauf hin, dass Kiesewetter für jene — übrigens tatsächlich unwahren — Angaben keine Quelle und keinen Gewährsmann anführe, selbst aber *niemals* in Freiburg gewesen sei. Seine Aussagen habe er also aus der Luft gegriffen oder aber aus dem Munde eines im Dunkeln schleichenden Feindes der Universität. Schließlich habe er „durch seinen engherzigen Ausfall auf die katholische Konfession, zu welcher die Glieder der Freiburger Universität gehören, und seine empörende ungerechte Insinuation wegen des französischen Schutzbriefes . . . . . . in einer Zeit, deren Geist so dringend die innige Vereinigung der Gemüther aller Teutschen fordert,

---

[1]) Als solche wurden in einer weiteren Sitzung vom 14. Nov. bezeichnet die „Allg. Zeitung," die „Aarauer Zeitung" und die „Hallesche Litteraturzeitung"

einen . . . . Samen des Misstrauens und der Entzweyung ausgestreut." Der Berliner Senat — so forderte man — möge daher den Herrn Kiesewetter zum *Widerruf* in einem zweiten Teil seiner Schrift oder in den gelesensten Blättern veranlassen und ihn „zur Namhaftmachung der etwaigen von ihm verschwiegenen Quellen oder Zeugen auffordern."
Am 27. Dez. d. J. kam jedoch von der Berliner Universität die Antwort, Kiesewetter müsse entweder bei dem Kgl. Kammergericht oder bei der Kuratel der medizinisch-chirurgischen Pepinière[1]) als seinem kompetenten Gerichtsstand belangt werden. Am 5. März 1817 schrieb jedoch auch letztere, dass „diese Beschwerde, da sie den Prof. Kiesewetter nicht als Professor bei der Kgl. medizinisch-chirurgischen Akademie für das Militär, sondern als Schriftsteller treffe, nicht zur dortseitigen Kompetenz gehöre, und man daher heimstelle, sich in dieser Angelegenheit an die kompetente Behörde zu wenden." — So musste sich denn das Konsistorium am 24. April d. J. mit folgendem Beschluss begnügen: „Da jede andere Behörde die nämliche Antwort geben könnte — indem Schriftsteller als solche nirgend ein besonderes Forum haben —, so habe der Gegenstand auf sich zu beruhen, bis sich etwa sonst eine Gelegenheit darbietet, den Prof. Kiesewetter vor dem Publikum nach Verdienst zu honoriren."

Eine wie große Entrüstung und Aufregung übrigens die Schrift von Kiesewetter in der Stadt selbst hervorrief, dafür möge eine Stelle aus dem Freyburger Wochenblatt Nr. 96 des Jahres 1817 zum Beweis dienen: „Der zufolge seiner Vorrede kränkelnde Herr Verfasser, welcher Szenen aus seinen Reisen in der magischen Laterne des Gedächtnisses, durch das Rosenlicht der Einbildungskraft erleuchtet, an der weißen Wand des inneren Sinnes vorüberschweben lässt, hielt sich in Heidelberg nur einen Tag auf, sah keinen einzigen der dortigen berühmten Lehrer, wird aber in Heidelberg durch unparteiische Männer über den Fleiß und den Sinn für Wissenschaften der dortigen Studenten belehrt, und verzeiht diesen liebevoll die auffallende, deutsch sein sollende Tracht. Nicht so nachsichtig ist er gegen Freiburg gestimmt, und da er in dieser freund-

---

[1]) Des späteren Medizinisch-chirurgischen Friedrich-Wilhelms-Instituts, einer militärärztlichen Bildungsanstalt.

lich schönen Stadt gar nicht war, so kann ihm die magische Laterne des Gedächtnisses nicht zu Hilfe kommen; er malte daher nur im Rosenlicht der Einbildungskraft mit Halbschatten; kein Wunder, wenn seinem Gemälde sogar dichterische Wahrheit fehlt . . . . . ." Gegen den Vorwurf der Katholizität wendet sich das Blatt mit dem Bemerken, dass es keine katholische oder protestantische Mathematik, Philosophie. Augenkunde usw. gebe, den katholischen Glauben zu verleugnen habe aber Freiburg doch wol keine Ursache, da es von Kaiser und Papst konstituirt sei usw. So werden denn die Angriffe der Reihe nach mit Entrüstung zurückgewiesen und mehr oder weniger als Lügen oder Verdrehung der Tatsachen entlarvt.

Waren schon durch diese literarischen Angriffe die Gemüter in Aufregung geraten, so geschah dies in unendlich höherem Grade, als gerade um diese Zeit wieder das *Gerücht von der Aufhebung der Universität* umging — ja noch mehr! als wirklich in der Tat der *Bestand* der Albertina *aufs neue gefährdet* und noch mehr als je in Frage gestellt wurde.

Veranlasst wurde jenes Gerücht und der Gedanke an eine Aufhebung jedenfalls nicht in letzter Linie durch die *unaufhörlichen Klagen der* Universität selbst über Geldnot. Weiterhin mag al er — neben andern Gründen — auch folgender Vorgang nebst den daraus gezogenen Folgerungen in die Wagschale gefallen sein. Bei dem, wie oben (S. 64) erwähnt, Ende Nov. 1813 in Freiburg angekommenen österreichischen Feldzeugmeister *Kolloredo* machte mit anderen Behörden auch die Universität ihre Aufwartung. An der Spitze der Abordnung stand der derzeitige Prorektor v. Rotteck. Dieser soll nun, wie das Gerücht wenigstens vielfach in der Stadt umging, in seiner Anrede an den hohen Gast etwas von einem eigenen oder von einem *Wunsch der Universität*, „unter das Szepter Oesterreichs zurückzukehren," haben verlauten lassen. Rotteck verwahrte sich alsbald gegen die Unterstellung dieser Aeußerung und gab den Wortlaut seiner bei jener Unterredung — die übrigens „wie in solchen Fällen gewöhnlich, meist in Komplimenten bestehend und unbedeutend war" — gehaltenen Anrede am 10. Dez. zu Protokoll. Nach diesem hatte er ausdrücklich von einem „für Stadt und Land *festlichen* Tage" gesprochen, da jedes andere Ausdruck, z. B. „freudig" der Missdeutung ihm fähig geschienen habe. Natürlich hatte er auch von der Stiftung der Universität durch das Haus Oesterreich, sowie von den Kriegsfällen geredet, und dass wol das alte Wort sich bewahrheiten werde: *Austria erit in orbe ultimo*[1]). — Die Aussagen Rottecks bezeugten die mit anwesenden Dekane Werk und Ecker, sowie der Kreisdirektor von Roggenbach mündlich und schriftlich. Werk entkräftete freilich sein Zeugnis, indem er hinzufügte, er habe 1) die Anrede nicht recht verstanden, 2) den Ausdruck „alte Anhänglichkeit" gehört, während Rotteck bestritt, letzteren Ausdruck gebraucht zu haben.

Wie denn auch immer die Sache sich verhalten mochte, das Gerücht von Äußerungen, die auf eine gewünschte Wiedervereinigung mit dem *alten* Herrscherhaus ausliefen, erhielt sich, es wurde noch mehr dazugedichtet und — Feinde hat ja die Albertina immer gehabt, die eine solche Bemerkung, in der sich die Gesinnung der ganzen Hohen Schule widerspiegele, aufbauschten und zu ihrem Schaden oder geradezu zu ihrem Sturz am geeigneten Ort zu verwenden suchten. Dazu kam, dass in der Tat in jener Zeit die Stimmung in Freiburg und überhaupt in den altösterreichischen Landen des Breisgaus ganz für das Kaiserhaus war und vielfach eine Wiedervereinigung mit demselben herbeiwünschte.[2])

Alles dies also mag mitgewirkt haben zu dem immer mit größerer Sicherheit auftretenden Gerüchte von der Aufhebung und dazu, dass der Gedanke an maßgebender Stelle wirklich gehegt wurde. Schon gegen Ende des Jahres 1816 hieß es sogar einmal,[3]) die Aufhebung sei in der Tat schon ausgesprochen, und Prof. Wucherer bemerkte in der Sitzung vom 22. Dez., die Sache liege bereits, wie er wisse, in Stuttgart, und komme es nur noch darauf an, ob die kgl. württem-

---

[1]) Oder auch: *Austriae est imperare orbi ultimo*; in der deutschen Fassung: *Alles Erdenreich ist Oesterreich untertan.*

[2]) Vgl. Treitschke, deutsche Gesch. im 19. Jhd. I. Tl., S. 530. War doch schon sogar ein Stempel fertig für eine Denkmünze, welche die Wiedervereinigung mit dem Hause Habsburg verherrlichen sollte. Und später schickten die österreichisch Gesinnten den Freiherrn von Sommerau und Dr. Schlaar nach Wien, um den Kongress diesen Willen kundzutun.

[3]) Auch in öffentlichen Blättern, so im Oppositionsblatt, in der Nürnberger, Augsburger und Aarauer Zeitung.

berglsche Regirung die Hände bieten werde oder nicht. Diese Sitzung des Konsistoriums am 22. Dez. war eben zu dem Zweck anberaumt, Maßregeln für diesen äußersten Fall oder zu dessen Verhütung zu treffen. Dazu wurden zunächst alle diejenigen Akten, die sich auf die früher — 1781 und 1806 — zu Sprache gekommenen Aufhebungen bezogen, erhoben und vorgelegt. Das Ergebnis der Beratungen des Tages war, dass man *zwei Vorstellungen* zu verfassen beschloss, eine *kürzere* von Prof. Rotteck an den *Großherzog* selbst zu richtende, die dann ein Professor auf seine Kosten als Privatperson in Karlsruhe einreichen solle, und eine *ausführlichere*, die allenfalls gedruckt werden könne. Daneben wolle man mit der *Stadt* unterhandeln, dass diese auch einen Abgeordneten in die Residenz schicke, der dort die Sache vom Standpunkt der Interessen der Stadt aus vorlege. Auch an den *Papst*, der sich doch schon für die protestantische Universität Heidelberg — durch Zurückgabe eines großen Teiles der im dreißigjährigen Krieg weggeführten Bücherschätze — so willfährig erwiesen habe, eine Vorstellung zu senden, werde nicht ohne Nutzen sein.¹)

Unterdessen fand man es doch für das beste, gleich den Prorektor mit noch einem Mitglied des Konsistoriums nach Karlsruhe selbst zu schicken. Diese fanden am Hof „günstig" für die Universität gestimmt die Frau Markgräfin, den Marquis von Mouperny, den Staatsrat Guignard, den Minister Frhrn. v. Marschall, den Staatsrat Klüber u. a. m., *ungünstig* dagegen den Staatsrat Eichrodt — welcher zuerst in Abrede stellen wollte, dass die Aufhebung im Werk sei — und den Minister der auswärtigen Angelegenheiten Frhrn. v. Hacke. Letzterer sagte den Abgesandten „glatt" heraus, Baden habe an *einer* Universität genug, und diese müsse „was rechtes sein." Freiburg werde „übervoll" entschädigt, wenn es einen *Bischof* und ein

---

¹) Ein solches Schreiben wurde am 30 Jan. 1817 an den Papst (Pius VII.) abgeschickt. Man bat darin, der hl. Vater möge sich für die Albertina entweder beim Bundestag in Frankfurt oder beim König von Württemberg und dem Großherzog von Baden verwenden. An demselben Tag wurden auch Einbegleitungsschreiben an den Kardinal Consalvi (den päpstlichen Gesandten beim Wiener Kongress) und den päpstlichen Nuntius in Luzern abgeschickt. — Die Antwort des Papstes vom 2. Juni d. J. lautete sehr ermunternd.

Regiment erhalte. Auf die Vorstellung, dass durch die Universität jährlich 200,000 fl. in Umlauf gesetzt würden,[1]) erwiderte er: „Ja, die 200,000 fl. möcht' ich auch sehen! Doch ich hab's Ihnen schon gesagt: Die Sache geht mich nichts an, gehen Sie zu *Ihrem* Herrn Minister!"

Auch beim *Großherzog* wollte man die Abgeordneten damit vertrösten, „dass im schlimmsten Fall Freiburg volle Entschädigung erhalten würde," worauf die Herren von Freiburg erwiderten, eine solche Entschädigung sei gar nicht möglich. Am Schluss jedoch sagte der Landesherr: „Nun, ich sehe schon und habe mir's gleich eingebildet, dass hier nicht viel zu machen ist; — man wird es *beym Alten müssen bewenden lassen.*"

So freudig man letztere Worte aufnahm, so sehr sollte man sich — einstweilen wenigstens — getäuscht sehen.

Unterdessen hatte Rotteck sein Promemoria vollendet, und es lohnt sich, auf dasselbe näher einzugehen, nicht nur wegen der großen Bedeutung der mit Gewandtheit, Klarheit und Ueberzeugung abgefassten Schrift und ihres Verfassers selber, sondern weil dieselbe so großes Aufsehen erregte und die in ihr dargelegten Gründe eben schließlich doch zu einer günstigen Beilegung der Sache mögen beigetragen haben.

Rotteck beantwortet die *3 Hauptfragen:* 1) *Warum* will man die Albertina aufheben? 2) Welches werden die *Wirkungen* dieser Aufhebung sein? 3) Wäre die Aufhebung hiernach *politisch klug* und wäre sie *gerecht?*

Auf die *erste dieser Fragen* wird gewöhnlich die schon früher (1806) gegebene Antwort wiederholt: „Weil *zwei* Universitäten für das Land zu viel sind." Dagegen ist einzuwenden: a) Man darf hier nicht nach der *Volkszahl* des Großherzogtums selbst fragen, sondern es ist die *geographische Gestalt* des Landes in Betracht zu ziehen; Heidelberg liegt bekanntlich an der einen Grenze; von Freiburg ist es bis dort 40 Stunden, von Konstanz noch weitere 30 mehr! So weit also müssten die Bewohner der oberen Landesteile ihr Söhne nach dem ohnehin teueren Heidelberg schicken! b) fordert die *Religionsverschiedenheit* zwei Universitäten, c) kann der *Wetteifer* von zwei Universitäten nur nützlich sein . . . . . d) in pekuniärer

---

[1]) Vgl. unten.

Hinsicht nimmt Freiburg *keine* Unterstützung aus Staatsmitteln in Anspruch — denn was sie aus Staatskassen bezieht, ist nur der ihr angewiesene Ersatz für entzogene eigentümliche Renten —, während Heidelberg mindestens 60,000 fl. aus der Staatskasse erhält. — Wenn man als fernern Grund zur Aufhebung die *finanzielle Notlage* anführt, so rührt dieselbe nicht von der Unzulänglichkeit des Fonds her, sondern von zufälligen Ursachen, z. B. den vielen baulichen Veränderungen, die notwendig waren und die im Jahr 1816 allein 7000 fl. erforderten, von außerordentlichen Pensionirungsfällen, fünf aufeinander folgenden Weinfehljahren, den neu eingeführten ordentlichen Grundsteuern und -Lasten, den Kriegsbeschwerden und -Leistungen u. a. m. — Auch der *Rückgang der Frequenz* ist leicht erklärbar durch die zufälligen mannigfachen Bedrängnisse der Kriegszeit. Immerhin hat Freiburg an *Inländern* immer wenigstens *dreim*al so viel als Heidelberg.[1])

Auf die *zweite* Hauptfrage ist zu antworten, dass die *bisherigen Vorteile*, also namentlich die jährlich aus dem Ausland kommenden reinen Renten der Universität von durchschnittlich 20,000 fl. und was aus inländischen Gütern und Gefällen bezogen wurde (rund 25,000 fl.), *wegfallen*. Wegfallen wird auch alles, was die Professoren und Beamten mit ihren Familien, was die Studenten[2]) usw. verzehren. Zu dem Buchhandel, der jährlich viele Tausende von Gulden einbringt, stellen die Professoren der Albertina die meisten Verlagsartikel usw. Rechnet man die vielen und großen Stipendien dazu, so ist die Summe dieser jährlichen Nutzungen mit 200,000 fl. nicht zu hoch angeschlagen. — Ist der Wegfall von dem allem ein *unmittelbarer* Verlust, so liegt ein *mittelbarer* Verlust für den Staat in der *Verminderung der Steuerfähigkeit*. Das *halbe Vermögen* nämlich (etwa ½ Million) der Universität würde *an Württemberg fallen*, auf immer *erlöschen* würden *viele Studienstiftungen*, die sofort entweder den betr. Familien — meist Ausländern— zufallen oder die in den Stiftungsbriefen verordneten weiteren Bestimmungen erhalten würden.[3]) Diese

---

[1]) Vgl. oben S. 84.   [2]) Wenn jeder von den rund 300 Studenten nur 300. fl. jährlich verzehrt, macht das 90,000 fl!

[3]) Aus diesem Grunde könnte die Albertina auch nie wieder erstehen, und eine neue Universität zu gründen würde unsägliche Kosten erfordern.

Verminderung im Steuerertrag infolge Verarmung des Landes könnte aber durch die Renten der Universitätsgüter durchaus keinen Ersatz erhalten; denn diese *Renten fielen als Renten ursprünglicher Pfarreigüter* und vermöge der ausdrücklichen Verfügung in den Einverleibungsurkunden bei Aufhebung der Universität *an die Pfarreien zurück*, demnach *nicht* in die eigentliche *Staatskasse*.¹)

Diese pekuniären Verluste sind aber um so empfindlicher, als schon früher die dem Land in so vielfacher Beziehung wohltätigen, den Geldreichtum und den Geldumlauf so mächtig vermehrenden und befördernden Abteien und Klöster, sowie die Ritterorden aufgehoben und ihr viele Millionen betragendes Vermögen großenteils außer den Umlauf des Landes gesetzt wurden. Die Universität auch noch aufheben heißt dem Land den Herzstoß geben.

Der versprochene *Ersatz*, ein *Bischof* und ein *Regiment Soldaten*, ist nicht hinreichend; denn a) ein Bischof mit Domkapitel verzehrt nicht einmal so viel als der Universitätskörper an und für sich, abgesehen von den Studenten; b) ein Regiment ist bei dem Wechsel der Standquartire, namentlich im Krieg wo Hilfe am nötigsten ist, ein ganz unzuverlässiges Hilfsmittel.

Was die *dritte Frage* betrifft, so ist zuvorderst daran zu erinnern, dass Heidelberg nicht selbständige Stiftung, sondern *nur Staatsanstalt* ist, also auch wie die übrigen Staatsstellen oder Behörden dahin oder dorthin versetzt werden kann, dass dagegen Freiburg *Staatsanstalt und Stiftung* ist und als letztere *nicht* versetzt, sondern nur aufgehoben d. h. getötet werden kann. Eine solche Aufhebung der katholischen Universität würde aber bei der zu zwei Dritteln *katholischen* Bevölkerung des Landes großes Aufsehen erregen. Freiburg ist eine *geistliche "Körperschaft,"* ihr *Gut Kirchengut*, . . . und *kann* also auch *nur durch die geistliche oder Kirchengewalt aufgehoben werden*. Endlich wäre auch nach den *natürlichen und allgemein bürgerlichen Rechten* die Aufhebung der Hohen Schule als *fromme Stiftung* ein schreiendes Unrecht.

Dies die Hauptgedanken des Rotteckschen Aufsatzes. Derselbe erregte in Karlsruhe großen Anstoß. Gleich am 24. Januar 1817 erhielten Prorektor und Konsistorium einen

---

¹) Alles das wäre bei Heidelberg anders; durch Aufhebung der Ruperta würde der Staat wirklich viel gewinnen.

strengen Verweis von dort wegen Ausgabe des „Promemoria" mit dem Befehl, dasselbe auf keine Weise weiterzuverbreiten und alle bereits ausgegebenen Exemplare so viel als möglich wieder zurückzuziehen. Das Konsistorium entschuldigte sich, das Promemoria sei nur als Manuskript und überdies — eben um es nicht in Verlag und so der allgemeinen Veröffentlichung preiszugeben — nicht bei Herder, sondern bei Rosset gedruckt worden, und man habe es nur an die verschiedenen einflussreichen Persönlichkeiten in Karlsruhe verschickt.

Noch mehr musste man befürchten, dass Anstoß erregt werde durch eine andere, wenn auch nicht von der Universität selbst ausgehende Schrift. Zum Verteidiger der Albertina warf sich nämlich der Verfasser eines *Aufsatzes in der „Isis"*[1]) (Nr. 62, 63, 64, 65) *„Vertheidigung der Universität Freiburg gegen ihre Regierung"* auf. Der Ton dieser Schrift war so heftig und unbescheiden, dass das Konsistorium am 24. Febr. 1817 beschloss, ein Schreiben an mehrere Minister abgehen zu lassen, in welchem die Universität als jenem Aufsatz völlig fernstehend bezeichnet werden solle.

Unterdessen bekam man völlige Sicherheit über das Schicksal der in Württemberg gelegenen Güter für den Fall der Aufhebung der Universität durch ein Schreiben des Schaffners von Ehingen. Dieser meldete, dass der badische Gesandte in Stuttgart bei dem König angefragt habe, wie es mit den Universitätsgütern in Württemberg stehe, wenn die Universität aufgehoben und mit der in Heidelberg vereinigt werde. Die Antwort des kathol. Kirchenrats in Stuttgart habe dahin gelautet, dass in diesem Fall „die bisher von der Universität Freiburg aus dem Württembergischen bezogene Gefälls- und Realitätenbenützung vorläufig legal erhoben und dann künftig zur Vermehrung des Studienfonds in Ellwangen gezogen werden möchte, weil die ehemals österreichische Fundation derselben

---

[1]) Die „Isis," herausgegeben in Jena von Hofrat Oken, der einst in Freiburg Medizin studirt hatte, gehört mit Ludens „Nemesis," dem „Weimarer Oppositionsblatt", dem „Neuen rhein. Merkur" u. a. zu den infolge der Pressfreiheit wie Pilze aus der Erde schießenden neuen Zeitungen und Zeitschriften (vgl. Treitschke a. a. O. II, 406 flg. Gervinus, Gsch. d. 19. Jhd. S. 360. Die „Isis" war namentlich das Organ der Burschenschaften und der zu ihnen haltenden **Jenenser** Professoren.

für das Land Breisgau durch die Aufhebung der Universität Freiburg von dem dortigen Landesfürsten selbst ebenfalls aufgehoben werde."

Das sich mit großer Schnelligkeit und immer wieder verbreitende Gerücht von der Aufhebung hatte gleich auch seine nachteiligen Folgen, indem gleich (im Anfang des Jahres 1817) der Universität ein größeres Kapital aufgekündet wurde und man die Kündigung weiterer nicht ohne Grund befürchtete. Mit Gereiztheit schrieb das Ministerium am 22. Febr., es sei ungewiss, ob diese Gefahr durch die in den *Zeitungen* verbreiteten Nachrichten von Aufhebung der Universität, oder nicht vielmehr durch das „unauthorisirter Weise publizirte Promemoria" Rottecks veranlasst worden sei.

Die Angst und die „nur zu sehr begründete Besorgnis,"[1]) die Albertina möchte aufgehoben werden, wurde immer größer. Die Regierung scheint unterdessen die Hauptpunkte der Rotteckschen Schrift doch beherzigt zu haben und war sich auch selbst wohl bewusst, was für eine Aufregung und wie geringer Nutzen durch eine *gänzliche* Aufhebung erzielt würde. Sie trat deshalb auch ab und zu mit dem Gedanken und der Absicht hervor, ein sog. *Spezialschule*, bestehend aus *Gymnasium*, *theologischer und philosophischer* Fakultät, anstelle der vollständigen Universität in Freiburg zu errichten. Eine Zeit lang schwankte sie auch, ob am Ende doch Heidelberg eher fallen müsse. „Für die Erhaltung der Universität Heidelberg" schrieb damals Prof. Zachariae eine Schrift mit durchschlagendem Erfolg.

So sollte denn vorab in einer Schrift „das Zweckwidrige und Gemeinschädliche" dieser sog. Spezialschulen dargelegt, auch „die Nachtheile eines isolierten katholisch-theologischen Studiums" — mit Hindeutung auf das schnelle Entstehen und Wiederversinken der theologischen Anstalt in Ellwangen — geschildert werden.[2]) Endlich sollte nach dem Vorbild von Zachariae nochmals eine Schrift von Rotteck verfasst und diesmal allgemein veröffentlicht werden. Diese Schrift, eine

---

[1]) Wie man in der Konsistorialsitzung vom 30. Nov. 1817 sich aussprach.

[2]) Der Aufforderung wurde entsprochen in *Werks* Schrift „Ueber theologische Spezialschulen."

weitere Ausführung des oben besprochenen Promemoria von demselben Verfasser, erschien noch in demselben Jahr unter der Aufschrift „*Für die Erhaltung der Universität Freiburg*" und ausdrücklich „aus Auftrag des Prorektors und Konsistoriums." (Sie hat anlässlich der hundertsten Geburtsfeier des Verfassers im Jahr 1875 einen Neudruck erfahren.)

Die Lage wurde immer bedenklicher. Lange blieb jegliche Nachricht ganz aus, und es war unheimlich stille wie vor einem Gewitter. Dann ließ Staatsrat Eichrodt, Referent für die Angelegenheiten der Albertina in Karlsruhe, in einem Privatschreiben sich ziemlich ungünstig aus. U. a. verwarf er bei Besprechung der Rotteckschen Schrift den Hauptbeweis, „dass die Albertina eine katholische Stiftung sey", gänzlich. Auch erfuhr man, dass Heidelberg um eine katholisch-theologische Fakultät angesucht habe, dass also Freiburg *weder* eine Universität *noch* eine Spezialschule in Zukunft haben würde![1])

— In dieser traurigen Lage wurde beschlossen, den Prorektor selbst nach Karlsruhe zu senden und den Stadtmagistrat in Kenntnis zu setzen, er solle sogleich eine Abordnung der Bürgerschaft bereit halten, um dieselbe ebenfalls nach Karlsruhe abgehen lassen zu können, sobald der Prorektor hierher berichten würde, dass dieser Schritt notwendig sei.

Die *Beurbarungskommission*, die am 23. Januar 1818 von sich aus wirklich drei Abgesandte abschickte, wollte schon durch ein Privatschreiben von einer „bedeutenden" Person „unerwartet gute Nachrichten für die Universität erhalten" haben. Der Prorektor stellte übrigens den Abgesandten durch ein Schreiben an das Konsistorium vom 30. Januar das schmeichelhafte Zeugnis aus: „Die Bürger von Freiburg sind fortwährend feurig für unsere gute Sache, und ich könnte mir keine besseren Mitdeputirten .... wünschen als sie."[2]) Auf

---

[1]) Den Inhalt der Werkschen Schrift, die Verwerfung der Spezialschulen, hatte auch Eichrodt „als seiner eigenen Ueberzeugung akkordirend" erklärt.

[2]) Ganz anderes war es bei den ersten Verhandlungen im Anfang des Jahres 1817. Damals wurde vonseiten des Konsistoriums (Sitzung vom 23. Januar) bitter geklagt, „wie ungeschickt wenigstens, ja wie unedel die Vorsteher der Stadt gehandelt hätten, dass sie die Universität bisher noch mit keiner vertraulichen Eröffnung zu beehren für gut befunden u. s. f."

die Bitte der beiderseitigen Abgesandten „um einige 1000 fl. jährlichen Zuschuss" für die Hohe Schule versprach man „alles, was in den Kräften des Staates sey." Es hieß u. a., man bekomme wieder einen Kurator, übrigens sehe der Großherzog speziellen Anträgen entgegen. Minister v. Sensburg gab die erfreuliche Versicherung, „dass die bei der Juristenfakultät erledigten Lehrstellen wieder besetzt werden sollen," sowie dass „*andere das Fortbestehen der Universität nach allen ihren bisherigen Attributionen bezweckende Verfügungen* unterzeichnet worden seien.[1]) Bald bestätigte sich auch offiziell, dass der *Weiterbestand der Universität gesichert sei*.

Nun ergingen Dankadressen allerseits an alle die, die zu diesem günstigen Ausgang mitgewirkt hatten; die Abgesandten wurden im Triumph in die Stadt geführt, erhielten Ehrendiplome usw. Die zur Feier der Erhaltung der Albertina veranstalteten Festlichkeiten wollten kein Ende nehmen. Am 17. Februar war im Münster feierliches Pontifikalamt mit Te Deum. Die Akademiker zogen zu demselben unter Anführung ihrer Marschälle fakultätenweise ins Münster, wo das Bürgerkorps paradirte. Nach Beendigung des Gottesdienstes ging es mit 3 Musikchören' vor die Wohnung des Prorektors, wo zuerst ein Hoch auf den Großherzog, dann auf den Prorektor und die städtischen Abgesandten ausgebracht wurde. Der Abend wurde durch einen glänzenden Fackelzug gefeiert, bei dem die Akademiker Lieder, die einige unter ihnen selbst verfasst und in Musik gesetzt hatten, sangen. Dann fanden noch „andere würdige Vergnügungen" statt."[2])

---

[1]) Unter diesen „Verfügungen," hoffte man, werde sich endlich auch der schon so vielfach erbetene *Staatszuschuss* befinden — um so mehr, als die nachgesuchte Steuerfreiheit der Universitätsgüter mit mancherlei Schwierigkeiten verbunden und deshalb weniger zu erhoffen war.

[2]) Alles Nähere ist zu lesen im „Freyburger Wochenblatt" Nr. 15 d. J. 1818. Erwähnen möchte ich hier nur noch von den zahlreich angebrachten Inschriften die vier vom Bertholdsbrunnen: 1. Heil *Carl* Ludwig, Zähringens großem Enkel, dem Schützer, Erhalter, dem Musageten. 2. Dank dem Stifter der Hohen Albertina und Friede seiner Asche. 3. Freiburgs Bürger den Lehrern der Weisheit, der Jugend zweiten Vätern. 4. Die Stadt den Musensöhnen, Freiburgs Wahlkindern.

VIII. Die badische Verfassungsurkunde und der Tod des Grossherzogs.

Nur wenige Jahre war es der allgeliebten Großherzogin *Stephanie* vergönnt, als Landesmutter bei den in kurzer Zeit ihr so anhänglichen Badenern zu weilen. Welcher Jubel hatte geherrscht, als sie bald nach dem Regierungsantritt ihres Gemahls am 9. September 1811 zu einem mehrtägigem *Besuch* nach *Freiburg* und den oberen Landesteilen kam! Die Universität hatte zu ihrem Empfang eine Ehrensäule errichten lassen, auf deren Fuß eine Muse einer Grazie die Hand reicht, mit den Worten: „wo dem Fürsten die Musen, der Fürstin die Grazien huldigen, da sprechen getreue Völker mit Liebe und Freude die Worte der Huldigung nach." Der Besuch der Universität, des physikalischen Kabinets und des chemischen Laboratoriums durch die Großherzogin fand am 13. September statt. — Sichtlich welkte ihr Gatte, der noch so jugendliche Großherzog Karl, dahin. Doch war es ihm noch vergönnt, dem Lande die so lang ersehnte *Verfassung*[1]) zu geben, in welcher auch der Albertina gedacht wurde. Zunächst bekam sie das Recht, einen Vertreter in die Erste Kammer zu senden. § 31 der Verfassungsurkunde lautete: „Jede der beiden Landesuniversitäten wählt ihren Abgeordneten auf 4 Jahre aus der Mitte der Professoren oder aus der Zahl der Gelehrten oder Staatsdiener des Landes nach Willkür. Nur die ordentlichen Professoren sind stimmfähig[2])." — Auch *finanziell* wurde der Bestand aufs neue gesichert. § 21 besagte: „Die Dotationen

---

[1]) 22. August 1818 hat er im Bad Griesbach die Urkunde unterzeichnet.

[2]) Betr. die Wahl selbst wurde bestimmt: „Die Wahl . . . . wird von einer jeden der beiden Universitäten in einer vollständigen Versammlung der ordentlichen Professoren vorgenommen. Sie kann nicht gültig vor sich gehen, wenn nicht wenigstens $^3/_4$ der aktiven ordentlichen Professoren erscheinen oder durch Bevollmächtigte vertreten sind. Kein Stimmberechtigter kann sein Stimmrecht anders, als in Person, ausüben, wenn er nicht erweislich zu erscheinen, ohne eigene Schuld, verhindert ist. Der jeweilige Prorektor ist landesherrlicher Kommissär bei der Wahlversammlung, unbeschadet seines Stimmrechts . . . . Die Wahl geschieht durch absolute Stimmenmehrheit . . . ." Vgl. v. Weech, Geschichte der badischen Verfassung, Karlsruhe 1868. S. 103.

der beiden Landesuniversitäten und anderer höherer Lehranstalten, sie mögen in eigenthümlichen Gütern und Gefällen, oder in Zuschüssen aus der allgemeinen Staatskasse bestehen, sollen *ungeschmälert bleiben.*"[1])

Die *Dankadresse*, welche am 20. September d. J. die Albertina an den Landesherrn richtete,[2]) hebt hervor, dass durch diese Verfassung die Regirung des Großherzogs Karl „eine ganz eigene, von keinem Vorfahren erreichte, von keinem Nachfolger zu erreichende Glorie" erhalte. Dann wird die Gunst betont, die den beiden Universitäten durch die Urkunde zuteil wurde: „Zur Theilnahme an der Landstandschaft berufen, und durch den feierlichen Ausspruch des Grundgesetzes fortan wegen unserer Dotation aller Besorgnisse entledigt, mögen wir uns der wiederkehrenden Aussicht eines würdevollen, durch Selbstgefühl kräftigen, durch ermunterte Thätigkeit fruchtbringenden Daseyns überlassen. Die gesetzliche Verkündigung gleicher Rechte für die verschwisterten Hochschulen verheißt beiden auch den kostbaren Fortgenuss der gleichen landesväterlichen Huld und der gleichen liberalen Pflege" u. s. f.

In der von Schloss Favorite aus unterm 14. Oktober gegebenen *Antwort* spricht der Großherzog seine Freude aus, in den Adressen der beiden Universitäten „den Ausdruck der Zufriedenheit und des Beifalls jener ausgezeichneten Männer zu finden, welche dem erhabenen und gemeinnützigen Zweck dieser Universitäten mit so vielem Ruhm entsprechen. *Beide* so ersprießliche und interessante *Institute* nach Meinen Kräften für alle Zukunft *zu bewahren und zu erhalten* und denselben zugleich durch eine bestimmte Theilnahme an den landständischen Geschäften eine gebührende Stellung in dem öffentlichen Leben zu geben, war Mir eine sehr angenehme Pflicht."

Nur einige Monate später *starb* Großherzog Karl in der Blüte seiner Jahre am 8. Dezember 1818, ohne männliche Erben zu hinterlassen.

Im Auftrag der Universität hielt am 31. Dezember d. J. Prof. Wucherer im Chor des Münsters die ergreifende *Trauerrede*[3]). Er hob darin natürlich auch ganz besonders die liebe-

---

[1] Vgl. ebendaselbst S. 101.
[2] Vgl. Karlsruher Zeitung Nr. 245.
[3] Gedruckt bei Universitätsbuchdrucker Kerkenmayer.

volle Sorgfalt des Verstorbenen für die Albertina hervor, wie er, der Scheidende, noch die Fortdauer derselben für immer gesichert, wie aber jene Fortdauer zu einer lebenskräftigen und lebensfreudigen zu machen, ihm selbst leider nicht mehr vergönnt war. So setzte also die Universität das Vertrauen, Karls Werk weiter zu fördern, auf seinen Nachfolger Ludwig, und — wie wir wissen, hat letzterer dieses Vertrauen nicht zu Schanden werden lassen.

Inhalt.

Erster Hauptteil.
Die Regierung des Grossherzogs Karl Friedrich (1806—1811).

		Seite
I.	Die Frage des Weiterbestehens der Universität	2—7
II.	Landesübergabe und Huldigung	7—8
III.	Einverleibung der Klosterbibliotheken	8—11
IV.	Finanzielle Bedrängnis	11—18
V.	Verhältnis der Universität zum Gymnasium	18—23
VI.	Versuche ur Besserung in der wirtschaftlichen Verwaltung	23—26
VII.	Veränderungen auf anderen Gebieten.	
	a. Rektoratswechsel	26—27
	b. Einsetzung eines „Kuratoriums"	27—29
	c. Einsetzung eines besonderen Amtmannes	29—30
	d. Lehrangelegenheiten	30—33
	e. Aus einzelnen Fakultäten	33—35
VIII.	Das Lehrkollegium	35—42
IX.	Die Institute der Universität	42—43
X.	Studenten und Studentenleben	43—52
XI.	Festlichkeiten	52—55

Zweiter Hauptteil.
Die Regierung des Grossherzogs Karl (1811—1818).

		Seite
I.	Gefährdung auswärtiger Besitzungen und Rechte	56—63
II.	Die Kriegsjahre und ihre Folgen	63—72
III.	Veränderungen in der Verwaltung	72—75
IV.	Lehrkollegium und Lehrangelegenheiten	75—78
V.	Die Institute der Universität	78—81
VI.	Studenten und Studentenleben	81—84
VII.	Angriffe von auswärts und abermalige Gefährdung des Bestandes	84—96
VIII.	Die badische Verfassungsurkunde und der Tod des Großherzogs	97—99

GESCHICHTE
DER
UNIVERSITÄT FREIBURG
IN BADEN
IN DER
ERSTEN HÄLFTE DES XIX. JAHRHUNDERTS
II. TEIL
1818 — 1830
VON
DR. HERMANN MAYER.

BONN 1893.
P. HANSTEINS VERLAG.

VORWORT.

Es war eigentlich nicht von vornherein meine Absicht, die Geschichte der Universität Freiburg — wenn ich einen bescheidenen historischen Versuch so nennen darf — über das Jahr 1818 hinauszuführen. Da aber auch die folgende Zeit so manches Interessante und Wertvolle bietet, so schien mir eine Fortsetzung wol angebracht, und ich wage es hiermit, eine solche der Oeffentlichkeit zu übergeben.

Die beiden Teile dieser Fortsetzung (1818—30 und 1830—52) sind freilich schon der Zahl der behandelten Jahre nach von sehr verschiedenem Umfang. Auch ist — so wird man mir entgegenhalten — die Scheidung nach den Regirungszeiten der Landesfürsten doch eigentlich nur eine äußerliche und sollte daher mit der Geschichte einer Universität nichts zu tun haben. Und doch konnte ich schon aus dem Grunde nicht leicht von dieser Einteilung abgehen, weil sie einmal im ersten Band eingeführt war. Anderseits aber lässt sich dieselbe auch recht wol verteidigen. Nicht nur, dass der jeweilige Großherzog immer auch Rektor der Universität war und also man von Rektoraten sprechen könnte. Die Regirungswechsel fallen auch fast jedesmal zusammen mit andern, für die Geschichte des Landes und der Universität Freiburg wichtigen Zeitpunkten. Wenn der erste Zeitraum, die Regirung (und das Rektorat) des Großherzogs Karl Friedrich, 1806—1811, die Zeit des Uebergangs an Baden und der dadurch hervorgerufenen Veränderungen war, so bezeichnet der zweite, die Regirung seines Nachfolgers Karl, 1811—1818, die der Befreiungskriege und der Jahre darauf bis zur Herausgabe der badischen Verfassungsurkunde, die auch für die Universität nicht ohne Bedeutung war. Die Regirung Ludwigs (1818—30) aber hebt an mit der erstmaligen Dotation der Albertina, die infolgedessen ihren Namen in Alberto-Ludoviciana erweitert; und sie endigt kurz vor jenen Unruhen, welche die zeitweilige Schließung der Hohen Schule und die Neueinrichtung derselben (1832) herbeiführten und das erste wichtigere Ereignis unter der Regirung Leopolds sind. Die Zeit dieses Fürsten endlich (1830—52) ist, wie die der größten Stürme für das Großherzogtum überhaupt (1848/49), so auch die der größten Schwächung der Universität. Bald nach diesen kritischen Jahren nimmt, während eine neue Kräftigung der Universität wie des badischen Staatswesens anhebt, die Regirung Leopolds nicht lange nach der Mitte des Jahrhunderts (1852) ein Ende.

Der Verfasser.

ERSTER HAUPTTEIL.

I. *Patronatsrechte und auswärtige Besitzungen.*

Geschützt von der Verfassung, die Großherzog Karl seinem Lande als teures Vermächtnis hinterlassen hatte,[1]) entwickelte sich auch die Albertina unter der Regirung des neuen Landesherrn, nicht mehr beunruhigt und sich allmählich erholend von den Stürmen des Krieges, im allgemeinen ruhig weiter. Aber *eines* konnte sie namentlich nicht verschmerzen, den in und durch die Umwälzungen der Kriege herbeigeführten Verlust der *Patronatsrechte*. Eine Bitte um Zurückgabe derselben war am 30. Juni 1819 vom Ministerium d. I. wiederholt abweislich beschieden worden. Und doch sollte die nie aufgegebene Hoffnung nicht oder wenigstens nicht ganz getäuscht werden: noch in demselben Jahre, durch Erlass vom 24. August, wurde eine höchste Entschließung S. K. H. vom 22. Juli und 5. August bekannt gemacht, wonach *der Universität ihre Patronatsrechte mit Ausnahme desjenigen zur Münsterpfarrei zurückgegeben* wurden.

Diesen Verlust des Patronatsrechtes zur Münsterpfarrei, sowie das durch Ministerialverfügung vom 3. März 1820 ihr ebenfalls abgesprochene Recht zur Beziehung eines jährlichen sog. *Rekognitionsgeldes* von derselben Pfarrei wollte die Universität natürlich sich nicht gefallen lassen. Auf eine Anfrage des Prorektors, ob man in dieser Sache den Rechtsweg einschlagen solle, sprach das Konsistorium am 10. Juni 1820 die Ansicht aus, dass man sich wiederholt an das Ministerium, und erst, wenn man gar kein Gehör finde, an die Landstände mit einer Beschwerde wenden solle; im Rechtswege dagegen werde man nichts ausrichten.[2])

---

[1]) H. Mayer, Die Universität zu Freiburg, I. Teil S. 97 ff.

[2]) Anderer Meinung war Duttlinger: Da die Patronatsrechte erst 1813 nach Einführung des Code Napoléon aufgehoben worden seien, eine solche Aufhebung aber gemäß Art 545 des Neuen Bad. Landrechts ohne vorausgegangene Entschädigung von rechtswegen nicht habe geschehen können, so *müsse* man auch diesen Weg des Rechts einschlagen. — Vgl. übrigens auch Pfister, die finanziellen Verhältnisse der Universität Freiburg, S. 148.

Das Gesuch wurde jedoch in Karlsruhe am 13. Juli 1820 wiederholt abgewiesen, mit dem Bemerken, „dass die *landesherrliche* Nomination zur I. Pfarrei Freiburgs mit anderen Staatseinrichtungen in einer so wesentlichen Verbindung stehe, welche die Ausübung eines *Privat*patronatsrechts bei deren Besetzung schlechterdings nicht gestatte." Nun war freilich in dieser Verfügung gar nichts gesagt über den von der Universität erhobenen Anspruch auf ein Rekognitionsgeld. Da man aber versichert war, dass der derzeitige Münsterpfarrer bezw. Pfarrvikar, der frühere Kollege Dr. Boll, letzteres nicht verweigerte, so wurde beschlossen, das Schreiben einstweilen — aber auch nur einstweilen! — zu den Akten zu legen.

Schon am 29. August desselben Jahres unterstellte die Großh. Oberrechnungskammer dem Plenum, ob die zu erwirkende Entschließung wegen des Rekognitionsgeldes der Münsterpfarrei noch nachgeholt werden solle. Das Konsistorium beschloss daraufhin am 14. Sept., eine Vorstellung an das Ministerium einzureichen „mit der Bitte um das Erkenntniß: 1) der Religionsfond sei schuldig, das während zweier Münsterpfarrvikaturen bezogene Rekognitionsgeld per 28 fl. 25 kr. an die hohe Schule herauszubezahlen; 2) jeder künftige Pfarrer sei, wie der jetzige, verbunden, dieses Rekognitionsgeld mit jährlich 50 fl. an die hohe Schule abzuführen." Durch Entscheidung des Ministeriums vom 21. Dez. d. J. wurde die Universität jedoch mit ihrer Bitte *abgewiesen*.[1])

Aber auch Boll scheint mit der versprochenen[2]) Ausbezahlung nicht mehr ganz nachgekommen zu sein. Wenigstens schickte die Universität am 10. Okt. 1822 ein (nochmaliges) Ersuchsschreiben an ihn, er möge „nach und nach das seit einiger Zeit im Rückstand sich befindliche Geld abzahlen." Auch ließ man ihn bitten, „seiner Zeit etwa, wenn bei der Pfarrei eine Veränderung vorgeht, beim Ministerium eine wiederholte Vorstellung einzureichen, damit der Universität der fragliche Einkommensteil auch pro futuro belassen werde." Man sah eben voraus, dass ein anderer künftiger Münsterpfarrer wohl schwerlich jenes Geld *freiwillig* bezahlen werde.

Der Streit um die Münsterpfarrei schien zu erlöschen — wenn auch die Universität noch mehrmals Beschwerde erhob —

---

[1]) Vgl. Pfister a. a. O. S. 148/49.   [2]) Siehe vorige Seite.

nachdem der *Münsterpfarrfond* im Jahre 1828 *dem* kurz zuvor errichteten *neuen Erzbistum einverleibt* worden war. Aber er brach nochmals, 17 Jahre später, aus. Als nämlich im Jahre 1845 anstelle des Domkapitulars (und früheren Professors an der Hohen Schule) *Buchegger* als Münsterpfarrer *Haiz* trat, verlangte die Universität eine sog. *Nominationstaxe* von 10 fl. 24 kr., wie sie damals, als die Albertina noch das Patronat hatte, jeweils an die Universitätskasse bezahlt worden war. Natürlich weigerte sich das Erzbischöfl. Ordinariat und machte Gegenvorstellungen gegen diese Zumutung bei dem Kath. Oberkirchenrat in Karlsruhe. Letzterer berichtete an das Ministerium d. I., und dieses eröffnete, dass mit Beziehung auf die nun bestehenden Verhältnisse, wonach es sich um die Vergebung der Münsterpfarrei iure patronatus gar nicht mehr handeln könne, die Ablehnung der geforderten Zahlung einer Präsentationstaxe als ganz begründet erkannt werde. Der Senat, am 18. Nov. hievon benachrichtigt, fasste am 17. Dez. den Beschluss, „dem Syndicus eine Ausarbeitung einer Vorstellung wegen des der Universität unbilligerweise entzogenen jährlichen Rekognitionsgeldes von 50 fl. zu empfehlen, wo dann die in Frage stehende Entschädigung wegen der Präsentationstaxe wieder mit in Anregung gebracht werden könne."

Unterdessen war mit der Münsterpfarrei ein anderer Streit ausgebrochen. Im Jahre 1820 war über sämtliche Fahrnisse des Münsters Inventar aufgenommen worden und hatte man in dieses auch *die zwei Gemälde des jüngeren Hans Holbein* vom Altar der Universitätskapelle eingetragen. Die Universität, die auf diese Gemälde Anspruch machte,[1]) richtete am 5. Okt. 1820 an das Direktorium des Dreisamkreises die Bitte, der Münsterfabrik die Weisung zu geben, „dass sie entweder besagte Gemählde in ihrem Inventar ganz weglassen, oder die Bemerkung, dass solche Universitätseigenthum seien,

---

[1]) Man stützte bei diesem Anspruch sich namentlich darauf, dass die Kaiser Rudolf II. und Ferdinand III., sowie Herzog Maximilian von Bayern, welche diese Gemälde zu sehen wünschten, sich jeweils an die Universität gewendet, also diese als Eigentümerin anerkannt hätten. Vgl. darüber und überhaupt über diese Gemälde *Fr. X. Kraus* „Die Universitätskapelle im Freiburger Münster." Progr. zu Großherzogs Geburtstag 1890. S. 10 ff. und namentlich die Beilagen IX bis XVII.

beisetzen", auch jedenfalls von dem Geschehenen das Konsistorium benachrichtigen solle.

Die Münsterfabrik-Prokuratur aber suchte in ihrem Bericht, den sie dem Kreisdirektorium auf dessen Verlangen übergab, den Anspruch der Universität namentlich durch den Hinweis darauf abzuweisen, dass die Hohe Schule gewiss in dem angegebenen Falle — d. h. wenn sie sich durch eine Verschreibung das Eigentumsrecht vorbehalten hätte — „nie zugegeben haben würde, dass dem Münsterfond *allein* sämtliche Abholungskosten der fraglichen Gemählde aus der französischen Gefangenschaft in Colmar im Dez. 1807 . . . . zu zahlen überlassen wurden, oder aber ihm aus Dankbarkeit eine verhältnißmäßige Vergütung angebothen hätte, von welchem weder das eine noch das andere geschehen ist." Das Kreisdirektorium übersandte diesen Bericht dem Konsistorium mit dem Bemerken, dass man, „da in den Münsterfabrikakten nichts vorkomme, wodurch das fortdauernde Eigenthum dieser Gemählde für die Universität begründet würde, es ihr überlassen müsse, den Beweis darüber herzustellen." Das Konsistorium beschloss am 21. Januar 1821, die Sache einstweilen ad acta zu legen und ein andermal wieder mit den aus dem Archiv zu erhebenden Akten vorzunehmen. Dies geschah im nächsten Jahr, und der Universitätssyndikus wurde beauftragt, einen ausführlichen Bericht zu erstatten. Derselbe fand nach längerer Untersuchung, dass darüber, auf was für eine Art die Universität die beiden Gemälde erworben habe, im Archiv sich nichts vorfinde.[1]) Auch wies er darauf hin, dass die Universität selbst ihr Eigentumsrecht immer nur als ein beschränktes angesehen und deshalb auch ohne bischöfliche Zustimmung es nie unternommen habe, die Gemälde auch nur auf kurze Zeit von ihrem Standpunkt zu entfernen.

Trotz dieses Ergebnisses beschloss das Konsistorium am 20. Juni 1822, dem Kreisdirektorium zu erklären, „a) dass, da die Münsterfabrik stillschweigend zugebe, dass die Universität Eigenthümerin der Holbeinischen Gemälde *gewesen* sei, letzterer das Eigenthumsrecht so lange zustehen müsse, bis ersterer den Uebergang desselben auf *sie* nachweise, b) dass urkundlich nachgewiesen werden könne, dass die Kapelle, in welcher

---

[1]) Vgl. Kraus a. a. O. S. 68 (Beilage XII).

die beiden Gemählde aufgestellt sind, auf Kosten der Universität erbaut und ausgeschmückt, auf ihr Ansuchen im Jahr 1554 der Altar in derselben geweiht, immer und von jederman als der Universität gehörig betrachtet, auch von hohen Personen, welche die Gemählde zu Einsicht zu bekommen gewünscht haben, immer an die hohe Schule sich gewendet worden sei (vgl. oben S. 3 Anm.), c) dass demnach die hohe Schule ihres Eigenthumsrechts sich niemals begeben habe, wie sie sich dessen auch dermalen nicht begebe, sondern die Sache eher in den Rechtsweg gelangen laßen werde, dass sie aber — wie sie sich jederzeit gegen eine Entziehung der Gemählde aus ihrem jetzigen Standort kräftig verwendet — nicht gemeint sei, solche je aus dem Tempel entfernen zu wollen, so lange die Kapelle nicht gegen ihren Willen ihr würde entzogen werden." Diesen Beschluss ließ man durch das Kreisdirektorium wieder der Münsterfabrik zu weiterer Aeußerung übergehen. Zugleich forderte man den Hofmaler und Prof. Zoll auf, sein Gutachten abzugeben, ob die Gemälde, weil der Mittagssonne ausgesetzt, nicht Not litten, und was allenfalls geschehen könne, um sie vor der allmählichen Zerstörung zu schützen.

Auf einen, wie es scheint, ungünstigen Erlass des Kreisdirektoriums hin beschloss das Konsistorium am 20. Sept. 1822, die Juristenfakultät um ihr Gutachten anzugehen, a) ob gegen die Münsterfabrikverwaltung der Rechtsweg einzuschlagen sei, b) oder was sonst in der Sache zu tun am rätlichsten sein dürfte. Aber trotzdem man beinahe alljährlich (31. Juli 1823, 5. Mai 1825, 14. Dez. 1826 usw.) diese Aufforderung wiederholte — zuletzt am 22. Aug. 1833, wo man wenigstens einen Vorschlag zu hören wünschte, wie man vorderhand einer Verjährung vorbeugen könne — ließ die Juristenfakultät sich nicht vernehmen. Die Sache scheint schließlich im Drang wichtigerer Angelegenheiten in Vergessenheit geraten zu sein.

Aber auch mit den *Gütern und Patronatspfarreien*, die die Hohe Schule behalten, hatte sie Verdruss und Unannehmlichkeiten aller Art genug. Namentlich war es so mit den *Besitzungen im Schwäbischen.*[1]) Vgl. darüber Pfister a. a. O.

---

[1]) Durch Kgl. Württemberg. „Regiminalreskript" d. d. Ulm 9. Juni 1819 war man schon auch davon benachrichtigt worden,

S. 152 u. 153. Solche Erfahrungen hatten auch den Konsistorialbeschluss vom 31. März 1821 veranlasst: „bey dem Großh. Ministerium — das durch Erlass vom 23. Dez. 1811 die Vornahme von Reisen auf Universitätsschaffneien ohne höhere Erlaubnis untersagt hatte — ... eine Vorstellung einzureichen, in welcher die Nothwendigkeit, dass endlich einmal nach 20 Jahren wieder eine *Visitationsreise auf die Universitätsschafneien in Schwaben vorgenommen wurde,*" begründet werde. „Damit wäre der Antrag zu verbinden, dass erlaubt werden wolle, in diesen Osterferien zwei ordentl. Professoren auf die beiden Schafneien *Ehingen* und *Munderkingen* zu einer Visitationsreise, welche 14 Tage dauern würde, zu deputiren." Das Ministerium erlaubte jedoch (unterm 26. April d. J.) eine solche Reise noch nicht, bevor „in der Administration ein neuer Grund gelegt, und die Untersuchung der Rechnungen sowohl, als der Bewirthschaftung von der Oberrechnungskammer beendigt seyn werde. . . . . ." Nach abermaligen Vorstellungen fand eine solche Reise im Jahr 1823 statt und zwar zunächst nach der Schaffnei *Waldsee*. Man fand daselbst verschiedene „*Dienstunordnungen*". Der Schaffner hatte Früchte auf dem Speicher verderben und solche, die dahin hätten geliefert werden sollen, ohne höhere Erlaubnis in Geld auslösen lassen, sie dann als geliefert in „Einnahmen" und als verkauft in „Ausgaben" gebracht u. a. m. Alsbald wurde beschlossen, einen Bericht an das Ministerium zu erstatten und in Waldsee einen Oberinspektor aufzustellen. In einem von der Großh. Oberrechnungskammer an das Ministerium d. I. am 18. Sept. d. J. erstatteten Gutachten wegen dieser entdeckten Unordnungen erhielt jedoch die Wirtschaftsdeputation Vorwürfe, wogegen diese wieder sich in einer Vorstellung, die sie durch das Konsistorium einreichen ließ, verwahrte. — Auch in Ehingen fand man ähnliche Unordnungen.[1]) Das Ministerium befahl daher am 20. Februar 1824 der Wirtschaftsdeputation, „eine spezielle Dienstinstruktion in materieller Hinsicht . . . . für sämtliche Schafner in Schwaben mit Rücksicht auf lokale Verhältnisse zu entwerfen."

dass die *Gefällsteuer auf diesen württembergischen Besitzungen* „wie bisher suspendiert bleiben werde."

[1]) Vgl. Pfister a. a. O. S. 153.

Solche unangenehme Erfahrungen trugen jedenfalls auch
dazu bei, dass man um so lieber auf einen andern Wunsch
der Regirung in Beziehung auf diese *schwäbischen Besitzungen*
einging, nämlich dieselben „*gegen ein anderes näher gelegenes
Objekt zu vertauschen*".[1]) Der Minister Freiherr v. Berstett
glaubte bei seiner Anwesenheit in Freiburg im Jahr 1821, der
günstige Zeitpunkt zu einem solchen Tausch sei jetzt gekommen,
die württembergische Regirung stehe mit der badischen auf
sehr freundschaftlichem Fuß und suche ihr gefällig zu sein.
Auch die badische Regirung selbst suche ihrerseits ihre Besitzungen in Württemberg zu vertauschen. — Man legte übrigens
der Hohen Schule eine *gänzliche Veräußerung ihrer Güter und
Gefälle* in *Würitemberg* nahe. Das Konsistorium ging jedoch
auf diesen Vorschlag nicht ein, da es für die Universität immer
höchst wünschenswert sei, „dass der Haupttheil ihrer Dotation
in *liegenden Gründen und Gefällen* bestehe, nicht weil dieselben
ergiebiger seien als Geldkapitalien (au contraire) . . ., sondern
weil nach der Erfahrung . . . . . der Fortbestand einer auf
solche Art gegründeten Stiftung viel gesicherter ist . . . . ."
Dagegen erklärte sich das Konsistorium in derselben Sitzung
(16. Juni 1821) bereit, die *Gefälle in der Schaffnei Rottenburg gegen andere* im Ehingischen oder Waldseeischen gelegene
zu vertauschen. Zugleich ersuchte man die Kuratel um gutachtliche Begleitung dieser Bitte. Auf diese Eingabe hin
wurde durch Erlass des Staatsministeriums vom 5. Juli das

---

[1]) Auch den Vorschlag des *Verkaufens* hatte die Regirung
nahegelegt. Schon am 15. Juni 1819 schrieb Rotteck aus Karlsruhe
aus Konsistorium, „der ewige Refraint" von allen Reden der Re-
gierungsmitglieder sei, die Universität solle ihre Güter verkaufen,
und Rotteck meinte damals selbst, ob man nicht mit dem württembergischen Zehnden den Versuch machen solle. Das Konsistorium
war jedoch der Ansicht, „dass in einer Zeit, wo man so sehr damit
beschäftigt sey, die Zehenden zu reluiren, es nicht rathsam scheine,
einen Veräußerungsversuch zu machen. Man sehe zwar ein, dass
man ein Opfer werde bringen müssen, allein die Regierung werde
doch nicht fordern, dass . . . . . eine Veräußerung, wenn sie etwa
fehlschlage, solle ratificirt werden, sie werde die Bewilligung von
Ueberschüssen aus der Staatskasse nicht von dem wirklichen Ver-
kaufe der ausländischen Güter und Gefälle abhängig machen
wollen . . . . . ."

Ministerium der auswärtigen Angelegenheiten beauftragt, durch den Gesandten zu Stuttgart sich zu erkundigen, „ob Württemberg nicht geneigt sei, die der Universität Freiburg zugehörigen zur Schafnei Rottenburg eingeteilten Gefälle gegen bares Geld oder gegen andere im Badischen oder Württembergischen, jedoch der Universität besser gelegenen Gefälle einzutauschen, um solche etwa zur Dotation des Bischofs von Rottenburg zu verwenden."

Die Angelegenheit scheint jedoch in Stuttgart unbeachtet liegen geblieben zu sein. Das Konsistorium sah sich daher genötigt, am 9. Okt. 1823 eine Vorstellung an den König von Württemberg selbst zu richten, worin nachgewiesen wird, dass das Patronatsrecht der Universität zu ihren sämtlichen Pfarreien ein *ganz eigenartiges*, von andern Patronatsrechten verschiedenes, wenngleich in der Geschichte nicht beispielloses sei. Nachdem dann ferner gezeigt worden war, dass der kathol. Kirchenrat in Stuttgart die Bedingungen nicht gehalten habe, an welche von der Universität das Anerbieten, einen Tausch einzugehen, geknüpft worden sei, wurde an den König folgende alternative Bitte gerichtet: „a) *entweder* die Primitivparochial- und Patronatsrechte der Universität .... aufrecht zu erhalten, wogegen man die Verpflichtung übernehmen wolle, bei jeweiliger Vakatur einer der beiden Stadtpfarreien (Ehingen und Rottenburg) Sr. Maj. die Bittschriften sämtlicher Kompetenten mit einem gutächtlichen Besetzungsantrag vorzulegen und denjenigen derselben, welchem der König den Vorzug geben werde, in der Eigenschaft als *Pfarrer*, nicht als *Pfarrvikar* zu präsentiren; auch mit beiden Pfarrern hinsichtlich ihres Einkommens eine auf immer dauernde canonische Uebereinkunft abzuschließen; b) *oder*, wenn dieser Antrag nicht genehmigt werden wolle: so wiederhole man das Anerbieten, das Patronatsrecht zu den beiden Pfarreien unter den nachfolgenden Bedingungen abzutreten, dagegen jenes zu zwei Kaplaneien anzunehmen ......: 1) dass .... alle andern Rechte im Königreich Württemberg durch solche Abtretung nicht die mindeste Schmälerung oder Veränderung erleiden sollen, insbesondere 2) die Rechte, den Klein-, Obst- und Blutzehnden von Hausen zu beziehen oder darüber zu disponiren, 3) ebenso insbesondere das Recht, die hergebrachten Reverse durch die Pfarrer von Ehingen bei deren Amtsantritt sich

ausstellen zu lassen ..... 4) endlich ..... das Recht der
Universität, für ihre Kanzlei von jedem Pfarrer in Ehingen
bei seinem Amtsantritt eine Taxe von 12 fl. 30 kr. (in Rottenburg 12 fl. 46 kr.) zu fordern, so lange nicht die württembergische Staats- und die bischöfliche Behörde die förmliche
Genehmigung dazu werde ertheilt haben, dass die Taxen auf
die abzutretenden Kaplaneien übertragen werden, und die
Kaplaneien nicht wirklich abgetreten sind". — Von dieser
Eingabe machte man auch dem kathol. Kirchenrat Anzeige
und bat ihn um seine Mitwirkung beim König, ebenso der
Kuratel. Ersterer schien anfangs darauf eingehen zu wollen.
Durch letztere wurde man jedoch am 6. März 1824 mit einem
Erlass des Ministeriums d. J. (d. d. 15. Aug. 1823) überrascht,
in welchem strengstens befohlen wurde, „dass 1) *künftig alle
unmittelbare Korrespondenz mit auswärtigen Regierungen* ....
zu unterlassen, und sich dagegen an die vorgesetzte Behörde
zu weiterer Einleitung bei dem Großh. Ministerium der auswärtigen Angelegenheiten zu wenden, 2) zu berichten sei, ob
die Beibehaltung der fraglichen Patronatsrechte ein pecuniäres
oder sonst reelles Interesse haben könne, oder ob solche nicht
vielmehr in einem iure honorifico bestehe, und allenfalls durch
ein Tauschobjekt sich ausgleichen lasse." — Da namentlich
der im ersten Teil des Erlasses erhaltene Verweis unangenehm
berührte, so hat man „um nähere Interpretation des erlassenen
Verbothsˮ mit dem Bemerken, dass die Besitzungen der Hohen
Schule in Württemberg einen unmittelbaren Briefwechsel ununterbrochen, jedoch meist in Dingen sehr untergeordneter
Bedeutung, notwendig machten, dass aber im vorliegenden
Fall das Konsistorium aus besonderem Auftrag des Ministeriums
mit der württembergischen Regierung sich unmittelbar eingelassen habe.

Unterdessen gab der königl. württembergische Kirchenrat
am 27. Mai 1824 bekannt, dass der König geruht habe, „in
die diesseitige (erste der beiden oben S. 8 genannten) Bitte
einzugehen und den im Jahre 1814 stattgehabten Patronatstausch als nicht geschehen unter den angebothenen Bedingungen zu erklären, dass das Konsistorium künftig die Bewerber um die Stadtpfarrstellen zu Rottenburg und Ehingen
jedesmal zur Bezeichnung dessen, welchem die dortseitige
Regirung den Vorzug gebe, vorlege, und sofort immer aus

den von der Regierung bezeichneten ernennen wolle; womit auch das Verlangen, die Fixirung der Pfarrkompetenzien für alle Zukunft und die Ausgleichung der Differenz wegen der Zehendgefälle von Hausen ob Almendingen zu gleicher Zeit zu arrangieren, ausgedrückt, *das Austauschungsprojekt inbezug auf die Schafnei Rottenburg aber abgelehnt ist.*"

Auf Antrag der theol. Fakultät ließ man dem Kirchenrat erwidern: „1) was Rottenburg betreffe, so wünsche man, die Sache möchte in der Art ausgeglichen werden, dass die Regierung die sämtlichen Rechte und Einkünfte der Schafnei *Rottenburg* sich abtreten ließe gegen ein in der Gegend von Ehingen anzuweisendes Aequivalent von Gefällen. 2) Inbezug auf *Ehingen* habe sich seit 1813, da das erste Ansinnen, dieses Patronat abzutreten, gemacht worden, keine Aenderung zugetragen, und man könne also nicht einsehen, warum der seinem Abschluss nahe gewesene Vertrag nun umgestoßen werden solle."

In Stuttgart ging man auf Austauschung der Gefälle gegen andere ein. Aber die Sache zog sich doch in die Länge, weil die Universität mit den angebotenen nicht zufrieden war und man sich lange nicht einigen konnte. Endlich *erklärte das Konsistorium* am 7. Nov. 1828 *sich bereit, für Ehingen* das Patronat zur Pfarrei *Altsteißlingen, für Rottenburg* jenes zur Pfarrei *Bühl* (im Oberamt Ehingen) *anzunehmen*. — Mit Genehmigung eines darauf sich beziehenden Vertrags durch das Ministerium d. J. am 13. Dez. 1830 war die Angelegenheit endlich der Hauptsache nach erledigt.

Unter den früher der Universität einverleibten Pfarrgütern war das im Luneviller Frieden ihr entzogene *Kanonikat Rheinfelden* unterdessen an den Kanton Aargau gekommen und der Universität so bei der allgemeinen Zurückgabe der Patronatsrechte (s. S. 1) nicht mehr zurückerstattet worden. Nun beschloss das Konsistorium am 26. Mai 1821, in einer Beschwerdeschrift die Ansprüche der Hohen Schule geltend zu machen und zu begründen mit dem § 8 des zwischen dem Großherzogtum Baden und dem Kanton Aargau am 27. Juli 1809 abgeschlossenen Staatsvertrages. Eine in dieser Sache niedergeschriebene Vorstellung, von Prof. Hofrat Mertens entworfen und durch die Kuratel dem Staatsministerium eingereicht, lautete: „Das höchste Staatsministerium wolle den zur Negoziation mit dem Schweizer Kanton Aargau bevollmächtigten Großh. Commissarius beauftragen, die Sache dahin einzuleiten, dass das der Universität Freiburg in Bezug auf jenes Kanonikat zustehende Recht von dem Kanton respektirt und dieser für den Fall, dass etwa dasselbe mit einem anderwärts präsentirten besetzt sein sollte, verbindlich gemacht werde, über eine für solches entweder von dem Tod des letzten Universitätspräsentirten Choriupp an zu rechnende jährliche und nach einem billigen Mittelbeitrage zu bestimmende, oder aber über eine Totalaversalsumme sich mit der Universität zu vergleichen." Das Staatsministerium willigte ein, durch den Ausgleichungskommissär Kreisrat Jäger einen solchen Versuch zu machen, worauf das Konsistorium alsbald durch Mertens ein Promemoria für Jäger verfassen ließ. Aber es wurde leider von diesem kein Gebrauch mehr gemacht: nach nochmaliger reiflicher Ueberlegung und Erwägung, dass nach dem Gang und dem Ergebnis der früheren Verhandlungen in den Jahren 1806 und 1810 doch keine Aussicht auf Erfolg vorhanden sei, stand Jäger mit Billigung des Staatsministeriums von dem Versuche ab.

Nachdem, wie oben erzählt, der Universität ihre Patronatsrechte im allgemeinen wieder zurückgegeben waren, fragte es sich aber doch, ob damit auch diejenigen *Pfarreien* zu besetzen ihr wieder zustehe, *in deren Besitz früher Stiftungsexekutoren* gewesen waren. So wurde z. B. 1824 die *Pfarrei Lehen* erledigt, in deren Besitz früher die Sapienzstiftungsexekution gewesen war. Die katholische Kirchensektion bestritt nun — wie aus Auftrag des Ministeriums die Kuratel am 21. April d. J. dem Konsistorium mitteilte — der Universität dieses Recht. Das Konsistorium ließ alsbald eine Gegenvorstellung an das Ministerium abgehen. Aber ohne die Hohe Schule zu fragen oder nur eine Anzeige zu machen, wurde die Pfarrei kurz darauf vergeben. Nun blieb freilich dem Konsistorium nichts übrig, als sich in die dermalige Vergebung zu fügen und nur zu bitten, „dass die *künftigen* Rechte der Universität inbezug auf diese Pfarrei gewahrt werden möchten." (25 VI.) Aber auch hierauf folgte wiederholt abweisliche Verfügung

II. *Veränderungen in der Organisation.*

Durch Verfügung vom 3. Juni 1819 war die *Aufhebung des Universitätsamtes* als eigene Stelle und die *Vereinigung desselben mit dem Prorektorat*[1]) angeordnet und ferner bestimmt worden, dass das Engere Konsistorium und das Plenum wie bisher dem Hofgericht *bei*geordnet, der Prorektor als Universitätsamtmann aber demselben *unter*geordnet sein solle. Jedoch schon im Mai 1821 wurde die *Verwaltung des Universitätsamtes wieder von der des Prorektorats getrennt* und der zuruhegesetzte Kreisrat Villinger zum *Universitätsamtmann* ernannt.

Unterdessen hatte sich auch die *deutsche Bundesversammlung* — aus bekannten und unten Abschn. VII noch anzuführenden Gründen — mit den Universitäten zu schaffen gemacht. Aus ihrer 35. Sitzung vom 20. Sept. 1819 stammt ein „Entwurf eines provisorischen Beschlusses über die in Ansehung der Universitäten zu ergreifenden Maßregeln." § 1 dieses Entwurfes lautete: „Es soll ..... ein *landesherrlicher Bevollmächtigter* ...... angestellt werden. Das Amt dieses Bevollmächtigten soll seyn, über die strengste Vollziehung der bestehenden Gesetze und Disziplinarvorschriften zu wachen, den Geist, in welchem die akademischen Lehrer bei ihren öffentlichen und Privatvorträgen verfahren, zu beobachten, und denselben, jedoch ohne unmittelbare Einmischung in das Wissenschaftliche und die Lehrmethoden, eine heilsame, auf die künftige Bestimmung der studirenden Jugend berechnete Richtung zu geben, endlich allem, was zur Beförderung der Sittlichkeit, der guten Ordnung und des äußeren Anstandes unter den Studirenden dienen kann, seine unausgesetzte Aufmerksamkeit zu widmen ......"[2]) Gemäß diesem Beschlusse, der (mit den andern) im bad. Regierungsblatt vom 19. Okt.

---

[1]) Der Prorektor erhielt für diese Versehung des Universitätsamtes ein Honorar von jährlich 50 fl. Als Gehülfe wurde ihm der Syndikus beigegeben.

[2]) § 2 handelte von der Entfernung pflichtvergessener oder die Grenzen ihres Berufes überschreitender Lehrer, § 3 von der Aufrechterhaltung strenger Maßregeln gegen die geheimen Verbindungen (s. unten Abschn. VII), § 4 endlich von der Unmöglichkeit der Zulassung eines von einer Universität abgewiesenen Studenten an einer andern.

bekannt gegeben wurde, sollte also ein außerordentlicher, am Orte selbst wohnender landesherrlicher Bevollmächtigter, entweder in der Person des früheren Kurators oder eines anderen dazu tüchtig befundenen Mannes angestellt werden. — Für Freiburg fiel die Wahl auf den Kreisdirektor Freiherrn von *Türkheim*, der dann am 12. März 1821 vom Großherzog auch zum *Kurator* ernannt wurde. Kurz vor dieser letzteren Ernennung war durch geheime Kabinetsnote vom 2. Jan. 1821 *die unmittelbare Aufsicht über beide Landesuniversitäten von dem Ministerium d. I. an das Staatsministerium übertragen worden* an welches also jetzt alle Berichte des Engeren Konsistoriums durch den landesherrlichen Kommissär (bezw. nunmehrigen Kurator) unter Beibericht desselben einzureichen waren.

Die Wiedereinsetzung einer Universitäts-Kuratel hatte aber wieder eine andere Veränderung zur Folge. Wie früher erwähnt, war im Jahre 1811 an Stelle der Kuratel das *Engere Konsistorium* eingesetzt worden. Es lag also nahe, sich zu fragen, ob dasselbe jetzt nicht naturgemäß wieder wegfallen solle. Diese Frage richtete denn auch das Konsistorium alsbald am 15. März an das Ministerium. Und schon am 5. April wurde wirklich vom Ministerium das *Engere Konsistorium* „als eine bei der nunmehrigen Einrichtung überflüssige und in der Geschäftsbehandlung Zeit raubende Zwischenbehörde" *aufgehoben*.

Um so mehr war es angebracht, dass — unter demselben 5. April — genauere und eingehende *Bestimmungen über den Wirkungskreis und die Dienstobliegenheit* des Kurators festgestellt wurden. Befremden erregte unter diesen Bestimmungen nur diejenige, wonach dem Kurator jedesmal die in einer Konsistorialsitzung vorkommenden Gegenstände schon *voraus* bekannt gemacht werden sollten. Die Universität stellte deshalb an den Kurator die Bitte, das Staatsministerium auf die großen Schwierigkeiten aufmerksam zu machen, die mit der Ausführung dieser Vorschrift verknüpft seien. Namentlich kämen ja oft mündliche Vorträge vor, von denen selbst der Prorektor nichts voraus wisse u. a. m. — Das Ministerium erwiderte am 17. Mai, das Einreichungsprotokoll des Prorektorats, welches jedesmal am Abend vor einer Sitzung auf der Universitätskanzlei zu verfertigen sei, müsse kurze Zeit vor der Sitzung dem Kurator mitgeteilt, und vonseiten des Wirtschaftsdirektors demselben die wichtigeren Gegenstände, die etwa in oeconomicis vorkämen, angezeigt werden. Doch solle nichtsdestoweniger auch über andere Sachen, die im Einreichungsprotokoll *nicht* stehen, verhandelt und Beschlüsse gefasst werden können.

Die Befugnisse der Kuratel mussten übrigens später noch mehrmals näher bestimmt werden. So im Jahr 1823, als nach Genehmigung des Vorlesekatalogs noch nachträglich Veränderungen an demselben vorgenommen worden waren. Dies veranlasste die Verordnung des Ministeriums d. J. vom 9. Juni 1823, wonach künftig 1) ohne vorläufige Genehmigung des Kurators kein Anschlag an das schwarze Brett gemacht werden dürfe und 2) nach Genehmigung des Vorleseplans man sich genau daran zu halten habe und zu notwendigen Abänderungen nach gemeinsamer Fakultätsberatung die Genehmigung der Kuratel nachzusuchen sei. Da jedoch gegen die erste dieser Verfügungen von der philosophischen und der juristischen Fakultät Vorstellung erhoben wurde, so wurde beschlossen (7. Aug.), an das Ministerium die Bitte zu richten, die getroffene Anordnung auf geeignete Weise zu mildern.

Am 1. Dez. 1829 wurde vom Ministerium verfügt, dass *von den universitätsamtlichen Straferkenntnissen* in Zukunft die *Berufung an die Kuratel*, und nur von denen des Konsistoriums an das Ministerium d. J. gehen solle.

Schon im Jahre 1817 war (s. oben) die Errichtung eines sog. *akademischen Sittenephorats* beantragt worden. Die Einführung eines solchen wurde nun endlich nach wiederholten Anträgen am 5. April 1821 vom Ministerium *bestätigt*. Aber erst am 7. Nov. d. J. ließ das Ministerium die Einführung durch das Konsistorium öffentlich bekannt machen; zugleich befahl es, dem Universitätsamtmann eine Abschrift der Ephoratsvorschriften zugehen zu lassen, mit der Weisung, dass er (der Universitätsamtmann) künftig die *Sittenzeugnisse*[1]) nur über das „äußere legale Verhalten", nicht über das „moralische Betragen" auszustellen habe. Endlich wurden in demselben Schreiben auch die Stiftungsexekutoren angehalten, künftig

---

[1]) Durch Ministerialverordnung vom 25. Mai 1821 mussten alle auf Landesuniversitäten studirenden Inländer, ehe sie zur Prüfung zugelassen werden, ein Sittenzeugnis derjenigen Landesuniversität, auf welcher sie ihre Studien vollendet haben, vorlegen.

ohne beigebrachte *ephoratamtliche Zeugnisse keine Stipendienanteile* mehr anzuweisen.

Gelegentlich einer einzelnen Untersuchung wurde später, am 12. Nov. 1823, über die Befugnisse des Ephorats noch weiter bemerkt, dass dasselbe nur „eine *patriam potestatem* . . . . . auszuüben habe, wenn anders dessen Zweck nicht verlohren gehen solle, sowie dass des (d. h dessen) *Authorität keine eigene* sey, sondern vom Consistorio, aus dem dasselbe als bloße Kommission gebildet und mit konsistorischer Gewalt versehen sei, ausgehe." Das Ministerium sprach jedoch am 15. Dez. d. J. seine Ansicht dahin aus, „dass das Ephorat in seinem eigenthümlichen Wirkungskreis nicht so weit dem Konsistorium untergeordnet sei, dass über ein Sittenzeugniß des ersteren Recurs an das lezterc ergriffen, oder ersteres gar über den pflichtmäßigen Ausspruch seiner Beobachtung von dem Consistorio zur Verantwortung gezogen und reformirt werden könne."

Auch was die Stellung anderer Einrichtungen und Beamten betrifft, so gaben oft einzelne, mitunter unbedeutende Vorfälle Veranlassung, Prinzipienfragen zu erörtern, über die man bis jetzt sich nie Rechnung gegeben zu haben scheint. So beschloss z. B. das Konsistorium gelegentlich der Wahl des Dr. Münch zum Ersten Bibliothekskustos am 17. März 1822, dem Ministerium mit der Anzeige dieser Wahl auch die Gründe vorzutragen *gegen* die von jenem (dem Ministerium) ausgesprochene Ansicht, „dass *die Bibliotheksbeamten nicht zu den Administrativbeamten* gehören, und also das akadem. Consistorium dieselben nicht zu *ernennen*, sondern nur *vorzuschlagen* das Recht habe." Das Konsistorium war nämlich gerade der entgegengesetzten Ansicht: dass nämlich die Bibliotheksbeamten Verwaltungsbeamte seien und als solche laut höchster Kabinetsordre vom 10. März 1807 vom Konsistorium zu ernennen seien. „Durch jene Verordnung habe der höchstselige Großherzog Karl Friedrich den Grundsatz des gemeinen Rechts anerkennen wollen, kraft welchem alle Corporationen in der Regel diejenigen Beamten und Diener selbst zu ernennen haben, deren Wirksamkeit die Corporation *selbst*, und zunächst *für sich* und um ihr eigenes Wirken nach außen und zum Staatszweck zu sichern in Anspruch nehme; . . . . ." Daß übrigens *alle* Verwaltungsbeamten zu ernennen der Universität zustehe, diese

Regel sei gerade durch den Vorbehalt bestätigt, womit das
Recht der Ernennung der Professoren ihr vorenthalten sei.

III. Allgemeine Finanzlage.

Trotzdem die Stürme des Krieges schon lange vorbei
waren, wollten sich die von denselben so arg mitgenommenen
Finanzen der Universität nur allmählich bessern und musste
überall noch sehr gespart werden. Dies zeigte sich z. B. gleich
bei den im Januar 1819 gepflogenen Verhandlungen über „die
mit einer dahier zu errichtenden Gestüttanstalt in Verbindung
zu bringende *Universitätsreutbahn*." Hier sprach man es aus
dass die Universität auf die Errichtung einer solchen nicht
viel verwenden könne und „dass in Hinsicht ihres Finanziellen
zwischen ihr und Heidelberg . . . . . keine Parallele gezogen
werden könne." Und ähnlich erklärte man sich in den beiden
nächsten Jahren, als jedesmal dieser Plan wieder auftauchte,
wobei namentlich (3. V. 1820 und 18. II. 1821) auf die viel
notwendigere Besetzung mehrerer Lehrkanzeln hingewiesen
und die Meinung ausgesprochen wurde, „dass man bei der
jetzigen *nicht* erfreulichen Lage der ökonomischen Verhältnisse
der Universität . . . . . sich nicht entschließen könne, eine
jährliche, nicht einmal hinreichende Summe von 1000 fl. zur
Errichtung einer Universitätsreitbahn, welche der Hohen Schule
von wenig Nutzen seyn würde, zu verwilligen."

In den — übrigens sehr lange dauernden[1]) — Verhandlungen gerade über diese Reitbahn begann man immer lauter
die *Forderung eines Staatszuschusses auch für die Albertina*

---

[1]) Nachdem man erst nach langen Verhandlungen dazu gekommen war, jene 1000 fl. zu bewilligen, wenn die Stadt sich bereit
erkläre, „das erforderliche Lokale und die Kosten sowohl der ersten
Einrichtung als der Unterhaltung herzugeben," brachen im Spätjahr
1822 neue Verlegenheiten aus, als es sich um Bewilligung einer
Besoldung von jährlich 700 fl. für einen anzustellenden Reitmeister
handelte. Auch hiezu bezeichnete das Konsistorium die Kasse zu
erschöpft, — war man doch schon im Juli desselben Jahres genötigt
gewesen, eine Kassenschuld von 1600 fl. zu „contrahiren," zu deren
Rückzahlung noch nicht die geringste Aussicht sich bot.

— wie die Ruperto-Carola einen solchen schon lange hatte — auszusprechen und die Notwendigkeit eines solchen Zuschusses zu betonen. Man erklärte am 3. Mai 1820 — eben inbezug zunächst auf die besagte Reitbahn — unumwunden: „überhaupt werde von der Uebernahme neuer Ausgaben so lange keine Rede seyn können, bis die hohe Schule einen Zuschuss aus der Staatskasse wirklich erhalten haben werde." Und das Engere Konsistorium erklärte in einer Beischrift an das Ministerium, dass es der vom Plenum beschlossenen Genehmigung der oben besagten 1000 fl. „nur in der Voraussetzung beistimmen könne, wenn der oft besprochene Zuschuss aus der Staatskasse, zu dem uns Hofnung gemacht worden, bewilligt werden würde . . . . ." — Schon am 10. Mai 1819 hatte der Abgeordnete der Stadt Freiburg, Bürgermeister Adrians, einen Antrag auf einen solchen Zuschuss in der II. Kammer eingebracht.[1]) Das Konsistorium seinerseits hatte dem Bericht über die notwendige Besetzung des Lehrstuhls der Pandekten vom 24. Nov. die unmittelbare Bitte hinzugefügt, das Ministerium „wolle daraus die unglücklichen Collisionen zwischen dem literarischen und ökonomischen Bedürfniß der hohen Schule und die Nothwendigkeit ersehen, dass ihre Einnahmen durch einen Zuschuss aus der Staatskasse vermehrt werden; es wolle bei S. K. Hoheit darauf antragen, dass ein solcher Zuschuss gnädigst bewilligt werden möchte." Und die Bitte sowol wie jener Antrag waren nicht vergebens: im Sommer 1820 bewilligte die II. Kammer einen *ständigen jährlichen Zuschuss von 15000 fl.*, der nach Zustimmung der I. Kammer *von Großherzog Ludwig* am 20. Juli d. J. *bestätigt* wurde.

Hocherfreut über diese fürstliche Gabe richtete das Plenum am 6. Sept. an S. K. Hoheit folgende drei Bitten:

a) *der bisherigen Benennung Albertina den Namen Ludoviciana beifügen*,

b) das Bild S. K. Hoheit im Konsistoriumssaal aufstellen,

c) Höchstdessen gnädiges Handschreiben vom 13. August in einem Programm der Welt mitteilen zu dürfen.

Alle drei Bitten wurden huldvoll genehmigt. (Vgl. Pfister S. 147). Das genannte Programm, geschrieben vom Prorektor

---

[1]) Vgl. Pfister a. a. O. S. 146.

Ecker, erschien im Jahr 1821 unter der Aufschrift: „Ludwigs des Durchlauchtigsten Großherzogs Vatergüte für Albert-Ludwigs Hochschule und dieser neueste Geschichte in leichten Umrissen dargestellt."

Aber auch gegen die Männer, von denen man glaubte, dass sie sich ganz besonders um die Gewährung dieses Zuschusses verdient gemacht, zeigte sich die Hochschule erkenntlich. So erhielten zwei Staatsmänner, zugleich Mitglieder der Ständeversammlung, Geh. Referendar Winter in Karlsruhe und Oberhofgerichtsrat Freiherr von Liebenstein in Mannheim „wegen ihrer Verdienste um Wissenschaft und Recht," und für ihre „edle und fördernde Mitwirkung bei den Berathungen des Zuschusses zur Dotation der Universität Freiburg" durch Konsistorialbeschluss vom 23. Nov. 1820 auf Antrag der juristischen Fakultät das (jurist.) Doktordiplom (gebührenfrei) zugesandt.
— Ebenso wurden dem Präsidenten der II. Kammer, Hofgerichtsrat Dr. Kern, sowie dem Abgeordneten der Universität Rotteck für ihr eifriges Bemühen in dieser Angelegenheit Dankschreiben zugeschickt.

Die Bewilligung eines Zuschusses aus der Staatskasse war übrigens nur zu sehr nötig geworden. Aber mit der Auszahlung der erstmaligen Jahressumme hatte es noch gute Weile, so dass sogar am 18. Januar 1821 das Konsistorium sich genötigt sah, der Wirtschaftsdeputation zur Aufnahme eines Darleihens von 3000 fl. „sub spe rati des Staatsministeriums" die Berechtigung zu erteilen, „da sonst die jetzigen Quartalsbesoldungen nicht bezahlt werden können." — Ebenso mussten auch noch im Februar 1821 verschiedene Anträge auf Besoldungserhöhungen „aus Rücksicht auf den dermaligen erschöpften Zustand der Universitätskasse" abgewiesen werden.

Die erste Auszahlung des Zuschusses scheint deswegen so lange auf sich haben warten lassen, weil die Regirung zuerst genaue Aufschlüsse über die *Verwendung der Summe* geben oder entgegennehmen wollte. — Zunächst sollten nach der Meinung des Ministeriums *die auszuwerfenden Summen für die verschiedenen Institute erhöht* werden, sodann aber seien namentlich „manche bei der Universität noch unbesetzte Lehrfächer durch *Errichtung neuer Kanzeln* zu dotiren, *da dieser Zuschuss hauptsächlich zur Hebung des Flores und des Rufs der Universität, nicht aber für Besoldungszulagen ver-*

willigt worden sei." — Im letzteren Satz steckt vielleicht ein nochmaliger gelinder Verweis für das „eigenmächtige Benehmen," mit dem die Universität im Sommer des Jahres 1820 dem Prof. Duttlinger eine noch nicht genehmigte Zulage (bis zu 1800 fl.) hatte auszahlen lassen.[1])

So wurde denn — nachdem zuerst verschiedene Schulden abgetragen waren — mit dem neuen Zuschuss die verschiedensten *Institute und Kabinete*, namentlich auch die Bibliothek mehr oder minder *reichlich bedacht*. Sodann aber *für verschiedene ordentliche und außerordentliche Professuren* ein *beträchtliches ausgeworfen* (im ganzen 5400 fl.): für einen *ordentlichen Lehrer der Dogmatik*[2]) 1500 fl., für einen außerordentlichen Lehrer in derselben theol. Fakultät 300 fl. (außer einem Beitrag aus Studienstiftungen), für einen *ordentl. Lehrer in der Juristenfakultät*[3]) 2000 fl., für einen *ordentl. Lehrer der Philologie* 800 fl., nebst dem ganzen Naturaldeputat (200 fl.) für einen solchen *der Naturgeschichte* 600 fl. — Für *Gehaltserhöhungen* hatte die zur Beratung von Vorschlägen eingesetzte Kommission 2100 fl. im ganzen beantragt, das Konsistorium aber — eingedenk der erhaltenen Warnung — seine Meinung dahin ausgesprochen: „man wolle .... die Entscheidung lediglich dem höchsten Staatsministerium heimstellen, mit der allgemeinen Bemerkung jedoch, wie man in dankbarer Aner-

---

[1]) Duttlinger hatte einen Ruf als Oberappellationsrat der vier freien Städte mit einer Besoldung von 4400 fl. erhalten. Um die Annahme dieses Rufes womöglich zu verhüten, hatte man ihm obige Gehaltserhöhung zukommen lassen. Das Ministerium gab aber dem Konsistorium alsbald einen scharfen Verweis und forderte Duttlinger zum unverzüglichen Rückersatz „dessen, was er auf diese unbefugte Art von der Universitätskasse bezogen habe," auf. Mit dem Bedauern, dass das Konsistorium seinetwegen sich den Verweis zugezogen, stattete Duttlinger noch an demselben Tag das Geld zurück. — Erst am 13. Okt. erhielt er denn die Gehaltserhöhung zuerkannt.

[2]) Nachdem der Antrag der Kommission angenommen worden war, „den bisherigen Prof. der Dogmatik Schnappinger auf eine seinen Wünschen entsprechende Art, also niemals gegen seinen Willen, zu einer andern Stelle zu befördern."

[3]) „besonders für das positive Staatsrecht und das deutsche Privatrecht, wofür man wünsche, dass ein Lehrer von ausgezeichnetem Ruf und anerkannter Celebrität advocirt würde."

kennung der Gnade des Großherzogs und der Stände geglaubt habe, nur diejenigen Vorschläge unterstützen zu müssen, welche auf die literarische Emporbringung der hohen Schule Bezug hätten, und wie man hinsichtlich der persönlichen Ansprüche der Commission um so weniger bestimmen könne, als die vorausgegangenen Vorschläge den Ueberschuss bereits erschöpften, von den vorliegenden Gehaltserhöhungsgesuchen einige schon wirklich abgewiesen seien usw." Vom Ministerium wurden nur 700 fl. Besoldungszulagen für 5 Professoren genehmigt.[1])

Am 14. Juni 1821 wurde endlich das Finanzministerium beauftragt, „den Dotationszuschuss der Universität für die Zukunft ohne weitere besondere Veranlassung in Quartalraten auszahlen zu lassen." — Aber schon im nächsten Jahr hatte die Hohe Schule darüber zu klagen, dass „die Dotation in Quartalsterminen *nie regelmäßig und auf den Tag ausbezahlt* werde und deshalb bei Wiederkehr der Besoldungszahlzeit die Universitätskasse jedesmal in Verlegenheit sei." Die Wirtschaftsdeputation beantragte deshalb am 10. Aug. 1822, das Konsistorium möge sich darum verwenden, dass der Dotationszuschuss in *monatlichen* Teilen ausbezahlt werden möchte, weil alsdann zur Zeit, da die vierteljährigen Besoldungen berichtigt werden, wenigstens nur ein Monatsbetrag jeweils noch im Rückstand sei. Das Konsistorium beschloss jedoch, es der Kuratel anheimzustellen, ob im Sinne der Wirtschaftsdeputation einzuschreiten sei, jedenfalls aber möge der Kurator beim Ministerium dafür einschreiten, dass die Kreiskasse die Weisung erhalte, den Dotationszuschuss *regelmäßig am Tag seiner Verfallzeit* oder *womöglich einige Tage vorher*, in keinem Fall aber später an die Universitätskasse auszubezahlen. Die Kuratel antwortete am 28. Sept., dass sie dies getan habe und wiederholt tue, von der nochmaligen Verwendung um monatliche Auszahlung aber Umgang genommen habe, in der Ueberzeugung, dass solches fruchtlos sei.

Wenn nun auch durch die Huld des Landesherrn und die Bemühungen der noch jungen Landstände eine jährliche Unterstützung geschaffen war, welche wenigstens der dring-

---

[1]) Alles Nähere über die Verteilung der erstmaligen Zuschüsse sehe man bei Pfister S. 149 ff. nach.

endsten Not steuerte, so trat bei den im Laufe der Zeit sich immer steigernden Anforderungen doch nur zu bald der Wunsch und das Bedürfnis ein, diesen Zuschuss *erhöht* zu sehen. — Nun erfuhr Rotteck, dass der Abgeordnete Winter von Heidelberg einen Antrag auf Dotationsvermehrung der Universität Heidelberg stellen werde. Er schrieb deshalb von Karlsruhe am 28. März 1822 an das Konsistorium, dass „so brüderlich wir uns einer solchen der Schwesterschule widerfahrenden Gunst erfreuen mögen, doch auch der Wunsch, ja die Forderung natürlich sei, dass das Prinzip der Gleichheit hier zwischen beiden beobachtet werde, und die Bewilligung der für Heidelberg vorzuschlagenden Vermehrung an die Bedingung der bemerkten Gleichstellung beider Universitäten zu knüpfen ... sei." Sein Antrag, einen Ueberschlag der Einnahmen und Ausgaben in Karlsruhe vorlegen zu lassen, wurde jedoch vom Konsistorium abgeschlagen, da solches schon einmal geschehen sei. Man überließ es vielmehr der eigenen Einsicht Rottecks, ob und was für Schritte in dieser Angelegenheit zu tun seien.

Unterdessen kam der Tag der Beratung jenes von Winter gestellten Antrags auf nicht unbedeutende Vermehrung der Dotation der Schwesteruniversität heran (4. Mai). Der Antrag wurde genehmigt, die Verhandlungen aber auch von Duttlinger namentlich dazu benützt, zu zeigen, wie für die eigentlichen Zwecke der Hochschule in Freiburg bedeutend weniger übrig bleibe als in Heidelberg.[1]) — Er arbeitete deshalb mit Rotteck und andern gleichgesinnten Freunden gleich von da an daran, auch für die Freiburger Hochschule eine solche Vermehrung des Staatszuschusses sobald immer nur möglich zu erhalten. Und voll Freude konnte Rotteck am 30. Nov. 1822 dem Konsistorium berichten, dass in der I. Kammer die *Uebernahme der Pensionen der Mitglieder der beiden Landesuniversitäten*

---

[1]) Er berechnete: Die Gesamteinnahmen betragen jetzt 60—61000 fl. Davon bezieht aber der Staat selbst wieder einen bedeutenden Teil, indem die Universität jährlich an Grund- und Häusersteuer, an Bodenzinsen, Geldkompetenzen zu verschiedenen Pfarreien u. a. etwa 11000 fl. bezahlt. Die Kosten der Verwaltung übersteigen die Summe von 2000 fl. Dazu kommt noch die Verzinsung der Schulden. Für den eigentlichen Zweck der Hochschule bleiben daher nur noch 43—44000 fl.

auf die Staatskasse in Anregung gebracht worden und auch ein *neuer Dotationszuschuss* für die Freiburger Hohe Schule *zu hoffen* sei.

Aber man hatte sich schwer getäuscht, wenn man einen baldigen weiteren *ständigen* Zuschuss erwartet hatte. Dagegen wurden einmalige Zuschüsse, Gehaltserhöhungen usw. in den nächsten Jahren mehrfach erteilt, so z. B. 1826 (20. Dez.) Gehaltszulagen an 7 Lehrer im Gesamtwert von 1750 fl. Und in demselben Jahr dachte man der Universität einen *Zuschuss von 2500 fl. aus den Mitteln der Studienstiftungen* zu. Das Konsistorium richtete auf die Anzeige hievon an das Ministerium am 7. Nov. eine — von Rotteck verfasste — Vorstellung, in welcher es bat um „eine mit dem Recht vereinbarliche Art der Vertheilung dieses Zuschusses, und zwar mittels Ueberweisung auf solche Stiftungen, an welche vor dem Luneviller Frieden und dem Reichsdeputationshauptschluss vom Jahr 1803 Familien des linken Rheinufers Ansprüche zu machen hatten, die aber infolge dieser Staatsverträge erloschen seinen . . . . ." Die Antwort des Ministeriums vom 18. Nov. lautete dahin, dass inbetreff dieses Vorschlags, die überrheinischen Stipendienfondsteile mit dem Zuschuss zu beschweren, ein genauer Verteilungsplan erwartet werde. Ein solcher wurde von der Stiftungskommission am 16. Febr. 1827 eingeliefert.

Natürlich war aber mit solchen *einmaligen* Zuschüssen nicht gleich aller Not abgeholfen, und die Universität musste alle Mittel und Wege ausfindig machen, um sich selbst zu helfen.

So hatte man schon am 10. Juni 1820 eine *Erhöhung der Immatrikulationsgebühr* um 2 fl. beschlossen, weil trotzdem noch nicht mehr als in Heidelberg bezahlt werde. Es wurden also von jetzt an 9 fl. bezahlt, wenn der Betr. noch auf keiner Universität war, im andern Fall 5 fl. Jene zwei neu hinzugekommenen Gulden aber sollten „ganz allein und ungeschmälert" der Bibliothekskasse zugewendet werden. — Nun stellte sich 9 Jahre später das Bedürfnis ein, das *Aufsichtspersonal* zu vermehren. Die dadurch veranlasste Mehrausgabe sollte durch eine abermalige „*kleine*" Erhöhung *des Immatrikulationsgeldes* gedeckt werden. Diese Erhöhung wurde vom Konsistorium am 11. März 1829 auf 2 fl. 22 kr. festgestellt „in der Voraussetzung, dass das Universitätsamt ein eigenes Personale er-

halte, wodurch allein dasselbe erleichtert würde, da es immer
ein Missstand sei, wenn, wie dieß nun seit einigen Jahren der
Fall sei, stadtamtliche Polizeibediente mit Studentenarrestationen sich abzugeben hätten. Auf eine (noch) höhere Immatrikulationsgebühr könne man nicht einrathen, da mit Einschluss
der *Inskriptionsgebühren*[1]) — und die Inskriptionen halte man
für eine sehr zweckmäßige Einrichtung — die für das akademische Bürgerrecht zu entrichtende Taxe doch schon bedeutend hoch sei. Besser wäre es übrigens, wenn die Sache
eingerichtet würde wie in Heidelberg, wo die Stadt den Pedellen bezahlte....."

Namentlich infolge einer außerordentlichen Ausgabe von
6000 fl. für den Neubau der Anatomie stand man im Beginn
des Jahres 1822 vor einem Fehlbetrag von 4842 fl. 26 kr. Um
diesen decken zu können, stellte das Konsistorium am 22. Januar 1822 die Bitte an das Staatsministerium, *die zur Universitätskirche*[2]) — welche seit 1813 geschlossen war — *gehörigen Paramente*, „welche als todtes Kapital da liegen und
dem Verderben ausgesetzt sind", *veräußern zu dürfen*. Dieser
Bitte wurde vom Ministerium am 22. Februar d. J. entsprochen,
jedoch ausdrücklich bemerkt, dass der Erlös „nicht definitive
auf laufende Bedürfnisse ausgegeben werden solle," sondern
nur zur Beschaffung der zur Deckung des Fehlbetrags nötigen
Mittel. — Am 13. April d. J. beantragte dann die Wirtschaftsdeputation in dieser Sache weiter, dass man beim Ausschreiben
in den öffentlichen Blättern darauf aufmerksam machen möge,
dass diese Veräußerung der Kirchenparamente nicht auf dem
Wege der Versteigerung geschehen werde, „weil zu einer
öffentlichen Versteigerung nur Juden kämen, die nicht den
Kunstwerth, sondern nur den Werth der Materie bezahlen
würden." Das Konsistorium war mit diesem Antrag einverstanden, wünschte übrigens, dass die Bekanntmachung nament-

---

[1]) Diese betrugen z. B. in der philosophischen Fakultät im
Sommerhalbjahr 1819 von 103 Zuhörern, mit Abzug des halben
Guldens für den Pedellen, 8 fl. 27 kr., im Winterhalbjahr 1819/20
bei der *gleichen* Anzahl von Hörern 14 fl., Sommer 1820 bei 99 Hörern
13 fl. 3 kr. usw. — Die Gebühren waren eben noch je nach dem
Stand auch hier verschieden (wie die bei der Immatrikulation und
für die Vorlesungen). Vgl. H. Mayer, Univ. zu Freiburg I. Teil, S. 30.

[2]) Vgl. unten Abschnitt VI.

lich „wegen des Elsaßes" im „Niederrheinischen Kourier" und im „Kolmarer Boten" veröffentlicht und jeweils auch eine kurze Beschreibung beigesetzt werden möchte.

Doch sollte man mit der geplanten Veräußerung nicht weit kommen: die Kirche wurde nach einigen Jahren mit Verwerfung verschiedener anderer Pläne als solche — für den Universitäts- und Gymnasialgottesdienst — wiederhergerichtet und die begonnene Veräußerung der Paramente eingestellt. Das Konsistorium bat deshalb am 16. Februar 1827, man möge die Universität, da sie auf die Veräußerung verzichte, mit weiteren Ausgaben für die Einrichtung und Abhaltung des Gymnasialgottesdienstes in der Kirche verschonen.

Man kam, wie zu sehen ist, auf Vorschläge der verschiedensten Art, um der bösen Geldnot entgegenzutreten. In letzterer Absicht beantragte nach dem Weggang Hornthals auch Rotteck am 24. Dez. 1823 *Verteilung des* dadurch *erledigten Lehrstuhls* unter zwei andere (alte) Kollegen und einen Privatdozenten, wodurch man die kostspielige Berufung eines neuen ordentlichen Professors wenigstens vorderhand sparen könne; oder aber man wolle wenigstens nur einen außerordentlichen berufen. Der Antrag wurde zwar mit 11 gegen 9 Stimmen verworfen. Die betr. Sitzung war jedoch schon wegen des folgenden Vorgangs bemerkenswert. Als nämlich im Verlauf derselben die Wirtschaftsdeputation die Notwendigkeit aller möglichen Sparsamkeit klarlegte, bemerkte in der Hitze des Gefechtes Prof. Schultze, „dass er sonst wol auch die *Anstellung* eines Professors der Finanzen[1]) beantragen müsse, der aber *nicht* den Studenten, sondern *der Wirtschaftsdeputation ein Kollegium lesen* würde." Dieser Ausfall gab Prof. Deuber Anlass zu erklären, dass die Wirtschaftsdeputation solche Vorwürfe nicht verdiene, dass er von der schlimmen Lage der Universitätsfinanzen überzeugt sei, jetzt aber seine Stelle als Mitglied der so beleidigten Deputation niederlege.

Ein weiteres Mittel, der Geldnot zu steuern, war die am 17. Nov. 1828 ins Werk gesetzte *Versteigerung des Pachtes für den Verlag und die Druckerei des Anzeigeblattes*. Dadurch hoben sich die Einnahmen der Kasse um 881 fl. jährlich. —

---

[1]) Um einen Lehrer der *kameralistischen* Fächer hatte es kurz vorher sich gehandelt.

Zu gleicher Zeit (vom 1. Nov. d. J. ab) verzichtete auch der zum Domkapitular des neuen Erzbistums ernannte Prof. Hug auf 300 fl. seines Lehrgehaltes zugunsten der Universität.[1]

Trotz all dieser Versuche, die Lage erträglicher zu machen, und trotz aller Sparsamkeit war der Zustand der Kasse doch immer noch „kein erfreulicher."[2] Man kam deshalb *neuerdings* in demselben Jahr 1828 auf eine *Bitte um Erhöhung des Zuschusses aus der Staatskasse* zurück. In der von Rotteck verfassten Bittschrift wurde das Staatsministerium zunächst angegangen, „wenigstens ad tempus einen etwaigen Beitrag von 10000 fl." zu spenden. Zugleich richtete man Gesuche um Unterstützung dieser Bitte an das Ministerium d. I., an den Präsidenten der II. Kammer und an das Kuratorium; endlich wurde Geh. Rat Ecker, Vertreter der Hohen Schule in der I. Kammer, ersucht, die Angelegenheit dem Großherzog selbst in einer zu erbittenden Privataudienz persönlich vorzutragen. Eine unmittelbare Bittschrift an die II. Kammer hatte man zwar schon fertiggestellt, beschloss aber, dieselbe erst dann einzureichen, „wenn man die Gewissheit erlangt haben würde, dass dieser Schritt der Universität nicht die höchste Ungnade zuzöge." In diesem Sinne sollte auch Ecker die Sache vorbringen. Derselbe teilte bald darauf (26. III.) mit, dass er die Angelegenheit S. K. Hoheit vorgetragen und ihm Höchstderselbe bemerkt habe: „Wenn sich die Sache thun lässt, so werde ich es des Zutrauens wegen, das Sie zu mir haben, thun; lässt es sich nicht mehr machen, so wäre eine Bitte an die Stände überflüssig." Wirklich wurden — wahrscheinlich eben auf Verwendung des Großherzogs selbst — in das Budget *als Aushilfe für die Universität für die nächsten 3 Jahre 8000 fl.* (also 2666 fl. 40 kr. für das Jahr) aufgenommen und von der II. Kammer am 12. Mai *gewährt*. Namentlich hatte wiederum Duttlinger dafür gesprochen und wurde dementsprechend von der Hohen Schule auch geehrt: eine Anzahl

---

[1] Das Jahr 1828 war nebenbei bemerkt auch in Bezug auf die Weinlese ein gesegnetes. Die Universität machte in ihren 13 Jauchert (das Jauchert zu 48000 Quadratschuh) 201 Fahrt oder 502 ½, Saum.

[2] Am 12. April 1828 berichtete man der Kuratel, dass, wenn die noch weiter vorhandenen dringenden Bedürfnisse sollten gedeckt werden, der Fehlbetrag sich wenigstens auf 10000 fl. steigern würde.

von Kollegen zog ihm bei seiner Heimkehr bis Emmendingen entgegen, und die Studenten brachten ihm am 24. Mai einen großartigen Fackelzug. An den Großherzog wurde ein Dankschreiben durch Ecker selbst in einer abermaligen Audienz überreicht.

In demselben Jahr 1828 wurde endlich auch ein weiterer *Zuschuss von jährlich 1000 fl. aus den Studienstiftungen gewährt* und zwar sollte derselbe ausschließlich *für die literarischen Institute* der Universität verwendet werden. Eine weitere Verfügung des Ministeriums vom 20. März 1829 bestimmte, dass diese 1000 fl. *alljährlich abwechselnd* bald dieser bald jener Anstalt zugute kommen solle (so z. B. für 1829/30 dem physikalischen Kabinet).[1]

IV. *Lehrangelegenheiten.*

Als hemmende Fessel einer gedeihlichen Weiterentwicklung wurde neben dem finanziellen Notstand schon lange die *Beschränkung der Studienfreiheit* betrachtet. Unter der Regirung des Großherzogs Karl noch, in einem Schreiben vom 2. Januar 1818, hatte das philosophische Dekanat auf diese Hemmung das Konsistorium aufmerksam gemacht und namentlich auch geklagt, dass „man in Heidelberg jene Strenge in Rücksicht der Staatserlaubniß nicht beobachtet." Aber erst am 28. Juli 1821 — gelegentlich eines Berichts der medizinischen Fakultät inbetreff der im vergangenen Winterhalbjahr ohne Staatserlaubnis eingeschriebenen Mediziner und Juristen — wagte es das Konsistorium, v. Rotteck zugleich mit der Zustellung dieses Berichtes zu ersuchen, „dass derselbe eine im Namen des Konsistoriums bei dem höchsten Staatsministerium einzureichende Vorstellung inbezug auf die *Strenge*,[2] womit noch immer *die die Studierfreiheit hemmenden Verordnungen* ausgeübt und vollzogen werden, entwerfen und dem

---

[1] Vgl. unten Abschnitt VI.

[2] Bei nicht eingeholter Staatserlaubnis wurde einfach das fernere Besuchen der Vorlesungen untersagt. Vgl. z. B. den Erlass des Ministeriums vom 29. Dez. 1818.

Konsistorio vorlegen wolle." Rotteck entsprach, und die Vorstellung („in Betr. der bestehenden Einschränkungen der Studierfreiheit") wurde am 16. Aug. d. J. an das Staatsministerium abgeschickt. Letzteres äußerte sich durch die Kuratel erst zurückhaltend und befahl, dass jedenfalls einstweilen „sich nach den gegenwärtig bestehenden Vorschriften benommen werden müsse."

Unterdessen hatten auch die Landstände sich mit dieser Angelegenheit zu befassen begonnen. Schon am 22. Mai 1819 hatte die I. Kammer beschlossen, „S. K. Hoheit zu bitten, die seit dem Jahr 1810 bestehenden, die Studierfreiheit beschränkenden Verordnungen aufzuheben und zu bestimmen, dass künftig ohne Rücksicht auf Stand und Vermögen nur entschiedener Mangel an Fähigkeiten oder erwiesene und unverbesserliche Unsittlichkeit von den inländischen Lehranstalten ausschließe."

Es muss zur Erläuterung des eben erwähnten Antrags hier — wenn auch natürlich diese Bestimmungen für *beide* Landesuniversitäten galten — ausgeführt werden, wie wirklich die Studierfreiheit auf die widernatürlichste Weise beschränkt und zu einem Vorrecht der Geburt und des Reichtums geworden war. Inbezug auf die Rechtswissenschaft z. B. hatte schon das Gesetz vom Jahre 1810 es ausgesprochen, „dass den Söhnen der Bauern und Bürger, deren Väter bei diesen Ständen gewöhnliche Nahrungsgewerbe und Handthierungen treiben und *nicht wenigstens ein Vermögen von 8000 fl.* für den studierenden Sohn auswerfen können, oder aber sich durch ganz besondere Geistesanlagen und Kenntnisse auszeichnen . . . . . . hiefüro die Staatserlaubniß zum Studiren der Rechtswissenschaft *nicht* ertheilt werden könne." Die Verschärfung der Beschränkung war schließlich so groß, dass selbst niemand gegen zum voraus geleisteten Verzicht auf allen Anspruch zur künftigen Anstellung im Staatsdienst ohne Staatserlaubnis studiren durfte.

Diese Misstände also waren es, auf deren Abschaffung Universität und Landstände schon geraume Zeit sannen. Namens einer dazu ernannten Kommission stattete endlich Rotteck am 10. April 1822 in der I Kammer Bericht ab über den Entwurf eines „*Gesetzes über Studierfreiheit.*" Die Hauptpunkte desselben waren: „§ 1) Die Verordnungen vom 1. Juni 1810 und vom 24. Juni 1812 und 21. Dez. 1815 sind

hiemit aufgehoben.¹) § 2) Künftig steht es jedem Inländer frei, ohne vorhergehende *Staatserlaubniß zu studiren, was* und *wo* er will. § 3) Jeder Inländer, der eine der beiden Landesuniversitäten beziehen .... will, muss sich .... genügend darüber ausweisen, dass er die erforderliche vorbereitende Befähigung entweder auf öffentlichen Lehranstalten des In- oder Auslandes, oder durch Privatunterricht erlangt hat ....
§ 4) Weder das akademische noch das Privatstudium giebt künftig einen Anspruch auf Anstellung im Staatsdienst ....
§ 5) Durch besondere Verordnungen, insofern die bisher bestandenen nicht mehr genügen, sollen festgesetzt werden a) die Vorschriften über die zum Besuch der Universitäten erforderliche Vorbereitung und Befähigung und die darüber beizubringenden Nachweisungen, b) bis e) die Vorschriften über die Prüfungen der Theologen, Rechtsgelehrten, Kameralisten, Aerzte und Chirurgen." Nachdem dieser Entwurf lebhafte Erörterungen hervorgerufen und — was auffiel — der Vertreter der Universität Heidelberg, Geh. Hofrat Zachariae, *gegen* die unbedingte Studirfreiheit, fast alle anderen dafür eingetreten, wurde er am 15. u. 16. April von der I. Kammer und — mit einigen Veränderungen nur — auch von der II. Kammer angenommen. Er wurde dann (größtenteils wörtlich) zum *Gesetz* erhoben, und unterm 22. *März* d. J. dieses *veröffentlicht*.

¹) Hervorgerufen worden waren diese Gesetze durch seinerzeit allzustarken Andrang von vermögenslosen und unbefähigten jungen Leuten zu den akademischen Studien, namentlich zu den juristischen und kameralistischen. Deshalb hatte schon das von 1810 bestimmt, dass die Vorsteher der Lyzeen des Landes jedesmal ein halbes Jahr vor Abgang auf die Universität ein Verzeichnis sämtlicher den beiden letztgenannten Studien sich widmenden jungen Leute „mit Bemerkung ihrer Eltern oder Vormünder, ihrer Fähigkeiten und Kenntnisse und *ihres Vermögens*" an das betr. Kreisdirektorium abschicken mussten. Dieses beförderte dann die Verzeichnisse weiter nach Karlsruhe, und das Ministerium entschied dann, ob in jedem einzelnen Fall die Erlaubnis zu geben sei oder nicht. Man wollte dadurch, wie es ausdrücklich hieß, alle fernhalten welche „nicht so viel eigenthümliches Vermögen besitzen, um sich auch ohne Staatsdienst durchbringen und daher die Vacatur solcher Stellen, welche planmäßig wieder zu besetzen sind, desto eher abwarten zu können ....." Und die Gesetze von 1812 und 1815 hatten diese Bestimmungen im wesentlichen wiederholt und eher noch verschärft.

Nun war noch kein halbes Jahr von der Veröffentlichung dieses Gesetzes verflossen, da sah sich (1. Dez. 1822) der *Präfekt des Freiburger Gymnasiums H. Schreiber* veranlasst, *bittere Klage* darüber zu führen, „es scheine von den vom Großherzog in neuester Zeit erlassenen Gesetzen kaum eines mehr missverstanden oder umgangen werden zu wollen," als das in Rede stehende über Studienfreiheit, indem schon jetzt mehrere *Gymnasiumsschüler*, welche wegen allzugroßen Mangels an Vorkenntnissen die Weisung erhalten hatten, die fünfte Gymnasialklasse nochmals zu besuchen, ja selbst solche, die kaum zum Aufsteigen in die vierte Klasse befähigt seien, *ohne die geringste Rücksicht zu nehmen, sogleich ad studia philosophica übergegangen seien*, d.h. philosophische Vorlesungen gehört hätten. Es war dieses geschehen, trotzdem die Konferenz des Gymnasiums gleich zu Anfang des Kurses ein Verzeichnis der zum Besuchen der Vorlesungen befähigten Schüler dem Konsistorium überreicht hatte. Schreiber bat deshalb unter Beziehung auf jenes Verzeichnis um Mithilfe des Konsistoriums zu gemeinschaftlichen kräftigen Maßregeln gegen diesen Unfug. Natürlich ließ man die Sache alsbald untersuchen, und am 13. Januar 1823 erhielt die philosophische Fakultät, mit einer Mahnung, in Zukunft genau und streng sich an den § 3 des oben erwähnten Gesetzes zu halten, den Befehl, die von Schreiber bezeichneten Gymnasiasten ohne weiteres wieder zurückzuweisen. Aber schon am 2. Februar d. J. klagt Schreiber in einem abermaligen Schreiben in bitterem Ton, dass die betr. Schüler immer noch die philosophischen Vorlesungen besuchten. Darauf erwiderte andern Tags der Dekan der philosophischen Fakultät, Butzengeiger, dass jene Schüler schon mehrere Wochen lang aus dem Verzeichnis der Philosophie studirenden Akademiker ausgestrichen und ihnen der Befehl, die Universität zu verlassen, eröffnet worden sei, daß endlich die philosophische Fakultät „von ihnen nicht die geringste Notiz nehme." Ob sie aber die Vorlesungen heimlich besuchten, darüber könne der Dekan keine Auskunft geben, auch kenne er kein ihm zu Gebot stehendes Mittel, solches zu verhindern.

In ähnlicher Weise hatte die philosophische Fakultät ihrerseits öfters Klage zu führen, dass *Studenten in höheren Fakultäten eingeschrieben* würden, trotzdem sie *von ihr (der philosoph. Fakultät)* noch gar *keine Abgangszeugnisse* erhalten hätten.

Endlich kam es vor, dass überhaupt junge *Leute, die das akademische Bürgerrecht gar nicht besaßen, unter dem Namen von Studenten sich in der Stadt aufhielten.* Auch wegen dieser erschienen strenge obrigkeitliche Verordnungen am 5. Juli 1823 und am 29. Januar 1824, das Konsistorium schob die Schuld dieses Unfugs lediglich auf das Universitätsamt, da dieses ja jedes Semester die Inskriptionslisten zugeschickt erhalte.

Unterdessen ließ es sich die Regirung angelegen sein, sich mit den zuständigen Behörden ins Vernehmen zu setzen, um jene im oben erwähnten Gesetze am 22. Mai 1822 in Aussicht gestellten *Verordnungen betr. die Prüfungen* in den verschiedenen Fakultäten festzustellen. So ließ sie z. B. durch die Kuratel im Sept. 1823 beim Konsistorium um eine Aeußerung bitten inbetreff der *Vornahme von Prüfungen durch Privatdozenten.* Das Konsistorium beantragte, dass den Privatdozenten zu gestatten sei, ihre Zuhörer zu prüfen, aber nur in Anwesenheit der Fakultät, zu der sie gehören; dass ihnen aber *nicht* zu gestatten sei, Fortgangszeugnisse auszustellen, sondern diese von der Fakultät ausgestellt werden müssten.

Auffallend mag es uns, nebenbei bemerkt, heutzutage erscheinen, dass damals nicht nur Privatdozenten, sondern selbst außerordentliche und ordentliche Professoren der Hochschule *ohne Doktordiplom* angestellt wurden. So standen z. B. Seeber und Perleb schon lange — ersterer seit 1822, letzterer seit 1823 — in Amt und Würden eines ordentlichen Professors, als sie erst am 16. Februar 1825 zu Doktoren ihrer Fakultät (der philosophischen) promovirt wurden; ebenso Schreiber, obwol schon seit 1826 ordentl. Professor der Moral, erst 18. Juli 1829 Dr. theol.; Wetzer 1829 ordentl. Professor der orientalischen Sprachen in der philos. Fakultät, erst 13. Juli 1830 Dr. phil., ebenso Amann in der jurist. Fakultät u. a. m. Zwar war schon am 19. Mai 1825 eine „*Kommission zur Revision der Habilitationsgesetze*"[1]) eingesetzt worden, aber erst am 10. Okt.

---

[1]) Erwähnt werden mag hier gleich, dass am 16. Nov. 1845 vom Ministerium erstmals den Fakultäten überlassen wurde, zu entscheiden, ob in dem einzelnen Fall die Natur des Gegenstandes

1836 wird — zum erstenmale, so viel ich sehe — von einem zur Habilitation sich meldenden J. A. Kaltschmidt von Ueberlingen unter den vorzulegenden Aktenstücken auch das (philosophische) Doktordiplom verlangt.

Von einer damals (allgemein?)[1]) üblichen Art der Promotion möge folgendes Beispiel hier erwähnt werden. Am 16. März 1820 werden in einer Sitzung der philosoph. Fakultät zwei Abhandlungen eingereicht über ein gestelltes Thema „Leibnizens prästabilirte Harmonie", die Namen versiegelt, auf jeder Arbeit ein Motto. Bei der für genügend erklärten Arbeit wird der Zettel eröffnet und der Verfasser (ein cand. theol.) auf eine andere Fakultätssitzung berufen, um sich einem Colloquium über die Arbeit zu unterziehen und von sämtlichen anwesenden Professoren über die verschiedensten Gebiete der gesamten Fakultät prüfen zu lassen. Nach so bestandener Prüfung wurde er zum Dr. phil. ernannt. Der Zettel der für nicht genügend befundenen Arbeit wurde ungeöffnet verbrannt. Bei dem feierlichen Promotionsakt hielt der Kandidat die übliche Rede, diesmal „über die Grundideen einiger der wichtigsten philosophischen Systeme."[2])

Am 29. Nov. 1827 dann beantragte Duttlinger, „dass eingeführt werden wolle, es habe bei künftigen Doktorpromotionen jeder Promovendus entweder eine Dissertation[3]) in Druck zu geben oder in die Bibliothekskasse 44 fl. zu zahlen, wie dieß auch in Heidelberg Sitte sey." Der Antrag wurde den vier Fakultäten „zur Rücksichtsnahme anempfohlen."[4])

es erlaube, eine Ausnahme von der Regel, dass die Disputationen der neuangehenden Privatdozenten in lateinischer Sprache zu halten sind, zu machen und also zuzugeben, dass die deutsche Sprache dazu verwendet werde.

[1]) Beispiele liegen mir nur aus der philosoph. Fakultät vor.

[2]) In ähnlicher Weise promovirte z. B. am 24. April 1820 H. Schreiber, der bekannte Verfasser der Geschichte der Stadt und der Universität Freiburg, zum Dr. phil. Derselbe hatte zwar in der mündlichen Allerweltsprüfung „keine sonderlichen Kenntnisse gezeigt, in einigen derselben (dh. der einzelnen Fächer) selbst Dürftigkeit bewiesen," dagegen eine treffliche geschichtliche Preisschrift eingeliefert.

[3]) Der Syndicus schrieb im Protokoll Promoventus und Disserdation!

[4]) Als merkwürdige Einzelheit darf vielleicht hier nebenbei erwähnt werden, dass am 29. Dez. 1829 zwei Brüder, der Mediziner

Wichtiger als diese Bestimmungen ist die **Aufstellung neuer akademischer Gesetze**. Diese, unterm 15. Nov. *1821* gegeben, weichen zwar nicht in vielen, aber doch in einigen Punkten von den bis dahin geltenden vom Jahre 1810 ab. Namentlich tritt uns mehrfach die *erweiterte Befugnis des Kurators* entgegen, durch den und mit dessen Zustimmung jetzt fast alles erst an das Ministerium gelangen kann und geschieht. Sodann ist neu zu den Aufsichtsbehörden das *Ephorat* (s. oben) hinzugekommen (§ 6). Endlich aber sind den Zeitverhältnissen entsprechend in mancher Beziehung strengere Gesetze gegen geheime Verbindungen, Zweikämpfe usw. gegeben (s. unten Abschnitt VII). Letztere Bestimmungen wurden abermals verschärft in der Ausgabe der *akademischen Gesetze vom 14. Mai 1829* — welches übrigens sonst höchstens in einzelnen Bestimmungen über das Immatrikulationsverfahren von den erstgenannten des Jahres 1821 abweichen.

In § 4 beider Ausgaben der akademischen Gesetze, der von 1821 und der von 1829, sind unter denen, bei welchen das akademische Bürgerrecht erlischt, diejenigen genannt, bei welchen *5 Jahre seit der Immatrikulation* verflossen sind. Nun ließ am 28. Juni 1826 das Universitätsamt anfragen, wie es bei solchen Studenten stehe, wenn sie über die 5 Jahre hinaus doch noch Kollegien besuchen. Das Konsistorium richtete daraufhin am 6. Juli durch die Kuratel den Antrag an das Ministerium, dass solchen Studirenden, welche einschließlich des philosophischen Kurses sich 5 Jahre an der Universität aufgehalten haben, die aber nach dem Lehrplan verbunden sind, noch länger zu studiren, das akademische Bürgerrecht wenigstens bis zum Ablauf dieser vorgeschriebenen Zeit vorbehalten werden wolle, ohne dass sie die Matrikel erneuern dürfen. Das Ministerium entschied am 4. Sept. dahin, dass denen, die zwei Jahre hier Philosophie studirt haben und nach weiteren drei Jahren noch eines Semesters zur Beendigung ihres Studiums bedürfen, die Matrikel *kostenfrei* erneuert werden solle.

Eine alte und doch ewig neue Klage war schon damals die wegen nicht genauen Einhaltens der *Zeit für Beginn und*

Ludwig v. Wänker, und der Jurist Otto v. Wänker, in ein und derselben Konsistorialsitzung zu Doktoren „kreirt" wurden.

Schluss der Vorlesungen. Auch in dieser Sache suchte man jetzt genauere Vorschriften zu machen und strenger vorzugehen. Am 4. Sept. 1826 verordnete die Kuratel, dass künftig jeder einzelne Lehrer Anfang und Schluss seiner Semestralvorlesungen dem Kurator *unmittelbar* anzuzeigen habe. Aber schon bald darauf wurde diese Verordnung dahin abgeändert, dass die bezeichneten Angaben durch die vier Dekane eingereicht werden sollten. Dem Verzeichnis, welche die letzteren im Anfang des Jahres 1828 über die zwei vorhergehenden Halbjahre abgaben, sowie einzelnen Angaben aus den nächstfolgenden Jahren entnehme ich folgendes:

1) Anfang der Vorlesungen im Sommer:
a) theol. Fak. zwischen 3. u. 18. Juni.
b) iur. „ „ 2. u. 14. „
c) med. „ „ 2. u. 10. „
d) philos. „ „ 3. u. 14. „

2) Schluss der Vorlesungen im Sommer.
a) theol. Fak. 30. August bis 15. September.
b) iur. „ 28. „ „ 7. „
c) med. „ 29. „ „ 10. September.
d) philos. „ Schluss *aller* Vorlesungen am 25. Aug.

Dann fanden aber jeweils bis zum 4. Sept. täglich 7 bis 8 Stunden dauernde Prüfungen aus 8 bis 9 Gegenständen in dieser Fakultät statt.

3) Beginn der Vorlesungen im Winter.
a) theol. Fak. 5.—9. November.
b) iur. „ 6.—14. „
c) med. „ 3.—15. „
d) philos. „ erste Woche im November.

4) Schluss der Vorlesungen im Winter.[1]
a) theol. Fak. 13.—29. März.
b) iur. „ 15.—31. „
c) med. „ 20. März bis 6. April.
d) philos. „ 23. „ „ 2. „

---

[1] *Diese* Zahlen sind den Berichten vom Jahr 1830 — die sich allein vollständig vorfanden — entnommen. Die Schwankung ist im allgemeinen hier eine große, weil der „gesetzliche Termin" der Samstag vor dem Palmsonntag war.

Diese von der Kuratel an das Ministerium d. I. weiter beförderten Verzeichnisse gaben letzterem Anlass, am 5. Sept. 1830 den Kurator zu ermahnen, „auf jede mögliche Weise dafür zu sorgen, dass die so *lang andauernden Ferien thunlichst abgekürzt* werden". Es sei deswegen den Lehrern besonders zu empfehlen, den *Schluss* ihrer Vorlesungen künftig nicht mehr zu früh eintreten zu lassen. Inbezug auf den *Anfang* erfolgte deswegen keine Ermahnung, weil das Kuratorium selbst bemerkt hatte, dass ein *verspäteter Anfang* der Vorlesungen in der Regel von den *Schülern*, ein allzufrühzeitiger *Schluss* derselben von den Lehrern herrühre. Und viele der letzteren hatten in ihren Eingaben zum (späten) Datum des Anfangs gleich die Entschuldigung hinzugefügt, „weil die Zuhörer erst da sich einfanden", oder „als die Zuhörer sich allmählich gesammelt hatten" u. ä. Als Entschuldigung für frühzeitigen Schluss des Sommerhalbjahrs führt das Konsistorium die in diese Zeit (Sept.) fallenden Militärkonskriptionen und bei den Theologen die mit Anfang September im Erzbischöfl. Seminar beginnenden Konkursprüfungen, denen die Prüfungen an der Universität vorangehen müssen, an.

Um sowol Lehrern als Hörern alle Entschuldigungen unmöglich zu machen, bestimmte das Ministerium am 12. März 1832 genauer, das Kuratorium solle darüber wachen, dass 1) sämtliche Professoren ihre Vorlesungen auf den festgesetzten Tag, wenn auch nur *zehn* Zuhörer sich melden, beginnen sollen; 2) dass der Schluss des Sommerhalbjahrs künftig *nie* vor dem 15. September, jener des Winterhalbjahrs *nie* vor dem 30. März eintreten dürfe. — Als diese Verordnung später, im Februar 1836,[1]) wiederholt wurde, ließ der Senat seinerseits das Kuratorium um die Genehmigung bitten, durch Anschlag ad valvas bekannt machen zu dürfen, „dass alle Inländer, welche nicht längstens 8 Tage nach dem im Vorlesekatalog bestimmten Anfangstermin der Vorlesungen zur Inskription sich persönlich gemeldet haben, zu keiner Vorlesung, inbezug auf welche die Anmeldung von ihnen versäumt wurde, in dem begonnenen Semester mehr würden zugelassen werden."[2]) — Endlich wurde

[1]) Ich muss auch dies, obwol es erst in den folgenden Zeitabschnitt gehört, des Zusammenhangs wegen hier vorwegnehmen.
[2]) Ausgenommen waren natürlich diejenigen, welche sich gehörig ausweisen konnten, dass sie durch Krankheit oder ein

in einem Erlass vom 1. März 1838 darauf aufmerksam gemacht, dass schon im *Vorlesseverzeichnis Anfang und Schluss* der Vorlesungen *unabänderlich* festzusetzen sei, und den Professoren, die den Zeitpunkt nicht einhalten zu können glauben, die *Einholung besonderer Ermächtigung* zur Erlangung der Ferien zur Pflicht gemacht werde.

Zugleich mit dem Beginn und Schluss der Vorlesungen suchte man auch die übliche *Herausgabe der Programme* zu regeln. Nach längeren Beratungen wurde am 28. Juni 1827 festgesetzt:

1) Das *Oster*programm schreibt der jeweils austretende Prorektor;

2) Das nächste *Herbst*programm der Dekan der theolog. Fakultät, und so immer der folgende Dekan (also im andern Jahr der der jurist. Fakultät usw.).

3) Das Programm auf *Großherzogs Geburtstag*[1]) bleibt frei „und soll auf Reproduktion dießfalls jedesmal vor den Herbstferien Beschluss gefasst werden."

Bevor wir einige Einzelheiten aus den Fakultäten inbezug auf Lehrangelegenheiten anführen, erübrigt es, darauf hinzuweisen, wie man immer streng darauf bedacht sein musste, dass alle, die zu einer der drei andern Fakultäten übergehen wollten, zuerst die vorgeschriebenen philosophischen Vorlesungen gehört haben mussten. So ließ das Konsistorium schon im Sept. 1819, als der *juristische* (und zu gleicher Zeit der *medizinische*) — auf wiederholte höchste Weisung entworfene — Studienplan zur Einsendung vorgelegt wurde, die Gelegenheit nicht vorübergehen, ohne beizusetzen, „dass jeder Inländer, welcher zum juristischen Studium zugelassen werden wolle, sich vorher darüber auszuweisen habe, dass er *die Philosophie vorschriftsmäßig absolvirt und sich der angeordneten Endeprüfung aus derselben unterzogen habe.*" Und was die *Theologen* betrifft, so wurden durch Ministerialverfügung vom 7. Sept. 1822 vor der kathol. Kirchensektion die Listen der „absolvirten Philosophen, welche ad theologiam aspiriren" für jedes Jahr verlangt, „indem solchen Candidaten des geistlichen Standes, *wenn sie*

---

anderes unvermeidliches Hindernis abgehalten waren, zur gehörigen Zeit zu erscheinen.

[1]) z. Z. der 9. Februar.

nicht alle vorgeschriebenen philosophischen Lehrfächer ebenso wie die theologischen mit guten Fortgangs- und Sittennoten gehörig *absolvirt haben*, seinerzeit weder die Zulassung zur endlichen Prüfung über ihre theologischen Studien zum Behufe des erforderlichen Tafeltitels noch die Aufnahme ins bischöfliche Seminar ertheilt werden kann."

Zu den philosophischen Vorlesungen, zu welchen so alle verpflichtet waren, kam 1822 noch eine *philologische*. Im Anschluss an die Berufung eines eigenen ordentlichen Professors für philologische Fächer wurde vom Konsistorium damals (28. II) durch die Kuratel an das Ministerium d. I. der Antrag gestellt, „alle philosophischen Zuhörer ohne Ausnahme zum Studium der Philologie dergestalt verbindlich zu machen, dass alle insgesammt während ihrer vier Semestralcurse *ein* philologisches Collegium über einen griechischen und ein philol. Collegium über einen lateinischen Classiker hören, und vor ihrem Uebertritt zu einer der drei andern Fakultäten über ihre philologischen Kenntnisse sich ausweisen sollen, die ausgenommen, welche solche Collegien schon früher in einem Lyceum gehört haben, — da es immer ein wesentliches Bedürfniß ist für jeden, der auf gelehrte Bildung Anspruch macht, mit dem Studium der alten Classiker sich zu beschäftigen, und da es nur dem zeitlichen Mangel eines Lehrers der Philologie an hiesiger Universität zuzuschreiben war, wenn in dem vom Großh. Ministerium d. I. unterm 27. Okt. 1814 Nr. 9011 sanktionirten Lehrplan der philosophischen Fakultät dieses Studium bloß empfohlen, und nicht in den Cyclus der Fächer, welche gehört werden müssen, aufgenommen worden ist." Das Ministerium war jedoch mit diesem Antrag nur halb einverstanden und verordnete am 9. August d. J., dass zwar jeder philosophische Schüler während seiner vier Semestralkurse ein philolog. Kollegium über einen lateinischen Klassiker zu hören und sich vor seinem Uebertritt zu einer der drei andern Fakultäten über seine philologischen Kenntnisse auszuweisen habe, dass aber den Studirenden die *griechische* Sprache freigestellt sei.

Aus der *theologischen Fakultät* ist folgendes noch zu erwähnen:

Im Jahre 1819 wurde vom Ministerium ein von der Fakultät gemachter und vom Konsistorium (23. VI) unterstützter Vorschlag angenommen, „dass *theologische Candidaten, welche im Ausland studiren*, bevor sie in das Seminarium aufgenommen werden, sich einer *an der Universität* dahier aus allen theologischen Fächern zu erstehenden *Prüfung zu unterziehen* hätten." Man konnte übrigens dabei auf einen schon früher (16. X. 1817) vorgekommenen Einzelfall hinweisen, wo das Gleiche verordnet worden war (Kathol. Kirchensektion Nr. 11660).

Schon längere Zeit hatte sich die theologische Fakultät mit dem Plan der Errichtung einer *Bibelgesellschaft* beschäftigt.

Zum erstenmal hatte sie am 3. Juni 1818 das Ansuchen an das Engere Konsistorium gerichtet, ihre Bitte um Errichtung eines solchen Bibelvereins beim Ministerium einzureichen. Sie erinnerte in dieser Bittschrift daran, dass noch im Jahre 1808 die Bischöfliche Kurie in einem Erlass vom 24. Mai an sie (die theolog. Fakultät) ihr Bedauern ausgedrückt habe, dass viele theologische Schüler nicht einmal eine Bibel besitzen, und dass eben darum die Fakultät von der Kuratel am 10. Juni desselben Jahres (1810) beauftragt worden sei, dafür zu sorgen, dass wolfeile Bibelausgaben oder wenigstens solche des neuen Testaments in einer guten Uebersetzung eingeführt werden. Nun sei dies zwar geschehen und seien in dieser Hinsicht erfreulichere Umstände eingetreten; immerhin aber seien bis jetzt doch nur die angehenden Theologen und wol auch viele Trivialschüler mit Bibeln versehen, noch nicht aber das Volk, welches Auflagen mit größerem Druck haben müsse. Auch habe man die Ansicht und sei im Volk selbst schon dieser Wunsch laut geworden, dass auch das *alte* Testament nicht nur in Bruchstücken, sondern vollständig in den Händen des Volkes sein müsse. Hiezu also müsse eine *Bibelgesellschaft* helfen; *sie habe das alte und das neue Testament entweder unentgeltlich oder doch zu niederem Preis an die geeigneten Leser abzugeben.* Ferner aber beabsichtige sie, die theolog. Fakultät, auch von dem *hebräischen und dem griechischen Urtext*, sowie von der *Vulgata* Ausgaben an die *Theologen* zu billigem Preis abgeben oder auch verschenken zu lassen, wodurch dann „jene, welche einst in ihrem Amtsleben als Lehrer der Hl. Schrift auftreten und diesen autorem classicum ihrem Volke interpretiren müssen, an gründlichem Bibelstudio unendlich gewännen usw." „Denn wir halten dafür," heißt es dann weiter, „dass es wenig tauge, dem Volke die Heiligen

Bücher in die Hand zu geben, wenn man nicht auch solche
Lehrer heranzieht, die mit diesen Büchern innigst vertraut
dieselben ihnen gleichsam entsiegeln." Schließlich wies man,
um die Staatserlaubnis zur Gründung desto eher zu erhalten,
darauf hin, dass eine Unterstützung von mindestens 2000 fl.
aus Baden zu erwerben sei. Am 1. Sept. 1818 wurde diese
Erlaubnis auch wirklich gegeben, aber mit dem Bemerken,
dass man der Einreichung eines genaueren Planes über die
Art dieser Gesellschaft entgegensehe. Und als dieser Verein
(nach der Aussage des Ministeriums) „eine ganz andere Gestalt,
als man aus den früheren Vorlagen erwarten zu können glaubte,
anzunehmen geneigt" war, so wurde schon am 10. Nov. d. J.
jene vorläufig erteilte *Staatsbewilligung wieder zurückgenommen*.
Auch eine zweite Bitte vom 21. April 1819[1]) wurde der Fakultät am 1. Juni abgeschlagen, jedoch erlaubt, dass, wenn
sie Gelegenheit habe, die hebräischen und griechischen Urtexte
nebst der Vulgata den unvermöglichen Theologen umsonst
oder zu niederem Preise zu verschaffen, solches geschehen
dürfe. — Unterdessen hatte eine ähnliche Gesellschaft für
die gesamte protestantische Bevölkerung des Landes die staatliche Erlaubnis erhalten. Mit dem Hinweis darauf wagte es
die Fakultät, schon am 18. April 1820 abermals eine Bitte an
das Ministerium zu richten. Man fügte bei, dass und wie der
frühere Plan geändert sei. Namentlich falle jetzt der Grund,
den man früher hauptsächlich gegen die Errichtung geltend
gemacht hatte, — zu große Ausgedehntheit — weg, indem
die Gesellschaft auf die nächste Umgebung Freiburgs beschränkt, also lange nicht so ausgedehnt sei, wie die protestantische Bibelgesellschaft. Wenn wieder gelehrte Einwen-
dungen gegen die Errichtung einer solchen Gesellschaft unter
Katholiken gemacht würden, so verweise man auf die Regens-
burger im Jahre 1805 und die Pariser im Jahre 1816 gegründete Gesellschaft und bitte, dass man solche Bedenken ihnen
als einer „geistlichen der höheren Wissenschaft geweihten
Korporation" mitteile. Uebrigens sollten natürlich nur die
besten und von der Bischöflichen Behörde gutgeheißenen
Uebersetzungen genommen werden.

Die Entscheidung des Ministeriums erfolgte erst am

---

[1]) Prof. Werk trug die Sache persönlich dem **Großherzog** vor.

15. Juni 1821, und zwar ging sie dahin, dass auf den Wunsch der beiden (Bischöflichen) Vikariate zu Konstanz und Bruchsal die *Frage der Errichtung einer katholischen Bibelgesellschaft bis zur Bistumserrichtung noch auszusetzen sei.*

Die Sache scheint später nicht mehr zur Sprache gekommen zu sein.

Schließlich dürfte hier noch der Platz sein, folgende Einzelheit aus der *juristischen Fakultät* zu erwähnen. Am 3. Febr. 1820 beantragte das Konsistorium „als zweckmäßig" die *Vereinigung des kanonischen Rechts und der Pandekten in der Person eines Lehrers.* Am 6. Aug. d. J. wurde daraufhin der bisherige bairische Kreisrichter Amann in Zweibrücken, ein geborener Freiburger, als ordentlicher Professor mit 1000 fl. Gehalt angestellt und ihm zur Verbindlichkeit gemacht, „außer den weiteren, ihm selbst überlassenen Lehrgegenständen das Kirchenrecht und abwechselnd mit Prof. v. Hornthal die Pandekten vorzutragen".[1])

V. Das Lehrerkollegium.

Der Stand des Lehrerkollegiums am Schluss der vorhergehenden Periode, also im Jahre 1818, ist aus dem ersten Teil (Alem. XX, 157, Sonderabdruck S. 75 zu ersehen).

Während der Regirung Großherzog Ludwigs gingen folgende Veränderungen vor sich.

a) In der *theologischen Fakultät*.

Am 25. Juni 1819 richteten 40 Studirende der Theologie an das Konsistorium die Bitte um Aufstellung eines Lektors für die Dogmatik. Geistl. Rat *Schnappinger*, der dieses Fach bisher versah, war nämlich — auch nach dem Urteil der theologischen Fakultät — bei all seinen sonstigen Eigenschaften, seiner strengen Rechtlichkeit und Wahrheitsliebe und seinem tadellosen sittlichen Wandel, doch nicht im Besitz der Eigenschaften, „welche zu einem gründlichen Vortrag

---

[1]) Dadurch wurden dann noch weitere Verschiebungen möglich: Duttlinger bekam das Kriminalrecht, und sollte das deutsche Privatrecht an Hornthal überlassen.

über die Dogmatik, als einem Haupttheil der kathol. Theologie, erfordert werden." Das Konsistorium selbst richtete deshalb nach dem Antrag der Fakultät die Bitte an das Ministerium d. I., es möge den genannten Lehrer „auf eine ihn möglichst schonende Weise auf einen anderen Posten, wo sein Wirken immer sehr nützlich seyn werde, und also etwa auf eine Pfarrey" befördern, ihm, dem Konsistorium, aber erlauben, wegen Wiederbesetzung der Lehrkanzel desselben Vorschläge zu machen.[1]) Schnappinger weigerte sich aber durch eine Erklärung vom 9. Aug. d. J. eine Pfarrei anzunehmen. So blieb also nichts übrig, als ihn weiter lesen zu lassen, aber einen „tüchtigen, streng geprüften Mann, der die Katholische Glaubenslehre nach dem Klüpfelischen Lehrbuch vortrage" als außerordentlichen[2]) Professor zu berufen. — Trotzdem erfolgte aber schon am 23. Nov. eine Ministerialverfügung, dahingehend, dass die Lehrstelle der Dogmatik — mit 1500 fl. Besoldung, welche nach Umständen noch um einige 100 fl. erhöht werden könnten — öffentlich auszuschreiben sei. Und Schnappinger selbst wurde am 4. Okt. 1821 dann doch zum Pfarrer von Bräunlingen ernannt. Er hielt sich jedoch noch lange in Freiburg auf, so dass der Prorektor im Konsistorium vom 22. Januar 1822 anfragte, ob er noch als zum Konsistorium oder überhaupt zur Universität gehörig anzusehen sei. Die Frage wurde mit Stimmenmehrheit bejaht. Nachdem von der Wirtschaftsdeputation berichtet worden war, dass sie am 5. d. M. durch die Kuratel beim Ministerium habe anfragen lassen, ob und von welchem Zeitpunkt an der Professorengehalt Schnappingers aufzuhören habe, geschah dieses schon am 23. Januar 1822, also gleich nach der eben besprochenen Konsistorialsitzung, als an dem Tag der Einweihung Schnappingers auf die Pfarrei. — An seine Stelle trat am 11. April 1822 *Kefer*.[3])

---

[1]) Die genannte Eingabe jener Theologen sandte man samt dem Fakultätsbericht an den Ministerialdirektor v. Sensburg mit dem Bemerken, dass man billig Bedenken trage, dem Ministerium selbst die Veranlassung zu obigem Antrag darzulegen.

[2]) Darauf wurde besonders Nachdruck gelegt, um Schnappinger, dem der Titel Professor (ord.) bleibe, nach seinem 30jährigen Wirken nicht zu kränken.

[3]) Vgl. Bad. Biogr. III, S. 62.

Nun kam aber schon am selben 11. April 1822 eine Eingabe des neuen Pfarrers von Bräunlingen, worin er bat, als ordentlicher Professor mit der Universität in Verbindung bleiben zu dürfen. Das Konsistorium hielt jedoch dafür, dass ein solches Einschreiten außerhalb seiner Befugnis sei, und überließ es ihm, sich unmittelbar an die höchste Behörde zu wenden. Er scheint dies jedoch nicht getan zu haben, dagegen bestand er noch länger darauf, einen Ruhegehalt im Betrag von 200 fl. aus der Universitätskasse zu erhalten. Dagegen verwahrte sich, wie vorauszusehen war, das Konsistorium am 25. Sept. 1823 beim Ministerium, da die Universität rechtlich dazu nicht verpflichtet sei und auch die finanzielle Lage diese Leistung nicht gestatte. — Schnappinger verblieb übrigens in Freiburg mit Rücksicht auf seine Gesundheit und starb daselbst am 6. Dez. 1832 (s. Bad. Biogr. III, S. 143).

Am 19. Januar 1824 starb der (schon im März 1822) zum Oberhirten des neu errichteten Erzbistums Freiburg erwählte verdiente Prof. der Moral, *Wanker* (s. d. I. Teil Abschn. VIII). Sein Nachfolger auf dem Lehrstuhl der Moral und als „allgemeiner Religionslehrer," *Nick*,[1]) starb schon nach kaum zweijähriger Thätigkeit am 11. Februar 1826, worauf am 20. Okt. desselben Jahres der bisherige Gymnasialpräfekt *H. Schreiber*[2]) auf den Lehrstuhl berufen wurde. — Im gleichen Jahre ließ sich der Senior der Fakultät, *Schinzinger*, in den Ruhestand versetzen. Sein Nachfolger im Lehrfach der Kirchengeschichte wurde der seit 1822 als ordentlicher Professor der Dogmatik wirkende (s. oben) *Kefer*. Da dieser jedoch schon im nächsten Jahre

---

[1]) Vgl. Bad. Biogr. II, S. 110.

[2]) Vgl. Bad. Biogr. II, S. 281. Schreiber selbst hat — als Verteidigung gegen die Kurie — eine Schilderung seines Lebenslaufs von dieser Zeit (1826) an bis zu seinem Uebertritt in die philosophische Fakultät hinterlassen unter der Aufschrift „Denkblätter aus dem Tagebuch eines Hochschullehrers," Frankfurt a. M. 1849. Aus diesem und den übrigen (ungedruckten) autobiographischen Aufzeichnungen hat dann J. Rauch (damals Gymnasialprofessor in Freiburg) den Stoff entnommen zu seinem Lebensabriss Schreibers in der „Zeitschrift der Gesellschaft für Beförderung der Geschichts-, Altertums- und Volkskunde von Freiburg, dem Breisgau und den angrenzenden Landschaften." III. Band (1873—74), S. 209—265. Angeschlossen ist ein Verzeichnis der zahlreichen Schriften Schreibers.

schwer erkrankte, bestieg Schinzinger noch einmal den Lehrstuhl. Kefer ließ sich 1826 in den Ruhestand versetzen und starb schon in jungen Jahren 1832, Schinzinger hochbetagt 1827. Bis 1829 trug denn ein Supplent Kirchengeschichte vor; am 24. Dez. dieses Jahres aber wurde v. *Reichlin-Meldegg*[1]) — von dem noch später die Rede sein wird — berufen. Zum Ordinarius der Dogmatik wurde anstelle Kefers am 22. April 1824 der bisherige Extraordinarius Ludwig *Buchegger*[2]) ernannt.

b) *In der juristischen Fakultät.*

1820 wurde der auch als Bibliothekar verdiente *Ruef*[3]) in den Ruhestand versetzt und als sein Nachfolger im Lehrfach des Kirchenrechts *Amann*[4]) berufen (s. oben). *Hornthal*, seit 1819 Lehrer des römischen und deutschen Privatrechts. wurde schon 1824 wieder von Freiburg wegversetzt. Einen Nachfolger erhielt er erst 1827 endgiltig durch *Fritz*,[5]) der bis dahin außerordentlicher Professor gewesen war.

Am 25. April 1827 starb der Senior der juristischen Fakultät, Mertens. Sein Lehrstuhl (Badisches Landrecht, Lehenrecht usw.) wurde erst 1833 wieder besetzt durch *Baurittel*,[6]) der bis dahin erst Privatdozent und dann außerordentlicher Professor an der Hochschule in diesen Fächern gewesen war.

Während alle diese Veränderungen ohne größere störende Zwischenfälle[7]) vor sich gingen, knüpften sich solche an die im Jahre 1821 erfolgte Berufung *Welckers* als ordentlichen Lehrers des Staatsrechts und der Pandekten[8]), bezw. an die

[1]) Vgl. Bad. Biogr. III, S. 126.
[2]) Vgl. ebenda I, S. 138.
[3]) † 25. Januar 1825.
[4]) Vgl. Bad. Biogr. I, S. 4.
[5]) Vgl. Bad. Biogr. I, S. 265.
[6]) Vgl. C. Jäger, Literarisches Freiburg i B. .... Freiburg 1839. S. 12. — Aufnahme in die badischen Biographien hat Baurittel bis jetzt noch nicht gefunden.
[7]) Nur die Berufung Hornthals im Jahre 1819 hatte auch einige Zwistigkeiten hervorgerufen und störende Zwischenfälle — Protestversammlung, Schrift gegen das Konsistorium u. a. m. —, weil man ihn (vergebens) auf den Lehrstuhl der Geschichte und aus der juristischen Fakultät hatte verdrängen wollen.
[8]) Letztere sollte er abwechselnd mit Amann lesen, wie zuvor Hornthal. — Ein Lebensabriss Welckers steht in den Bad. Biographien II, S. 440 ff.

Vorverhandlungen dazu. Die Tatsache nämlich, dass Welcker
Protestant war, gab den Professoren v. Rotteck und Hug Veranlassung — 19. VII. 1821 —, zu sprechen „über die Nothwendigkeit, dass bei Anstellungen an dieser *katholischen* Universität auf die katholische Religionseigenschaft der Bewerber *immer* und also auch in dem gegenwärtigen Fall vorzüglich
Rücksicht zu nehmen sei." Erst nach längerer, teilweise
ziemlich erregter Verhandlung wurde damals mit 11 gegen
9 Stimmen beim Ministerium die Berufung Welckers beantragt.
Der Streit war dadurch aber durchaus nicht beigelegt; er
spitzte sich vielmehr zu einer äußerst heftigen Fehde zwischen
den beiden juristischen Professoren v. Rotteck — auf dessen
Seite von der Fakultät noch Mertens und Ruef standen —
und Duttlinger — auf dessen Seite v. Hornthal und Amann
sich befanden — zu. Ersterer war namentlich über eine Bemerkung Duttlingers, die sogar — „aus Uebereilung oder
Mißverstand", wie es nachher hieß — ins Protokoll übergegangen war, empört. Sie lautete: „Einer der drei Beschwerdeführer (v. Rotteck, Ruef, Mertens) hat aber die Gewohnheit, Eigenmächtigkeit zu nennen, was gegen seine Ansicht
im Konsistorium beschlossen wird; ihm ist die Majorität des
Consistoriums Partei, sobald er selbst zur Minorität gehört."
Die Gemüter erbitzten sich schließlich so, dass das Kuratorium
sich veranlasst sah, mit eindringlichen Worten zum Frieden
zu mahnen.

Die Berufung Welckers zog sich übrigens auch deswegen
in die Länge, weil er weitgehende Forderungen machte; z. B.
forderte er ein Reisegeld von 600 fl., außer den 2000 fl.
Gehalt die ganze Naturalbesoldung u. a. m. Auch war er lange
unschlüssig, lehnte einmal ab, sprach dann wieder zu usw.
So konnte die offizielle Berufung erst am 24. Juli 1822 geschehen. — Aber der Streit hatte auch damit sein Ende noch
nicht erreicht. Neben anderem — was hier zu erwähnen zu
weit führen würde — tauchte das Gerücht auf, es sei vor
kurzem eine auf Rottecks Veranlassung von 12 Professoren
der Universität unterschriebene Schrift erschienen, die an
höchste Stelle die Bitte richtete, „dass die Freiburger Universität sich künftig die *katholische* nennen dürfe und solle."
Der Dekan der juristischen Fakultät, Amann, beantragte,
nach Karlsruhe die Erklärung abzugeben, „dass jene Schrift

als die Eingabe einzelner, die solche unterzeichnet, zu betrachten sei, die keineswegs als Consistorialschrift und nomine consistorii eingereicht worden." Die betr. Unterzeichner klärten nun die Sache dahin auf, dass die erwähnte Schrift wirklich schon vor längerer Zeit beim Ministerium eingereicht worden, dass aber dies mit Wissen aller und auf die im Konsistorium von dem Kurator erlassene Aufforderung hin geschehen sei. Diese Aufforderung aber habe gelautet: „Beide Partheyen, — jene nämlich, welche sich dafür interessire, dass der Universität die Eigenschaft einer katholischen zugeschrieben werde, und die gegentheilige — möchten die Gründe ihrer Meynungen und Ansichten in eigenen Schriftsätzen der höchsten Stelle zur Entscheidung vorlegen." Die erste Partei nun habe solches getan, die von ihr eingereichte Schrift sei der anderen Partei mehrere Tage hindurch auf der Universitätskanzlei zur Einsicht aufgelegen. Sie sei natürlich nicht als Schrift des Konsistoriums, sondern als Privatschrift eingereicht worden usw.

c) *In der medizinischen Fakultät.*

Von den sechs im Jahre 1818, also bei Beginn unseres Zeitabschnittes, an der Albertina wirkenden ordentlichen Professoren dieser Fakultät war am Ende desselben (1830) kein einziger mehr daselbst tätig.

Im Jahr 1820 trat Hofrat *Menzinger*, der Senior der Fakultät, in den wolverdienten Ruhestand († 1830). Sein Nachfolger auf dem Lehrstuhl der Chemie und Pharmacie war *v. Ittner*,[1]) seit 1819 Ordinarius der Botanik, und nachdem dieser schon 1823 gestorben war, *Fromherz* (Ordin. erst seit 1828).[2]) — Am 20. April 1824 starb Hofrat *Schaffroth* (Nosologie, Pathologie, Therapie usw.), der Vorsteher der medizinischen Klinik, und wurde ersetzt (am 9. Juli d. J.) durch *Baumgärtner*.[3]) In demselben Jahr 1824 starb auch (am 12. Juni) Medizinalrat *Schütz* (Arzneimittellehre, Encyklopädie usw.), ohne einen (ordentlichen) Nachfolger zu bekommen. Die Arzneimittellehre übernahm später Fromherz zur Chemie hinzu. — Dagegen war schon 1821 für Physiologie und vergleichende

---

[1]) Vgl. Bad. Biogr. I, S. 430.

[2]) Vgl. Bad. Biogr. I, S. 268. — Menzinger las übrigens noch mehrere Jahre lang jeweils im Sommer Botanik.

[3]) Vgl. ebenda I, 47.

und pathologische Anatomie, welche Fächer bisher meist von Schaffroth supplirt worden waren, ein ordentlicher Professor in *Schultze* — bisher Privatdozent und Prosektor in Halle — angestellt, und in demselben Jahr *Beck* (Chirurgische Verbandlehre, Augenheilkunde) dem verdienten Hofrat Ecker (auf dessen Wunsch) beigegeben und zum Ordinarius ernannt worden.[1]) Endlich wurde der bisherige Extraordinarius[2]) *Buchegger*[3]) 1828 zum Ordinarius der allgemeinen Anatomie ernannt. Zwei schwere Verluste traf die medizinische Fakultät und die ganze alma mater gegen Ende unseres Zeitabschnittes. Am 5. Aug. 1829 wurde Hofrat *Ecker* während einer Fakultätssitzung kurz vor 7 Uhr Abends von einer Ohnmacht befallen und trotz aller schnell angewandten Mittel tot nach Hause getragen. Seine Beerdigung am 8. d. M. zeugte von der großen Beliebtheit, die er sich durch sein Wirken während 32 Jahren erworben hatte. Jetzt wurde Beck auch Direktor der chirurgischen Klinik. — Ebenfalls mitten aus seiner segensreichen Tätigkeit herausgerissen wurde am 15. Febr. 1830 der langjährige Amtsgenosse Eckers, Hofr. *Schmiderer*, Prof. der Tierarzneikunde, Pathologie, Therapie[4]) usw.

d) *In der philosophischen Fakultät.*

Nach dem Abgang *Kinderles* im Jahre 1819 († 8. Okt. 1824) wurde auf den Lehrstuhl der Mathematik nicht der bisherige langjährige Extraordinarius dieser Fächer, Seipel, berufen, sondern *Buzengeiger*[5]) vom Gymnasium zu Ansbach. Für den verstorbenen *v. Ittner* wurde ein besonderer ordentlicher

---

[1]) Vgl. ebenda I, 55.
[2]) Auch der vorhergehende Vertreter des Faches, Nuefer, war nur außerordentlicher Professor gewesen.
[3]) Vgl. ebenda I, 137.
[4]) Vgl. Schreiber, Gesch. d. Univ. Freib. III, S. 223. — In die Bad. Biogr. hat dieser verdiente Mann leider noch keine Aufnahme gefunden. — Erwähnt werden soll noch, dass er 1823 vom König von Frankreich als Anerkennung für seinen Eifer in der Pflege der von 1796 bis 1806 im Militärspital liegenden Franzosen das Kreuz des St. Michaelsordens erhalten hatte: eine Auszeichnung, die bis dahin nur 7 Ausländern, darunter 2 Deutschen, zuteil geworden war. Ueber sein und Menzingers Jubiläum vgl. unten.
[5]) Vgl. Bad. Biogr. I, S. 143.

Lehrer der Naturgeschichte in der philosophischen Fakultät ernannt in der Person des bisherigen außerordentlichen Professors *Perleb*.[1]) Für den schon am 8. Nov. 1821 nach Karlsruhe versetzten *Wucherer* wurde von ebenda im Jahre 1822 *Seeber*[2]) berufen. In demselben Jahr erhielt der bisherige Lehrer der Philosophie, *Erhardt*, nach Heidelberg einen Ruf, die Hohe Schule fand einen Nachfolger in dem Gratzer Professor *Schneller*[3]) (21. II. 1823).

Von allen im Jahr 1818 wirkenden Lehrern dieser Fakultät war also nur noch der Professor der Geschichte, *Deuber*, 1830 in seiner Tätigkeit.

Neue Lehrkanzeln wurden — abgesehen von der oben erwähnten Loslösung des Lehrfaches der *Botanik* von der medizinischen Fakultät — errichtet: 1821 eine *für (klassische) Philologie*, aus der bis jetzt Hug und Deuber vorgetragen hatten. Berufen wurde auf diesen Lehrstuhl *C. Zell*[4]) von Rastatt (17. V. 1821). 1829 wurde ein *Lehrstuhl für orientalische Sprachen errichtet* und dem bisherigen außerordentlichen Professor *Wetzer*[5]) übertragen (24. Dez. 1829).

Außerdem lehrten in dieser Fakultät auch in dieser Periode 1 außerordentlicher Professor *Französisch* und 2 Lektoren *Italienisch und Englisch*

Der *Stand des Lehrerkollegiums* ist nach all diesen Veränderungen *am Anfang des Jahres 1830* folgender:

	Theol.	Jur.	Med	Phil.	
Ordentl. Prof.	5	5	6[6])	7	23
Außerordentl. Profes.	—	1	—	1	2
Privatdozenten, Lektoren und Gehülfen	1	2	4	6	13
	6	8	10	14	38

[1]) Vgl. Bad. Biogr. II, 130. — Auch eine Schrift Schreibers „Dem Andenken an C. J. Perleb" (Freiburg 1846) gibt einen Lebensabriss.   [2]) Vgl. Bad. Biogr. II, 295.   [3]) Vgl ebenda II, 277, und Allg. D. Biogr.   [4]) Vgl. Bad. Biogr. II, S. 584.   [5]) Ebenda II, S. 485.   [6]) Der Lehrstuhl Schmiderers noch unbesetzt.

Im Ganzen also 7 Lehrkräfte mehr als bei Beginn der Regirung des Großherzogs Ludwig.[1]

Endlich sei noch erwähnt, dass gelegentlich der Ernennung Schreibers zum zweiten Bibliothekar am 5. Juli 1821 beschlossen wurde, dass in jedem Fall die Stelle eines *Bibliothekars* bei der Universität — er möge der einzige sein oder über andere gesetzt, erster oder Oberbibliothekar heißen — *für immer mit dem Amte eines ordentlichen Professors vereinigt bleiben* solle.

Auch in diesem Zeitabschnitt fehlte es bei großer Anzahl von Lehrkräften leider nicht an *Zwistigkeiten* bald größerer bald geringerer Tragweite, von denen einige zu erzählen aus verschiedentlichen Gründen der Mühe wert sein dürfte.

Zunächst führten die *Wahlen zu den neuen* schon so lang ersehnten und überall mit Jubel und Begeisterung begrüßten *Kammern* für die Universität zu Unannehmlichkeiten und Streitigkeiten verschiedener Art.

Gleich bei der Aufstellung der Wahlmännerlisten zur Wahl für die II. Kammer hatte die städtische Wahlkommission nach der Ansicht des Konsistoriums die Ungesetzlichkeit begangen (gegen § 43 der Wahlordnung), die ordentlichen Professoren der Hohen Schule auszuschließen, und sie inbezug auf diese (städtische) Wahl den Grundherren gleichgestellt. Und doch hätten sie eine *doppelte* Stellung im Staat: „1) als Mitglieder einer Corporation, die im Besitz eines Grundeigenthums und sonst in mancherlei Hinsicht für sich Rechte und Pflichten inbezug auf den Staat hat, 2) als Staatsbürger, wo jeder einzelne im Genuss bürgerliche Rechte ist . . . . . ." In diesem Sinne also wurde am 23. Januar 1819 Beschwerde erhoben. Und am 28. Januar ließ daraufhin der Wahlkommissär, Minister und Hofrichter Freiherr v. Andlaw, der Wahlkommission und dem Konsistorium bekannt machen, dass die ordentlichen Professoren stimm- und wahlfähig seien. Doch wurde noch im nächsten Jahre (7. V. 1821) seitens der Universität geklagt,

---

[1] Hier sei bemerkt, dass eine „Chronik der Universität Freiburg", d. h. Aufzählung der Lehrer, Promotionen, der literarischen Tätigkeit der Mitglieder, Ankündigung der Vorlesungen usw., eine Zeit lang jeweils in dem „Intelligenzblatt zur Jenaischen Literaturzeitung" zusammen mit den Chroniken der meisten deutschen Hochschulen erschien.

dass viele Inwohner der irrigen Meinung seien, die ordentlichen Professoren der Hohen Schule seien bei der jetzt vor sich gehenden Wahl der Wahlmänner der Stadt Freiburg nicht wählbar. Der Kommissär — jetzt Staatsrat v. Türkheim — wurde deshalb um Einleitung gebeten, „dass die hiesigen Inwohner vorläufig durch eine geeignete Bekanntmachung im Lokalblatt, dann aber auch noch bei den Zunftversammlungen über ihren Irrthum belehrt werden, und bevor das erstere geschehen, die Fortsetzung der Wahlen verschoben bleibe." Türkheim erwiderte unterm 10. d. M., dass die Zustellung der Wahlzettel an die Professoren und mehrere auf dieselben gefallenen Stimmen als Wahlmänner die Bekanntschaft mit der Entscheidung vom 28. Januar 1819 beweise, dass aber die gewünschte öffentliche Belehrung und noch mehr die Unterbrechung des Geschäftes „um so weniger statthaben könne, als das diesfällige Ansuchen erst *nach* dem Beginn der Wahlen im letzten Stadtviertel eingereicht worden sei . . . ."

Am 26. Januar 1819 war v. *Rotteck* als erster *Abgeordneter der Universität in die I. Kammer* gewählt worden; und im nächsten Monat (19. II.) wurde *Duttlinger* zum Vertreter des Wahldistrikts der Bezirksämter Waldshut, Thiengen und St. Blasien in der II. Kammer gewählt. So eröffneten diese beiden Männer die Reihe derjenigen Glieder der Hohen Schule, die bei den Beratungen der Stände über das Wol des Landes und der Universität einen so hervorragenden Anteil genommen haben. Bereitwillig hatte ihnen das Ministerium den Urlaub von ihrer Tätigkeit an der Universität während ihrer Anwesenheit in Karlsruhe gegeben, ohne auch nur zu verlangen, dass — wozu sie sich freiwillig erboten — sie ihre Versäumnis nach der Rückkehr durch Verdoppelung der Vorlesungen nachholten.

Aber schon im nächsten Jahre war das Ministerium inbezug auf die *Erteilung dieses Urlaubs* auf einmal anderer Ansicht.[1]) Jetzt hieß es (Ministerialreskript vom 29. Mai 1820),

---

[1]) Duttlinger klagte selbst im Konsistorium am 8. Juni über diesen Mangel an Folgerichtigkeit: es sei zwar eadem ratio vorhanden, aber nicht eadem ministerio dispositio. Er führte dann in längerer Rede u. a. folgendes aus: wolle man annehmen, dass das Ministerium das durch Verfassungsurkunde den Staatsdienern gegebene unbedingte Recht ihrer Wählbarkeit durch die Erklärung:

Duttlinger sei, weil ihm neben den theoretischen Vorlesungen die praktischen *allein* obliegen, seiner Fakultät gänzlich unentbehrlich und nicht imstande, ohne Nachteil für die Universität und für den in diesem Semester errichteten Lehrkurs bei der Ständeversammlung zu erscheinen. Darauf sich stützend verweigerte man ihm den Urlaub. Auch Rotteck — hieß es — könne nur insofern und unter der Voraussetzung nach Karlsruhe kommen, dass die landständischen Versammlungen bei Zeiten beginnen und nicht zu lange andauern würden, damit er nachher noch Zeit haben werde, das Versäumte bei Verdoppelung der Lehrstunden vollkommen nachzuholen. — Erst durch eine höchste Entschließung des Großherzogs selbst wurde Duttlinger — auch unter der Bedingung späterer Verdoppelung der Vorlesungen — Urlaub erteilt.

Unterdessen war *Rotteck nach Karlsruhe abgereist, ohne* dem Prorektor oder dem Konsistorium mündlich oder schriftlich *gehörige Anzeige gemacht zu haben*. Bei einer Beratung über dieses „unanständige Benehmen" beschloss das Konsistorium, an das Ministerium eine Anzeige zu machen (6. VII). Rotteck ließ gegen dieses Vorgehen einen 6 Seiten langen Protest zu Protokoll nehmen (als Beilage den Protokollen des Plenums angeheftet), in dem er sich auch gegen verschiedene beleidigenden Aeußerungen verwahrte, die gegen ihn in jener Sitzung gefallen, vom Syndikus aber aus eigenem Anstandsgefühl im Protokoll ausgelassen worden seien. So z. B. habe ein Kollege geäußert — ohne eine Zurechtweisung vom Vorsitzenden zu erfahren, — das Konsistorium habe das Recht, ihn (Rotteck) steckbrieflich zu verfolgen, doch wolle er (der

„Staatsdiener sind wählbar, aber wir können ihnen den Urlaub, um beim Landtag zu erscheinen, versagen," beschränken könne, so folge daraus 1) die Möglichkeit, dass von allen 63 Abgeordneten kein einziger auf dem Landtag erscheinen könnte, wenn nämlich nur Beamte gewählt und diesen kein Urlaub erteilt werden würde, 2) sei die Pflicht, an der Gesetzgebung für 1 Million Menschen teilzunehmen, wichtiger, als 10—12 Studenten Vorlesungen zu geben. — Duttlinger redete sich dann so in die Aufregung hinein, dass der Prorektor ihn mahnen musste, zur Sache zu sprechen und dem Konsistorium keine Vorlesung zu halten usw. — Die Rede Duttlingers hatte übrigens noch ein Nachspiel in Angriffen v. Rottecks und v. Hornthals auf ihn und umgekehrt.

Herr Kollege) nicht eben darauf antragen. — Auf die weiteren Ausführungen der Verteidigung Rottecks und die teils nicht minder heftigen Entgegnungen weiter einzugehen, dürfte hier kaum der Platz sein. Es genüge zu erwähnen, dass damals leider solche Streitigkeiten nur allzu oft und allzu lang das Konsistorium in seinen Sitzungen beschäftigen.

Auch an den so unerquicklichen *Rangstreitigkeiten*, von denen schon im ersten Teile meiner Darstellung zu sprechen war (Abschn. VIII), fehlte es nicht. Freilich hätte man glauben sollen, dass solche durch die — auf eine Anfrage wegen des Rangverhältnisses von Duttlinger und Welcker — am 3. Febr. 1823 erfolgte Entscheidung des Ministeriums unmöglich gemacht, wenigstens vermindert worden wären. Diese Entscheidung ging dahin, „dass die Präcedenz nicht nach dem Dienstalter als Professor überhaupt, sondern auf jeder Universität nach der Zeit der Anstellung bei derselben zu bestimmen sei und folglich Hr. Hofr. Duttlinger solche auf der hiesigen Universität vor Hrn. Prof. Welcker anzusprechen habe." Aber das Ministerium stieß freilich diese Entscheidung in der Tat selbst wieder um, dadurch, dass es am 15. Mai desselben Jahres Welcker den Vorrang vor Duttlinger zuerkannte.

Eine ganz eigenartige Stellung nimmt ein anderer, lange und mit größter Heftigkeit geführter *Streit* ein: der *zwischen Rotteck und Welcker*. Letzterer wurde von Rotteck beschuldigt, für das Winterhalbjahr 1825/26 Vorlesungen aus seinem (Rottecks) Gebiet angekündigt zu haben, um seine Kollegien zu stören oder deren Besuch zu schädigen. Welcker habe ferner ihn an der Ehre angegriffen, ihn in einer Sitzung des Konsistoriums einen „Unwissenden und Untüchtigen,[1]) und der gar nie in die Fakultät hätte sollen berufen werden" geschimpft, um die Gunst der Studenten gebuhlt usw. Schließlich gab Rotteck durch Schreiben vom 26. Juni 1825 die Erklärung ab, dass er sich nie mit Welcker in einen Wettbewerb einlassen und eher um seine Zuruhesetzung bitten werde, als neben demselben das gleiche Fach vorzutragen. Auch werde er sich

---

[1]) Welckers hatte in der Sitzung gesagt, dass Rotteck das Naturrecht in 14 Stunden, also viel zu weitläufig, lese, er (W.) wolle es in 5 Stunden tun, auch sei der ganze Unterrichtsplan Rottecks unzweckmäßig und störend u. a. m.

weder besser noch schlechter dünken, ob die Mehrzahl zu ihm
oder zu Welcker gehen werde, es werde „kein Vernünftiger
im Publikum den Ausspruch über Werth und Unwerth eines
Mannes, von welchem öffentliche Proben vorliegen, *in die
Hand von 6 oder 8 listig bearbeiteten Chor-*(sic!)*Burschen
legen.*" Letzteres bezieht sich auf den Vorwurf, den er Welcker
machte, derselbe benütze die Gunst der Landsmannschaften
und andere Umtriebe, um ihm (R.) die akademische Jugend
zu entfremden. — Welcker gab nun zunächst mündlich dem
Syndikus gegenüber unter dem Ausdruck des Bedauerns zu,
dass er in starker Aufregung „Unangenehmes" ausgesprochen
habe, dagegen könne er seine Erklärung, dass er über Wissenschaften seiner Fakultät Vorlesungen ankündigen werde, so
oft er sie nach Umständen nötig und pflichtgemäß halte, nicht
zurücknehmen. Uebrigens vergebe er seinem Kollegen Rotteck
die unterdessen schriftlich — also nicht etwa in der Aufregung
— gegen ihn geschleuderten Schmähungen. Eine schriftliche
Verteidigung reichte er beim Konsistorium erst am 3. August
ein; er bat, die Sache höheren Ortes verhandeln zu lassen,
und zu diesem Zweck die Akten[1]) nach Karlsruhe zu schicken.
Daß das Konsistorium im Interesse des Rufes der Universität
selbst dies auf jede Weise abzuwenden suchte, ist natürlich.
Aber alle Versöhnungsversuche blieben vergeblich. Ja als die
Fakultät sich auf die Seite Welckers zu neigen schien und
namentlich Amann schroff gegen Rotteck Partei nahm, da
begannen auch diese beiden, Streitschriften gegen einander
zu schleudern. Das Konsistorium übergab deshalb schließlich
am 31. Okt. d. J. die Akten der Kuratel, mit der Bitte, dass
dieselbe ihrerseits Versuche machen solle, die erbitterten
Gemüter zu versöhnen. Der Kurator aber gab gleich von
vornherein seinerseits jede Hoffnung auf gütige Beilegung des
Streites auf und schrieb am 2. Dez. zurück, dass wenn einer
der beiden Gegner die Sache höheren Orts verhandelt wissen
wolle, er es unmittelbar tun solle. Und wirklich reichte Welcker
trotz aller abermaligen Bitten des Konsistoriums am 17. Januar 1826 ein Schreiben und am 1. März eine größere Schrift
an das Ministerium ein. Aber schon am 3. März ließ das Mi-

---

[1]) Nicht weniger als 39 Aktenstücke sind in dieser Streitsache
den Protokollen beigegeben worden.

nisterium bei der Zurücksendung des zur Genehmigung eingesandten Vorlesungsverzeichnisses den Wunsch ausdrücken, „es möchte Hr. Hofr. v. Rotteck und Hr. Prof. Welcker, und zwar *ein jeder, sich auf das Fach beschränken, in welchem derselbe bisher Vorlesungen gehalten habe.*"

Unterdessen waren — noch in dem gleichen Jahre 1825 — dieselben beiden Herren noch wegen anderen Angelegenheiten miteinander in Streit geraten. Erstens beschuldigte Rotteck seinen Kollegen, dass dieser seine Vorlesungen allzulange über den Glockenschlag ausdehne und so hindere, dass die Studirenden noch rechtzeitig in die folgende Stunde kommen; und zweitens hatte anderseits Welcker wiederum jenen beleidigt durch eine Aeußerung, die sich auf eine angebliche Hintertreibung der Berufung Cortums durch Rotteck bezog. — Um so enger sehen wir zu unserem Erstaunen später beide infolge ihrer gemeinsamen politischen Ansichten und als Führer der Opposition bei der Ständekammer mit einander verbunden; gaben sie doch miteinander die Zeitschrift „der Freisinnige"[1]) und später (1834 ff.) das „Staatslexikon" heraus. Wie sie später auch ein gemeinschaftliches Schicksal traf, wird unten erwähnt werden.

Daß die Kunde von solchen Zwistigkeiten leider nur allzusehr schon ins Publikum gedrungen und von Feinden der Universität begierig aufgegriffen worden war, zeigt folgendes. Am 17. März 1823 sah sich Prof. *v. Hornthal* zu einer Beschwerde genötigt über ein Gerücht, welches nicht nur in Freiburg, sondern auch schon in Karlsruhe umging, dass nämlich er (v. Hornthal) sich alle Mühe gegeben habe, die Stimmen für das Prorektorat von Rotteck — der kurz zuvor gewählt worden — ab- und Duttlinger zuzuwenden; er habe zu diesem Zweck eine *förmliche Verschwörung* angezettelt und *nächtliche Versammlungen* gehalten. Auch habe er wirklich auf diese Weise schon mehrere Stimmen — die auch genannt wurden — gewonnen gehabt, aber der ganze Plan sei schließlich an der Abtrünnigkeit einiger Mitverschworenen gescheitert. Hornthal erklärte sich dieses Märchen daher, dass in der schlimmsten Zeit seiner erst kürzlich überstandenen Krankheit Kollegen, Freunde und Studirende bei ihm abwechselnd Nacht-

---

[1]) 1832 unterdrückt.

wache gehalten und also freilich nachts zu ihm gekommen
seien. Der Zweck aber — so sagte er sich alsbald — dieser
„niederträchtigen, hinterlistig gesponnenen Lüge" sei nur der,
Kollegen und ehrenwerte Männer zu entzweien.

Doch lassen wir diese unerquicklichen Dinge und wenden
wir uns zu einem weiteren Kapitel aus der Geschichte des
Lehrerkollegiums, zu der Frage der *Besoldungen*.

Dass man bei dem bekannten Stand der Finanzen mit
Besoldungserhöhungen sehr kargte, ist selbstverständlich und
auch oben bereits erwähnt worden. Ebendaselbst wurde
bemerkt, wie auch der 1820 bewilligte staatliche Zuschuss
im allgemeinen *nicht* zu Besoldungszulagen, also nicht zur
Besserstellung der einzelnen Lehrer verwendet werden durfte.
Und ebenso wie den einzelnen gegenüber, so verhielt man
sich bei allgemeineren Anforderungen. So wurde z. B. die
theologische Fakultät mit einer Bitte vom 12. Nov. 1821 um
allgemeine Bewilligung der zweiten Hälfte der Naturalkompetenz vom Ministerium am 27. Dez. abgewiesen; und es war
nach dem oben Gesagten erfahrungsgemäß ein schlechter
Trost, wenn jedem einzelnen Mitglied der Fakultät, „welches
Gründe zu seiner Besserstellung zu haben glaube", überlassen
wurde, „solche nach seinen individuellen Verhältnissen anzubringen."

Etwas anderes war es, wenn eine bewährte Kraft durch
Berufung von auswärts verloren zu gehen drohte. So ließ
sich z. B. am 13. Okt. 1820 das Ministerium dazu bewegen,
für Duttlinger, der einen Ruf als Oberappellationsrat für die
vier freien Städte mit dem Sitz in Frankfurt und einem vorläufigen Gehalt von 4400 fl. erhalten hatte und anzunehmen
geneigt schien, eine Besoldungserhöhung bis 1800 fl. in Geld
— aber ohne alle Naturalien — eintreten zu lassen.

Wie erst 1821 ein ordentlicher Professor für Philologie ausschließlich ernannt wurde, ist oben (Abschn. V, d) erwähnt worden.
Bisher hatte man einzelne philologische Vorlesungen von anderen abhalten lassen — offenbar namentlich deshalb, weil
man sich scheute, mehr auszugeben, bevor ein Staatszuschuss
die Mittel dazu verschaffte. Noch am 24. Aug. 1819 hatte der
bisherige Gymnasialpräfekt H. Schreiber zugleich mit seiner
Anstellung als zweiter Kustos bei der Bibliothek den Auftrag
erhalten, abwechselnd philologische und ästhetische Vorlesungen zu halten — bei einem Gehalt von jährlich 600 fl.

Am 5. Nov. d. J. ließ jedoch auf eine Vorstellung Schreibers das Konsistorium dem Ministerium bemerken, dass Schreiber vorläufig unmöglich Muße haben werde zu Vorlesungen. Uebrigens, fügte man hinzu, müsse man doch auch verlangen, dass derselbe sich erst nach der bestehenden Norm habilitire,[1] „indem daraus, dass Jemand Gymnasialschülern einen guten philologischen Unterricht ertheilt hat, noch nicht folge, dass er auch gute kritisch-philologische Lehrvorträge für Akademiker halten werde." Das Ministerium schloss sich unterm 12. d. M. dieser Ansicht, dass beides etwas sehr Verschiedenes sei, an.

Eine von der Universität angestrebte Aenderung inbezug auf Besoldung erhielt am 24. Mai 1821 die ministerielle Bestätigung, dass nämlich die *Besoldungsfrüchte* bei der Hohen Schule *nicht mehr in natura* abgegeben, sondern nach dem mittleren Marktpreis vom letzten Wochenmarkt in jedem Vierteljahr in Geld bezahlt werden. Auf eine weitere Anfrage, ob man es mit der *Wein*besoldung auch so halten wolle, erklärte das Konsistorium in seinem Bericht „die fortdauernde Abgabe der Weinbesoldung in natura als in ökonomischer und rechtlicher Hinsicht nothwendig."[2]

VI. Institute.[3]

Beginnen wir auch diesmal mit der *Bibliothek*. Wie seiner Zeit erwähnt wurde, waren durch höchste Verordnung vom 14. Nov. 1806 die Bibliotheken der eingehenden Klöster in den oberen Landestheilen der Albertina eingeräumt worden. Nun *starb* im Frühjahr 1819 *der letzte Konventuale der Kapuziner in Konstanz*, wodurch auch dieses Kloster einging. Gestützt auf die erwähnte Verordnung richtete am 19. Mai die Universität die Bitte nach Karlsruhe, ihr zu gestatten, dass sie die Bücher jenes Klosters durch einen Kommissär abholen lasse. Man wünschte diese Bücher um so weniger sich entgehen zu lassen, als nach einer Meldung Hugs im Konsistorium (20. Okt.) die Kapuziner in Konstanz im Besitz der *Complutenser Polyglotte* gewesen seien, und schrieb auch alsbald an den augenblicklich in Konstanz weilenden Prof. v. Ittner, derselbe möge sich nach diesem Werk erkundigen

---

[1] Geschehen im Jahre 1821. Vgl. Bad. Biogr. II, S. 281.

[2] Sie blieb denn auch bestehen, bis vor nicht allzulanger Zeit mit den andern auch die meisten Universitätsreben um die Stad herum zu Bauplätzen verkauft wurden.

[3] Vgl. im allgemeinen Pfister S. 187 ff.

und es der Universität zu erhalten suchen. — Da kam von Karlsruhe am 2. Nov. die überraschende Nachricht, es seien Verhältnisse eingetreten, nach welchen auf den diesseitigen Bericht (um Ueberlassung der genannten Bibliothek) noch keine Entscheidung gegeben werden könne. Und auf abermalige Eingabe hin schrieb das Ministerium am 4. April 1820 zurück, dass „die früher obgewalteten Hindernisse noch fortbestehen; jedoch ergehe jetzt die nöthige Erinnerung an die betreffenden Stellen." So wurde man hingehalten, um schliesslich erst recht in der Hoffnung getäuscht zu werden. Am 10. Februar 1821 eröffnete nämlich das Ministerium, dass die Kapuzinerbibliothek vom Großherzog „an die Kathol. Kirchensektion mit den noch vorhandenen Mendikantenklöstern zu kirchlichen Zwecken überlassen, und bereits anderweit darüber disponirt worden sei". Wie zum Ersatz für das mit der genannten Bibliothek entgangene Bibelwerk erhielt die Universität im Januar 1822 von Professor *Leander van Ess* in Marburg 16 *wertvolle Bibeln*, meist in allerhand fremden Sprachen. — 1825 erhielt sie einen beträchtlichen Teil der *Bücherschätze des † Hofr. Ruef.*

Solche Geschenke waren um so geschätzter, als die *Bibliothekskasse* sich allerhand Beschränkungen aufzulegen genötigt war. So wurde — da die Bibliothekskommission einen großen Passivstand festzustellen hatte — z. B. am 22. Februar 1827 beschlossen, den vier Fakultäten Nachricht zu geben. „dass zur Anschaffung neuer Bücher von der nächsten Ostermesse[1]) durchgreifend *nur die Hälfte der als Regel festgesetzten Summe disponibel* sei."

So musste man denn sich auf alle erdenkliche Weise aufhelfen. Z. B. versteigerte man im Laufe der zwanziger Jahre eine ganze Anzahl von Dubletten,[2]) um von dem erlösten Geld neue Bücher anschaffen zu können. Auch ersteigerte man billig *aus dem Nachlasse verschiedener Professoren* ansehnliche *Bücherschätze*, so 1831 aus den Hinterlassenschaften der Hofräte Menzinger (im Betrage von 171 fl. 19 kr.) und Schmiderer (um 27 Louisd'or), aus der eines gewissen Professor Nessler in Straßburg (um 912 frcs.) u. s. f. Auch aus dem

---

[1]) Alljährlich wurden jeweils zur Oster- und zur Michaelismesse von den 4 Fakultäten der Bibliothekskommission Vorschläge gemacht und für eine bestimmte Summe Geldes Bücher angeschafft.

[2]) vgl. H. Schreiber „Chronik d. Univ. vom Schuljahr 1821 bis dahin 1829." Herbstprogramm 1830. S. 7 und 8.

Nachlass Eckers beschloss man am 12. April 1833 medizinische Bücher bis zu 2000 fl. (höchstens) zu ersteigern. Dieser Beschluss hatte übrigens folgende Vorgeschichte. Beim Tode Eckers (1829) fand sich ein Testament vor aus dem Jahre 1811, aus einer Zeit, wo er keine Kinder gehabt hatte. In diesem Testament war der größte Teil der Bibliothek und auf Ableben der Witwe auch das Haus — dieses zur Gründung einer Gebäranstalt — der Universität vermacht. Nun hatte aber unterdessen Ecker noch zwei Söhne erhalten. Bei dieser gänzlich veränderten Sachlage beschloss das Konsistorium am 11. Sept. 1829, wenn von der Verlassenschaftsbehörde der Universität das Testament mitgeteilt werde, sei solches brevi manu an die Juristenfakultät zum Gutachten darüber mitzuteilen, ob nicht Grund vorhanden sei, das Testament *nicht* als den letzten Willen des Erblassers anzusehen und bei der Regirung auf Nichtgenehmigung beider Legate anzutragen. Dies geschah denn auch am 23. Okt. d. J., und dann forderte man auch das Stadtamt auf, einen ähnlichen Beschluss zu fassen.

Zu allem Unglück in den Finanzen der Bibliothekskasse kam gleich im Anfang des Jahres 1827 auch noch die Entdeckung von *Dienstunordnungen* bei dem Bibliothekskustos Weick. Dies hatte zur Folge eine Verfügung des Ministeriums vom 23. Febr. 1827, dahin gehend, dass *die Bibliotheksverrechnung künftig durch den Wirtschaftsadministrator* zu führen sei.

Was das *Bibliotheksgebäude* betrifft, so war zunächst im Jahre 1821, nachdem die Genehmigung des Ministeriums im Nov. 1820 eingetroffen war, der untere Stock des Gebäudes — bisher zur Aufstellung von Gypsabgüssen benutzt — nach den von Kreisbaumeister Arnold gefertigten Ueberschlägen „zweckmässig" hergestellt und zum Aufstellen von Büchern eingerichtet. — Eine zweite Erweiterung der Räumlichkeiten erfolgte durch den schon mehrere Jahre vorher betriebenen, aber erst 1832 endgiltig besiegelten Ankauf des anstoßenden Seybschen Hauses.[1]

Dass auch die *übrigen Institute* der Universität erweitert und bereichert wurden, ist schon oben (Abschn. III.) erwähnt worden. Sollte doch der erhaltene ständige Staatszuschuss namentlich dafür verwendet werden.[2] Als daher gerade in

[1] Vgl. Pfister a. a. O. S. 180.
[2] Und ebenso wurden auch die im Jahre 1828 erhaltenen 3000 fl. mit Ausnahme von 500 fl., die in gleichen Teilen der theol

jener Zeit (1820) Prof. v. Ittner in einem Bericht über den Zustand des chemischen Laboratoriums die Notwendigkeit von Bauveränderungen darlegte und überhaupt einen größeren jährlichen Zuschuss als bisher beantragte, da erging an die Universität in ihrer Gesamtheit die Aufforderung: „Da, wie für das chemische Laboratorium, so auch für alle anderen Apparate, als nämlich: botanischen Garten, Naturalienkabinet, physikalisches Armarium, anatomische und chirurgische Instrumente — die jährlich *zu verwendenden Summen*, wenn den Ansprüchen der Zeit Genüge geleistet werden solle, *notwendig erhöht werden müssen*," dahingehende förmliche *Anträge* und *Vorschläge* zu machen.

Dieser Aufforderung wurde natürlich gerne Folge geleistet, und so erhielten in den zwanziger Jahren die meisten Institute, Sammlungen u. s. w. bald größere, bald geringere Bereicherungen. So wurde z. B. für den *Neubau der Anatomie*[1]) 1822 sechstausend Gulden ausgegeben. Die Zahl der pathologisch-anatomischen Apparate[2]) stieg in den Jahren 1821 bis 1829 von 140 auf 650 u. s. w. Namentlich aber sind es zwei Anstalten, denen man besondere Beachtung schenkte, und worüber genauere Nachrichten vorliegen: der *botanische Garten* und die *klinischen Anstalten*. Ueber die vielfachen Verbesserungen und Erweiterungen des botanischen Gartens, namentlich in den Jahren 1827 und 1828, schrieb Perleb eine Schrift „de horto botanico Friburgensi" (Progr. der Univ. zu Großherzogs Geburtstag 9. Februar 1829) mit dem Grundriss des Gartens in Steindruck und einem tabellarischen Verzeichnis der Pflanzen). Zuletzt handelte — neben allgemeinen Verbesserungen — es sich hauptsächlich um eine Erweiterung des Gewächshauses

---

und der jurist. Fakultät zur Anschaffung von Büchern zugewiesen wurden, für die verschiedenen Institute (der medizin. und philosoph. Fakultät) verwendet: für die Poliklinik 300, für das physiolog. Kabinet 210, für die geburtshülfliche Anstalt 210, für die Anatomie 210, für das chemische Laboratorium 1000, für die Chemie 250 und für das zoologische Institut 320 fl.

[1]) Ueber die Veränderungen daselbst vgl. Pfister S. 191.

[2]) Dazu kam damals die Privatsammlung Schultzes: 2000 größtenteils vergleichend-anatomische Präparate; derselbe hatte auch 1821 eine physiologische Experimentiranstalt errichtet (vgl. Schreiber in der angeführten Chronik S. 8).

und die dreifache Einteilung desselben in Caldarium, Tepidarium und Frigidarium, und Einrichtung eines Wohnhauses für den Gärtner. Da jedoch alles dies zusammen einen Bauaufwand von wenigstens 3500 fl. erforderte, so stellte man den Antrag darauf nur in der Voraussetzung, dass „der Zuschuss von 1000 fl. für den botanischen Garten aus den Studienstiftungen mehrere Jahre nach einander bezahlt werde." Wie sich darüber die Verhandlungen in die Länge zogen, wird im nächsten Teile zu berichten sein.[1])

Die wichtigste segensreichste Erwerbung wohl aus jener Zeit ist der in den Jahren *1827 bis 1829* ausgeführte *Bau des neuen Hospitals*,[2]) das zugleich Krankenhaus und Lehranstalt wurde. Der Plan war von dem Kreisbaumeister Arnold unter Mitwirkung der beiden Vorsteher der Klinik, Geh. Hofr. Ecker und Hofr. Baumgärtner, entworfen. Das Hauptgebäude enthielt in 16 Krankensälen und mehreren Zimmern 130 Betten, drei große Säle dienten dem Unterricht und den Operationen. In zwei einzelstehenden Nebengebäuden wurden ansteckende Krankheiten behandelt und Sektionen vorgenommen. Ein weiteres geburtshilfliches Klinikum wurde in den Plan des Hospitals aufgenommen. Dieses neue Hospital, in dem 1832 schon 872 Kranke behandelt werden konnten, wurde von berühmten und vielgereisten Ärzten damals für eines der schönsten in ganz Europa erklärt. — Im Jahre 1828 wurde von *Baumgärtner*[3]) auch ein *Polikinikum* gegründet. 1829 im Nov. die *chirurgische und ophthalmologische Klinik*,[4]) deren erster Direktor

---

[1]) Vgl. übrigens auch Pfister S. 184.

[2]) Das bisherige war in dem v. Nevenschen Haus in der Nussmannsstraße.

[3]) Derselbe erhielt als ehrende Anerkennung für seine Verdienste um Universität und Stadt für sich und seine Familie im Juni 18 1 *das Ehrenbürgerrecht*. Man dachte dabei an seine Opfer und Anstrengungen bei der Gründung der genannten Anstalt und daran, wie er später, als die Cholera Deutschland bedrohte, von seiner Familie sich wegriss und jene Reise nach Paris unternahm, um zum Besten der Stadt und des Landes die noch nicht gekannte Seuche mit eigener Lebensgefahr an dem Herde derselben kennen zu lernen (1832).

[4]) Auch in dieser Anstalt wurden (nach dem „Bericht über die Einrichtung und die Ergebnisse der chirurgisch-ophthalmolog. Klinik . . . .", herausgeg. von Prof. Dr. Schwörer, Frbg. 1838) in

Hofrat Beck war, eröffnet. In den darauffolgenden Jahren nahm namentlich auch die *geburtshilfliche Klinik* unter Prof. *Schwörer* einen bedeutenden Aufschwung.[1])

Auch durch *Vermächtnisse und Schenkungen* wurden die verschiedenen Anstalten nicht unerheblich bereichert. Erwähnt werden nämlich folgende: Im Jahre 1822 vermachte der *Pfarrer Joh. Martin in Eichsel*[2]) der Universität sein sehr schönes *Naturalienkabinet*, das sich hauptsächlich durch die ornithologische und die Insektensammlung auszeichnete. — Am 2. Januar beschenkte der Staatsrat *Freiherr v. Baden* die Universität bezw. das Naturalienkabinet mit einer *Sammlung von Mineralienstufen*, die sich im Nachlass des Magistratsrates Weiss vorgefunden hatten. — Auch das *Naturalienkabinet* des † Hofrats *Menzinger* — namentlich Mineralien — erhielt die Universität von dessen Erben zum Andenken an den Verstorbenen überlassen. Derselbe hatte schon bei Lebzeiten, am 23. April 1827, die Hochschule mit seiner Sammlung *vegetabilischer Arzneiwaaren*, samt den Kästen, geschätzt zu 61 fl., beschenkt.

Im ganzen besaß die Universität am Ende dieses Zeitraums folgende Sammlungen: die *Naturaliensammlung, die physikalischen und astronomischen Instrumente, das anatomische Theater, das anatomisch-pathologische Museum, die chirurgischen und geburtshilflichen Apparate und Instrumente, das chemische Laboratorium, den medizinisch-botanischen Garten und die vergleichend- und anatomisch-pathologische Sammlung des Hofrat Schultze.*

Eine wichtige *Neugründung* fällt in das Ende der zwanziger Jahre, die des *philologischen Seminars*. Das Verdienst, sie ins Leben gerufen zu haben, gebührt vor allem dem damaligen (ersten ordentlichen) Vertreter der klassischen Philo-

---

den ersten 9 Jahren (1829—1838) außer einer Menge kleiner allein 550 bedeutende Operationen vollführt, wovon 482 mit dauernd glücklichem Erfolg gekrönt waren.

[1]) Wer näheres über alle diese medizinisch-klinischen Anstalten zu erfahren wünscht, den verweise ich auf die erwähnte Chronik von Schreiber S. 9 flg., sowie auf deren Fortsetzung (für die Jahre 1829—32), hauptsächlich S. 12, 14 und 17.

[2]) Eine biographische Skizze dieses begeisterten Naturfreundes und Sammlers gab Perleb 1822 heraus. Vgl. auch Perleb „Das Naturalienkabinet der Universität Freiburg", Programm zu Großherzogs Geburtstag 1838. S. 10.

logie an der hohen Schule, Prof. *Zell.* Die ersten, allgemeinen Vorschläge über die Einrichtung des Seminars wurden durch Ministerialverfügung vom 28. Mai 1828 genehmigt. Bald darauf, am 17. Juni, wurde Zell aufgefordert, weitere Vorschläge zu machen, namentlich „über die Art der Ausführung und die dazu erforderlichen Mittel mit Rücksichtnahme auf die Lage der Universitätskasse. Nachdem verschiedene Berichte — der Wirtschaftsdeputation vom 16. August und der Stiftungskommission vom 27. Nov. — eingeliefert waren, beschloss man am 13. Januar 1829, den (von Zell) entworfenen Plan zur Genehmigung einzureichen und zugleich beim Ministerium darauf anzutragen, dass aus den Studienstiftungen jährlich 200 fl. und aus der Universitätskasse 100 fl., sodann weitere 2—300 fl. entweder aus dem allgemeinen Studienfond, oder aus den besonderen Fonds der Großherzoglichen Gymnasien und Lyzeen „zur Effektuirung des Planes" beizulegen seien „da zumal letztere bei der Ausführung ihre eigenen wichtigsten Interessen befördert sehen würden". Die Verhandlungen wurden in demselben Jahre noch so weit geführt, dass am 28. Sept. Zell (als Oberbibliothekar mit 150 fl. und) zum Direktor des Seminars mit 50 fl. Gehalt auf den 1. Nov. d. J. ernannt wurde. Ihm lag es denn als solchem ob, einen vollständigen Entwurf der Statuten auszuarbeiten, den er am 4. Dez. d. J. dem Konsistorium vorlegen konnte. Dieses sandte dann den Entwurf an das Ministerium des Innern ein und stellte zugleich den Antrag, den Gymnasialprofessor *Baumstark* als *Gehilfen des Direktors* anzustellen, mit dem Wunsche, dass das philologische Seminar als „Annexum der philosophischen Fakultät" erklärt werden möchte. — Die Errichtung des philologischen Seminars nahm — auf Wunsch des Konsistoriums vom 8. Januar 1830 — auch Zell zum Gegenstand einer Programmschrift auf Großherzogs Geburtstag (9. II.) 1830[1]). Zugleich war am 8. Febr. 1830 die wesentliche Genehmigung der Statuten durch das Ministerium und wenigstens die provisorische Anstellung Baumstarks auf ein Jahr mit 150 fl. Gehalt erfolgt.

---

[1]) „Betrachtungen über die Wichtigkeit und die Bedeutung des Studiums der klassischen Literatur und Alterthumskunde für unsere Zeit, nebst Nachricht über das an hiesiger Universität neu gegründete philologische Seminar" von dem Direktor dieser Anstalt, C. Zell. Freiburg bei Groos 1830.

Die *feierliche öffentliche „Inauguration" des Seminars* fand am 28. Juni *1830* statt. Zell hielt die lateinische Eröffnungsrede; „De studio græcarum latinarumque literarum, quale per sæculum XV. et XVI. in Alberto-Ludoviciana viguit." Sie erschien auch im Druck als Programm zum Geburtstag des neuen Großherzogs (29. August).[1]

Im nächsten Jahre (17. II. 31.) wurden dann als *Stipendien* für das philolog. Seminar jährlich 200 fl. — für 5 Mitglieder je 40 fl. — bestimmt, und zwar „aus der Universitätskasse für Rechnung des Zuschusses der Studienstiftungen, doch ohne Abbruch an den für die Institute bestimmten 1000 fl.[2]) zu nehmen...." — Nach § 4 der Statuten waren diese Stipendien auf je 3 Jahre zu vergeben; aber schon am 30. März 1831 ließ man eine Bitte an das Ministerium ergehen, zu gestatten, dass sie nur als für *ein* Jahr gegebene Prämien anzusehen seien. Diese Bitte wurde am 18. April d. J. gewährt. — Die Zahl der Mitglieder endlich des Seminars betrug bei der Eröffnung 60 (ordentliche und außerordentliche).

In einem gewissen Zusammenhang mit der Universität stand auch das *polytechnische Institut* in Freiburg. Es stand zuerst unter der Leitung Wucherers,[3]) dann Hornthals; auch von den 14 Lehrern des Instituts waren 6 Universitätsprofessoren (Erhardt, Hornthal, Ittner, Rotteck, Wucherer und der außerordentliche Prof. Kessler). Vorerst war es nur Privatanstalt; die Teilnehmer waren aber schon 1822 entschlossen, es wieder eingehen zu lassen, wenn nicht durch einen angemessenen Geldzuschuss — wenigstens 3000 fl. — aus Staatsmitteln es in den Stand gesetzt würde, Vollkommenes zu leisten. Dadurch könnte dann für das Land in diesem Institute ein Anfang jener Höheren Bürger- und Gewerbeschulen gemacht werden, deren Baden so sehr bedürfe und die in größerer Ausdehnung zu errichten die jetzige Lage der Finanzen kaum erlauben dürfte.

---

[1]) Natalitia Augustissimi Principis Leopoldi Magni Badarum Ducis et Ducis Zaringiæ rite pieque celebranda consistorii academici nomine indicit Carolus Zell Prof. p. o. Additur oratio in seminarii philologici Friburgensis inauguratione habita.

[2]) Vgl. oben Abschnitt III.

[3]) Vgl. die Gedächtnisrede auf Wucherer, gehalten bei dessen akademischer Totenfeier am 9. Mai 1844, von H. Schreiber, herausgegeben bei Gebr. Groos, Freiburg 1844. S. 19 ff.

Ein darauf hinzielender Antrag wurde von den Kammern im Dez. 1822 angenommen in der Voraussetzung, „dass eine von Staatswegen anzuordnende Untersuchung der Schule die Ueberzeugung gewähre, ihre Beschaffenheit berechtige zu der Erwartung, sie zu einer *allgemeinen Staatsanstalt* erheben zu können." In diesem Sinn ordnete das Ministerium am 27. Dez. 1822 eine Untersuchung des Instituts an. Auf eine ergangene Aufforderung hin wurde von seiten der Universität als Mitglied der Untersuchungskommission Prof. Zell erwählt. Was die Untersuchung ergeben, wurde zunächst nicht bekannt. Die Anstalt selber unterhielt man durch Vorschüsse und aus Privatmitteln bis in die Mitte des Jahres 1823, in der sicheren Erwartung, dass die von den Kammern genehmigte Unterstützungssumme werde angewiesen werden. Um so mehr war man überrascht durch eine Ministerialentschließung, welche die Summe *abschlug*, „weil sie wegen Nichtvereinbarung mit den Ständen in das Budget nicht habe aufgenommen werden können." So sah man sich genötigt, das Institut mit Schluss des Sommerhalbjahres 1823, am 6. Sept., zu *schließen*, um es erst alsdann wieder zu eröffnen, „wenn wohlbegründete Hoffnung auf die aus der Staatskasse zu erlangende Dotation in Erfüllung gegangen seyn wird."

Die Sache kam wieder zur Sprache bei der Beratung des Budgets in der II. Kammer Anfangs Mai 1825, als von seiten der Regirung für das polytechnische Institut in Karlsruhe 4000 fl. gefordert — und auch genehmigt — wurden.

Damals brachten die Abgeordneten Schnetzler und Duttlinger die Bitte um 3000 fl. für ein ähnliches in Freiburg zu errichtendes Institut vor. Die Kammer trat auch fast einstimmig bei, aber die Sache kam auch jetzt nicht zur Ausführung.

Ich habe diese Angelegenheit hier namentlich deshalb ausführlicher berichtet, weil die Frage des polytechnischen Instituts später — bei den Plänen einer Aufhebung der Hohen Schule — uns wieder begegnen wird.

In das Jahr 1821 fällt die *Stiftung der Gesellschaft für Beförderung der Naturwissenschaften* (Naturforschende Gesellschaft) und in das Jahr 1826[1]) die der Gesellschaft zur *För-*

---

[1]) Die erste öffentliche Sitzung fand erst am 8. Februar 1827, als am Vorabend von Großherzogs Geburtstag, statt. Die Eröffnungsrede hielt Rotteck.

derung der *Geschichtskunde*. Beide Stiftungen gingen von der Universität aus, und bei beiden Vereinen waren die Mitglieder zunächst hauptsächlich und fast nur Professoren und Lehrer der Hohen Schule.

Zum Schluss dürfte hier der Platz sein, über die mit der Universität verbundene und ihr angebaute *Kirche*, die vormalige *Jesuitenkirche*, das Nötige zu sagen.

Von dem im ersten Teil unserer Arbeit erwähnten Plan, die Universitätsbibliothek in die Kirche zu verlegen, war man wieder abgekommen.[1]) Dagegen ließ das Großh. Kreisdirektorium vom 19. Juli 1822 anfragen, ob man die Kirche *ankaufen* oder *der evangelischen Gemeinde übergeben* wolle. Bei der Abstimmung im Konsistorium ergaben sich 5 Stimmen *gegen*, 4 *für* eine Veräußerung. Dagegen wurde schon am 6. Sept. d. J. in einer weiteren Sitzung die gleiche Frage, ob auf den Plan der Veräußerung eingegangen werden solle, mit 6 gegen 4 Stimmen bejaht, jedoch gleich auch beschlossen, dass von einem der zur Majorität gehörenden Herren die Gründe *für*, von einem der andern Partei die Gründe *gegen* eine Veräußerung zu Akten zu geben, einstweilen aber mit einer Aeußerung an das Kreisdirektorium abzuwarten sei. — Aber nochmals veränderte sich die Gruppierung der Parteien und wurde die Mehrzahl, die für den Verkauf gewesen, wieder zur Minderzahl. Mit Rücksicht darauf, und weil „das Projekt, die Kirche für den evangelischen Gottesdienst zu kaufen, nicht leicht zur Ausführung kommen werde, erklärte die Kuratel am 28. Sept. 1823[2]), dass es rätlich sei „nach Beendigung der Ferien die nachgetragenen Erklärungen durch vollständiges Cirkuliren ergänzen zu lassen oder eine nochmalige definitive Konsistorialberatung vorzunehmen." Man erklärte sich zu letzterem bereit. Am 24. April 1824 wurden auch dann die beiden Aufsätze (pro und contra) vorgelegt und — samt der neutralen Erklärung Buzengeigers — an die Kuratel zur Einsicht und „beliebigen" Einsendung an das Ministerium abgeschickt, mit dem Bemerken, dass jetzt mit Einschluss des abgegangenen

---

[1]) Das Nähere sehe man bei Pfister S. 178 nach.

[2]) Am 10. Februar dieses Jahres hatte unterdessen die Herdersche Kunst- und Buchhandlung in einer Eingabe um Einräumung der Universitätskirche gegen einen Mietzins angesucht, war aber am 12. d. M. von dem Konsistorium abgewiesen worden.

Prof. von Hornthal 10 Stimmen *für*, und mit Einschluss des verstorbenen Geistl. Rats Wacker 15 Stimmen *gegen* den Verkauf seien. Darauf eröffnete wiederum das Ministerium d. I. am 14. Mai, dass von einem Verkauf der Kollegienkirche so lange Umgang zu nehmen sei, bis dieselbe zu einem öffentlichen Gebrauch verwendet werden könne.

Jetzt ruhte die Sache wieder zwei Jahre lang.[1]) Erst am 26. Mai 1826 machte die *Gymnasialpräfektur und die Gymnasialfondsverwaltung* eine Eingabe wegen *Wiedereinrichtung der Universitätskirche* zum Gottesdienst der Gymnasiasten, welcher seit 1813 trotz der in Kapitel V des vorigen Hauptteils erwähnten Bedenken in der Ursulinenkirche stattfand und wozu die Universität jährlich 12 Pfund Wachs und 2 Pfund Weihrauch lieferte. Von Einwohnern der Stadt waren schon 1000 fl. dazu gezeichnet. Das Konsistorium erklärte in seinem Erwiderungsschreiben am 1. Juni, dass man dem höheren Zweck gern einige Opfer bringen wolle. Als ein solches Opfer sah man es offenbar an, dass man von der Erlaubnis und der Möglichkeit, die Kirche samt Paramenten um bedeutende Summen loszuschlagen, keinen Gebrauch gemacht hatte. Dagegen wurden die ersten Kosten zur Wiederherstellung damals — wie hier gleich bemerkt werden möge — von den *Bürgern* von Freiburg durch opferwilliges Beisteuern gedeckt.

Zugleich mit dem oben genannten Erwiderungsschreiben an den Gymnasialpräfekten stellte das Konsistorium auch einen Antrag an das Ministerium, beschließen zu wollen, dass die *Kirche wieder herzustellen sei*. Auch wurde „zur Leitung und Ausführung" eine Kommission ernannt, bestehend aus dem Prorektor L. Buchegger und je einem Vertreter der 3 andern Fakultäten, Duttlinger, Ecker und Schneller, wozu noch der Universitätsadministrator Schinzinger sowie ein Mitglied von seiten der Beisteuernden gezogen wurde.

Die erbetene *Erlaubnis zur Wiederherstellung* der Universitätskirche wurde am 21. Juni vom Ministerium *erteilt*,

―――――――
[1]) Nur dass am 12. Januar 1825 der Fecht- und Tanzmeister der Universität, Schönwald, der schon lange ein „passendes Lokal" zur Ausübung seiner Kunst suchte, auf den Einfall kam, *um Einräumung der Kirche* zu einem *Fechtboden* (!) zu bitten, was ihm natürlich abgeschlagen wurde.

„insofern solche (Wiederherstellung) aus den Subskriptionen bestritten werden kann." Da dies der Fall war, so ging man rasch an's Werk, und schon am 12. Okt. d. J. war die Wiederherstellung so weit vollendet, dass man hoffen konnte, sie mit Anfang des nächsten Semesters — nachdem sie 13 Jahre zu profanen Zwecken verwendet worden — dem Gottesdienst wieder widmen zu können. An demselben 12. Oktober ließ man in dieser Voraussicht der Bischöflichen Kurie in Konstanz vortragen: man glaube, dass unmittelbar vor dem ersten feierlichen Gottesdienst eine Reconciliatio in eventum stattfinden solle, und stelle deshalb im Fall der Uebereinstimmung den Antrag, dass der Dekan der theologischen Fakultät oder ein anderes Mitglied derselben den betr. Ritus vornehme.

Auf ein zustimmendes Schreiben von Konstanz hin konnte man den ersten feierlichen Gottesdienst Sonntag 5. Nov. Vormittags 10 Uhr halten, wobei Hug den Ritus besagter Reconciliatio, verbunden mit einer Rede — „Ueber Tempelbau im Sinne des alten und neuen Bundes" — und einem feierlichen Hochamt, hielt.[1]) — Auf Antrag des unterdessen in den Ruhestand getretenen früheren (1799—1813) Präfekten der Universitätskirche wurde vom Konsistorium am 7. Nov. 1826 ein anderer Präfekt in der Person Hugs gewählt und diesem die von Schnzinger zurückgegebene Instruktion überreicht „zur einsweiligen Darnachachtung und zum Vorschlag für deren etwaige Abänderung."

Ueber die Feier der Einweihung des ersten Erzbischofs in der Universitätskirche wird weiter unten zu sprechen sein.

Am 25. Februar 1828 forderte das Ministerium d. I. dazu auf, binnen 8 Tagen eine Erklärung darüber abzugeben, wie man sich zu dem — angeblich vom Großherzog selbst geäußerten — Wunsch stelle, die Universitätskirche gegen Ersatz aller zu ihrer Wiederherstellung aufgewendeten Kosten *der evangelischen Gemeinde zum Simultangottesdienst* einzuräumen. Das Konsistorium setzte alsbald (17. III.) zur Beratung dieser Angelegenheit eine Kommission (Hug, Werk, Rotteck, Beck, Schneller) ein und berichtete zugleich nach Karlsruhe, eine

---

[1]) Unter den Einzuladenden werden namentlich Frhr. v. Roggenbach, Kommandeur v. Reinach und Stadtrat Merian bezeichnet, als diejenigen, welche die größten Beiträge gesteuert hatten.

Aeußerung sei nicht so schnell möglich . . . ., übrigens bemerke man vorläufig, „dass die Voraussetzung, als sey die fragliche Kirche unmittelbares Staatsgut, mit den Universitätsakten, in welchen sie als ein Geschenk und demnach als Eigentum der Universität erscheint, nicht übereinstimmt." Der Bericht der Kommission vom 19. April d. J. wurde vom Konsistorium mit 6 gegen 5 Stimmen am 7. Mai angenommen. Wie es scheint, sprach er sich *gegen* die Einführung des Simultangottesdienstes aus.[1]) Näheres konnte ich leider nirgends ausfindig machen.

So blieb denn von 1827 an die Universitätskirche *für den Gottesdienst der Akademiker und der Gymnasiasten* verwendet.

VII. Die Studenten und ihre Vereinigungen.

Die *Frequenz der Universität* stellt sich für die einzelnen Semester folgendermaßen dar:

	In- länder	Aus- länder	Zu- sammen		In- länder	Aus- länder	Zu- sammen
W.S. 1818/19	268	69	337	W.S. 1824/25	472	135	607
S.S. 1819	264	65	329	S.S. 1825	473	140	613
1819/20	290	94	384	1825/26	456	152	608
1820	293	100	393	1826	432	158	590
1820/21	322	125	447	1826/27	496	134	630
1821	313	129	442	1827	473	122	595
1821/22	341	141	482	1827/28	520	108	628
1822	352	127	479	1828	493	107	600
1822/23	413	144	557	1828/29	534	125	659 !
1823	398	137	535	1829	515	112	627
1823/24	436	163	599[2]	1829/30	534	113	647
1824	424	150	574				

Aus dieser Zusammenstellung ist zu ersehen, wie die Zahl der Studenten erfreulicherweise fast ununterbrochen wieder

---

[1]) Schon im nächsten Jahre — 25. Aug. 1829 — wurde der Grundstein zur neuen (jetzigen) protestantischen Stadtkirche (Ludwigskirche) gelegt.

[2]) Mit dieser Zahl hatte die Frequenz den Stand von 1807 wieder erreicht.

stieg und wenigstens annähernd der an der Schwesterschule gleichkam.¹)

Die Zahlen der Angehörigen der verschiedenen Fakultäten aufzuzählen, hat keinen Wert und würde zu weit führen. — Die *erste Stelle* nahmen auch diesmal wieder die *Theologen* ein, deren Zahl fast durchweg zwischen 100 und 200 schwankt (niederste Zahl 87 i. S. 1819, höchste 212 i. W. 1829/30); an zweiter Stelle kamen anfangs die *Mediziner* (höchste Zahl 182 i. S. 1829, niederste 107 i. S. 1830), die aber gegen Ende des Jahrzehnts von den *Philosophen* (99 i. S. 1820, 191 i. W. 1825/26) öfters überholt wurden. An *letzter Stelle* stehen wieder *die Juristen*, (schwankend zwischen 24 i. S. 1819 und 130 i. S. 1826).

— In allen Fakultäten gab es neben sehr schwach besuchten Vorlesungen — und solchen, die gar nicht zu stande kamen — auch solche, die sich einer recht großen Zuhörerzahl erfreuten. So hatte nach den offiziellen Listen z. B. Wanker in seinem Religionskolleg in den Jahren 1819 flg. 149, 124, 192, 114, 202, 152 etc. Zuhörer,²) Ehrhardt in der Logik ebenfalls immer über 100; ähnlich Hug (Exegetische Vorlesungen) und der außerordentliche Professor Zimmermann in der Pädagogik. Sehr schwach besucht waren namentlich die juristischen Vorlesungen, selbst die obligatorischen, so die Institutionen oft nur von 5, 6, 9 Zuhörern.

---

¹) Heidelberg zählte im Beginn der zwanziger Jahre um 500, gegen Ende um 700 Studenten. Wie schon früher bemerkt, spielten daselbst die Ausländer eine grössere Rolle (1822 z. B. 384 Ausl. + 146 Inl.; 1826: 441 Ausl. + 244 Inl. u. s. w.)

²) In ähnlicher Weise war auch das Kolleg seines Nachfolgers Nick (s. oben unter Abschn. V a) stark besucht, und Schreiber hatte bis 300 Zuhörer. Deswegen und wegen Mangels an Hörsälen las derselbe seit dem Winterhalbjahr 1825/26 in der Aula. — Bei den *Klagen über Mangel an Hörsälen*, wie sie in jener Zeit öfters wiederkehren, scheint es uns vielleicht auffallend, dass — was hier zu erwähnen die passendste Gelegenheit sein dürfte — statt dass man neue Hörsäle herstellte, *ein Gesuch der Gebrüder Groos um Einräumung des Korridors zur Erstellung einer Buchdruckerei* am 10. Dez. 1828 genehmigt wurde „mit der Ausdehnung, dass den Petenten 12 Fensterkreuzstöcke einzuräumen seien, wovon sie drei zu keinem andern Zweck, als den die Universität genehmigen werde, zu verwenden hätten (in petto hat man dabei das Auflegen von Novitäten) . . . . ." Trotz Bedenklichkeiten, welche von der Verwaltung erhoben wurden, genehmigte die Kuratel am 18. d. M. den Antrag mit der Beschränkung auf 11 Kreuzstöcke

Wir gehen zur Darstellung der wichtigsten Ereignisse aus dem damaligen Studentenleben über. Das Wichtigste aus diesem Kapitel ist in jener Zeit bekanntlich das Aufkommen, Leben und Treiben der Burschenschaften und anderer Verbindungen, sowie die Maßregeln gegen dieselben. Zuvor mögen jedoch einige Einzelheiten und Vorkommnisse aus dem studentischen Leben überhaupt kurz Erwähnung finden.

Ein Erlass vom 18. Dez. 1819 verbot aufs strengste den Akademikern das *Tragen von Dolchen* und von Stöcken, „welche Dolche, Stilets oder Degen in sich fassen", und durch eine weitere Verordnung vom 4. Okt. 1821 wurde als Strafe für das Uebertreten dieses Gebotes die öffentliche Relegation angesetzt. Kann man schon von diesem Verbot rückwärts schließen, dass Ausschreitungen und vielleicht auch blutige Händel vorhergegangen sein müssen, die jenes Verbot herausforderten, so belehren uns mehrere Vorkommnisse, die einzeln aufzuzählen zu weit führen würde — dass dem wirklich so war, wenn auch vielfach übertrieben wurde und die Akademiker meistens sogar die Herausgeforderten oder Angegriffenen gewesen zu sein scheinen. Namentlich kamen auch jetzt wieder *Händel mit dem Militär* vor. Am 7. Dez. 1820 reichten vier Studenten im Namen aller übrigen Akademiker und mit deren Unterschriften eine Beschwerdeschrift ein wegen des Benehmens des Großh. Militärs dahier, mit der Bitte um geeignetes Einschreiten beim Stadtkommando. Das Konsistorium ließ den Bittstellern erwidern, es sei entschlossen, sich um Abhülfe ihrer „allerdings gegründeten" Beschwerden zu verwenden, fügte aber hinzu, dass sie vorher „einige Ausdrücke in ihrer Schrift, welche sehr unschicklich gewählt seien, zu verbessern hätten, und überhaupt gut thun würden, wenn sie in die ganze Schrift jenen Ton der Mäßigung legten, aus welchem man auf ihre Absicht, und auf ihren Wunsch, dass das wechselseitige gute Einvernehmen zwischen Studenten und Militär nicht gestört werden möchte, schließen könnte."

Nun waren aber gerade in jenen selben Tagen und bevor die eben erwähnte Angelegenheit zum Austrag kommen konnte, andere *Ruhestörungen* vorgekommen. Am 9. Dez. versammelte sich eine große Anzahl von Studenten im Alleegarten und schickte eine Abordnung an den Kreisrat Schuetzler als den Mitredakteur des Freiburger Wochenblatts mit der

Aufforderung, dass derselbe entweder den Einsender eines in jenes Blatt eingerückten Artikels wegen des *Betragens im Theater* nenne oder in einem folgenden Blatt erkläre, dass in jenem Aufsatz Akademiker nicht gemeint seien. Da die Abordnung keine entsprechende Antwort erhielt, zog der ganze Haufe der Versammelten in die Stadt und rief am Bertholdsbrunnen und an der Wohnung Schnetzlers der Redaktion ein Pereat! Da die eigentlichen Anstifter dieses Auflaufes nicht entdeckt wurden, so belegte man die genannte Abordnung und einige Andere, deren Strafbarkeit sich zufällig herausstellte, mit mehrtägiger Karzerstrafe „weil es sich dargethan habe, dass die Studenten oder wenigstens die Mehrzahl derselben das Theater in Verruf erklärt haben." — Trotzdem sah man sich noch am 30. Nov. des folgenden Jahres (1821) genötigt, in einem Anschlag ad valvas die Akademiker von einer „anher angezeigten" *Verrufserklärung des Theaters* und von Bedrohung ihrer Mitakademiker, die dasselbe besuchen, abzumahnen.

Aber als ob jene Dezemberwoche des Jahres 1820 zu Ausschreitungen geschaffen sei, fanden in der Nacht vom 10. auf den 11. (Dez.) im Nopper'schen Bierhaus in der Insel *zwischen Studenten und Handwerksburschen blutige Raufhändel* statt. Da dieselben „gegenseitige Erbitterung zurücklassen werde und man weitere unangenehme Ereignisse dieser Art zu besorgen habe," wurde im Plenum am 14. Dez. der Beschluss gefasst, eine strenge Mahnung an die Akademiker am schwarzen Brett zu veröffentlichen, „dass sie im Gefühl ihrer Ehre und ihrer höheren Bildung alle Reibungen mit Personen aus niederen Ständen und selbst jede Gelegenheit dazu sorgfältig vermeiden möchten."

Im folgenden Jahr (1821) sah sich das Konsistorium *in einem Disziplinarfall zu ernsten Auseinandersetzungen mit dem Stadtkommando* genötigt. Ein Akademiker war wegen öffentlichen Streites mit einem Lieutenant und einem Korporal arretiert, auf die Hauptwache gebracht, dort angeblich misshandelt und erst am andern Tag der ordentlichen Obrigkeit ausgeliefert worden. Dagegen beschwert sich nun das Konsistorium am 7. Mai und verlangte, dass künftig bei Arretierungen gleich dem Universitätsamt Nachricht gegeben werde, damit der betreffende Arrestant in den akademischen Karzer abgeführt werden könne. Das Stadtkommando erwiderte jedoch am 10. Mai, dass nach den bestehenden Vorschriften „jeder Arrestant, welcher in der Nacht auf die Wache gebracht wird, bis zum Morgen allda zu bleiben habe, wo er dann dem Stadtkommando gemeldet werden müsse, um ihn an seine kompetente Behörde abzugeben."

Wegen *grober Ausschreitungen* im Kaffeehaus „zum goldenen Kopf" und bei Traiteur Thomann *in der Neujahrsnacht 1821/22* wurden am 4. März 1822 vom Konsistorium 14 Studenten[1]) zu fünf- bis achttägigem Gefängnis verurteilt, einer überdies als Urheber des Streits mit dem consilium abeundi belegt. — Mit Rücksicht auf diesen Fall und mehrere in ganz kurzer Zeit stattgefundene *nächtliche Ausschreitungen* wurde auf Antrag Waukers als des Vorsitzenden des akademischen Sittenephorats am 20. Juni 1822 beschlossen, das Stadtamt zu ersuchen, „der Polizeimannschaft, da man . . . . . bemerkt habe, dass sie nicht streng genug auf die Feierabendstunde halte, dieserwegen mehr Wachsamkeit insbesondere in Hinsicht auf die Studenten einzuschärfen." Der Prorektor fand es jedoch für besser, mündlich dem Stadtdirektor und dem Stadtpolizeiamtmann die Sache vorzutragen und erhielt von diesen das Versprechen, dass man der Bitte entsprechen werde.

In derselben obengenannten Sitzung vom 4. März wurde gegen zwei Akademiker „wegen vorgegangenen *Duells*" auf 14 Tage Gefängnis (nebst Tragen der Untersuchungskosten) beantragt. Ueberhaupt mehrten sich in dieser Zeit wieder die Duelle, wobei auch mehrere mit tötlichem Ausgang stattfanden, so dass man zu strengerem Vorgehen sich veranlasst sah. Zunächst wurde[2]) bewirkt, dass zu *dem § 28 der akademischen Gesetze vom J. 1821, welcher von den Duellen* handelt, folgender *Zusatz* aufgenommen wurde: „Der *Pedell*, welcher eine Duellsache bey dem Universitätsamt anzeigt, erhält dafür, wenn das Duell noch unvollzogen war, vier Reichsthaler, wenn aber die Vollziehung bereits stattgefunden hat, einen Reichsthaler als *Anzeigegebühr*, und haften deshalb beyde Duellanten gesamtverbindlich." Diese Bestimmung wurde in

---

[1]) 4 Theologen, 5 Juristen, 4 Mediziner und 1 Angehöriger der philosophischen Fakultät.

[2]) Verschiedene Abmahnungen „wegen des Unfugs mit dem Duellwesen" am schwarzen Brett hatten nicht viel gewirkt.

den akad. Gesetzen vom Jahre 1829 dahin abgeändert, dass
es jetzt hieß: „Die Pedellen, welche die Duelle im Laufe des
Jahres gehörig angezeigt, und derjenige von ihnen, welcher
die meisten zur Anzeige gebracht hat, sollen je nach ihrem
bewiesenen Eifer eine Belohnung von 40—60—80 fl. erhalten,
und habe der akademische Senat oder das Konsistorium durch
den Curator auf die niederste, mittlere oder auf die höchste
Summe anzutragen."[1])

Ferner wurde durch Staatsministerialreskript vom 29. Mai
1828 verordnet, dass Duelle der Studenten mit krummen Säbeln
künftig ebenso wie Duelle auf den Stich peinlich behandelt
werden sollen.

In derselben Absicht, dem Duellunwesen von vornherein
entgegenzutreten, hatte das Stadtamt am 30. Nov. 1825 mit
Hinweis auf § 3 der akademischen Gesetze bekannt gemacht,
dass „derjenige *Hauseigenthümer*, welcher überwiesen wird, dass
in seinem Hause auf einem Zimmer *rappirt* worden, ohne davon dem Großh. Universitätsamte die Anzeige gemacht zu haben,
in eine Strafe von drei Reichsthaler verfällt werden wird."

Große Aufregung rief es hervor, als am 10. Mai 1824
ein Akademiker aus Degernfelden auf seiner Reise nach Freiburg zwischen Grafenhausen und Dresselbach (im Amtsbezirk
Bonndorf) mittelst 23 auf Kopf und Hand beigebrachten Hiebwunden *ermordet* wurde. Der Verdacht lenkte sich auf zwei
Soldaten des Großh. Linien-Inf.-Reg. Markgr. Wilh., welche
am 5. d. M. Abends aus der Garnison in Konstanz entwichen
waren. Sie waren mit dem Ermordeten in Rothhaus zusammengekommen, und man glaubte, dass „ein Geldgurt, den er um
den Leib trug und der ca. 44 fl. enthalten mochte, und eine
silberne Sackuhr die Ursache dieser unmenschlichen That"
gewesen sei. Die beiden mutmaßlichen Täter wurden alsbald steckbrieflich verfolgt. Ob man sie bekam, darüber
konnte ich nirgends auch nur eine Andeutung finden.

Ob diese Ermordung vielleicht infolge der Erbitterung,
die sie gegen die im Verdacht stehenden Soldaten hervorrief,
zu den bald nachher wieder vorkommenden *Reibereien
von Studenten mit dem Militär*, namentlich mit *Offizieren*, mit

---

[1]) Am 3. Okt. 1836 z. B. wurden jedoch zwei Unterpedellen
„als Anzeigern der meisten Duelle" im Studienjahr 1835/36 je eine
Belohnung von (nur) 20 fl. aus der Universitätskasse bewilligt.

Veranlassung war, ist nicht bestimmt zu sagen. Der Schauplatz solcher Streitigkeiten war wiederum das *Theater*. Das Konsistorium sah sich wegen derselben veranlasst, am 24 Nov. d. J. zu beschließen: 1) die Studenten durch einen Anschlag ad valvas zu benachrichtigen, „dass den Offiziers eine eigene Bank im städtischen Theater eingeräumt sei, und dass man sich also zu ihnen (den Studenten) versehe, es werde keiner durch Eindringen in diese Offiziersplätze zu unangenehmen Collisionen Anlass geben;" 2) Nachricht hiervon an das Amt zu geben mit dem Bemerken, „daß man von Herausforderungen zu Duellen mit Offiziers abzumahnen, wodurch die Idee angeregt werden könnte, als ob Duelle zwischen Studenten (unter sich) weniger strafbar seien, nicht für rathsam gefunden habe..."

Nach all diesen Vorkommnissen mit mehr oder minder blutigem Ausgang seien schließlich noch einige *unblutige* mehr ihrer Eigenart wegen erwähnt.

In den Ferien vor dem Wintersemester (1819/20) hatten einige Studenten der philosophischen Fakultät unter Vorweisung ihrer Zeugnisse *gebettelt*. Die Fakultät beschloss, diesen Unfug bei der Inskription zu rügen.

Am 30. Nov. 1822 machte die Wirtschaftsdeputation aufmerksam auf das Ueberhandnehmen des *Tabakrauchens* der Studenten im Universitätsgebäude und selbst in den Hörsälen, sowie auf das *Zerschlagen der Fensterscheiben* in den „Kuratorien". Das Konsistorium beschloss, (vorderhand nur) durch Anschlag ad valvas vor diesem Unfug zu warnen.

Am 30. Juni 1823 wurde ein Jünger des Aesculap vom Universitätsamt wegen *Entwendung* von einem Paar Unterhosen und mehreren alten Büchern zu einer achttägigen bürgerlichen Gefängnisstrafe — nebst Schadenersatz und Tragung der Untersuchungskosten — verurteilt. Das Konsistorium wies den jungen Dieb von der Universität weg. — Ebenso wurde zu vierzehntägigem Karzer, dem Verlust des akademischen Bürgerrechts und zum Tragen der Untersuchungskosten am 7. Dez. 1825 ein Mediziner verurteilt, weil er einige Tabakspfeifen im Kaffeehaus zum Kopf entwendet hatte.

Was diese letztere Strafe, die *Relegation* betrifft, so war die Hohe Schule in dieser Beziehung mit den Universitäten zu Marburg, Heidelberg, Gießen, Tübingen, Berlin,[1] Bonn

---
[1] Vergl. im ersten Hauptteil S. 49 (Alem. XX, 55).

und Breslau — diese bis 1823 — verbunden, derart dass jeweils bei Wegweisung eines Studenten von irgend einer dieser Universitäten an sämtliche andere ein sog. *Relegationspatent* geschickt wurde, damit der Verwiesene an keiner mehr Aufnahme erhielt. — Durch Verfügung des Ministeriums d. I. vom 14. Dez. 1829 konnten in Zukunft „relegirte oder konsilirte Akademiker, die aus der Universitätsstadt oder dem Hochgerichtsbezirk desselben gebürtig sind und darin ihre Heimath haben", die Stadt oder den Bezirk zu verlassen nicht mehr gezwungen werden.

Weggewiesen wurden in Freiburg von der Universität in den Jahren 1819 bis 1824 nur 4 Studenten. So nach dem Bericht des Konsistoriums, welchen dasselbe auf die Aufforderung von Karlsruhe im Februar 1824 dahin abschicken musste. Jene Aufforderung des Ministeriums hatte dadurch sehr peinlich berührt, dass es geheißen hatte, man solle ein Verzeichnis „der seit 1819 bis zum 1. Februar 1824 von der Universität relegirten *Lehrer und* Studenten" einsenden. Voll gerechter Entrüstung ließ man (28. II.) bemerken, dass ein Lehrer[1]) nicht nur seit 1819 nicht, sondern überhaupt „unseres Gedenkens noch nie" von der Universität weggewiesen worden sei, und dass es „Verwunderung und Schmerz erregt habe, in einem von der höchsten Regierung ausgegangenen Schreiben das Lehrpersonale und die Studirenden unter *diesem* Beziehungswort („Relegirte") zusammengestellt zu sehen."

---

[1]) Auffallenderweise wurde wenige Wochen später, am 2. April 1824, *wegen angeblicher politischer Umtriebe gegen Prof. Schultze Untersuchung* eingeleitet. Die Stadtdirektion ließ durch die Polizei alle seine Privatpapiere in Beschlag nehmen; dieselben wurden von dem Untersuchungskommissär, sowie von dem Regirungsbeamten und dessen Sekretär durchgelesen. Schultze beklagte sich beim Konsistorium am 10. April über die „unerträglichen Härten", mit der diese Untersuchung vorgenommen wurde. Dieses sah durch ein solches Verfahren den ganzen Lehrkörper als gekränkt und um sein Ansehen beim Publikum gebracht an und beschloss alsbald, eine Vorstellung an das Ministerium einzureichen, damit wenigstens das Verfahren ein weniger hartes werde und jedenfalls die Untersuchung möglichst schnell geführt würde. Aber erst am 21. Sept. 1827 erschien nach langen Verhandlungen ein Ministerialerlass mit der Eröffnung, „dass aus dem Verlaufe der auf Requisition der Kgl. preussischen Regierung im Jahr 1824 gegen den Prof. Schultze eingeleiteten

Ueber die *Anzahl der überhaupt erlassenen Urteile gegen Studenten* liegt für den Zeitraum von Ostern 1823 bis zum 31. Dez. 1826 ein Bericht des Universitätssyndikus noch vor. Danach wurden in dieser Zeit vom Konsistorium gegen 138 Personen Strafurteile erlassen und zwar in 13 bloßen Duellsachen, in 16 bloßen Beleidigungssachen, in 6 Schuldsachen (wegen Zahlungsflüchtigkeit u. ä.), in 26 anderen Disziplinarsachen und wo mehrere Vergehen gleichzeitig vorkamen. Die hofgerichtlichen Urteile in 2 peinlichen Sachen und die Erkenntnisse wegen landsmannschaftlichen Verbindungen sind hiebei nicht mitgerechnet. Schriftliche universitätsamtliche Vorträge kamen 33, Reskripte der Universitätskuratel über 100 vor.

Diese Zahlen galten im Gegensatz zu denen an anderen Universitäten in damaliger Zeit nicht zu hoch. Gelegentlich des Bekanntwerdens eines nächtlichen Studentenaufzugs[1]) wird in einem Anschlag ad valvas (Juni 1828), in dem die Studenten an die Beobachtung der akademischen Gesetze erinnert werden, sogar *„ihr bisheriges ruhiges Betragen"* belobt. Dem Konsistorium wurde jedoch wegen dieser Bemerkung von der Kuratel am 29. August d. J. ein scharfer Tadel ausgesprochen. Und freilich scheinen die Zahlen in diesen späteren Jahren — Ende des 3. und Anfang des 4. Jahrzehnts — wenig erfreulich gewesen zu sein. Wenigstens wurde ein Verzeichnis der Disziplinar- und feindlichen Vergehen von 1826 bis 1832 zwar dem Senat (5. I. 33.) vorgelegt, aber man fand es *„nicht für zweckmäßig"*, von demselben, wie beabsichtigt war, für die Universitätschronik Gebrauch zu machen.

Untersuchung die Ueberzeugung hervorgegangen sei, dass vielleicht kaum ein Grund zu einer förmlichen Untersuchung vorhanden gewesen, noch viel weniger aber ein Grund auffindbar sei, den Angeschuldigten der Theilnahme an geheimen staatsgefährlichen Umtrieben auch nur für verdächtig zu halten." Das Konsistorium bat daraufhin das Ministerium, dass dieses freisprechende Urteil und eine Rechtfertigung Schultzes auch öffentlich bekannt gemacht, den Personen aber, welche „das die Humanität und die gesetzlichen Formen verletzende Verfahren eingeschlagen", ein Verweis erteilt werden möchte.

[1]) Es war ein Fackelzug zu Ehren des allgemein beliebten ausserordentlichen Professors Zimmermann, wobei es jedoch zu Ruhestörungen kam.

Am 30. Mai 1823 wurde vom Ministerium eine *neue Karzerordnung* bestätigt mit dem Beisatz, dass § 11 derselben gleichförmig für beide Landesuniversitäten dahin bestimmt werde, dass jeder aus dem Karzer entlassene Student an den Ersten Pedellen eine Karzergebühr von täglich 15 Kreuzer — außer den 30 Kreuzern für das Einführen, ebensoviel für die Entlassung —, für Holz und Licht in den Wintermonaten täglich 15 Kreuzer, und in den Sommermonaten bloß die nach den Ortspreisen auszumittelnde Beleuchtungsgebühr zu entrichten habe.

Im folgenden Jahre sah man sich — nachdem lange immer nur „unterschiedliche neue Einrichtungen" an den mangelhaften alten Karzern angebracht worden waren — schließlich genötigt, an den *Bau neuer akademischer Gefängnisse* zu denken. Es wurde zu diesem Zweck am 28. April 1824 eine Kommission eingesetzt, bestehend aus drei Professoren und dem Kreisbaumeister Arnold. Diese „Karzerkommission" legte ihr Gutachten am 4. Juni d. J. dem Konsistorium vor, das im wesentlichen mit demselben einverstanden war und es an die Kuratel einsandte mit dem Wunsch „dass das Ministerium d. I. in einem Erlass an das Hofgericht dahier die übertriebenen und unwahren Darstellungen der Universitätsgefängnisse durch den gewesenen Universitätsamtmann aufklären und berichtigen, und die akademischen Behörden gegen jene ein übles Licht auf sie werfende Schilderung rechtfertigen möchte." Die Erlaubnis zur Herstellung von zwei neuen und zur vollständigen Ausbesserung der alten Gefängnisse wurde vom Ministerium 9. Juli d. J. gegeben.

Nur allzulang vielleicht haben wir uns bei denjenigen Zügen aus dem Studentenleben aufgehalten, die mehr oder minder als Schattenseiten zu bezeichnen sind. Dass die Freiburger Studenten aber auch da, wo es galt, *Menschenfreundlichkeit zu üben und Wohltaten zu spenden*, von jeher und also auch damals in vorderster Reihe standen, dafür nur ein Beispiel.[1]

In den letzten Tagen des Monats Oktober und Anfangs November 1824 fanden in einem großen Teile des Großherzog-

---

[1] Begreiflicherweise liegt für solche Züge in den benutzten unmittelbaren Quellen eben weniger oder fast gar kein Material vor.

tums „beispiellose" *Ueberschwemmungen* statt, welche Tausende in die größte Not, oft um fast das ganze Besitztum brachten. Da im ganzen Land für dieselben gesammelt wurde — und zwar nicht nur Geld, sondern auch Weizen, Roggen, Bohnen, Kartoffeln u. a. Naturalien —, so beschloss das Konsistorium am 15. Nov. 1824, sämtliche Akademiker mittelst öffentlichen Anschlags zur Veranstaltung solcher *Sammlungen* einzuladen. Das Ergebnis der ins Werk gesetzten Sammlung war nach dem am 16. Dez. vorgetragenen genauen Bericht folgendes: Von Professoren, Dozenten, Beamten und Dienern der Universität — von denen übrigens auch einige schon anderswohin Beiträge leisteten — wurden beigesteuert bis dahin: 239 fl. 52 kr. Von den Studenten brachten die Theologen 47 fl. 19 kr., die Angehörigen der philosophischen Fakultät 40 fl. zusammen. Die Beiträge der beiden andern Fakultäten sind nicht angegeben.

Wie die Studenten verdiente Lehrer zu ehren wussten, bei Festlichkeiten sich hervortaten u. s. w., davon wird weiter unten die Rede sein.

Ungleich wichtiger als das bisher aus dem Studentenleben mitgeteilte, von einer Bedeutung für die allgemeine deutsche Geschichte jener Zeit, ist das Kapitel, zu dem wir uns jetzt zu wenden haben, das Kapitel von den *studentischen Vereinigungen* jener Zeit.

Am 12. Juni 1815 war in Jena die *allgemeine deutsche Burschenschaft* gegründet worden. In den nächsten Jahren hatte sie sich auf eine große Anzahl deutscher Universitäten ausgedehnt. Schriftlich wurden ihre Gedanken weitergetragen in Ludens „Nemesis" und in Okens[1] „Isis". — Das Wartburgfest (1817) und die Ermordung Kotzebues (1819) bewirkten, dass

---

[1] Aus der Teilnahme Okens an den burschenschaftlichen Bestrebungen erklärt es sich, dass die medizin. Fakultät an der Albertina, als sie 1819 willens war, Oken auf die erledigte Lehrkanzel der Physiologie zu berufen und ihm nach Jena Anträge zu machen sich anschickte, doch es für geraten hielt, vorerst beim Ministerium anzufragen, „da Oken persona ingrata seyn könnte". — Als man dann — nach einem Briefwechsel mit Staatsrat Eichrodt — doch an ihn schrieb, zerschlugen sich die Verhandlungen an Bedingungen Okens, „deren Gewährung theils von der Hohen Schule nicht abhänge, theils — soviel nämlich den Gehalt anlangt — nicht bewilligt werden konnte."

nicht nur die Regirungen im einzelnen vorzugehen sich veranlasst fühlten, sondern dass auch *der Bundestag die Maßregelung der Universitäten in Angriff zu nehmen beschloss.*
Noch vor den *Karlsbader Beschlüssen* (1820), welche u. a. die *Ueberwachung der Universitäten durch Regirungskommissäre* (vgl. ob. Abschn. II) anordnete, hatte der Großherzog von Sachsen-Weimar, der schon gleich 1817 von Metternich zunächst zu einer Untersuchung der am Wartburgfest und anderen Demonstrationen beteiligten Professoren gedrängt worden war,[1]) an das badische Ministerium d. I. das Ansuchen gestellt, zu verordnen, „daß künftig kein fremder Student, der nicht von seiner Regirung die Erlaubnis, eine der zwei großhzgl. Landesuniversitäten zu besuchen, mitbringt, auf einer derselben aufzunehmen sey" — was durch Erlass vom 20. April auch geschah, nachdem schon am 17. Januar d. J. eine *allgemeine Verordnung gegen Verbindungen der Akademiker an beiden Landesuniversitäten* vom Großherzog genehmigt und dem Kreisdirektor Frhr. v. Türckheim zur unverweilten Bekanntmachung zugesendet worden war.

Am 20. August desselben Jahres kam eine weitere *Verfügung des Ministeriums „die Burschenschaft in Freiburg betr."* mit folgendem Inhalt:

„1) Bei Vermeidung der höchsten Ungnade S. K. H. und des schärfsten Einsehens im Nichtbeobachtungsfall ist ernstlich darauf zu wachen, daß sich die Burschenschaft weder unter diesem noch unter einem andern Namen je wieder vereinige.

2) Ebenso ist darauf zu bestehen und nöthigenfalls durch Relegation des Renitenten durchzusetzen, daß von den gewesenen Mitgliedern der aufgelösten Burschenschaft alle bisherigen signa distinctiva abgelegt und nie wieder getragen werden.

3) Insofern die unter dem Namen „Corpsbursche" hier bekannten übrigen Studenten wirklich in *Corps, Landsmannschaften* oder ähnliche Verbindungen vereinigt sind, was dem akademischen Consistorio nicht unbekannt geblieben seyn kann, so sind auch diese Corps etc. sogleich aufzulösen und jedem Versuch zur Wiedervereinigung derselben durch augenblickliche Relegation des Versuchenden ein Ziel zu setzen."

---

[1]) Vgl. z. B. Flathe, „Das Zeitalter der Restauration und Revolution 1815—1851" in Onckens allgemeiner Geschichte IV, 2, S. 54.

Zugleich mit dieser Verfügung wurde eröffnet, dass zur Fortsetzung der von dem Stadtdirektor Pfister und Hofrat Mertens begonnenen Untersuchung letzterer allein beauftragt werde „jedoch also, dass dasjenige, was mit den preussischen und hessischen Operationen zusammenhängt, bis auf weitere von daher zu erwartende Auskunft in suspenso belassen werde."

Die schon genannten *Bundestagsbeschlüsse* — die dem Karlsbader Kongress gefolgt waren — vom 20. Sept. 1820 selbst enthielten in § 3 strenge Maßregeln *„gegen geheime oder nicht autorisirte Verbindungen, namentlich die sog. allgemeine Burschenschaft,"* aber auch gegen die schon länger bestehenden *Landsmannschaften*.

Die unmittelbare Wirkung dieser Beschlüsse war dann wieder, dass in den schon oben (Abschn. IV.) erwähnten neuen akademischen Gesetzen des darauffolgenden Jahres (1821) die Strafen wegen Teilnahme an geheimen Verbindungen verschärft wurden. Die „Stifter, Häupter und Beamte" von solchen Vereinen „wenn letztere auch keinen verbrecherischen Zweck haben", wurden jetzt mit drei- bis sechswöchentlichem Festungsarrest — was bisher gar nicht angedroht war — und zugleich mit geschärfter Relegation — bisher nur einfacher — bestraft. Gegen die übrigen Mitglieder wurde ebenfalls die geschärfte Relegation — bisher nur consilium abeundi oder Unterschrift desselben —, und wenn sie andere zu solchen Verbindungen verleitet oder zu verleiten gesucht haben, noch weitere Festungshaft — bisher höchstens Karzer — von ein bis zwei Monaten angesetzt. (§ 32.)

Wirklich sah man sich noch in demselben Jahr, in dem diese Gesetze gegeben wurden (1821), genötigt, 11 Studenten aus Berlin „wegen thätiger Beförderung landsmannschaftlicher Verbindungen" von der Universität wegzuweisen. Das Konsistorium drückte dabei (20. XII.) seine Verwunderung und Entrüstung aus über „das Wiederaufleben solcher landsmannschaftlichen Verbindungen an hiesiger Universität zu einer Zeit, da solche an allen Universitäten in Teutschland stark verpönt sind, und da durch Organisation eines eigenen Universitätsamtes (s. oben Abschn. II.) für dergleichen Gesetzübertretungen mehr als vorher gesorgt seyn sollte." Zugleich wurde dem Universitätsamt die Verwunderung hierüber zu erkennen gegeben, noch mehr aber darüber, „daß von Universitätswegen nicht das mindeste geschehen ist, um solche geheime Verbindungen zu entdecken, zu untersuchen und die Schuldigen anzuzeigen." Dieser Vorwurf bezog sich, wie aus dem weiteren hervorgeht, auf die im „Erzähler von St. Gallen" vorgekommene Erwähnung einer Verbindung unter dem Namen *Helvetia*, auf mehrere vorgefallene Duelle u. a.; über alle diese „vorliegenden Inzichten" also sollte unverweilt Untersuchung eingeleitet werden. — Aber damit war die Sache noch nicht abgethan. Man setzte auch die Kuratel von der Untätigkeit des Universitätsamtes „zur Aufrechthaltung des Credits der hiesigen Hochschule, und zur Beseitigung jeder Gefahr einer diesseitigen Verantwortlichkeit" in Kenntnis. Der Kurator versprach unterm 24. Dez. seine Unterstützung; es sei weit mehr als bisher „die Aufmerksamkeit zur Entdeckung solcher Spuhren und Mittheilung jeweiliger Wahrnehmungen den einzelnen Konsistorialen, überdieß und insbesondere auch den vorzüglich hinzu geeigneten und bestimmten Universitätspedellen ans Herz zu legen..., wie denn solche Mittheilung gelegenheitlicher Wahrnehmungen in betreff geheimer Verbindungen an den Universitätsamtmann.... auch der städtischen Polizeibehörde werde wiederholt empfohlen werden."

Diese strengen Aufforderungen hatten wirklich in kurzer Zeit mehrere Anzeigen und Untersuchungen im Gefolge. So wurden z. B. auf Vortrag des Universitätsamtmanns Kreisrat Villinger am 4. März 1822 folgende Strafen erteilt: a) Zwei Studenten (Mediziner), als dringend verdächtig, Mitglieder einer Studentenlandsmannschaft zu sein, erhalten die Weisung, mit Ende des Semesters die Universität zu verlassen, und dieselbe vor Umfluss eines Jahres nicht wieder zu besuchen. b) Drei Studenten (2 Theologen und 1 Jurist), welche im Verdacht stehen, zu einer Landsmannschaft Rhenania zu gehören, werden benachrichtigt, dass man, wenn dieser Verdacht dringender würde, sie „auch im Abgang förmlicher Beweise" nach den Gesetzen von der Universität entfernen werde. c) Die unter dem Namen „*Schweizerverein*" bestehende Verbindung, ist, „wie löblich auch ihre Zwecke seyn mögen", nicht als Verein zu dulden, sondern denjenigen, welche zu dieser Verbindung gehören, zu eröffnen, dass, wann und so oft sie zu irgend einem erlaubten und löblichen Zweck zusammentreten wollten, sie bei dem Prorektorat und dem Universitätsamt um Bewilligung nachzusuchen hätten.

Mehrere ähnliche Fälle wie die unter a) und b) erwähnten kamen auch in den folgenden Monaten vor. Im Dezember d. J. wurden deshalb die Studenten durch einen Anschlag nochmals vor der Uebertretung des Verbotes geheimer Verbindungen und Landsmannschaften gewarnt. Uebrigens hob man im Konsistorium (5. XII.) ausdrücklich hervor, dass nur dann eingeschritten werden könne, wenn es erwiesen sei, dass solche Verbindungen die Quelle schlechter Handlungen seien; in andern Fällen aber, wenn nämlich solche Verbindungen *keine politische Tendenz* haben, sondern vielmehr manchmal sehr unschuldig seien, die Androhung von Strafen nur das richterliche Ansehen schwäche.

Die Kuratel, im großen und ganzen mit dieser Ansicht einverstanden, ließ am 16. Dez. nur bemerken, sie habe schon öfters beim Durchgehen der Untersuchungsakten wahrgenommen, „daß *Untersuchungen, die in der Mitte des Semesters begonnen und bis zum Ablauf desselben hinausgezogen wurden,* aus dem Grund *unvollständig geblieben* sind, weil am Ende ein Theil der als beschuldigt oder als Zeuge abzuhörenden Individuen bereits abgereist waren." Es sei daher dem Universitätsamt anzuempfehlen, solchen mangelhaften Untersuchungen durch die nötigen Vorkehrungen abzuhelfen.

Die Schneidigkeit des Universitätsamtes scheint bald wieder der früher schon demselben vorgeworfenen Lässigkeit Platz gemacht zu haben. Ein Bericht des Professors Buzengeiger, des derzeitigen Dekans der philosophischen Fakultät, am 24. März 1823, bezeichnet es als „stadtkundig", „daß die *Landsmannschaften oder Corpsburschenverbindungen,* der strengen Gesetze gegen sie ohngeachtet, *wieder in ihrer vollen Kraft auftreten und sich schon wieder gegenseitig in Verruf erklärt haben*"; es sei daher auffallend, dass das Universitätsamt „bei diesen Thatsachen noch gar keine Anstalten zu einer Untersuchung getroffen habe." Das Konsistorium ließ alsbald das Universitätsamt auffordern, unverweilt eine solche Untersuchung anzustellen, weil sonst für die Frequenz der Hohen Schule die größten Nachteile entstünden. Als „unerstreckliche" Frist für die Erstattung eines „standhaften Berichtes" werden dem Amte 8 Tage angesetzt. Die Antwort des Universitätsamtmanns, des schon genannten Kreisrats Villinger, vom 1. April d. J. bezeichnete jedoch eine solche Untersuchung für den Zweck, die Uebel, die aus den Landsmannschaften entstehen, auszurotten, als unzulänglich. Er schlage vielmehr vor, „durch *von den Studenten gewählte Schiedsrichter* die Missheliigkeiten unter ihnen zu schlichten, und im Falle eine Ausgleichung nicht möglich wäre, den akademischen Behörden hiervon die Anzeige machen zu lassen . . . ." Das Konsistorium ließ sich aber mit dieser Erklärung nicht zufrieden stellen; es gab vielmehr dem Amtmann sein Missvergnügen darüber zu erkennen, dass er „die Wichtigkeit und Gefährlichkeit dieser eingerissenen Unordnungen gar nicht zu kennen scheine, und sich über Ereignisse, die von ihm selbst stadtkundig genannt worden, keine näheren Indizien zu verschaffen wisse . . . . ." Man müsse darauf bestehen, dass — ungeachtet der bereits eingetretenen Ferien — die Untersuchung vor sich gehe und binnen 8 Tagen unfehlbar Bericht erstattet werde.

Aber die 8 Tage gingen vorüber, auch weitere 8 Tage, man mochte warten, so lange man wollte, das Universitätsamt rührte sich nicht. Da beschloss das Konsistorium endlich, des Wartens müde, am 14. August, demselben möglichst umfassende Berichterstattung aufzutragen und einzuschärfen: „in diesem und dem folgenden Semester den landsmannschaftlichen Verbindungen mit der größten Thätigkeit nachzuspüren." Ferner aber ließ man die geschärften Verordnungen, die nach dem Karlsbader Kongress wegen der Landsmannschaften erlassen worden waren, nochmals ad valvas anschlagen und so ins Gedächtnis zurückrufen.

Nichtsdestoweniger schenkte man auch den vom Universitätsamtmann ausgegangenen Vorschlag eines *Schiedsrichters der Studenten* seine Aufmerksamkeit. Der Syndikus wurde beauftragt, sich mit dem Kgl. Justizcuratsamt in der Universität Tübingen in schriftliche Verbindung zu setzen zu dem Zweck, damit dasselbe über das kürzlich errichtete *Ehren-* oder *Schiedsgericht* auf dortiger Universität sich nähere Kenntnis zu verschaffen „um es thunlichen Falls auch auf der hiesigen Hochschule zu instituiren." Am 24. April 1823 konnte der Syndikus die von Tübingen ihm übersendete Sammlung akademischer Gesetze und eine königliche Verordnung der Organisation eines Ausschusses der Studirenden[1] auf der dortigen

---

[1] Diese gesetzlich gegründete sog. *Repräsentativverfassung der Studenten in Tübingen* bestand aus 16 Mitgliedern, die in jedem

Universität vorlegen. Die Sache kam alsbald an die vier
Fakultäten, welche einzeln darüber beraten sollten, ob ein
solches Schiedsgericht auch hier einzuführen sei.

Bald war das wiederum häufigere Auftreten landsmannschaftlicher Verbindungen auf der Kuratel ein Gegenstand der Sorge geworden. Am 7. Mai 1824 erließ sie eine Verordnung *„inbetreff des Tragens der als Zeichen landsmannschaftlicher Verbindungen bekannten Farben* von Seiten vieler Akademiker." Diese Verordnung wurde am 4. Juni angeschlagen, mit der Drohung, dass gegen Uebertreter ohne Nachsicht werde vorgegangen werden und dass dieselben als wirkliche Teilnehmer verbotener Verbindungen würden bestraft werden. Zugleich wurde „das Tragen vielfärbiger Bänder und anderer wenn auch nur muthmaßlicher Zeichen verbothener Verbindungen" überhaupt untersagt.

Ein weiterer Erlass der Kuratel vom 15. Juni teilte mit, dass die Großh. Immediatkommission zur Leitung der gegen die geheimen Umtriebe der Verbindungen anzuordnenden Untersuchungen die Untersuchung der hier bestehenden burschenschaftlichen und andern geheimen Verbindungen durch das Universitätsamt unter Anweisung des Regierungsrats Häfelin von Karlsruhe angeordnet habe. — Am 8. Juli konnte schon im Verzeichnis der bei dieser Untersuchung mit Karzer oder Hausarrest belegten Akademiker vorgelegt werden.

Da fand man eines Morgens — es war an einem Sonntag, den 15. August 1824 — vor den Stadtthoren und öffentlichen Gebäuden *Drohbriefe* gegen diese Untersuchungen angeheftet. Drei Tage später, am 18. August, fand der Pedell in der Frühe ebensolche anonyme Drohungen an der Universitätsthür selbst angeschlagen. Natürlich wurde alsbald das Universitätsamt beauftragt, die nötigen Schritte zu thun, um den Thätern auf die Spur zu kommen. Zugleich wurde auch die Kuratel unter Beilegung der Abschrift eines solchen Drohbriefes benachrichtigt.

Semester zu zwei Dritteln erneuert wurden. Dieser Ausschuss hatte das Recht, Vorschläge für Einrichtungen zu machen, welche den Zweck der akademischen Laufbahn befördern, öffentliche und feierliche Versammlungen zu veranstalten etc. Die Pflichten des Ausschusses sind Beförderung der Sittlichkeit und des akademischen Fleisses, Verhütung jeder Störung der Studirenden selbst und *der geheimen Verbindungen* u. s. w.

Mit um so größerer Strenge schritten nach solchen Erfahrungen Regirung wie Konsistorium gegen „das Unwesen burschenschaftlicher und anderer Verbindungen" ein. Dieses mahnte bei jeder Gelegenheit das Universitätsamt, die Spuren unablässig zu verfolgen und „die Versammlungen solcher Verbündeter bei etwa erhaltenen näheren Anzeigen in flagranti zu entdecken," überhaupt „alle sachdienlichen Mittel" zu ergreifen, damit diese Verbindungen zerstört und ihre Teilnehmer zur Strafe gezogen würden. Und das Ministerium mahnte am 27. Sept. 1824[1]) „anzuordnen und zu wachen, dass alle Auszeichnungen an Kleidern, sobald wahrgenommen werde, dass sie von mehreren gleichförmig getragen werden und auf irgend eine Verbindung deuten, sogleich streng untersagt werden."

Gelegentlich einer solchen Anzeige wegen Tragens verbotener Farben wurde am 16. Dez 1824 nochmals ein Anschlag gemacht und dabei noch besonders erwähnt, „dass sog. *Commerse — die aber nie landmannschaftliche sein dürfen — niemals ohne Erlaubnis des Universitätsamts*, dem sie einen Tag zuvor anzuzeigen sind, gehalten werden sollen, und dieß bei Vermeidung strenger Strafe gegen die Theilnehmer eines unangezeigten Commerses." Diese Verordnung wollte der neue Universitätsamtmann, der übereifrige Nachfolger Villingers, später noch weiter dahin ausgedehnt wissen (12. III. 1828), „*dass überhaupt keine öffentliche Versammlung von Akademikern* gehalten werden dürfe, ohne über ihre Veranlassung und ihren Zweck dem Universitätsamt zuvor Anzeige zu machen." Das Konsistorium ging aber auf diesen Vorschlag nicht ein, ebensowenig auf einen andern desselben Amtmanns zur Vermehrung der Pedellen — wie sehr es sonst die Tätigkeit und den Eifer des Mannes lobend anerkannte.

Trotz all dieser Maßregeln musste die Regirung mit Missfallen die Fortdauer der verbotenen Studentenverbindungen[2]) „und ihre nachtheiligen Folgen" in der Art wahrnehmen,

[1]) Es war gelegentlich einer Rekursbeschwerde eines Akademikers (von Freiburg) gegen das amtliche Straferkenntnis wegen Tragens verbotener Farben. Der Rekurs wurde vom Ministerium abgewiesen.

[2]) Die Burschenschaft hatte 1827 an verschiedenen Universitäten ihr Kartell und ihre Konstitution erneuert. Vgl. Flathe a. a. O. S. 293.

dass sie sich zu weitern kräftigern Maßregeln aufgefordert fühlte „um dieses Uebel von Grund aus zu vertilgen." Demgemäß wurde in einer *landesherrlichen Verordnung vom 22. Oktober 1828* gegen die geheimen Studentenverbindungen der Hauptsache nach folgendes bestimmt:

„§ 1. Der § 32 unserer akademischen Gesetze ist außer Wirksamkeit gesetzt. (Vgl. oben.)

§ 2. *Alle geheimen Studentenverbindungen* .... sind künftig *nicht mehr als Disziplinar-* sondern als *gerichtliche Vergehen* zu untersuchen und zu bestrafen."

§ 3 handelt von den Strafen gegen die Teilnehmer („Stifter, Häupter" u. s. w.) solcher Verbindungen und stimmt mit dem oben angeführten überein. Nur wird noch hinzugefügt: „Gegen die der Theilnahme an geheimen Verbindungen Verdächtigen kann, *ohne förmlichen Beweis*, auf Fortweisung von der Universität erkannt werden. — Liegt der Verbindung ein verbrecherischer Zweck zu Grunde, so ist auf die gesetzliche peinliche Strafe zu erkennen."

„§ 4. Der Universitätsamtmann hat, sobald das Bestehen einer geheimen Verbindung zu seiner Kunde gelangt, oder auch nur der Versuch, eine solche zu gründen, sogleich zur Untersuchung zu schreiten und das Gesetzliche vorzukehren, sofort dem Hofgericht, in dessen Provinz die Universität liegt, sowie Unserm Ministerium d. I. hiervon die Anzeige zu machen, und nach beendigter Untersuchung die Akten zur Fällung des Urteils an das Hofgericht einzusenden. Den Hofgerichten wird die schleunige Erledigung ..... zur Pflicht gemacht. — Die gegen ihre Erkenntnisse eingereichten Rekurse an Unser Justizministerium können den einstmaligen Strafvollzug niemals hemmen. — Der Universitätsamtmann ist in dergleichen Untersuchungssachen wie jeder andere Untersuchungsrichter nur dem Hofgericht untergeordnet.

§ 5. Einwohner, welche den geheimen Gesellschaften die Zusammenkunft in ihren Wohnungen wissentlich gestatten, sind mit einer Strafe von 50 bis 100 fl. zu belegen."

Zugleich mit dem Anschlag dieser Verordnung ans schwarze Brett wurde den Akademikern eine Frist von vier Wochen eingeräumt, während welcher die etwa noch bestehenden geheimen Verbindungen aufgehoben werden könnten. Auch ersuchte man die Professoren der Hohen Schule, namentlich den Prorektor Beck und Duttlinger, mündlich auf die Akademiker, soweit jeder Gelegenheit oder näheren Anlass habe, einzuwirken. Obwol die Vorschriften der akademischen Gesetze, die Verordnung des Bundestages vom 20. Dez. 1819 und die späteren oben genannten landesherrlichen Verordnungen alle nur von *geheimen* Verbindungen — worunter Landsmannschaften und Burschenschaften gemeint waren — sprachen, so wurde in diesen Jahren doch sogar anderen, neuen studentischen Vereinigungen die Bestätigung in Karlsruhe versagt. So hatte z. B. das Konsistorium im Anfang des Jahres 1824 einer Anzahl von Studenten die erlangte Bildung eines Vereins unter gewissen Bedingungen zu dulden versprochen. Da wurde im März d. J. durch Ministerialentschließung befohlen, *„sogleich den Verein,* insofern er sich wirklich bereits konstituirt haben sollte, *zu unterdrücken."* — Erst am 13. Juni 1829 erhielt das Konsistorium auf wiederholte Anfrage des Prorektors durch die Kuratel vom Ministerium die Zusage, „dass auch in Freiburg wie schon seit dem Monat Jänner d. J. in Heidelberg *offene Studentenverbindungen* unter der Beschränkung, dass sie ihre Statuten vorlegen, und unter andern Bedingungen *sollen bestehen dürfen."* — Auf diese Erlaubnis hin schossen gleich die Anmeldungen solcher Vereinigungen wie Pilze aus der Erde: am 28. August d. J. allein werden in einem universitätsamtlichen Bericht nicht weniger als 4 genannt. Am 24. Dez. 1830 wurde von 14 Schweizer Studenten eine offene Verbindung gegründet u. s. w. Jedesmal wurden zuerst durch eine eigens dazu eingesetzte Kommission von Professoren die Statuten eingesehen und die nötige Untersuchung getroffen, bevor die Genehmigung erfolgte.

VIII. Festlichkeiten.

Wir waren oben genötigt, verschiedene Unannehmlichkeiten, Zwistigkeiten und andere Vorgänge anzuführen, die nicht dazu angetan waren, den Glanz oder den Ruhm der Alma mater zu erhöhen.[1] — Um so erfreulicher ist es, zum

---

[1] Auch an Angriffen von außen fehlte es in dieser Zeit ebenso wenig wie früher. Ein zweiter Kiesewetter (s. ob. II. Hauptt. VII. Abschn.)

Schlusse eine Reihe von festlichen Kundgebungen zu erwähnen, welche uns zeigen, wie, ungehemmt durch einzelne störende Zwischenfälle, Lehrer und Lernende für alles Schöne und Erhabene die gleiche edle Begeisterung zeigten, welche von jeher ein Schmuck der Hohen Schule waren. Bei solchen Anlässen reichten alle, vergessend jeglichen Zwistes, wie er ja nirgends ganz ausbleiben kann, sich einmütig die Hand, damit die ehrwürdige Alma mater in ihrem alten Glanze auftreten könne.

Die Eröffnung dieser Festlichkeiten, die entweder die Universität allein feierte oder an denen sie wenigstens in hervorragender Weise teilnahm, macht die große *Doppelfeier am 25. August 1820: das Namensfest des Großherzogs,* verbunden mit *dem 7. Säkularfest des Bestehens der Stadt Freiburg*. Prof. Deuber[1]) begrüßte diesen Tag im Namen der Hohen Schule in einer lateinischen Ode (10 Strophen in alzäischem Versmaß).[2]) — Am Vorabend nahmen die Mitglieder der Universität Teil an dem „Frei-Casino" im „Pfauen", ebenso am Festtag selbst am Festgottesdienst im Münster und am Festmahl. In der Frühe des Tages wurde auf der vorderen Höhe des Schlossbergs die einfache Steintafel angebracht und der Platz selbst *Ludwigshöhe* zur Erinnerung an das schöne Doppelfest genannt.

erstand der Universität in dem anonymen Verfasser eines in der Zeitschrift „*Hesperus*" am Ende des Jahres 1828 erschienenen Aufsatzes, welcher harte *Beschuldigungen und Verunglimpfungen gegen die Hohe Schule* enthielt. Nach einem Gutachten, das die Juristenfakultät darüber abgegeben hatte, „ob und in welcher Weise gegen den anonymen Verfasser aufzutreten sei." wurde der Redakteur des „Hesperus" in Stuttgart ersucht, den Verfasser namhaft zu machen, damit die Universität einschreiten könne. Wie steigerte sich die Empörung, als der zu Ruhe gesetzte Oberamtmann Walchner in Freiburg selbst als solcher bezeichnet wurde! Alsbald wurde Welcker ersucht und ermächtigt, einen halboffiziellen Gegenartikel im „Hesperus" zu veröffentlichen.

[1]) Am 21. Aug. beantragte das Konsistorium beim Ministerium, dass dem Verfasser als Anerkennung für diese seine Mühe, da er ohnehin keine Naturalbesoldung habe, 2 Saum roten Weines 1819er Gewächs bewilligt werden möge.

[2]) Aufschrift: Civitati Friburgensi solemnia septimi ab urbe condita saeculi et onomasticum cels. Reg. Magni Ducis Badarum C. Ludovici Aug. festum d. XXV. Aug. a. MDCCCXX celebranti Universitas litterarum Friburgensis.

Einige Jahre später feierte die Universität in dem Zeitraum von nicht viel über 3 Jahren *zwei goldene Dienstjubiläen* zweier ihrer verdientesten *Lehrer*. Am 14. Okt. 1825 waren es 50 Jahre, dass der derzeitige Senior der medizinischen Fakultät, Hofrat *Menzinger* zum Ordinarius an der Universität ernannt war.[1]) Dieses „bei der Universität nie gesehene" Dienstjubiläum sollte natürlich gebührend gefeiert werden. Die Festfeier selbst wurde natürlich bis nach den Herbstferien verschoben. Einstweilen verwendete man sich bei der Universität in Wien um neue Ausfertigung eines „solennen" Doktordiploms.[2]) Bei den großen Vorbereitungen, die man machte, musste der Festtag dann noch weiter hinausgeschoben werden bis zum 23. Februar 1826. Wiederum dichtete Deuber eine lateinische Ode, und Beck und Zell feierten den Jubelgreis durch Universitätsprogramme.[3]) Um 9 Uhr des genannten Tages wurde Menzinger von einer Abordnung des Konsistoriums im Galawagen abgeholt, begleitet von Akademikern als „Marschällen" zu Pferde, und in den festlich geschmückten Konsistoriumssaal geleitet. Von dort ging der Zug — die Universitäts- und Stadtbehörden — ins Münster zu einer stillen Messe und dann wieder in den Konsistoriumssaal zurück. Jetzt wurde der Kurator abgeholt, der dem Gefeierten den Zähringer Löwenorden samt einem gnädigsten Handschreiben des Großherzogs überbrachte. In der besetzten Aula academica, „die kaum den fünften Theil der zusammenströmenden Menge fasste", hielt darnach Geh. Hofr. Ecker eine Festrede „de senectute", nach Ueberreichung des erneuten Doktordiploms Menzinger selbst eine Dankrede. Ein Gesang der Studenten beschloss die erhebende Feier. Mittags 1 Uhr war Festessen

---

[1]) Am gleichen Tag war er von der medizin. Fakultät zu Wien zum Doktor und von der Kaiserin Maria Theresia zum Nachfolger Lipps auf dem Lehrstuhl der Botanik und Chemie in Freiburg ernannt worden (14. Okt. 1775). Vgl. Schreiber, Gesch. d. Univ. Frbg. III., S. 198.

[2]) Aehnlich wurde z. B. dem Erzbischof Boll zu seinem silbernen Priesterjubiläum das (philosoph.) Doktordiplom erneuert (23. Sept. 1830).

[3]) Die Aufschrift dieser Programme sowie die Beschreibung der Feier durch Schultze sehe man nach in der erwähnten Chronik der Universität von Schreiber S. 11.

im Pfauen, woran neben den Lehrern der Universität und Vertretern der Stadt¹) auch vier „chapeux d'honneur" aus den Akademikern teilnahmen. Musik und Fackelzug der Studenten am Abend bildeten den Schluss der Feier, von deren Glanz aller Mund voll war.

Schon im Frühjahr 1829 begannen die Vorbereitungen für das 50jährige Dienstjubiläum des Nachfolgers von Menzinger als Senior der mediz. Fakultät, des Geh. Hofrats *Schmiderer*.²) Als Tag des Festes wurde der 30. Juli, als Vorabend des Namenstages (Ignatius) des Jubilars, bestimmt; das Programm nomine Universitatis verfasste Fromherz. Die Feierlichkeiten selbst waren die gleichen wie beim Jubiläum Menzingers;³) nur wirkten hier noch das Großh. Hofgericht, dessen Medizinalreferent Schmiderer seit 23 Jahren war, sowie die Musik des bürgerlichen Ehrenkorps mit, als dessen Bataillonsarzt er wirkte. — Auch Schmiderer erhielt zu dieser seiner seltenen Feier das Ritterkreuz des Zähringer Löwenordens.

Zwischen diese beiden Jubiläen hinein fällt ein Fest ganz anderer Art, das der *Einweihung des ersten Erzbischofs* der neuerrichteten Erzdiözese *Freiburg* am 21. Okt. 1827. Dieses Fest war nicht nur seiner allgemeinen Bedeutung wegen, sondern aus zwei ganz besondern Gründen für die Hohe Schule so wichtig, weil nämlich der zu weihende Kirchenfürst, Dr. Bernhard *Boll, ein früheres Mitglied ihres Lehrkollegiums* war, und weil zweitens der *Rector magnificentissimus, Großherzog Ludwig, selbst nach Freiburg kam* und an der Feier teilnahm. Auf die Anzeige hin, dass letzteres geschehen werde und der Hof seinen Platz bei der Konsekration im sog. *Apostelchor der Universitätskirche*⁴) zu nehmen gedenke, wurde (nach Beschluss vom 6. Sept. 1827) dieser Chor schleunigst hergestellt, sowie eine aus den Professoren Schreiber, Ecker und Zell bestehende Kommission ernannt, „welche die in dem Gebäude

¹) Die Stadt verlieh dem verdienten Lehrer und Arzt das Ehrenbürgerrecht.

²) Seit 1781 öffentlicher Lehrer, seit 1778 als kaiserlich österreichischer Militärwundarzt im Staatsdienst.

³) Vgl. Schreiber in der angeführten Chronik von 1829—32, S. 33

⁴) Diese Kirche war zur Feier ausersehen — ein dritter Grund zu besonders festlichen Veranstaltungen seitens der Hohen Schule.

nöthigen Einrichtungen anordnen solle" (11. X). Die von dieser Kommission gemachten Vorschläge wegen Einrichtung der Kirche „und des übrigen Locale", Illumination u. s. w. wurden mit einigen Aenderungen am 13. Okt. angenommen.

Am Abend des 20. Okt. kam der Großherzog an. Eine nach Eintritt der Dunkelheit beginnende allgemeine Beleuchtung der Stadt eröffnete die Festlichkeiten. Dabei waren auch die beiden Universitätsgebäude (die alte und die neue Universität) sowie das Portal der Universitätskirche besonders festlich beleuchtet. Das ältere Universitätsgebäude zeigte auf einem transparenten Gemälde das Innere eines Tempels, in dem eine Muse vor der Büste des Großherzogs einen Lorbeerkranz niederlegt; zwischen den Säulen des Tempels erschienen in der Entfernung die Burg Zähringen und der Freiburger Münsterturm. Die Inschrift bestand aus den horazischen Worten[1]): Dignum laude virum Musa vetat mori. An den beiden Eingängen der neuen Universität standen die Worte: Optimo Principi, Universitatis Restauratori, und Patri Patriae, Rectori Magnificentissimo.

Am Festtag selbst, dem 21. Oktober, an dem eine Menschenmenge zusammenströmte, wie sie Freiburg seit Jahren nicht mehr gesehen hatte, wurde vor Beginn der kirchlichen Feier der Landesherr und Rektor im Konsistoriumssaal begrüßt durch Ueberreichung von zwei lateinischen Oden, deren Verfasser Zell und Deuber waren, sowie eines deutschen Gedichtes. — Der neue Erzbischof erhielt von der Universität ein kunstvolles Glückwünschungsdiplom.

Am 22. Okt. war zunächst feierliche Sitzung im Konsistoriumssaal. Außer allen Konsistorialen[2]) waren anwesend als Gäste der Fürst von Fürstenberg und „viele andere Honoratioren". Nachdem der Prorektor (Welcker) eine eigens errichtete Tribüne bestiegen, fanden die *Ehrenpromotionen* statt. Es wurden promovirt:

1) in der *theolog. Fakultät:* der Erzbischof von Köln, Graf von *Spiegel*, welcher den neuen Erzbischof konsekrirt hatte; der Geh. Rat und Mitglied der kathol. Kirchensektion *Engesser* in Karlsruhe; der Generalvikar des neu errichteten

---

[1]) Es ist der überzählige (unechte) Vers in der vorletzten Strophe der 8. Ode des 4. Buches.

[2]) Mit Ausnahme des in Karlsruhe weilenden Duttlinger.

Erzbistums Herrn. v. *Vikari*: alle drei „wegen ihrer Verdienste um Staat und Kirche und zur Feier der Errichtung des hiesigen Erzbisthums."

2) in der *jurist*. Fakultät: Justizminister v. *Zyllenhardt* in Karlsruhe „wegen seiner Verdienste um die Rechtspflege und Gesetzgebung in unserem Vaterland und wegen seiner ausgezeichneten Wissenschaft im Fache der Jurisprudenz."

3) in der *mediz*. Fakultät: Sanitätsrat *Nussbaumer* in Karlsruhe „in Anerkennung der Verdienste, die er sich durch mehr als zwanzigjährige Thätigkeit um unsere vaterländische Krieger erwarb, sowie in Anerkennung seiner medizinischen und chirurgischen Kenntnisse."[1])

4) in der *philosoph*. Fakultät: Artilleriemajor von *Zech* in Karlsruhe als „ein sowohl durch seine allgemeine wissenschaftliche Bildung, als besonders durch seine Kenntnisse in den militärischen Wissenschaften ausgezeichneter Offizier und Verfasser einiger sehr geschätzter Schriften." — Bei der akademischen Feier in der Universitätskirche sprach der derzeitige Prorektor Welcker „Ueber das rechte Verhältnis von bürgerlicher Ordnung, Kirche und Schule, mit Rücksicht auf badische Staatsgrundsätze" (Gedruckt bei Herder 1828).

Wie sehr die Universität zu Freiburg, nicht weniger als die in Heidelberg, dem ersten badischen *Großherzog Karl Friedrich* zum Dank verpflichtet sei, haben wir im ersten Teil unserer Arbeit bemerkt. Kein Wunder also, wenn auch sie mit Eifer und Begeisterung sich rüstete zu der am 22. Nov. *1828* stattfindenden *Säkularfeier der Geburt* desselben. Schon im Oktober begann man, trotzdem zur Zeit noch viele Professoren abwesend waren, mit den Vorbereitungen. Namentlich erhielt die Universitätsaula eine „passendere und anständigere Einrichtung und Verzierung".[2]) So wurde z. B. Karl Friedrich durch eine unter seinem Bildnis (von Prof. Zoll) angebrachte Inschrift als Germaniae Nestor et Traianus gefeiert. Das Einladungsprogramm von Zell trug die Aufschrift: „Divi Caroli Friderici prima sacra saecularia ab universitate Alberto-Ludoviciana celebranda indicit Carolus Zell." Beim Festakt selbst, am

---

[1]) Wobei der Promotor namentlich eine neue von Nussbaumer erfundene Maschine zur Heilung von Beinbrüchen anführte.

[2]) Sie hatte nicht lange vorher als Schmuck die Büsten ihrer beiden verstorbenen Lehrer Jacobi und v. Ittner erhalten.

22. Nov. Morgens 10 Uhr. hielt der derzeitige Prorektor Beck die Festrede, betreffs derer beschlossen worden war (18. X.), dass ihr Gegenstand „einzig Carl Friedrich seyn solle." Bei dem Kurator von Türkheim als dem Vertreter des Großherzogs fand eine feierliche Huldigung statt; Abends 9 Uhr zogen die Akademiker in endlosem Fackelzug mit Musik vor dessen Wohnung. — Am folgenden Tag, (23. Nov.), wo die kirchliche und die städtische Feier war, nahm die Universität wiederum natürlich lebhaften Anteil.[1]) — Ebenso wurde von den Universitätsangehörigen beigesteuert zu der zum Andenken an jenes Fest begründeten *Karl-Friedrichsstiftung*.

Es wurde oben bei Gelegenheit die Grundsteinlegung der neuen protestantischen Kirche am Ludwigstag 1829 erwähnt. Diese Kirche ist nichts anderes als die abgebrochene und in Freiburg fast in gleicher Weise wieder aufgebaute *Klosterkirche* zu *Thennenbach*. Bei dem Abbruch nun dieser Thennenbacher Klosterkirche wurden die dort beigesetzten *Ueberreste hoher Angehöriger des badischen Fürstenhauses ausgegraben und im Münster zu Freiburg beigesetzt.* Die feierliche nächtliche *Abholung und Uebertragung von Thennenbach nach Freiburg* fand am 10. Dez. 1829 statt, und die Universität wohnte in corpore diesem feierlichen Vorgang bei, ebenso dem feierlichen Totenamt im Münster am darauffolgenden Tag. Die betr. Toten waren 1) *Egon oder Egino, erster Graf von Freiburg*, † 1236, Gemahl der Agnes, Tochter des letzten Herzogs von Zähringen, Bertholds V. 2) *Agnes*, Markgräfin *von Hachberg*, geb. Gräfin von Hohenberg, † 9. April 1315. 3) Markgraf *Otto von Hachberg*, † 9. Juli 1386 in der Sempacher Schlacht.

Am 30. März 1830 *starb Großherzog Ludwig* im Alter von 67 Jahren und unvermählt. Die *akademische Trauerfeier* konnte der eingetretenen Osterferien wegen erst am 19. März — im Münster — stattfinden. Exprorektor Schneller feierte dabei den Verstorbenen mit Recht als den *großen Wolthäter* und den *zweiten Stifter der Universität*.

---

[1]) Beim Festgottesdienst wurde von der Kanzel die Antwort Karl Friedrichs auf die Danksagung seines Volkes wegen Aufhebung der Leibeigenschaft verlesen. — Das ausführliche Programm der Feier enthält die Freiburger Zeitung vom 21. Nov. 1828.

Inhalt.

		Seite
I.	Patronatsrechte und auswärtige Besitzungen	1—11
II.	Veränderungen in der Organisation	12—16
III.	Allgemeine Finanzlage	16—26
IV.	Lehrangelegenheiten	26—39
V.	Das Lehrerkollegium.	
	a) In der theologischen Fakultät	39—42
	b) In der juristischen Fakultät	42—44
	c) In der medizinischen Fakultät	44—45
	d) In der philosophischen Fakultät	45—54
VI.	Institute	54—66
VII.	Die Studenten und ihre Vereinigungen	66—84
VIII.	Festlichkeiten	84—91

GESCHICHTE
DER
UNIVERSITÄT FREIBURG
IN BADEN
IN DER
ERSTEN HÄLFTE DES XIX. JAHRHUNDERTS
III. TEIL
1830 — 1852
VON
DR. HERMANN MAYER.

BONN 1894.
P. HANSTEINS VERLAG.

I. *Auswärtige Einkünfte und Finanzen im allgemeinen.*

Am 5. April 1830 nahm der Kreisdirektor Staatsrat v. Türkheim im Konsistoriumssaal den Lehrern und Beamten der Universität den *Huldigungs- und Unterthaneneid* ab. Und in der Woche nach Ostern begab sich eine Abordnung der Universität, bestehend aus dem Prorektor und den vier Dekanen, nach Karlsruhe, um *dem neuen Landesherrn die Huldigung der Hohen Schule* darzubringen. Die Kosten der Abordnung übernahm die Universitätskasse und vergütete jedem der Abgesandten für das Trauerkleid 50 fl. (Sitzung vom 3. April). — Bei Hof wurden — wie der Prorektor am 17. April dem Konsistorium berichtete — die Abgesandten, denen sich in Karlsruhe noch Duttlinger angeschlossen, überaus gnädig von Ihren Kgl. Hoheiten empfangen. Der Großherzog geruhte auch gleich, den ihm angetragenen Titel *Rector Magnificus* anzunehmen. Auch die Minister v. Berstett, Berkheim und Boeckh, sowie Staatsrat Winter sollen die Vertreter der Hohen Schule wolwollend aufgenommen, und ersterer inbezug auf die zu hoffende *Entschädigung für die Verluste der Einkünfte im Elsass* sich zur Mitwirkung ganz geneigt gezeigt haben.

Schon am 16. Oktober 1829 hatte nämlich der Prorektor den Beschluss angeregt, dass „die geeigneten Schritte versucht werden sollen, um von S. Maj. dem König von Frankreich eine Entschädigung für jene Besitzungen, oder wenigstens die Arreragen zu erlangen, und ebenfalls dass der Herr Prorektor die zu diesem Ende nötigen Schriften verfasse, und nur die Hauptschriften vor der Expedition dem Consistorio vorläufig mitteile." — Zu der Verfassung dieser Schriften wurde jetzt (17. IV. 1830) nochmals der Prorektor (z. Z. Schneller) aufgefordert, damit solche durch das Ministerium d. I. und jenes der auswärtigen Angelegenheiten der französischen Regirung eingereicht würden. Dazu musste man sich freilich noch vorerst an Ort und Stelle genaue Kenntnis darüber verschaffen, welche Güter und Gefälle noch unveräußert oder aber erst seit der Restauration veräußert worden seien. Zu diesem Geschäft wurde am 20. April der Geistl. Rat Werk als abzuordnender Kommissarius gewählt, jedoch musste man zuvor beim Ministerium d. I. die Genehmigung dazu nachsuchen.

Schon am 28. April konnte der Bericht Werks vorgelegt werden, und mit demselben der Entwurf eines *Ersuchsschreibens an die Präfektur in Kolmar* um *offizielle* Mitteilung darüber, welche von jenen Gefällen veräußert worden, welche noch vorhanden seien usw. Dieser Entwurf war verfasst von Schneller.

Auf eingegangene Antwort des Ministeriums vom 18. Juni hin wurde am 8. Juli Werk bevollmächtigt, nach Kolmar zu reisen und den dortigen Kgl. Directeur des Domaines zu fragen, ob und was von den vormaligen Gefällen und Benützungen der Universität allenfalls noch unveräußert in den Händen des Staats, und wohin das Uebrige gekommen sei.

Ob in der Sache noch weiter etwas geschehen sei, darüber findet sich nirgends eine Andeutung. Wahrscheinlich ist es auch, dass man gar nichts ausrichtete, wenn wir bedenken, wie gleich nach den oben genannten Schritten die französische Julirevolution ausbrach, die offenbar auch den Verlauf dieser Verhandlungen ins Stocken brachte.

Etwa 10 Jahre später führte die Universität ähnliche Unterhandlungen mit dem Nachbarland im Osten. Am 12. Februar 1841 ließ der Senat im Einverständnis mit der Wirtschaftsdeputation das Ministerium d. I. bitten, „es möchte durch Vermittlung des hohen Ministeriums des großh. Hauses und der auswärtigen Angelegenheiten und der Großh. Gesandtschaft bei der *Kgl. würtembergischen Staatsregirung* sich dafür verwenden, dass der Universität Freiburg das ihr *in ihren Pfarrzehntgemarkungen* entzogene, bis 1807 immer ausgeübte *Novalzehntrecht (in Würtemberg)* wieder eingeräumt werde. Für den Fall, dass es untunlich seyn sollte, solcher Bitte zu deferiren, schließe man sich an die andere der Wirtschaftsdeputation um Ermächtigung, die Ansprüche im Rechtswege austragen zu dürfen . . . . ." Aber man kümmerte sich in

Stuttgart nicht nur um diese Bitte nicht, sondern ließ sogar am 14. April 1848 und 17. Juni 1849 ein *Zehntablösungsgesetz* erscheinen. Nun waren die Einkünfte der Universität aus Schwaben nach einer Durchschnittsberechnung schon in den Jahren 1839 bis 49 von 23,900 fl. bis auf 12,800 fl. für das Jahr gesunken. Durch die Bestimmungen dieses Ablösungsgesetzes aber wurde die Summe weiter bis auf jährliche 7867 fl. vermindert. Die Gesamtsumme des Verlustes, den die Universität in Schwaben erlitt, wurde auf 11,600 fl. geschätzt. Natürlich war an Ueberschüsse der Einkünfte von dort unter solchen Umständen nicht mehr zu denken.

Infolge dieser und anderer Ausfälle und Verluste sowie der immer sich vergrößernden Ansprüche der verschiedensten Institute an die Kasse[1]) machte sich das *Bedürfnis einer Erhöhung des Staatszuschusses* immer mehr geltend, namentlich wenn man an die Summen dachte, die Heidelberg alljährlich aus der Staatskasse bekam. In letzterer Beziehung schon wurde das Prinzip der Gleichstellung der beiden Universitäten aufgestellt, welches so viel als möglich festzuhalten sei. Zur Beratung darüber, wie die Interessen der Universität auf dem nächsten Landtag zur Sprache gebracht und vertreten werden möchten, wurde am 21. Januar 1831 eigens eine Kommission eingesetzt, bestehend aus dem Prorektor als Vorsitzenden und den Konsistorialen Buchegger als Wirtschaftsdirektor, v. Rotteck, Welcker, Duttlinger und Zell als Mitglieder der I. und II. Kammer, sowie Werk, Beck, Schultze und Schneller. Diese Kommission verfasste nun verschiedene Entwürfe, namentlich den zu einer Bittschrift an den Großherzog „um allergnädigste Aufnahme einer unseren auf edles Wirken gerichteten Wünschen entsprechenden *Dotationsvermehrung* in das der II. Kammer vorzulegende Budget, damit die hohe Schule in Stand gesetzt werde, als teutsche Hochschule, als Schwesterschule Heidelbergs und als nach Richtung und Eifer selbstvertrauend sich jeder andern Vergleichende, zu genügen." — Dieser Bitte schloss sich auch die Stadt an.

Ueber die Bittschrift stattete der Forstmeister und Kammerherr v. Neveu am 5. Juni in der I. Kammer Bericht ab.

---

[1]) Die jährlichen Bedürfnisse mit Beifügung des Defizits wurden (1831) für die nächsten 6 Jahre berechnet auf 34,680 bis 38,480 fl.

Infolge der Fürsprache verschiedener einflussreicher Gönner
— Fürst v. Fürstenberg, Erzbischof Boll, Kurator v. Türkheim,
Prof. Zell u. a. — wurde sie dem Staatsministerium und
der Budgetkommission empfehlend überwiesen. An die genannten
Herren wurden von der Universität alsbald Danksagungsschreiben
abgesandt. — Auch betreffs des Pensionsbezugs
der Universitätswittwen aus der Staatskasse könne
man — wie Zell am 22. Juni berichtete — einer günstigen
Entscheidung nächstens entgegensehen.

Von der II. Kammer wurde am 10. Nov. d. J. mit 27
gegen 23 Stimmen beschlossen, für die Universität Freiburg
einen *ständigen Zuschuss von (weiteren) 15000 fl.* in Antrag
zu bringen. Auch den Fürsprechern in dieser Kammer sandte
man Dankschreiben. Die Abgeordneten der Universität aber
in den beiden Kammern wurden in vierspännigem Wagen
durch Vertreter in Emmendingen abgeholt. Einige Tage später
and sodann ein besonderes Universitätsfest denselben zu Ehren
statt, zu welchem Beiträge gesammelt wurden.

So kamen denn im Jahre 1831 zu den 1820 bewilligten
15000 fl. weitere 15000 fl. aus der Staatskasse. Dazu kamen
aber noch
1) für die Kuratel . . . . 400 fl.
2) Ohmgeldsentschädigung . . . . 4845 fl. 42 Kr.
3) als sog. Klosterrente . . . . 1297 fl. 19 Kr.
4) Ferner Zuschuss statt der aus verschiedenen
kathol. Stiftungen früher geleisteten
Beiträge . . . . 5000 fl.

im ganzen also 30 000 + 11 543 fl. 1 Kr. = *41543 fl. 1 Kr. Zuschüsse
aus der Staatskasse.*

Verwendet wurde der erstmalige neue Zuschuss für
1831/32 in folgender Weise:[1])
1) für die Bibliothek zur Schuldentilgung . 2000 fl.
2) für den Ankauf der Bücher aus der Verlassenschaft
des Freiherrn v. Baden . . 976 fl. 20 Kr.
3) zu Bücherneuanschaffungen . . . . . 1500 fl.
4) für das Klinikum zur Bauführung für die
Hebammen, zur Einrichtung des chirur-

---

[1]) Anträge der Dotationszuschusskommission vom 28. Mai 1832,
genehmigt vom Ministerium d. I. am 15. März 1833.

gischen Hörsaals, zum Ankauf eines geburtshilflichen Apparats und zur Schuldentilgung . . . . 6941 fl. 10 Kr.
5) zur Erweiterung des botanischen Gartens 2000 fl.
6) zum Ankauf der anatomisch-pathologischen Sammlung (550 fl.), der Mineralien (22 fl.) und der Bibliothek (namentlich aus dem Fach der Tierheilkunde) (297 fl.) des † Hofr. Schmiderer . . . 869 fl.
7) für das zoologische Kabinet (Errichtung eines Dörrofens) . . . . 100 fl.
8) zur Herstellung physikalischer Instrumente 200 fl.
9) zum Ankauf eines krystallographischen Apparats . . . . 100 fl.
10) zum Ankauf der Lippertschen Daktyliothek 313 fl. 30 Kr.
_____
15000 fl.

Für die Zukunft — also von 1832/33 an — schlug die Kommission am 22. Juni 1832 vor, „dass 11090 fl. des neuen Dotationszuschusses theils zu den verschiedenen Anstalten, theils (mit 2200 fl.) zu Besoldungen und Besoldungszulagen zu verwenden sein möchten, worin aber dem diesseitigen Ermessen lediglich heimgestellt ist, wie der Rest von 3910 fl., *welchen Ansprüche im Betrage von ca. 12000 fl. gegenüber stehen*, verwendet werden soll." Diese Vorschläge wurden aber nur mit verschiedenen Abänderungen — die alle aufzuzählen hier zu weit führen würde — vom Ministerium angenommen. Für Besoldungen, Besoldungszulagen usw. konnte freilich etwas mehr gewährt werden, da unterdessen durch längeres Nichtbesetztsein von verschiedenen Lehrstühlen eine Summe von über 6000 fl. anheimgefallener Gehalte sich aufgehäuft hatte.

Am 5. März 1833 — also noch vor der Bestätigung der erstmaligen Verwendungsvorschläge — wurde vom Ministerium der Universität und zwar zunächst der Wirtschaftsdeputation, die Frage vorgelegt, „ob es nicht vortheilhafter sei, *sämtliche Güter und Gefälle der Universität Freiburg*, soweit sie im Badischen liegen, durch einen Vertrag *dem Staat* in der Art *auf eine gewisse Reihe von Jahren zu überlassen*, dass der Universität der nach Durchschnittsjahren zu berechnende Ertrag als eine Pacht aus der Staatskasse baar bezahlt und dieser mit der übrigen Dotation des Staates und den sonstigen Einnahmen verrechnet werde." Nachdem die Wirtschaftsdeputation ihre Meinung geäußert und die Angelegenheit dann auch sämtlichen Professoren zur Einsicht vorgelegt worden, fügte das Plenum nach umfassender Beratung[1]) den Betrachtungen der Wirtschaftsdeputation noch folgendes hinzu: Die Universität sei keine *unmittelbare* Anstalt des Staates, sondern nur eine mittelbare, die mit ihrer selbstständigen Dotation zum Staat in einem Verhältnis stehe, wie z. B. das Erzbistum. Darin scheine eine *rechtliche Unmöglichkeit* zu liegen, der Universität die *Selbstverwaltung* ihres Vermögens so *abzunehmen*, wie dies bei unmittelbaren Staatsanstalten geschehen könne. Die Verwaltungsmissbräuche, die etwa ein Grund zu einer Verwaltung durch den Staat sein könnten, seien schon seit der Untersuchung durch den Hofgerichtsdirektor Hartmann im Jahre 1811[2]) geschwunden. Schließlich sei zu erwägen, dass die Universität im Jahre 1808 infolge höchster Staatserlaubnis für mehr als 200 000 fl. Staatsgüter angekauft habe, und dass sie dieses nie getan hätte, wenn sie je daran hätte denken können, dass ihr die Selbstverwaltung ihrer Güter je würden entzogen werden.

Auf diese Erklärung hin blieb die Sache auf sich beruhen.

Dagegen hielt es die Regirung doch nicht für überflüssig, wieder einmal, wie 1811 (s. oben) selbst einen Einblick in die innern, namentlich die finanziellen Verhältnisse der Universität an Ort und Stelle zu tun. Sie schickte deshalb im Juli 1836 den *Staatsrat Nebenius* als Kommissär nach Freiburg. Nach dessen eigenen Worten war der Zweck seines Kommens der, mit den verschiedenen akademischen Behörden, „die im Interesse des akademischen Unterrichts, der Institute und der *Oekonomie* der Hochschule ihm begründet scheinenden Vorschläge zu machen." Er besichtigte sämtliche Institute der Hohen Schule, besprach sich über die Bedürfnisse und beriet namentlich mit der Wirtschaftsdeputation über den Haushalt.[3])

[1]) Ich kann hier kürzer sein, weil Pfister a. a. O. S. 158 und 159 die Gründe der Universität ausführlicher dargelegt hat.

[2]) Sieh I (1806—18), 1, Abschnitt 6 und Pfister S. 136.

[3]) In einer außerordentlichen Wirtschaftsdeputationssitzung, die er berief und leitete (18. Juli), ergaben nach seiner Berechnung

Die Ergebnisse nannte er in einer Senatssitzung am 21. Juli sehr erfreuliche, es herrsche überall Ordnung usw. — Die Vorschläge, die er wegen verschiedener Institute machte, werden später zu erwähnen sein.

Schon im Jahre 1832 hatte man, wie oben erwähnt, die Bemerkung gemacht, dass dem jeweiligen Ueberschuss doch immer Ansprüche in weit höherem Betrag entgegenstehen. Mit Rücksicht auf diese Tatsache wagte man es denn auch am 28. Juli 1837, eine Vorstellung nach Karlsruhe zu senden, in der um die Aufnahme eines *vorübergehenden Dotationszuschusses von 3000 fl.* in das Staatsbudget gebeten wurde. Und wirklich war die Universität so glücklich, durch gnädigsten Entschluss des Großherzogs schon vom 30. Juli die Bitte erfüllt zu sehen. Dieser Zuschuss wurde denn bis 1841 gewährt, für die weiteren zwei Jahre 1841—43 trat dann eine Herabsetzung auf 1560 fl. ein; vgl. Pfister S. 164.

Weniger geneigt zeigten sich in denselben Julitagen 1837 die Ständekammern der Universität gegenüber. Trotzdem der Abgeordnete Trefurt in seinem Bericht der Budgetkommission am 24. Juli betonte, dass — wie schon auf den frühern Landtagen zugestanden worden war — die Universität Freiburg „besonders in Anbetracht ihrer Schuldenlast, jedenfalls im Verhältnis zu den Ansprüchen, welche an ihre Leistungen für den Lehrzweck gemacht werden müssen, *nicht übermäßig dotirt*" sei, trotzdem auf die Mangelhaftigkeit mancher Anstalten der Universität, namentlich auf die bedeutenden Lücken der Bibliothek in der neueren Literatur hingewiesen wurde: zeigte sich doch die II. Kammer am 26. Juli äußerst zurückhaltend gegen die Forderungen der Hohen Schule und *strich* schließlich[1]) an den oben genannten *41,543 fl. wenigstens die*

---

die Einnahmen 78,297 fl. 19 Kr. Die Ausgaben 74,624 fl. 38 Kr., der Ueberschuss also 3672 fl. 21 Kr. Jedoch gab er zu, dass diese Ueberschusssumme auf 200—400 fl. zusammengehen werde, wenn die neuen jährlichen Ausgaben davon in Abzug kommen, welche notwendig beantragt werden müssten. Die Bestimmungen, welche die periodischen Ueberschüsse infolge dieser Berichtigung erhielten, lese man bei Pfister S. 161 nach.

[1]) Ungeachtet des heftigsten Widerspruchs der Abgeordneten Duttlinger, Buss, Schinzinger u. a., freilich auch nur mit einer Mehrheit von einer Stimme (26 gegen 25).

für den Kurator geforderten 400 fl. — während für die Universität Heidelberg die geforderte Summe von 85.223 fl. anstandslos bewilligt wurde. — Von diesen verbliebenen 41,143 fl. müssen aber 11,143 fl., d. h. die oben genannten Nummern 2, 3 und 4, abgerechnet werden, da sie nur Entschädigungssummen für entzogene Gehälter sind; sonach bleibt ein *reiner ständiger Staatszuschuss von 30 000 fl.* Dieser erhöht sich nur noch im Jahre 1843 durch *2000 fl.*, die für eine staatswirtschaftliche Lehrkanzel bewilligt wurden.

Eine neue Ueberraschung, die überhaupt als allgemeine Merkwürdigkeit bezeichnet zu werden verdient, brachte der Universitätskasse das nächste Jahr. Auf einmal nämlich kam die Aufforderung zur Bezahlung einer *aus den neunziger Jahren des 18. Jahrhunderts herrührenden Kriegskontributionsschuld* von 23 fl. 32 Kr. nebst Zinsen von 33 fl. 4 Kr.[1]) Der Senat richtete am 7. Mai 1838 eine Bitte an das Ministerium d. I., beim Finanzministerium sich zu verwenden, „dass von rubrizirter Forderung und zumal von den Zinsen derselben Umgang genommen und der Betrag bei der Steuerkasse in Abgang dekretirt werde." Aber die Forderung wurde vom Ministerium am 17. Januar 1840 nochmals gestellt, worauf der Senat wol oder übel am 3. März der Wirtschaftsdeputation befahl, die Summe auszuzahlen. In ähnlicher Weise war am 31. Dez. 1838 ein Schreiben vom Großh. Hauptsteueramt Freiburg eingereicht worden, nach dem die Hohe Schule einen *Rückstand an der Rötteler Kriegskontribution* samt Zinsen im Betrag von 56 fl. zu bezahlen hatte.

Es wurde schon früher erwähnt, dass die Universität den Verlag des oberrheinischen Anzeigeblattes zu vergeben hatte. Dieses Recht behielt sie bis 1840. Da kam am 7. Okt. dieses Jahres folgender Ministerialerlass: „Durch das nachträgliche Budget pro 1839/41 ist für die hiesige Universität pro 1840 eine *Dotations-Ergänzung* von 2421 fl. genehmigt worden, und zwar als *Ersatz für die von dem Verleger des*

---

¹) Umgekehrt hatte die Stadt Freiburg seit dem Jahre 1780 rückständige Forderungen an die Staatskasse für geleistete und vorschussweis bezahlte „Kriegsprästationen" zu machen; die Summe war schließlich samt den Zinsen bis 80,000 fl. angestiegen. Erst im Jahre 1835 wurde die Summe vom damaligen Bürgermeister v. Rotteck — dem Neffen des Universitätsprofessors — liquidirt.

Anzeigeblattes des Oberrheinkreises dorthin bezahlte *Summe seines* ganzen *Pachtzinses* von jährlichen 1800 fl., sodann für den von der Amtskasse aus dem Pachtzins des Verlegers des Anzeigeblattes für den Seekreis geleisteten Zuschusses von jährlich 621 fl., *welche Beträge* budgetmäßig *künftig in die Amtskasse fließen sollen* . . . ."

Im Verlauf der vierziger Jahre gestalteten sich die Verhältnisse der Universitätskasse im allgemeinen immer günstiger. Die Ueberschüsse wurden schließlich so bedeutend,[1]) dass im Jahre 1844 auf eine Anfrage des Ministeriums, ob eine Erhöhung der staatlichen Dotation oder ein einmaliger Zuschuss nötig sei, die Universität erwidern konnte, infolge der günstigen Lage der Finanzen sei man in den Stand gesetzt, auf einen Wunsch in dieser Hinsicht zu *verzichten*.

Dass diese günstigen Verhältnisse der Hohen Schule keine geringe Anzahl von *Neidern* erregte, konnte nicht ausbleiben. Auf diesen Beweggrund ist wol in letzter Linie auch z. B. eine Aufsehen und Entrüstung erregende Verleumdung in Nro. 281 der Augsburger Allg. Zeitung des Jahres 1841 zurückzuführen. Daselbst wurde in einem Artikel, in dem von „*kleinen Universitäten in der Nähe des Rheins*" die Rede war, u. a. behauptet, dass nicht selten Engländer, Amerikaner und in neuester Zeit besonders Franzosen *bloß mittelst Einsendung der herkömmlichen Gebühren* sich den Doktortitel von diesen Hochschulen zu verschaffen gewusst hätten; „*namentlich*" — so heißt es am Schluss — „*soll dieser Fall mehrmals zu F. vorgekommen sein.*" In gerechtem Unwillen über solche Schmähung ließ man natürlich alsbald die genannte Zeitung um Aufnahme einer Erwiderung bitten, worin gesagt wurde, dass bei Verleihung des Doktorgrades in Freiburg so gewissenhaft als an irgend einer Universität in Deutschland verfahren werde und die angegebene Tatsache noch *nie* vorgekommen sei, man müsse daher diesen Versuch, die Universität vor der Welt zu verdächtigen und zu verunglimpfen, mit Abscheu zurückweisen.

Die vermehrten Ueberschüsse kamen wiederum in diesen Jahren vermehrten *Anforderungen*, die an die Kasse im In-

---

[1]) Das Budget für 1844/45 ergab ein Baarvermögen von 6913, das für 1846/47 ein solches von gar 11566, das für 1848/49 von 4577 fl. Vgl. Pfister S. 166 ff.

teresse des wissenschaftlichen Fortschritts gemacht wurden, zu gute. Wie die für die einzelnen *Institute* ausgeworfenen Gelder sich mehrten, das kann uns aber auch — abgesehen von den aus Einkommensüberschüssen geleisteten außerordentlichen Unterstützungssummen — eine *Vergleichung der in den Jahren 1820—30 und der im Jahre 1846 für dieselben ausgeworfenen Aversalgelder* zeigen.[1])

	1820—30	1846
1. Bibliothek	1600 fl.	2000 fl.
2. Chemie	180 „	250 „
3. Anatomie	200 „	350 „
4. Chirurgie { Apparate	140 „	200 „
{ Leichenanschaffungen	—	75 „
5. Physiolog. Laboratorium	100 „	100 „
6. Vergleichende Anatomie	—	150 „
7. Veterinärkunde	20 „	120 „
8. Pharmakologie	—	20 „
9. a) Physikal. Kabinet	} 291 „	{ 300 „
b) Mathemat. „		{ 150 „
	2531 fl.	3715 fl.

Ein Rückschlag für das günstige Fortschreiten der Finanzen erfolgte in der *Revolutionszeit:*[2]) Die Einnahmen stockten, strenges Eintreiben war unmöglich, und die Universität sah nicht nur die Ueberschüsse schwinden, sondern musste sogar Kapital aufnehmen. Dazu kamen Kosten für Einquartirungen, Kriegskosten u. a. m.[3])

Nach der Verwirrung und den schlimmen Tagen der Revolution — über die unten im Zusammenhang zu sprechen ist — fand am 27. Oktober 1849 eine neue *Finanzprüfung*

[1]) Diese Vergleichung ist entnommen der vom Senat 1846 „zum Gebrauch der Herren Institutsdirektoren und Verrechner" als Manuskript gedruckten „Sammlung der allgemeinen Vorschriften, welche die Katalogisirung der bei den verschiedenen akademischen Instituten an der Universität Freiburg bestehenden Sammlungen und Apparate und die Verrechnung der für dieselben ausgeworfenen jährlichen Aversalgelder zum Gegenstand haben."

[2]) Die interessanten Verhandlungen über die Finanzen der Universität bezw. über den staatlichen Zuschuss vor den Ständen des Jahres 1846 müssen des Zusammenhangs wegen unten mit der Frage der Aufhebung der Hohen Schule besprochen werden.

[3]) Vgl. Pfister S. 168.

bei der Universität, und zwar namentlich der Studienstiftungskasse statt. Die Kommission fand „Wolgefallen an dem gut geordneten Stand des Kassen- und Rechnungswesens" und ließ solches auch dem Stiftungsverwalter (Maier) ausdrücken mit dem Bemerken, „wie man seiner Tätigkeit die tunlichst baldige Verminderung der durch die Zeitverhältnisse etwas stark angewachsenen Zinsausstände erwarte." Die wichtigste von den bei dieser Gelegenheit aufgeworfenen Fragen, *„ob nicht die akademische Stiftungskommission entbehrlich sei,"* wurde von Senat und Kuratorium (Mai 1850) verneint. Die Vereinigung sämtlicher Studienstiftungen in der Hand *eines* Verwalters sei zwar wünschenswert, allein infolge *gewisser Bestimmungen mehrerer Stiftungsurkunden* — z. B. der Stiftungen Hänlin und Weidenkeller, die den Notarius universitatis d. h. den Syndikus zum Prokurator ernennen, — sei eine Veränderung so lange nicht möglich, als die Stelle eines Syndikus bestehe.

Wie schon oben erwähnt, war während derselben Revolutionsjahre durch die Zehntablösung in Würtemberg der Universität ein großer Verlust erwachsen. Die Regirung verlangte nun auf das Jahr 1852 eine *Dotationserhöhung von 11,600 fl., um die Hohe Schule billigerweise für den Abgang dieser Gefälle im Schwäbischen zu entschädigen.* Die Mehrheit der Kammer war aber auch hier wiederum der Universität nicht so günstig gesinnt; der endgiltige Kommissionsantrag lautete vielmehr dahin, statt genannter Summe nur einige Pensionen im Betrag von 3143 fl. 20 Kr. auf den Staatspensionsfond und eine Erhöhung der Dotation von 1000 fl. zu übernehmen. Im Bericht wurde hervorgehoben, dass die Einnahmen der Universität wechselnd seien, oft Ueberschüsse gewähren,[1]) welche zur Verteilung kommen, statt zur Deckung späterer Ausfälle aufbewahrt zu werden; ferner, dass über die Einkünfte in Schwaben ein sicherer Anhaltspunkt ganz fehle, jedenfalls aber auch eine Verminderung der Ausgaben durch Aufhebung besonderer Verwaltungen zu erwarten sei, und endlich, dass die Universität 74,328 fl. Aktivkapitalien und nur 15,107 fl. Schulden habe. *Ein Rechtsanspruch auf Ersatz verloren gegangener Gefälle bestehe nicht.* — Letzterer

---

[1]) Den genauen Stand der Finanzen in dieser Zeit sehe man bei Pfister S. 166 ff. nach.

Ansicht gegenüber machte (in der Sitzung vom 1. März 1852) Zell darauf aufmerksam, dass jener Ersatz doch wenigstens *Ehrenpflicht des Staates* sei, weil der Verlust der genannten Gefälle *den Fortbestand der Universität selbst in Frage stelle;* denn wenn auch die Rechnungen der Universität jenen Verlust nicht genau angäben, so dürfe man doch annehmen, dass sie wenigstens *um die Hälfte* geschmälert worden sei. Schließlich wurde mit 30 gegen 28 Stimmen ein Antrag Trefurts angenommen, der *außer der Pensionsübernahme 3000 fl.* (statt 1000) *bewilligte*.

Diese *3000 fl.* zusammen mit dem bisherigen *32 000 fl. reinen ständigen Staatszuschusses* machen (von 1852 bezw. 1853, wo sie zum ersten Mal ausbezahlt wurden, an) *35 000 fl.* Rechnen wir die unterdessen[1]) auf 13564 fl. 1 Kr. erhöhten Entschädigungen für entzogene Gefälle hinzu, so ergeben sich *48564 fl. 1 Kr.*, was den bei Pfister S. 169 genannten *83252 M. 58 Pfg.* gleich ist.

Diese Zahlen zeigen uns, wie schon unter der Regirung des Großherzogs Leopold die vom Staat gewährten Unterstützungen wenn auch langsam, so doch stetig sich mehrten, und wie der edle Fürst den Grund gelegt hat, auf dem weiterbauend sein Sohn, unser gegenwärtig regirender Großherzog Friedrich in warmer Fürsorge durch immer erhöhte Spendungen der Universität zusammen mit anderen Faktoren es möglich gemacht hat, das zu leisten, was sie heute leistet.

II. *Zeitweilige Schliessung und Neugestaltung der Universität.*

Schon unter der Regirung des Großherzogs Ludwig war es in den jugendlichen Landständen zu heftigen Auftritten gekommen und hatten die Verfassungskämpfe eine ganz bedrohliche Gestalt angenommen. Dass an diesen Kämpfen gerade Mitglieder der Universität Freiburg hauptsächlich beteiligt, ja sogar die Stimmführer der immer mit größerer Heftigkeit der Regirung gegenübertretenden freisinnigen Partei waren, ist schon oben bei Gelegenheit erwähnt worden. Nur aus dem Bestreben, diese Männer der Opposition bei den

---

[1]) Im Jahr 1849; s. Pfister S. 168.

Ständekammern mundtot zu machen, ist auch die erwähnte *Urlaubsverweigerung* zu erklären. Aber solche Versuche und Maßregelungen erhitzten die Gemüter nur noch mehr und vereinigten die Volksgunst in noch höherem Grad auf die Namen jener Männer, eines Rotteck, Duttlinger, Welcker u. a. Zwar war der Landtag 1824 aufgelöst und durch Machtdruck ein gefügigerer zusammengebracht worden, der ein Gesetz annahm, welches statt der bisher alle zwei Jahre vorgenommenen teilweisen Erneuerung der Abgeordnetenwahlen eine alle 6 Jahre vorzunehmende Gesamterneuerung brachte. So fielen denn die neuen Wahlen nicht mehr in die Regirung Großherzog Ludwigs, sondern in die seines bürgerfreundlicheren Nachfolgers Leopold. Dass sie 1831 fast ganz in liberalem Sinne ausfielen, dazu hatte die durch die Julirevolution hervorgerufene Gärung das ihrige noch hinzugetan. Eine der ersten großen Errungenschaften dieses neuen Landtags war¹) die endlich erlangte *Pressfreiheit* bezw. ein von der Regirung vorgelegtes *Pressgesetz*, das im allgemeinen die Presse freigab. Von Welcker war die Motion in der Kammer gegeben, von seinen Kollegen von der Hohen Schule der Antrag unterstützt worden. Welcker, Rotteck und Duttlinger gaben auch alsbald — am 1. März 1832, dem Tag, an welchem die Pressfreiheit ins Leben trat — eine „zensurfreie, liberale, politische Zeitung," genannt „*Der Freisinnige, Freiburger politische Blätter*", heraus. Das Erscheinen dieses Blattes wurde jedoch schon am 24. Juni desselben Jahres, da es die gegebene Freiheit gleich in schroffster Weise missbraucht habe, verboten.²)

---

¹) Neben dem Widerruf der 1826 gegebenen Wahlabänderung, einer neuen Gemeindeordnung, einer neuen Zivilprozessordnung u. a. m. Vgl. z. B. Schöchlin, Geschichte des Großh. Baden unter der Regirung des Großh. Leopold von 1830—52. Karlsruhe 1855. S. 139 ff.

²) Das Pressfreiheitsgesetz selbst wurde (aus dem gleichen Grunde) am 5. Juli 1832 auch unterdrückt (und erst 1848 wieder hergestellt; vgl. Bekk „Die Bewegung in Baden am Ende des Februar 1848 bis zur Mitte des Mai 1849." Mannheim 1850. S. 60.) — Auch die von Rotteck in München, Stuttgart und Tübingen seit 1830 herausgegebenen „Allg. politisch. Annalen" wurden im Sept. 1832 unterdrückt. — Ein Pressprozess, der gegen Welcker anhängig gemacht wurde, zog sich noch über dessen Entfernung vom Lehr-

Bei dem überaus *festlichen Empfang der Abgeordneten des Landtags* nach Schluss der Sitzungen am 4. Januar 1832, beteiligten sich, da ja vier der Gefeierten — Zell, Rotteck, Duttlinger, Welcker — der Universität angehörten, in ganz hervorragender Weise das Lehrerkollegium und die Studenten. In dem Zug, der den Heimkehrenden bis Emmendingen entgegenkam, waren Marschälle der Studenten sowie ein Sängerchor derselben auf geschmückten Wagen; ferner eine Abordnung des Konsistoriums mit zwei vierspännigen Ehrenwagen, vor ihnen ebenfalls Marschälle, von denen einer die Fahne trug mit der Aufschrift „*Pressfreiheit!*" Weiter hinten im Zug kamen nochmals Marschälle der Studirenden, ein zweiter Sängerchor und eine Abordnung der Akademiker in 5 vierspännigen Ehrenwagen, vor ihnen wieder Marschälle, einer mit einer Fahne, welche die Inschrift trug „*Konstitutionelle Wehrverfassung!*" — In Freiburg selbst hatten sich unterdessen die Akademiker in großem Fackelzug, „welchen wir hier noch nie glänzender sahen,"[1]) vom Zähringer Tor an durch die ganze Kaiserstraße aufgestellt. Eine unübersehbare Menschenmenge wogte durch die Straßen der Stadt. — Am Schluss des Festes begab sich der Fackelzug mit der Musik und dem Sängerchor vor die Wohnungen jener Abgeordneten, welche zugleich Universitätslehrer waren, „um jedem einzeln ein wiederholtes Lebehoch zu bringen."

Am 1. März, dem Tag, wo die *Pressfreiheit* in Kraft trat, gingen die Freudenbezeugungen noch einmal los. In der Mitternachtsstunde vom 29. Februar auf den 1. März wurden von den Studenten auf den Höhen des Schlossbergs einige Freudenfeuer angezündet und der Anbruch des wichtigen Tages durch Schüsse kundgetan. Dann begaben sich die Studenten in langem Zuge vor die Wohnungen Welckers, des Begründers der Motion auf Einführung der Pressfreiheit, Rottecks, Duttlingers und Zells und brachten ihnen Ständchen.[2])

---

amt hinaus. Erst als die juristischen Fakultäten von Kiel und Tübingen in einem geforderten Gutachten sich für Welcker und eine Verurteilung desselben für rechtlich unmöglich erklärten, erfolgte im Februar 1833 seine Freisprechung.

[1]) Worte der Freiburger Zeitung in einer Beschreibung des Festes in Nro. 7 und 9 d. J.

[2]) An demselben Tag fand dann auch eine bürgerliche Feier

Solche Demonstrationen, welche man aus einer regirungsfeindlichen Gesinnung der Universität und bezw. namentlich der Studenten -- die nicht zum erstenmal ihre Uebereinstimmung mit den Oppositionsmännern unter ihren Lehrern zu Schau trugen — herleitete, zusammen mit den in den vorangegangenen Jahren nicht seltenen Ausschreitungen von Akademikern waren es, die das Ministerium zu dem Erlass vom 14. Juli 1832 aufreizten, in welchem „alle Aufzüge, Nachtmusiken, Fackelzüge und andere dergl. Feierlichkeiten bis auf weitere Weisung unbedingt untersagt und der Inhalt des § 44 der akad. Gesetze[1]) in extenso republizirt" wurde. Ferner aber wurde *„für den Fall eines Aufstandes oder einer gewaltsamen Widersetzlichkeit der Akademiker"* nicht nur Gewalt entgegen angedroht, sondern sogar *die Schließung der Universität auf unbestimmte Zeit in Aussicht gestellt.* Aus allem ging — nach der Ansicht des Konsistoriums (16. VII) — hervor, dass nach Karlsruhe „die allerungünstigsten und ebenso unwahren Nachrichten über den Geist und die Stimmung der Akademiker in Freiburg gelangt sein müssen."[2]) Natürlich musste man trotzdem Folge leisten und den Erlass ausschlagen.

In der gleichen Sitzung ließ das Konsistorium dem Gemeinderat wegen des mit diesem Gegenstand in Verbindung stehenden *Planes einer zu errichtenden Bürgergarde* antworten, „man glaube nicht, dass eine solche Einrichtung gerade jetzt

statt. — Am 29. d. M. gab die Universität dann noch eine größere Feier zu Ehren ihres Vertreters in der I. Kammer, Zells.

[1]) Bezieht sich auf Trinkgelage, Unmäßigkeiten u. a. unter den Studenten.

[2]) Solchen bösartigen Gerüchten über regirungsfeindliche Gesinnung der Freiburger Studenten sucht offenbar auch Prof. Schneller in seinem Buch „Das Jahr 1831 in seinen Staatsumwälzungen und Hauptereignissen" (Stuttg. 1833) entgegenzutreten oder vorzubeugen, wenn er S. 274 sagt: „Die Stadt Freiburg, besonders die *Studenten* in ihr, meistens muntere Schwaben, biedere Schweizer, lebhafte Rheinländer, nahmen an den öffentlichen Angelegenheiten öffentlichen Anteil durch eine Art *Vergötterung für den Großherzog,* welcher Badens Verfassung zur Wahrheit gemacht." — In Wahrheit aber galt *Freiburg* damals als *der Hauptsitz des Liberalismus;* und dass, wie der Pressfreiheitsjubel, so auch die Unterstützung der Polen daselbst bis ins Uebermaß stieg, werden wir später noch sehen.

nöthig sey, indem man keine Ruhestörung befürchte. Sollte sich die Lage der Sache ändern, so sey man ganz wohl geneigt, das Erforderliche zu verfügen, damit auch eine Anzahl von Akademikern an der Einrichtung theilnehme, und zur Aufrechthaltung der Ruhe und Ordnung mitwirke." Sechs Tage später ließ man unter Hinweisung auf die höchste Verordnung im Regirungsblatt Nro. 31 durch Anschlag am schwarzen Brett verkünden, es bleibe zwar jedem einzelnen unbenommen, sich in den Waffen zu üben, dagegen könnten *öffentliche Aufzüge und Waffenübungen mehrerer unterbleiben*, „es sey denn, dass die Staatsregirung, wie dies bei dem Bürgermilitär der Fall ist, besondere Erlaubnis dazu erteilt hat."

Dass in solchen Zeiten von Ruhestörern gern jede Gelegenheit benutzt und anderseits von böswilligen Leuten jede Kleinigkeit aufgebauscht wird, ist bekannt. Kein Wunder also, wenn das Konsistorium, als zur offiziellen Kenntnis gelangt war, dass eine Anzahl von Personen dem auf den 29. Juli angekündigten *Feste*[1]) *in Ettenheimmünster* beiwohnen wollte in der Absicht, Unruhen zu erregen, am Tag zuvor durch Anschlag die Studirenden von der Teilnahme an jenem Feste abmahnen, sogar denselben solche ernstlich untersagen ließ.

Um den jeweils auftauchenden falschen Gerüchten entgegenzutreten, wurde am 28. Juli d. J. auf den Vorschlag Welckers eine Kommission eingesetzt — Prorektor Baumgärtner, Schreiber, Welcker, Beck, Perleb —, welche eine *Vorstellung an den Großherzog* beraten und abfassen sollte. Der Inhalt sollte sein „eine *Schilderung des jetzigen Zustandes der Universität und des Geistes derselben.*" Die Schrift, am 31. Juli dem Konsistorium vorgelegt und mit einigen Abänderungen genehmigt, wurde schon am 1. August in die Residenz abgeschickt — auch dem Ministerialdirektor Staatsrat Nebenius, damit derselbe dem Großherzog darüber wolwollend berichte. — Welcker äußerte sich auch bald nachher (11. Aug.) in der Kammer dahin, dass entgegen den vielfachen verleumderischen und übertreibenden Gerüchten Freiburg in einer Zeit, wo *verbrecherische Attentate und Verbindungen* sich *unter der aka-*

---

[1]) Dieses, wie andere zu Badenweiler, St. Ottilien usw., trug ganz den Charakter des berüchtigten *Hambacher Festes*. Vgl. Schöchlin a. a. O. S. 175.

demischen Jugend an mehreren anderen Orten gezeigt, sich davon ganz rein erhalten habe.

Aber das alles vermochte nicht, das Misstrauen, welches in regirenden Kreisen gegen die Universität herrschte, aus der Welt zu schaffen. Und nachdem diese erbitterte Stimmung einmal da war, hätte selbst ein geringerer Anlass genügt, die Katastrophe herbeizuführen. Um so unausbleiblicher war diese, nachdem gerade am *Geburtstag des Großherzogs, 29. Aug. 1832, arge Ausschreitungen vor der Hauptwache* vorgekommen, an denen auch wenige[1]) Akademiker beteiligt waren. Wie aus den erst am 24. Juli 1834 zum Abschluss gekommenen Verhandlungen hervorgeht, war der Verlauf folgender. Durch das schon früher verbotene Lied: „Burschen heraus!" wurde zunächst zur Teilnahme aufgefordert. Dann gings in wildem Zug durch die Straßen unter Absingen der Hambacher Lieder. Unterwegs wurde einem wegen schwerer politischer Vergehen Verhafteten ein Vivat gebracht. Nach dieser „würdigen" Vorbereitung erfolgte — z. T. unter weiterer Absingung verbotener Lieder — die tumultuarische Aufstellung vor der Hauptwache, wo es zu einem Kampf mit dem Militär kam, bei dem jedoch die Akademiker bald den Platz räumten. Dabei wurden namentlich die zwei Pedellen der Universität „arg misshandelt."[2]) Die ganze Sache schien auf einer — verbotenen — Versammlung verabredet worden zu sein.

Diese Auftritte also wurden bei ihrer offenbaren burschenschaftlichen Tendenz und weil die meisten der Teilnehmer einer verbotenen Gesellschaft Germania (s. unten) angehörten, als eine Beleidigung des Landesherrn und als ein Hohn auf alle gutgesinnten Bürger, welche festlich seinen Geburtstag begingen, angesehen.

---

[1]) Viele können es schon deswegen kaum gewesen sein, weil der Vorgang in die Ferien fiel.

[2]) Der eine von ihnen klagte namentlich auf Schadenersatz, weil ihm ein seidener Regenschirm abhanden gekommen war, den er später nicht wieder erhielt (!). Da das Militärkommando keine Miene machte, die beiden zu entschädigen, so trug man beim Ministerium um eine Entschädigung von 22 bzw. 11 fl. aus der Universitätskasse an. Da der eine aber darauf verzichtete, begnügte auch der andere sich mit 18 fl., die er am 9. Jan. 1835 bewilligt erhielt.

So traf denn als Antwort darauf das längst Befürchtete ein: Das Regirungsblatt Nro. 50 vom 12. September 1832 brachte die Großh. *Verordnung der Schließung der Universität.* Als Grund wird genannt „die verderbliche Richtung, welche die Universität Freiburg seit längerer Zeit in politischer[1]) und sittlicher Hinsicht dem größeren Teil nach genommen hat, und der daraus hervorgegangene nicht minder verderbliche Einfluss auf die wissenschaftliche Bildung der Studirenden selbst . . . . . ." Auch wird betont, dass trotz aller Ermahnungen und der schon erfolgten Drohung der Schließung am 29. August ein abermaliger Vorgang stattgefunden, „der einen neuen Beweis von der Verhöhnung der Gesetze, sowie von gänzlichem Mangel des Gefühls für Schicklichkeit und Anstand liefert." Sodann aber wird „im Interesse des gesamten Landes, sodann der Eltern insbesondere, welche ihre Söhne dieser hohen Schule anvertrauen, in Rücksicht auf die Einwohner der Stadt Freiburg, deren Ruhe so oft durch Ausgelassenheit der Studenten gestört worden ist, vor allem aber um, statt des bisherigen *mühelosen, eiteln und leichtfertigen politischen Treibens*, zum gründlichen Studium zurückzuführen, die Wissenschaft wieder in ihre hohe und ernste Würde einzusetzen, durch sie die Schüler zu veredeln, und solche für das Leben wahrhaft tüchtig zu machen" beschlossen:

1) Es soll „*eine zweckmäßige, die seitherigen Gebrechen beseitigende Reorganisation der Universität Freiburg, sowol in ob- als in subjektiver Richtung*" eintreten.

2) Bis zur Verkündigung dieser letzteren bleibt *die Universität geschlossen.*

3) *Sämtliche Studirende*, die nicht ihren ständigen Wohnsitz in Freiburg haben, haben binnen 2 mal 24 Stunden von dem Augenblick an, wo diese Verordnung durch öffentlichen

---

[1]) Dieses rege *politische* Treiben, zu welchem von Rotteck, Welcker u. a. auch die Studenten hingerissen wurden, war der Hauptgrund, und jener Tumult gab nur die unmittelbare schon längst gesuchte Veranlassung. Weil Freiburg — wie schon oben erwähnt — als Mittelpunkt solcher Bestrebungen galt, verlor es auch, wie man behauptete, seine Garnison, und selbst mit der Verlegung des Bischofssitzes und des Seminars soll gedroht worden sein. Vgl. Schöchlin a. a. O. S. 180 u. 181.

Anschlag verkündet ist, *aus der Stadt sich ruhig zu entfernen und in ihre Heimat zu verfügen.*

Zugleich mit der Mitteilung dieser Verordnung gab die Kuratel am 14. Sept. Nachricht von der erhaltenen Zusicherung, dass *die neue Organisation der Universität so beschleunigt werden solle, dass die Vorlesungen wieder zur gewöhnlichen Zeit beginnen können*¹) und weder die Lehrer noch die Studirenden, noch die Bürgerschaft durch die Maßregel der Schließung besonderen Nachteil leiden würden. Die Verkündigung wurde alsbald ad valvas angeschlagen und eine Kommission eingesetzt, um Mittel und Wege zu beraten, „in der gesetzlichen Bahn dasjenige zu erhalten, was, wenn die Tatsachen, worauf die Maßregeln der Schließung der Universität (inmitten der Ferien) allein gegründet seyn können, gehörig aufgeklärt sind, eine gerechte und weise Regirung der Gerechtigkeit und dem öffentlichen Wohl angemessen zu seyn selbst erachten werde." Diese Kommission ließ durch eines ihrer Mitglieder, Zell, eine Adresse an den Großherzog aufsetzen, in welcher gebeten wurde, einen außerordentlichen Kommissär nach Freiburg zu senden, um eine eingehende Untersuchung aller Tatsachen gemeinschaftlich mit dem Kurator zu bewerkstelligen und zu beschleunigen, „damit der Druck der vorläufigen außerordentlichen Maßregel, welche der Natur der Sache nach Unschuldige, ohne alles vorhergegangene Verhör treffen müsste, gewiss ganz den höchsten Intentionen Ew. K. H. selbst gemäß, in möglichster Bälde wieder aufhören möge." Mit dieser Schrift reisten gleich in der Frühe des andern Tages (17. Sept.) der Prorektor Baumgärtner und die Professoren Schreiber, Duttlinger, Beck und Zell selbst nach Karlsruhe, um auch mündlich dem Großherzog und seinen Räten und Ministern „die große Angelegenheit der Universität" vorzutragen. Aus dem Bericht, den sie am 22. Sept. über ihren Empfang gaben, ging nach der Ansicht des Konsistoriums so viel hervor, „dass man die Deputation nicht ungern gesehen

---

¹) Hocherfreut durch diese Versicherung beschloss auch die Stadtbehörde Freiburg, am 19. Sept. eine Abordnung von Mitgliedern des Gemeinderats und des Bürgerausschusses nach Karlsruhe zu schicken, um dem Großherzog den Dank für dieses wolwollende Versprechen auszudrücken und um recht baldige Erfüllung desselben zu bitten.

habe, und dass man zu Hoffnung berechtigt sey, von diesem Schritte nützliche Folgen zu erwarten" — zumal auch, wie oben erwähnt, Abgeordnete der Stadt in der gleichen Sache erschienen waren. Natürlich beschloss man, auch die Aufwartung bei dem demnächst in Freiburg zu erwartenden Besuch des Großherzogs zu benutzen und ihm „den Ausdruck des Bedauerns über die Schließung der Universität, Dank für die Schnelligkeit der zugesicherten Wiedereröffnung und Empfehlung der Anstalt in den Schutz S. K. H." zu überbringen.

Was nun die von der Regirung betonte Notwendigkeit der Schließung als des letzten und äußersten Mittels, um Ruhe und Ordnung herzustellen, betrifft, so hat man das in Freiburg, insbesondere vonseiten der Universität selbst, nie zugegeben. Freilich[1]) sei eine strafbare Ausschreitung der Studirenden vorgekommen. Abor die aktenmäßige Aufklärung ergebe, dass das Gerücht diesen Vorfall entstellt und übertrieben habe. Die Maßregel der Schließung sei also unverhältnismäßig stark und der Gerechtigkeit nicht gemäß gewesen. Eine verkehrte politische Richtung der Studenten sei in Freiburg jedenfalls in viel geringerem Maße als auf verschiedenen anderen deutschen Universitäten zu finden gewesen.

So viel von der *Schließung der Universität*. Worin bestand nun die in Aussicht gestellte notwendige „*Reorganisation in ob- und subjektiver Richtung?*"

Die Antwort gibt uns die *Verordnung des Großherzogs* aus dem Staatsministerium vom *23. Sept. 1832*. (Regirungsblatt vom 27. d. M.) Dieselbe bestimmt, dass *das bisherige* (seit 1767 bestehende) *Konsistorium aufgehoben* und an die Stelle desselben *ein akademischer Senat und eine Plenarversammlung sämtlicher Professoren gesetzt* wird. Der *Senat* besteht aus dem *Prorektor*, dem *Exprorektor* und vier *Mitgliedern aus den verschiedenen Fakultäten*, also aus 6 Personen. Von diesen treten nach Artikel 4 außer Prorektor und Exprorektor — die je *ein* Jahr im Senat bleiben — am Schlusse jedes Semesters nach der Reihenfolge des Eintritts in den Senat zwei aus. Die Austretenden können wieder gewählt werden, jedoch

---

[1]) So drückten sich etwa Zell und Rotteck in der I. bezw. II. Kammer, wo sie im Okt. und Nov. 1833 die Sache zur Sprache brachten, aus.

soll die ununterbrochene Dauer der Dienstzeit eines Mitglieds 3 Jahre nicht übersteigen. Artikel 5 besagt: „Die .... Mitglieder werden, bis auf gutfindende Aenderung der Ernennungsweise, auf den Bericht des Senats und nach erhobenem Gutachten des Kurators der Universität von Unserem Minist. d. I. ernannt. *Die erste Ernennung sämtlicher Mitglieder des Senats mit Einschluss des Prorektors behalten Wir uns aus.*" Letzteres geschah an demselben 23. September. Zum Prorektor wurde Hofrat Beck ernannt.

Auf diesen Senat gingen nun alle Geschäfte des bisherigen Konsistoriums über. Doch hörte das von letzterem geübte Recht, die Universitätswirtschaftsbeamten und niederen Diener selbst anzustellen, auf; der Senat hatte nur das Recht, dem Ministerium gutachtliche Vorschläge zur Neubesetzung solcher Stellen zu machen.

Der *Plenarversammlung* bleibt (nach Art. 10) vorbehalten das periodisch aufzustellende Budget und die damit in Verbindung stehenden Wirtschaftspläne. Ferner wird die Berufung des Plenums natürlich auch für andere wichtige Angelegenheiten vorbehalten. Dagegen dürfen Disziplinarsachen niemals, andere Sachen nur mit Genehmigung des Kurators vor das Plenum gebracht werden.

Von andern Bestimmungen dieser Verordnung nenne ich nur noch folgende:

(Art. 11). „Die Mitglieder des *Ephorats* ..... werden auf gleiche Weise, wie die des Senats, aus den 4 Fakultäten ernannt."

Art. 12 spricht von den Befugnissen des Ephorats und bestimmt, dass dasselbe vierteljährig seine Wahrnehmungen dem Senat mitzuteilen habe.

(Art. 13). „*Ueber alle* vorkommenden *Disziplinarvergehen* und die von dem Universitätsamte und dem akademischen Senate ergangenen Erkenntnisse in Disziplinarsachen *soll dem Kurator*[1]) von dem Universitätsamtmann *monatlich ein Verzeichnis vorgelegt werden* ...."

Der letzte (16.) Artikel endlich bestimmte, dass *der neue Senat längstens bis zum 15. kommenden Monats* (Okt.) *gebildet*,

---

[1]) Uebrigens bestimmte ein Erlass des Ministeriums vom 12. Mai 1834: „Die *Erkenntnisse des Senats bedürfen überall keiner Bestätigung durch den Universitätskurator.*"

sofort die Universität wieder eröffnet und *die Vorlesungen am 5. Nov. wieder begonnen werden sollen.* — Die erste Sitzung des Senats fand (unter dem Vorsitz Becks) am 5. Okt., die erste des Plenums am 5. Nov. statt. In jener ersten Senatssitzung erklärte Rotteck zu Protokoll, dass er der künftigen landständischen Kammer anheimstellen werde, *ob die Universitätsverfassung ohne Gesetz so gerade hin habe verändert werden können* — „ein durch die Konstitution garantirter Körper durch ein Regirungsreskript!" — Er legte diese seine Beschwerde der Kammer auch am 15. Okt. 1833 vor und beklagte es namentlich, dass das frühere freie und selbständige Kollegialverhältnis der Lehrer der Universität in eine *despotische* Verfassung umgewandelt worden sei, was nicht durch einfaches Regirungsdekret, sondern bloß im Wege der Gesetzgebung hätte geschehen können. Zum Schluss legte er öffentlichen Protest gegen dieses Verfahren ein. Staatsrat Winter erwiderte darauf: Die Regirung habe die Ueberzeugung gehabt, dass die bestehenden Einrichtungen nichts mehr taugten. Die Bande der Disziplin seien in Freiburg aufgelöst gewesen und der Hauptgrund dazu in den inneren Einrichtungen gelegen, die notwendigerweise eine Schlaffheit im Vollzug der Gesetze hätte herbeiführen müssen. Man habe notgedrungen die Einrichtungen getroffen, die auf der andern Landesuniversität und fast überall bestünden. Die *Exekutivgewalt* sei in der neuen Verfassung *mehr zusammengezogen* und dadurch *wirksamer gemacht* worden.[1])

Auch Zell sprach sich — in der I. Kammer — über die *neue Einrichtung* wie Rotteck aus, nur dass er auch ihre guten Seiten nicht verkannte. Die alte Einrichtung, meint er, habe namentlich den Vorzug gehabt, dass durch die gleiche Berechtigung und die fortwährende Teilnahme *aller* Professoren

---

[1]) Erwähnt möge hier nebenbei werden, dass schon im Aug. 1825 der derzeitige Prorektor Deuber im Konsistorium anfragte, ob er das Recht habe, in dringenden Fällen mit den vier Dekanen einen rechtskräftigen Beschluss salva ratihabitione Consistorii pleni zu fassen (also eine Art Senat zu berufen!). Das Konsistorium sprach damals die Ansicht aus, der Prorektor mit den vier Dekanen möge in dringenden Fällen sich wol beraten und Beschlüsse fassen, aber dies könne nur auf seine eigene Gefahr und unter seiner Verantwortung geschehen.

das Interesse derselben an der Anstalt stets rege erhalten worden und dass auch ein Mittel darin enthalten gewesen sei gegen alle nachteilige Einseitigkeit in der Leitung der gemeinschaftlichen Angelegenheiten. Freilich habe diese Einrichtung auch ihre entschiedenen Nachteile gehabt: Die Zeit und das Interesse, für diese oft wenig wichtigen Beratungsgegenstände aufgewendet, gingen für wissenschaftliche Beschäftigungen verloren; es gab leicht Gelegenheit zu innern Zwistigkeiten, und die Handhabung der akademischen Zucht war erschwert, weil die Entscheidungen nach der wechselnden Zahl und Abstimmung der jedesmal anwesenden Mitglieder wechselten. Für die Besorgung der laufenden Geschäfte, so schließt Zell, dürfte also wol die neue Einrichtung den Vorzug verdienen. Jedenfalls dürfe man sie nicht, wie in einer öffentlichen Versammlung[1]) geschehen, *despotisch* nennen, man müsste denn jede auf Wahl beruhende repräsentative Regirungsform so bezeichnen.

Allgemein kann man sagen, dass die bisherige *republikanische Verfassung* der Universität in eine mehr *aristokratische* umgewandelt worden sei. Trotz aller anscheinenden Ausführlichkeit in den Bestimmungen der genannten Verordnung vom 23. Sept. 1832 war doch noch manches in dieser neuen Verfassung unbestimmt und zweifelhaft, so namentlich inbetreff der *Befugnisse des Prorektors*. Das Ministerium sah sich in dieser Beziehung genötigt, in einem Erlass vom 31. Dez. 1832 folgende genauere Bestimmungen zu geben: „. . . Im allgemeinen hat *der Prorektor gegenüber dem Senat keine andere Stellung als früher gegenüber dem Konsistorium*. Jedenfalls aber muss es demselben freistehen — als eine Art „Direktorialgewalt" besitzend — 1) in Strafsachen ohne Aufschub des Vollzugs der Senatsbeschlüsse zum Zweck künftiger Anordnungen, sowie in Fällen, die ihm als geeignet erscheinen, dem Kurator zu . . . . . Einschreitung gerechte Veranlassung zu geben, dem Kuratorium Direktorialberichte zu erstatten, und 2) in andern Sachen, bei wichtigeren, seinen Ansichten zuwiderlaufenden Beschlüssen des Senats seien Bedenklichkeiten und Anstände vor dem Vollzug dem Kurator vorzutragen."

Der Lehrkörper der Hohen Schule konnte sich übrigens lange nicht recht an die neue Einrichtung gewöhnen und

---
[1]) Von Rotteck in der II. Kammer; s. vorige Seite.

sehnte sich immer nach der alten Verfassung zurück. Oeffentlich zum Ausdruck kamen diese Wünsche zunächst am 15. Januar 1842, wo sie die Abgeordneten Prof. Welcker und Universitätsadministrator Schinzinger vor die II. Kammer brachten. Man möge doch die von Kaiser Joseph II. eingeführte Konsistorialverfassung, wonach *alle* ordentlichen Lehrer Sitz und Stimme hatten, der Universität wiederum geben, oder aber doch wenigstens die frühere Einrichtung, wonach der jeweilige *Prorektor*, die *vier Senioren* der Fakultäten und die *vier Dekane* die akademische Oberbehörde bildeten, da dieselbe zweckmäßiger sei als die jetzige Senatsverfassung.[1])

In ähnlichem Sinn machte am 11. Juni 1843 die *medizinische Fakultät* den Vorschlag, man möge die jeweiligen *Dekane* der vier Fakultäten *in den Senat aufnehmen*, um denselben zu vergrößern.

Aber von einem offiziellen Antrag oder einer Bitte um irgend welche Abänderung erfahren wir nichts bis im Jahre 1848. Damals erst ließ das Plenum am 1. April beim Ministerium d. I. *auf Wiederherstellung der Universitätsverfassung, wie solche bis 1832 gewesen, antragen.* Zur Begründung wurde nur kurz bemerkt, wie man durch die günstigen Erfahrungen der älteren und durch entgegengesetzte der neueren Zeit in dem Glauben bestärkt sei, „dass durch Wiederherstellung der alten Verfassung die Interessen unserer Hochschule besser als dieses in den abgelaufenen 15 bis 16 Jahren möglich gewesen, werden gefördert werden."

Die Antwort des Ministeriums vom 16. Juni 1848 lautete dahin, *es sehe sich nicht veranlasst, auf die Bitte einzugehen*, da 1) man nicht wahrgenommen habe und auch nicht näher begründet sei, dass die 1832 eingeführte, auch vorher schon

---

[1]) Wenn Welcker ferner in einer andern Sitzung (vom 11. August 1842) dazu auffordert, man möge — mit Aufgabe der Aufhebungsgedanken — der Universität die drei kostbaren Güter lassen, durch welche eine Universität allein gedeihen könne, wissenschaftliche Lehrfreiheit, wissenschaftliche Selbständigkeit und Korporationsfreiheit; *dadurch habe Freiburg bis 1832 geblüht:* so bezeichnet er eben auch wieder das letztgenannte Jahr, das der Einführung der neuen Verfassung, als den Anfang des Niedergangs, und mithin auch — wenigstens mittelbar — die alte Einrichtung als erstrebenswert.

in Heidelberg übliche Einrichtung sich *nicht* als zweckmäßig bewährt habe, und 2) durch den Artikel 10 der Verordnung vom 23. Sept. 1832 ja die Möglichkeit gegeben sei, für alle wichtigern Angelegenheiten die Plenarversammlung zu berufen.

III. *Weitere Veränderungen in der inneren Einrichtung.*

An der Spitze der Vorkommnisse und Veränderungen, die *nicht* zu den eigentlichen Studiensachen gehören, stehen in dieser Zeit diejenigen, die mit Disziplinarangelegenheiten in Verbindung zu bringen sind.

Offenbar im Interesse einer genaueren und möglichst strengen Untersuchung stellte die Kuratel im Juli 1831 an das Konsistorium die Aufforderung, dass ein *Professor der Juristenfakultät* die *Aufsicht* und *bei wichtigen Fällen die Leitung bei dem Universitätsamt* übernehmen solle. Das Konsistorium ließ am 29. Juli erwidern, dass Prof. Amann die verlangte Aufsicht übernehme, dass aber die Fakultät wünsche, es möchte die Leitung in wichtigen Fällen dem Hofgerichtsadvokaten Berg übertragen werden.

Mit den *Universitätsamtmännern* hatte die Hohe Schule vielfaches Missgeschick. Wir haben schon oben gesehen, dass der eine zu nachlässig war und alles gehen ließ, der andere wieder zu hitzig dreinfahren wollte. Gegen einen dritten, de Laroche,[1] hatte man im Jahr 1839 gar den Verdacht, Geld unterschlagen zu haben. Eine zur Untersuchung eingesetzte Kommission kam zwar — am 10. April 1839 — zu dem Schluss, dass keine Unterschlagung vorliege, dass man jedoch die Frage aufzuwerfen habe, „ob das sonstige Verfahren des Amts, soviel davon durch die Anzeigen und die darauf gegründete parcielle Amtsvisitation zu diesseitiger Kenntnis gekommen, ganz untadelhaft und ob in dieser Beziehung an den Amtmann nicht etwa eine Verfügung zu erlassen sey." — Man unterstellte die Sache dem Ermessen des Kuratoriums.

Gegen einen späteren Amtmann, Emmert,[2] reichten am 26. Mai 1848 eine Anzahl von Akademikern gar eine *Beschwerde*

---

[1] Universitätsamtmann von 1837—1839.
[2] Universitätsamtmann von 1844—1848.

schrift an den Senat ein, *um die Entfernung Emmerts zu bewirken.* Sie hatten diese ihre Absicht demselben sogar durch eine Abordnung persönlich und unumwunden erklären lassen. Der Senat verwies den Akademikern „das Ungeeignete ihres Schrittes" und ließ ihnen ihre „in Form und Inhalt ungehörige" Eingabe zurückerstatten. Aber schon vier Tage darauf, am 30. d. M. fassten die Akademiker einen ähnlichen Beschluss in einer neuen Studentenversammlung. Jetzt sah sich der Senat genötigt, einen Bericht an das Ministerium zu machen. In diesem sprach man sich natürlich tadelnd über das eigenmächtige Vorgehen der Studenten aus, erklärte jedoch, dass „wie die Sachen jetzt stehen, eine Fortexistenz des Amtmannes Emmert in seiner bisherigen Wirksamkeit kaum möglich seyn werde." Um größeren Nachteil, namentlich weitere Abnahme der Besuchsziffer der Schule und Streitigkeiten — die zumal in dieser Zeit sehr bedenklich werden könnten — zu verhüten, beantragte man schließlich baldige einstweilige *Amtsvertretung*, bis ein Nachfolger — sobald wie möglich — ernannt sei. Aber bevor noch recht etwas geschehen konnte, fassten etwa 30 Studenten in einer Vorversammlung den Beschluss, wenn der Amtmann *nicht unverzüglich* von seiner Stelle entfernt werde, die Stadt zu verlassen oder wenigstens sämtlichen Professoren den Besuch der Vorlesungen zu kündigen und an eine allgemeine Studentenversammlung die Frage zu stellen, was von beiden Dingen geschehen solle. Daraufhin ging am 20. Juni der derzeitige Prorektor v. Woringen selbst nach Karlsruhe und stellte daselbst vor, wie sehr in dieser aufgeregten Zeit eine *möglichst schleunige Entscheidung* zu wünschen sei, wenn die Ruhe und die Ordnung und überhaupt das Wohl der Universität nicht gefährdet werden solle. v. Woringen richtete dort zunächst soviel aus, dass der Universitätskurator den Auftrag bekam, den Amtmann zu veranlassen, um einen vierwöchentlichen Urlaub einzukommen, ihm diesen natürlich auf jeden Fall zu erteilen und alsbald sich nach einem Dienstverweser umzusehen.[1]) — Aber schon am 23. Juni kam dem Senat zu Ohren, dass vonseiten der genannten Studenten-

---

[1]) Als solcher wurde Rechtsprakt. Gageur von Offenburg ernannt. Emmert selbst wurde der Urlaub am 20. Juli um weitere 4 Wochen verlängert, bis er schließlich nach Schopfheim versetzt und Gageur endgiltig sein Nachfolger wurde.

versammlung schon Schritte getan worden seien zur Ausführung der Drohung, keine Vorlesungen mehr zu besuchen, bis der Amtmann von seiner Stelle (endgiltig) entfernt wäre.[1]) Infolge dessen seien schon heute (23. Juni) mehrere Vorlesungen nicht besucht worden. Der Senat beschloss auf die Kunde und verschiedene im Zusammenhang stehende Gerüchte hin, dass, bis ein Dienstverweser da sei, „in allen Fällen, welche die Autorität eines Amtmannes nötig machen, der *Prorektor die Stelle vertreten* solle."

Auf dem im Spätjahr 1848 zu *Jena* stattfindenden *Universitätskongress*, zu dem aus Freiburg Staudenmaier, v. Woringen und Stromeyer vonseiten der Professoren, Dr. Fischer vonseiten der Privatdozenten teilnahmen, wurde u. a. auch über akademische Gesetze, Disziplinarverfahren u. ä. verhandelt. Auf Grund dieser und vieler weiteren Verhandlungen im Konsistorium und im Plenum kam die Universität schließlich zu der Ansicht, dass die *Akademiker der Prozessordnung und den bürgerlichen Landesgesetzen untergeordnet* sein sollten . . . . . und das Verfahren in polizeilichen Straffällen nach den allgemeinen gesetzlichen Bestimmungen einzurichten sei. Was die Disziplinarvorschriften der Studenten betrifft, so hatte sich schon die II. Kammer der Abgeordneten für die Unerlässlichkeit derselben ausgesprochen und sich auf die Erfahrung aller Länder und Zeiten sowie auf die Natur der Sache berufen. Sollten sie aber beibehalten werden, so können sie auch nicht von der Universität getrennt werden, wenn nicht das ganze Illusion sein sollte.

Nun ließ bald darauf das Ministerium — gelegentlich der Amtsorganisation im Großherzogtum — anfragen, *ob man das Universitätsamt beibehalten wolle.* Der Senat ließ am 9. Mai 1849 erwidern, dass man dies „*im Interesse der Anstalt rücksichtlich der Disziplinar- und Polizeisachen*" wünsche. Auf eine nochmalige Anfrage der Kuratel, ob und *wie* man es beibehalten wolle, erklärte der Senat am 11. d. M., dass man darauf einstehen müsse, *ein eigenes Amt mit Beibehalt der Polizei- und Disziplinargewalt und Ausscheidung der Zivil- und Strafgewalt* zu erhalten.

---

[1]) Durch Anschlagen einer Aufforderung an der Pforte der Universität.

Auch in der Frage der *Immatrikulations-* und der *Vorlesungsgebühren* traten einzelne neue Bestimmungen ins Leben. Was jene, die *Immatrikulation*, betrifft, so wurde durch Ministerialverordnung vom 1. Okt. 1841 endlich bestimmt, dass — vom Sommerhalbjahr 1842 an — die *Gebühren für jeden Studirenden gleichmäßig*[1]) auf 5 fl. 30 Kr. festgesetzt seien. Davon hat zu erhalten: der Prorektor 1 fl., der Oberpedell, der von jeher einen Teil der Gebühren als Besoldung bezog, 30 Kr., die Bibliothekskasse 2 fl. und die Universitätskasse den Rest mit 2 fl. — Die *Einschreibegebühr* wird durch denselben Erlass auf 1 fl. für jeden Studirenden gleichmäßig[2]) festgesetzt. Davon erhält der Oberpedell die eine, die Universitätskasse die andere Hälfte.

Am 1. Februar 1842 richtete jedoch der Senat an das Ministerium in dieser Angelegenheit die Bitte: 1) *die Immatrikulationsgebühr für alle Theologen* ohne Ausnahme bei dem früheren Betrag von 2 fl. 42 Kr. zu belassen; 2) beschließen zu wollen, entweder dass von jeder Inskription künftig wie bisher 12 Kr. dem betr. *Dekan* und dann nur 18 Kr. der Universitätskasse (und 30 Kr. dem Pedellen) zufallen; oder dass jedem Dekan zur Bestreitung von allerhand Auslagen für Schreibmaterialien usw. etwa 30 fl. aus der Universitätskasse bezahlt werden.

Ob oder wie diesem Antrag entsprochen wurde, darüber konnte ich leider nirgends Aufschluss finden.

Auf wiederholte Bitte wurde durch Ministerialerlass vom 4. Januar 1850 den *Notariatskandidaten* eine *ermäßigte Immatrikulationsgebühr* von nur 2 fl. 30 Kr. gewährt. Davon solle dann 1 fl. dem Prorektor, 1 fl. der Universitätsbibliothek und 30 Kr. dem Oberpedellen zufallen. Vorbehalten wurde gänzlicher Nachlass für den Fall ungenügenden Vermögens. Dabei sollte jedoch beachtet werden, „dass sich nicht etwa solche, die sich dem *ganzen* Studium der Rechtswissenschaft widmen, dadurch, dass sie sich nur als Notariatskandidaten inskribiren lassen, der vollen Matrikelgebühr entziehen."

---

[1]) Schon am 17. Dez. 1833 hatte Zell im Senat den Wunsch ausgesprochen, dass der bisherige Gebrauch, wonach die Größe der Gebühren nach dem Stande der Eltern sich richtete, abgeändert werden möge.

[2]) Vgl. dagegen oben II. Teil S. 53.

Was die *Kollegiengelder* betrifft, so war hier vor der Einführung einheitlicher und gleichmäßiger Gebühren — die ebenfalls schon von Zell 1833 angeregt worden war — noch eine andere Frage, die ebenso dringend schien, zu erledigen, die einer neu einzuführenden *Vorschrift über die Befreiung von Kollegiengelder*. Nach den Berichten der einzelnen Fakultäten (10. III. 1834) sprachen sich die meisten Professoren dafür aus, dass man nach dem Beispiel der preußischen Universitäten eine *bloße Stundung statt einer gänzlichen Befreiung* eintreten lasse. In diesem Sinn bat man am 19. Dez. 1836 das Ministerium, eine baldige Verordnung zu erlassen „über den Fall der Unfähigkeit eines Akademikers zur alsbaldigen Entrichtung des Kollegiengeldes." Schon am 27. Dez. wurde dem Antrag entsprochen und ein Erlass „mit Zugrundelegung der in Preußen in dieser Beziehung gegenwärtig bestehenden Grundsätze" gegeben.

Aber schon am 27. Juli wurde im Senat Klage geführt, dass *die Bewerbungen um Honorarfreiheit immer zahlreicher* werden und bereits in allen Fakultäten nur die Minderzahl die Honorare entrichte, sowie dass Missbräuche bei der Ausstellung von Vermögenszeugnissen an Studirende, die um Honorarfreiheit nachsuchen, auf Seite des Gemeinderats stattfinden. Man bat das Kuratorium um Maßregeln, solchen Missbräuchen vorzubeugen. Wirklich und durchgreifend abgeholfen wurde durch die umfassende *Verordnung über die Befreiung von den Kollegiengeldern*, die am 10. August 1840 erschien, „eine feste Basis für die Vermögensatteste legte" und die *Erkenntnis, ob die Befreiung eintreten solle*, dem *akademischen Senat übertrug*. Befreit werden konnten nach dieser Verordnung „arme fleißige sittliche Inländer;" „in Ansehung der (bloßen) Nachweisung ausgezeichneter Fähigkeiten" dagegen kann nur bei solchen „einige Nachsicht getragen" werden, welche einem Beruf sich widmen, zu dem es an einer zureichenden Zahl von Kandidaten fehlt, also z. Z. namentlich inbezug auf Pfarrkandidaten beider christlichen Bekenntnisse.

Zu der gleichen Zeit wurde vom Universitätsamt auch eine andere Frage angeregt, ob nämlich diejenigen, *welche in der Bezahlung der Kollegiengelder säumig sind*, von der Universität auszuschließen seien. Der Senat war folgender Ansicht: zunächst sei zwischen In- und Ausländern *kein* Unterschied zu machen. Studirende, welche den § 34 der akademischen Gesetze nicht erfüllt und die Honorare nicht wenigstens in der am schwarzen Brett bestimmten Frist bezahlt haben, können von der Universität fortgewiesen werden. Denn wer die Honorare, zu denen er verpflichtet ist, nicht bezahlt, hat eine Bedingung nicht erfüllt, an welche die Erlaubnis von Vorlesungen geknüpft ist. Auch könne derselbe als arglistiger Schuldenmacher, die nach § 86 der akad. Gesetze an der Universität nicht gelitten werden, betrachtet werden. — So beantragte man denn bei dem Ministerium d. I., genehmigen zu wollen, „dass Akademiker, welche .... in Bezahlung der Honorare säumig sind, auf den Antrag der betr. Fakultät, den diese in jedem speziellen Fall an das Universitätsamt zu stellen und letzteres dem Senat mit Gutachten vorzulegen hätte, von der Universität fortgewiesen werden dürfen." Das Ministerium verfügte am 25. Aug. 1840 einfach, „dass das in §§ 86—89 der akademischen Gesetze bezeichnete Verfahren auch gegen solche Studirende Anwendung finde, welche in Zahlung der Kollegiengelder säumig sind, und dass es hierin genüge."

Eine Verordnung des Staatsministeriums über die Behandlung der *Gesuche mittelloser Studenten um Befreiung von der Bezahlung der Kollegiengelder* brachte das Regirungsblatt vom 21. desselben Monats. Danach hatte u. a. in Zukunft jeder der besagten Studenten zwei Würdigkeitszeugnisse dem Senat vorzulegen, eines von der betr. Fakultät und eines vom Universitätsamt ausgestellt.

In demselben Jahre 1840 — am 3. März — ließ sich die Regirung vom Senat durch die Kuratel eine Abschrift der von der Universität für den *Diensteid der Professoren* gebräuchlichen Forderungen und überhaupt einen Bericht darüber vorlegen, wie es mit der Abnahme dieses Diensteides gehalten werde. Man berichtete: 1) Die Verpflichtung der Professoren sei immer nach der Vorschrift des Ministeriums d. I. vom 21. Okt. 1817 vorgenommen worden ..... 2) Sie sei *handgelübdlich* geschehen bis zur Veröffentlichung der allerhöchsten Verordnung vom 18. Mai 1820 und dieser gemäß von da an *eidlich*. 3) Sie habe nicht jedesmal gleich beim Dienstantritt geschehen können, weil ausnahmsweise hie und da ein neu angestellter Lehrer nicht sogleich beim Dienstantritt sein Principium solenne gehalten habe. 4) Die Verpflichtung selbst werde im Plenum vorgenommen. Zu der Formel — welche abschriftlich beigesetzt wurde — sei zu bemerken, dass bei neu Angestellten, welche nicht aus dem Ausland berufen sind, und von denen man wisse, dass sie den Untertaneneid schon geleistet haben, dieser in der Eidesformel weggelassen werde.

Was nun das oben erwähnte *Principium solenne* betrifft, so beschloss das Plenum am 10. Juni 1846:

1) Die alte Sitte der Abhaltung einer *feierlichen Antrittsrede* seitens der neu eintretenden Professoren solle beibehalten werden;

2) wird ein *Programm* geschrieben, so wird es auf Kosten der Universität gedruckt;

3) Die eidliche Verpflichtung des neuen Lehrers erfolgt erst *nach* gehaltenem Principium solenne,[1] oder nachdem das Programm gedruckt ist;

4) Ein *hier nicht beeidigter Professor* hat Sitz und Stimme in seiner Fakultät, nicht aber in der Plenarversammlung, und kann weder zum Prorektor noch zum Dekan noch in den Senat gewählt werden;

5) Kein Professor extraordinarius soll zum ordinarius vorgeschlagen werden, wenn er nicht vorher die feierliche Antrittsrede gehalten oder ein Programm geschrieben hat.

Gleich in den ersten Tagen der Revolution, am 15. Mai 1848, erschien eine Verordnung, wonach alle öffentliche angestellten Lehrer der Hohen Schule *auf die Verfassung beeidigt* werden sollten. Der Prorektor leistete diesen Eid alsbald in die Hände des Kurators und nahm denselben dann in der Plenarversammlung vom 8. Juli den Mitgliedern des Plenums ab. Derselbe lautete: „Ich schwöre Treue dem Großherzog und der Verfassung, Gehorsam dem Gesetze und des Fürsten und des Vaterlandes Wohl nach Kräften zu befördern, und überhaupt alle Pflichten des mir übertragenen Amtes gewissenhaft zu erfüllen, so wahr mir Gott helfe."[2]

---

[1] Am 12. Februar 1849 wurde jedoch beschlossen, dass die neu eintretenden Professoren *vor* Abhaltung der feierlichen Antrittsrede zu vereidigen seien.

[2] Denselben Eid hatten schon am 14. April die Mitglieder des Großh. Hofgerichts, die Kanzleibeamten, Obergerichtsadvokaten usw. geleistet.

Auf die oben erwähnte Strenge in der Ueberwachung und der Untersuchung von Disziplinarfällen in den 30er und namentlich in den 40er Jahren ist es zurückzuführen, dass an der Hohen Schule schließlich (Mitte der 40er Jahre) nicht weniger als *vier Pedellen* angestellt waren. Da war es denn jedem darangelegen, zu seinem Amt auch den gebührenden Titel zu erhalten. So bat z. B. am 17. Dez. 1845 der Pedell Steeb um den Titel „Zweiter Oberpedell." Ueber die Erwähnung dieser Eingabe hat nun, boshaft genug, der damalige Syndikus ins Protokoll die Verse Lichtwers gesetzt:

„Einst kam der Hochmut in das Meer
Und stieg den Fischen in die Kröpfe;
Da war vom Blackfisch bis zum Stör
Kein so geringes Seegeschöpfe,
Es wünschte was zu seyn.
Des Fisch-Monarchen Haus
War damals voller Supplicanten,
Die meißten baten sich besondere Titel aus
usw."

Man willfahrte dieser Bitte insofern, als folgende Benennungen festgesetzt wurden: *Universitätsoberpedell* (Eisele), *Amtsoberpedell* (Steeb) und zwei *Amtsunterpedellen* (Dold und Schmidt).

In demselben Jahr 1845 war auch die Eisenbahn aus dem Unterland glücklich bis in das Breisgau herauf gebaut worden. Da beschloss der Senat am 5. Okt. 1846, in einer Vorlage an das Ministerium d. I. zu bitten, dass das bisherige „*Portofreitum*" der Universität (s. in den früheren Abschnitten) *auch* für die (Güter-)Versendungen *auf der* neu errichteten *Eisenbahn* aufrecht erhalten werde. Die Bitte wurde jedoch am 17. Nov. abschlägig beschieden, „da für keinerlei Sendungen auf der Eisenbahn, nicht einmal für die Materialientransporte der Eisenbahnverwaltung, eine Taxfreiheit zugelassen werde."

IV. *Lehrangelegenheiten.*

Zunächst möge bemerkt sein, dass die Errichtung neuer Lehrkanzeln, die Gründung neuer Anstalten u. Ä. erst unten bei Besprechung der Institute erwähnt werden wird. Hier werden also zunächst nur einige Einzelheiten aus den verschiedenen Fakultäten, soweit sie füglich auf die Bezeichnung „Lehrangelegenheiten" Anspruch machen können, und dann als Hauptsache der neue Schulplan von 1836 und dessen tiefgreifende Einwirkung auf die Hohe Schule einen Platz finden.

Was zunächst die theologischen Fächer betrifft, so erschien am 23. Sept. 1831 ein *Erlass des erzbischöflichen Ordinariats*, des Inhalts, dass „über theologische Lehrgegenstände — worunter der bloß vorbereitende morgenländische Sprachunterricht nicht begriffen ist — *nur die Fortgangszeugnisse der Herren Professoren der theologischen Fakultät* als *geltend* angenommen werden können." Gegen diesen Erlass erhoben der derzeitige Dekan der philosoph. Fakultät Wetzer[1]) und Hofrat Deuber am 10. Nov. beim Konsistorium Klage. Dieses beschloss am 11. Nov., eine Beschwerdeschrift dem Kuratorium sowie dem Ministerium d. I. vorzulegen mit der Bitte, „dass das Hohe Ministerium d. I. die Rechte der Universität ebensowol als die wolerworbenen Rechte der einzelnen ihr angehörigen Individuen und die Rechte des Staates selbst gegen den Eingriff des Ordinariats aufrecht erhalte und diesem die Weisung geben wolle, es habe die Zeugnisse, welche die zwei Professoren . . . . . Deuber und Wetzer über die von ihnen vorgetragenen Wissenschaften ihren Zuhörern ausstellen, als geltend anzusehen." Ferner ließ man von diesem Schritt die theolog. Fakultät benachrichtigen mit dem Bemerken, „dass bis zur erfolgenden Entscheidung der Stand der Sache nicht verändert werden dürfe, und dass sie sich verantwortlich machen würde, wenn sie an solchem Stand früher etwas ändern wollte, weswegen man sich auch zu ihr versehe, dass sie auch vorderhand noch den Ordinariatserlass den Studenten nicht publiziren werde." Eine Verfügung des Ministeriums „die bedrohte Lehrfreiheit der theolog. Fakultät betr." erfolgte am 10. März 1832, dahin gehend, „dass eine *unmittelbare Einwirkung bei der Universität von Seiten der Erzbischöflischen Kurie* auf die Verordnungen des Staats in Beziehung auf das theologische Studienwesen *nicht* stattfinden könne, vielmehr in den geeigneten Fällen die Desiderien der katholischen Kirchensektion und durch diese dem Pleno des Ministeriums d. I. vorzutragen

---

[1]) Der übrigens auch gerade der Lehrer der orientalischen Sprachen bekanntlich war.

seien; dass *die Entscheidung über die Giltigkeit der Fortgangszeugnisse nur der Staatsbehörde zustehe;* dass die Kandidaten des geistlichen Standes erst zu der Zeit, da sich dieselben zur Aufnahme in das Seminarium melden, in das Gebiet der kirchlichen Rechtssphäre eintreten, und die Kurie dann nur im Sinne der Staatsgesetze handle, wenn sie die Ausweise über ihren Studienfortgang fordern; dass man immer beachten werde, die Vorschriften über das theologische Studienwesen mit den Anforderungen der Kurie in Einklang zu bringen; aber die wolerworbenen Rechte der beiden Professoren Deuber und Wetzer müsse man schützen, wobei jedoch stets die Regel werde beobachtet werden, dass die eigentlichen theologischen Lehrfächer mit Professoren des geistlichen Standes zu besetzen seien."

Wenn auch nicht ausschließlich in die theologische Fakultät gehörig, so dürfte doch hier füglich ein *das Religionskolleg* betreffender Kuratelerlass vom 13. Sept. 1838 erwähnt werden. Derselbe machte bekannt, „dass diejenigen Akademiker, welche nicht von einem Lyceum zum Antritt eines Fachstudiums entlassen seyen, desgleichen die sämtlichen Kandidaten der Theologie zufolge bestehender höherer Anordnung verbunden seyen, einen vollständigen Kursus des *Kollegiums der allgemeinen Religionslehre* zu hören, und dass dieses geschehen, seiner Zeit vor der Ausstellung des Universitätsabgangszeugnisses sich auszuweisen haben."

Aus der *medizinischen Fakultät* dürfte folgendes der Erwähnung wert sein.

Durch Ministerialverordnung vom 14. Juni 1833 wurde bestimmt, dass diejenigen Kandidaten der Medizin, welche späterhin Ansprüche auf Staatsanstellung machen wollen, gehalten sind, „sich künftig vor ihrer Zulassung zur Staatsprüfung auch darüber auszuweisen, dass sie Vorlesungen über die *Lehre von Seuchen und Contagionen der größeren Haustiere,* über *gerichtliche Tierheilkunde* und über *tierärztliche Polizei* besuchen, und sich einer *Prüfung* in diesen Fächern zu unterwerfen."[1]

---

[1] Hängt zusammen mit dem unten zu erwähnenden Antrag auf Dotation eines besonderen Lehrers der Tierheilkunde.

Eine besondere Stellung nahmen in der medizinischen Fakultät von altersher[1]) die *Chirurgen* ein. Von ihrer Ausnahmestellung gibt uns nun auch ein in diese Zeit gehöriges, durch einen Einzelfall hervorgerufenes Schreiben des Ministeriums vom 16. Februar 1836 einen Beweis. Es heißt darin u. a.: Die höchste Verordnung vom 13. Mai 1823 verlangt von jedem, der eine Universität beziehen will, dass er die Kenntnisse, welche in den gelehrten Schulen gelehrt werden, *vollständig* besitze. Da aber die Kandidaten der Chirurgie in der Tat *keiner vollständigen* gelehrten Vorbildung bedürfen, und sie nach der Verordnung vom 27. Juni 1825 zum Staatsdienst *nicht* berufen werden können, so passen die Vorschriften vom 13. Mai 1823 nicht auf sie. Hienach dürfen ihnen von der Studienbehörde *keine Abgangszeugnisse* ausgefertigt werden.

„*Es bleibt daher der Sanitätskommission vorbehalten*, in allen Fällen *die Erlaubnis zur Erlernung der Chirurgie zu erteilen*, nachdem die jungen Leute, welche darum ansuchen, sich über den *Besitz der nötigen Vorkenntnisse* — nach bisheriger Uebung deutsche und lateinische Sprache, Geschichte und Anfangsgründe der Physik — ausgewiesen oder auf Requisition der Sanitätskommission an die Studienbehörde darin bei einer Mittelschule geprüft worden sind." Von der Sanitätskommission mussten sie auf alle Fälle einen Erlaubnisschein haben. — Aehnliche Bestimmungen bestanden übrigens auch für die *Pharmazeuten*.

Zwei Jahre später, durch Ministerialerlass vom 23. Nov. 1838, wurde „den in der Universitätsstadt konditionirenden *Apothekern und niederen Chirurgen*" „ausnahmsweise" gestattet, *Vorlesungen* an der Hohen Schule *ohne Immatrikulation* zu besuchen, mit der Verpflichtung jedoch, dass sie sich am Anfang des Kurses beim Universitätsamt zur Eintragung in eine besondere Namenliste melden, worauf ihnen vom Prorektor ein Erlaubnisschein erteilt wird, den sie jedes Semester beim Universitätsamt erneuern lassen müssen. Die nicht hier „konditionirenden" aber müssen zum Zweck der Vorlesungen sich immatrikuliren lassen.

---

[1]) Doch früher noch mehr: vgl. Alex. Ecker, 100 Jahre einer Freiburger Professorenfamilie (Biograph. Aufzeichnungen) Freiburg i. Br. 1886 S. 13 ff.

Die *philosophische Fakultät* endlich berührte ein Erlass des Oberstudienrats vom 3. Dez. 1838, „die Erweiterung des Gymnasiums in Freiburg in specie die *Eröffnung eines Kollegiums über Rhetorik und deutsche Literaturgeschichte an der Universität* betr." Der Senat ließ am 4. Februar 1839 dem Oberstudienrat erwidern: 1) Schreiber lese im nächsten Semester „Geschichte der deutschen Sprache und Literatur." 2) *Ein besonderes Kolleg über Rhetorik scheine um so weniger notwendig* zu sein, als die Studirenden in den zwei letzten Jahren ihres Gymnasialkurses ohne Unterbrechung Unterricht in diesem Fach erhalten, dagegen eben keinen in der Literatur erhalten hätten.

Das wichtigste Ereignis, das in diesem Kapitel erwähnt werden muss, ist — wie schon gesagt — ohne Zweifel die *Einführung des neuen Schulplans für Mittelschulen vom Jahr 1836* und die dadurch hervorgerufenen *Aenderungen im Lehrplan der Universität*.

Bis dahin war es Pflicht gewesen und — seit dem Ministerialerlass vom 21. Okt. 1832 — auch in allen Abgangszeugnissen von Mittelschulen bestimmt und klar auszudrücken vorgeschrieben, dass die von den (zum Besuch der Universität berechtigenden) Mittelschulen Abgehenden, *vor dem Uebertritt zum Fachstudium, auf der Universität selbst einen zweijährigen philosophischen Kurs zurückzulegen hätten,* und dass diese zwei Jahre *nicht* in die durch bestehende Verordnungen für das Fachstudium vorgeschriebene akademische Studienzeit eingerechnet werden durfte. Freilich war, wie es scheint, diese Vorschrift auch öfters nicht beachtet worden. Daher beantragte die philosoph. Fakultät am 2. Januar 1833, „Maßregeln zu nehmen, dass kein Akademiker bei einer höheren Fakultät inskribirt werde, der kein philosophisches Absolutorium vorweist." Aber 3 Monate später, am 2. April d. J., sah sich dieselbe Fakultät schon wieder zu der Klage veranlasst, „dass von den Studenten, welche zu den Fachstudien übergehen, so wenig philosophische Absolutorien verlangt werden."

Nun ging die Regirung, wie es scheint, schon seit Beginn der dreißiger Jahre, damit um, verschiedene[1]) Gymnasien des

---

[1]) Bezw. erhielten alle die *Möglichkeit,* zu Lyzeen erhoben zu werden. Vgl. Buss, d. Unterschied zwischen d. kathol. u. d. protest. Universitäten Teutschlands ..... Freiburg 1846. S. 428.

Landes in Lyzeen zu verwandeln, d. h. ihnen eine *weitere zweijährige Klasse mit Philosophieunterricht anzufügen*, wogegen dann die obligatorischen Vorlesungen in der philosoph. Fakultät der Universität wegfielen. Auch der Hohen Schule in Freiburg kam die Sache zu Ohren, und Schreiber brachte deshalb am 15. Januar 1835 im Senat in Anregung: Da es im Plane liege, *das hiesige* (Freiburger) *Gymnasium in ein Lyzeum zu verwandeln*, bei welcher Veränderung die Universität und zunächst die philosophische Fakultät in Mitleidenschaft gezogen sei, so dürfte es zweckmäßig sein, diesen Gegenstand in Erwägung zu ziehen. Der Senat ließ alsbald die philosophische Fakultät auffordern, ihre Ansicht zu äußern, was am 25. März d. J. geschah. Der Senat pflichtete jedoch (4. V.) nur dem ersten der Anträge bei. Derselbe lautete: „Wenn die im Plane liegende Einrichtung der Mittelschulen zu Stande kommt, dann möge den Lyzealschülern ohne Ausnahme erlaubt seyn, nach absolvirter 8. Lyzealklasse — d. h. 8. Lyzealjahr —, ebenso wie den Schülern der etwa noch fortbestehenden Gymnasien nach absolvirtem Gymnasialkurse *entweder* in die 9. (Jahres) Klasse eines Lyzeums, *oder* in die philosophische Fakultät einer Landesuniversität aufzusteigen, nachdem sie vorher eine Maturitätsprüfung bestanden haben werden. Der philosophische Kurs soll die nämlichen Fächer umfassen, die in dem bisherigen Studienplan lagen, mit einigen Modifikationen, doch unter den eigentlichen philosophischen Disziplinen jedenfalls nach unserer Ansicht Anthropologie als Grundlage der Logik. — Die bisherigen *Semestralprüfungen* sollen abgeschafft und eine zweckmäßigere Prüfungsnorm . . . . . eingeführt werden, darin bestehend, dass am Ende des ersten philosophischen Studienjahres eine mündliche und schriftliche Prüfung vor einer Fakultätskommission, am Ende des zweiten Jahres aber die Maturitätsprüfung zum Antritt eines Berufsstudiums vor einer aus Mitgliedern der philosophischen Fakultät und etwa noch den drei Dekanen der andern Fakultäten gebildeten Kommission . . . . . . vorgenommen würde, welche Kommission sofort über die Klassifikation der Geprüften . . . . . . zu erkennen hätte."

Am 25. Mai d. J. gab das Ministerium, ohne ein Wort fallen zu lassen über die im Plan stehende Veränderung, einen Erlass heraus, „die Zulassung von Studirenden vor Absolvirung des zweijährigen philosophischen Studiums zu den Fachstudien betr." Mit der Meldung, dass man diesen Erlass ad valvas habe bekannt geben lassen, beschloss der Senat (10. VI.) auch zu bemerken, dass der Fall, wo Studirende zu den Staatsprüfungen sich melden, „welche außer der für ihr Fachstudium erforderlichen Zeit einen zweijährigen philosoph. Kursus *nicht* absolvirt haben, nicht mehr vorkommen werde, wenn das hohe Justizministerium und die Sanitätskommission sich jedesmal, wie die geistliche Examinationsbehörde dahier, außer dem Generalzeugnis für das Fachstudium auch die Abgangszeugnisse vom Gymnasium oder Lyzeum *und das philosophische* Absolutorium vorlegen lasse, und die Kandidaten, welche eine vollständige Vorlage nicht machen können, anweisen werde, durch fortgesetztes Studium in einem oder mehreren Semestern sich in den Stand zu setzen, das Mangelhafte ihrer Zeugnisse zu ergänzen."

Unterdessen aber wurde vonseiten der Regirung an dem oben erwähnten, für die Universität so verhängnisvollen Plan weitergearbeitet, und das Regirungsblatt vom *20. März 1837* brachte die überraschende Bekanntmachung von dem am 31. Dez. 1836 gegebenen *Erlass* einer *neuen Organisation der Gelehrten-Schulen*. Was uns hier angeht, ist der Punkt, dass von jetzt an *die Schüler der Gymnasien nicht mehr in die philosophische Fakultät einzutreten haben, sondern auf einem Lyzeum* — nämlich in den zwei an die bisherigen Gymnasien hinzugefügten (oberen) Jahrgängen — *die philosophischen Studien betreiben müssen, um dann sofort zu ihrem Fachstudium überzugehen.*

Durch diese Verordnung wurde der Universität mit *einem* Schlag *fast ihre gesamte philosophische Frequenz entzogen*, aber auch die übrigen Fakultäten — sonderbarer Weise mit Ausnahme der juristischen — und somit die ganze Universität hatten eine Abnahme zu verzeichnen.[1]) Und es war ein schwacher Ersatz für die philosophische Fakultät, wenn in § 19 des Erlasses verlangt wurde: „Wer in einem wissenschaftlichen Berufsfach, wofür die Landesgesetze einen aka-

---

[1]) Das Nähere wird hinten bei der allg. Frequenz erwähnt werden. Die Abnahme trat so schnell ein, dass gleich in den nächsten Semestern mehrere philosoph. Kollegien nur noch 5—8 Zuhörer hatten.

demischen Kurs und eine Staatsprüfung vorschreiben, sich nach Vollendung seiner akademischen Studien prüfen lassen will, ... muss sich ausweisen, dass er zu seiner allgemeinen wissenschaftlichen Fortbildung *in einem jeden der drei ersten Semester* seiner akademischen Studienzeit *wenigstens eine Vorlesung aus dem Lehrkreis der philosophischen Fakultät* mit Fleiß *gehört habe.*"

Der weitgehenden Schädigung sich wolbewusst forderte der Senat die philosophische Fakultät, „deren wissenschaftliche und persönliche Interessen zu allernächst in Frage gestellt" seien, gleich am 1. April d. J. auf, in einem Gutachten ihre Ansichten, Bedenken und Wünsche sobald als möglich vorzutragen. Nun ließ sich zwar nicht viel mehr erwarten, nachdem der eigentliche Kernpunkt des oben genannten Schreibens vom 4. Mai 1835 schon unbeantwortet geblieben war. Dennoch sandte man am 17. Mai 1837 nochmals einen (von Wucherer abgefassten) Bericht in die Residenz und beantragte: 1) der Fakultät zu gestatten, dass hier (in Freiburg) die Maturitätsprüfungen mit den philosophischen Schülern auf dieselbe Art wie an dem Lyzeum in Karlsruhe gehalten werden; 2) einen neuen Studienplan für die philosophische Fakultät festzustellen und zu erlauben, dass von der Universität aus einleitende Vorschläge zu diesem Ende gemacht werden usw.

Nicht lange darauf, am 26. Juli, kam die Angelegenheit auch in der (66. Sitzung der) *II. Kammer* zur Sprache. Duttlinger begründete inbezug auf die Stellung der philosophischen Fakultät an beiden Landesuniversitäten den Antrag, „die Kammer möge der Regirung den Wunsch aussprechen, dass mit angemessenen Modifikationen *die frühere Einrichtung beibehalten* bezw. *wiederhergestellt* werden möchte," und zwar so, dass es 1) „den Schülern nach Zurücklegung der letzten Gymnasialklasse *freistehen* solle, *entweder* in die zweijährige Lyzealklasse, *oder* zu dem zweijährigen philosophischen Lehrkurs an der Universität überzugehen;" und dass 2) „der philosophischen Fakultät, wie es dem Lehrpersonale der Lyzeen gestattet ist, ebenfalls gestattet seyn solle, unter Mitwirkung eines Großh. Kommissärs mit ihren Schülern die vorgeschriebene Maturitätsprüfung *vor* dem Uebertritt zu dem Fachstudium auf dieselbe Weise vornehmen zu dürfen, wie sie für dieselben bei dem Lyzeum in Karlsruhe stattfinden soll."

Der erste Antrag stimmt, wie man sieht, mit dem oben genannten, am 4. Mai 1835 nach Karlsruhe vom Senat gestellten, der zweite mit dem soeben erwähnten ersten Antrag vom 17. Mai 1837 überein.

Beide Anträge wurden, unterstützt durch Sander, v. Rotteck,[1]) Kuenzer u. a., mit einer an Stimmeneinhelligkeit grenzenden Mehrheit *angenommen*.

Was die in zweiter Linie in Frage kommende Schädigung der *persönlichen* Interessen der philosophischen Fakultät betrifft, so klagte letztere in einem Bericht vom 25. April (1838) darüber, wie sehr einzelne Mitglieder aus ihrer Mitte durch den *Wegfall von Kollegiengeldern infolge der neuen Einrichtung beeinträchtigt* würden, und wie sehr eine *Entschädigung* am Platze sei. Der Senat unterstützte diese Ansicht in einem am 21. Mai d. J. an das Ministerium abgeschickten Schreiben und fügte bei: Da die Verringerung des Diensteinkommens der beteiligten Professoren die Folge einer *Staatsmaßregel* sei, so verlange es auch die Billigkeit, dass die *Entschädigung* wenigstens für die laufende Budgetperiode *aus der Staatskasse* geschöpft werde, soweit es nicht etwa möglich wäre, aus dem Reservefond für 1838/39 sie herzunehmen; freilich werde sich letzteres erst im September d. J. herausstellen. Ob und wie weit für die Zukunft solche ständigen Zulagen möglich seien, werde man später nach Aufstellung des neuen Budgets sehen usw. — Am 19. Juni 1838 wurde jedoch die Bitte der Professoren für Geschichte, für Naturgeschichte und für Mathematik, d. h. also der am meisten beteiligten, um Bewilligung einer Entschädigung von jährlich 250—300 fl. für jeden vom Ministerium *abweislich* beschieden.

Nun kam aber noch im Februar 1839 der *Universitätspedell* Göring mit einer Bitte „um Bewilligung einer Entschädigung für die infolge des neuen Lehrplans für die Mittelschulen *verminderten Inskriptionsgebühren*. Der Senat ließ am 18. Febr. das Ministerium bitten, „die geeigneten Beschlüsse fassen zu wollen, damit dem Petenten eine *Entschädigung*

---

[1]) Rotteck erwähnte, was hier nebenbei bemerkt werden möge, in einer seiner damals gehaltenen Reden u. a. rühmend von der Universität Freiburg, dass sie die *einzige* in ganz Deutschland sei, wo *kein (?) Akademiker* weder mittelbar noch unmittelbar *verwickelt* gewesen sei *in all' den stattgehabten politischen Aufregungen*.

von 80 fl., und zwar, *wenn immer möglich, aus einer andern als aus der Universitätskasse* zu Theil werde." — Auch für den *Diener des Naturalienkabinets* beschloss der Senat am 17. April 1839 eine Entschädigung von 50 fl. zu beantragen, für so lange, „als gemäß der dermaligen Einrichtung der Mittelschulen die allgemeine Naturgeschichte auf den Gymnasien gelehrt werde, wovon die Folge sei, dass dieses Kolleg an der Universität nicht leicht mehr zu Stande kommen kann, für den Bittsteller aber die Folge, dass ihm *die Gebühren abgehen,* welche die Zuhörer der allgemeinen Naturgeschichte für seine Bemühungen ihm zu zahlen hatten."

Als nähere Erläuterung und Ergänzung des schon angeführten § 19 der Verordnung über die Gelehrtenschulen wurde durch Ministerialverfügung vom 31. Okt. 1839 bestimmt, „dass die Vorlesungen aus dem Lehrkreis der philosophischen Fakultät, welche jeder in den drei ersten Semestern seiner akademischen Studienzeit zu hören hat, der sich einem wissenschaftlichen Berufsfach, wofür die Landesgesetze einen akademischen Kurs und eine Staatsprüfung vorschreiben, widmet, *wöchentlich wenigstens vier Stunden* betragen müssen." Zugleich mit der Verkündigung dieses Beschlusses liess der Senat am 9. Nov. auch folgendes bekannt geben: „a) Die Fächer, welche jeder, der von einer Gelehrtenschule an die Universität kommt, neben seinem Fachstudium während der drei ersten Semester in der philosoph. Fakultät zu hören hat, *dürfen keine solchen seyn, welche derselbe wegen des gelehrten Fachstudiums zu hören verbunden ist,* wohin namentlich gehören: für die Theologen orientalische Sprachen und Pädagogik, für die Juristen Naturrecht und Statistik, für die Mediziner Botanik, Mineralogie und Zoologie, sondern es seyen als solche Fächer zu betrachten: das ganze Fach der spekulativen Philosophie, Aesthetik, Physik, allgemeine Naturgeschichte, die mathematischen Wissenschaften, die Geschichte und ihre Hilfswissenschaften, griechische und römische Literatur und Altertümer. b) Alle Kandidaten, die sich zur Staatsprüfung melden wollen und ein Absolutorium über einen an der Universität gemachten zweijährigen philosophischen Kursus nicht, sondern nur ein Lyzealabgangszeugnis vorlegen können, sind verbunden, nebst den Zeugnissen über die einzelnen Zweige des Fachstudiums auch *Zeugnisse über die in den drei ersten Semestern gehörten*

Fächer des philosophischen Lehrkurses, welche Zeugnisse wenigstens vier *Stunden per Woche in drei vollen Semestern* ausweisen müssen, zur Aufnahme in das Universitätsabgangszeugnis *vorzulegen.*"

Das *Gymnasium in Freiburg selbst* wurde erst durch Verordnung vom 31. Okt. *1839 zum Lyzeum* erhoben. Da gerade diese Umwandlung einen weiteren Verlust der Universität zu bringen drohte und auch gebracht hat,[1]) so ließ die philosophische Fakultät einen abermaligen Bericht nach Karlsruhe abgehen, „die von den Professoren genannter Fakultät in Anspruch genommene *Entschädigung* für die durch Umwandlung des hiesigen Gymnasiums in ein Lyzeum *entgehenden Honorare* betr." Das Ministerium wies jedoch die Bittsteller am 20. April 1841 ab, weil es ihre Entschädigungsansprüche nicht für begründet erachten könne.

Aber nicht nur die Honorare, sondern auch die *Inskriptionsgebühren* drohten der philosophischen Fakultät — wie sie wenigstens befürchtete — geschmälert zu werden. Auf eine darüber Klage führende Vorstellung erhielt man jedoch am 12. Juni 1840 die Antwort, man müsse ernstlich wünschen, dass die Fakultät die Semestralinskriptionen nicht abkommen lasse, sondern dass in jedem Semester nicht nur diejenigen, welche ausschließlich philosophische Fächer hören, wie wenige deren auch seyn mögen, sondern *auch jene Akademiker, die neben dem Fachstudium in den ersten drei Semestern nach Vorschrift philosophische Fächer hören müssen*, (in die Fakultät) *eingeschrieben werden*. Und da *auch letztere die geordneten Gebühren zu bezahlen verbunden sind*, so dürften die Einnahmen zur Bestreitung der Fakultätsbedürfnisse wol hinreichen. Sollte dieses nicht der Fall sein, so möge die Fakultät jeweils einen Kostenvoranschlag einreichen, wonach man das Weitere beschließen werde.

So konnte man sich denn in dieser Beziehung noch einigermaßen trösten. Dagegen war der *Verlust an Honoraren* zu empfindlich, als dass man sogleich von dem Versuch, eine Entschädigung zu erhalten — oder aber die alte Einrichtung wieder hergestellt zu sehen — abgestanden wäre. Standen doch jetzt die Hörsäle derjenigen Professoren, deren Vorlesungen den ersten Semestern des philosophischen Kurses bestimmt waren, leer oder sahen fünf, höchstens zehn Stu-

---
[1]) Siehe unten die Frequenztabelle.

denten innerhalb ihrer vier Wände, während man früher 50
bis 60, ja in besuchteren Zeiten selbst 100 zu zählen gewohnt
war. Die Gesamtzahl der in der philosophischen Fakultät
überhaupt eingeschriebenen Studenten, sonst etwa 150 im
Durchschnitt, war 1841 bis auf 12 herabgesunken! Daher ließ
die Fakultät in diesem Jahre (4. III.) eine *abermalige Bittschrift*
nach Karlsruhe abgehen und wies darauf hin, dass durch jenen
§ 19 der neuen Ordnung kein Ersatz gegeben sei, weil die
meisten von Lyzeum kommenden Studenten nur spezielle philosophische Fächer, wie Logik, Metaphysik u. a., hören, so
dass also jener Paragraph nur dem Lehrer der Philosophie
zugute komme. Diese Bittschrift wurde am 23. März 1841
vom Senat eingereicht, vom Ministerium am 26. April aber
wiederum abschlägig beschieden.

Aber im nächsten Jahre (8. II. 1842) versuchte man das
Glück nochmals. Diesmal ließ der Senat der Bittschrift, die
er mit einer Empfehlung an Kurator und Ministerium abschickte, die ausdrückliche Bemerkung hinzufügen, „dass es
facultati et senatui *nicht um Geldes, sondern um eines höheren
Interesses willen* weit angenehmer wäre, *statt Entschädigung
den alten Zustand zurückkehren zu sehen*, in welchem die Gelangung zu gründlichen Kenntnissen in allen Zweigen der
Philosophie, zu einer festen Grundlage für die Fach- oder
Brodwissenschaften und überhaupt auch zu geistig humaner
Bildung ohne Einseitigkeit, Oberflächlichkeit und Kastengeist
eher zu erwarten war, als auf den jetzigen Lyzeen." Man
erlaube sich diese Bemerkung, hieß es weiter, weil man glaube,
„dass *die dermalige Einrichtung ein Versuch* sei, von dem
man wieder abgehe, wenn er den gehegten Erwartungen nicht
entsprechend befunden werden sollte" usw. Und in dem Bericht
an die Kuratel drückte man sich noch freier dahin aus, dass
von einer Einrichtung, „durch welche die beiden philosophischen
Fakultäten des Landes in fast gänzliche Untätigkeit versetzt
worden, während auf den Lyzeen die philosophischen Disziplinen ohnmöglich nach Gebühr gründlich dozirt und erfasst
werden können, *in mancher Beziehung nichts Gutes herauskommen könne.*" Die Bitte wurde unterm 23. Mai d. J. *abermals abgeschlagen.* Vielleicht sollte es eine Art Abschlagszahlung sein, wenn man nicht lange vorher, am 4. März das
Ministerium, um wenigstens die wenigen durch jenen § 19

vorgeschriebenen philosophischen Vorlesungen nicht nur auf dem Papier zu haben, die Verordnung erließ, dass „jeder Akademiker, welcher zum Besuch philosophischer Vorlesungen in den drei ersten Semestern des Fachstudiums verpflichtet ist (wovon jede wenigstens vier Stunden die Woche hindurch betragen muss), von der obersten Prüfungsbehörde *nur dann zur Staatsprüfung* werde *zugelassen* werden, *wenn er sich über die gehörten philosophischen Kollegien durch Zeugnisse werde ausgewiesen haben.*"

Wie die Fakultät als solche durch Bittschriften, so brachten ihr nahestehende *Abgeordnete* die Sache bei den Landständen mündlich zur Sprache. Schon am 15. Januar 1842 hatte Welcker in der II. Kammer es offen ausgesprochen, dass in den neuen Organisationsänderungen *keine Besserung* zu finden sei, dass er vielmehr davon eher einen *Rückschritt* befürchte. Und in derselben Sitzung hatte der Abgeordnete (Universitätsadministrator) Schinzinger es als wünschenswert bezeichnet, dass der philosophische Lehrkurs wie ehedem an der Universität selbst, wo die erforderlichen Kabinette schon vorhanden seien, und nicht wie jetzt auf dem Lyzeum, stattfinde. — Gelegentlich der Beratung des Budgets brachte dann Welcker am 11. Aug. 1842 die Sache wieder zur Sprache und stellte an den Präsidenten des Ministeriums d. I., Staatsrat v. Rüdt, unmittelbar die Bitte, „der traurige Zustand der beiden philosophischen Fakultäten möchte berücksichtigt und wo möglich der *frühere Stand der Dinge wiederhergestellt werden.*" v. Rüdt antwortete nur, es sei ja jeder Inländer, der sich einem Hochstudium auf der Universität widmet, auch stets verbunden, philosophische Vorlesungen zu hören.

So scheiterten also alle Versuche. Auch eine *gemeinsame Vorstellung beider Landesuniversitäten* vom 10. Januar 1843, sowie die vom 13. Juli 1844 um die Einführung wenigstens eines *einjährigen* philosophischen Kurses blieb unberücksichtigt. Da kam nochmals eine der Universität sehr erwünschte Anregung von einer andern Seite. Die erzbischöfliche Kurie begehrte im Jahr 1845 die *Aufnahme eines philosophischen Lehrkurses in das Kollegium theologicum* (s. unten). Der Senat ergriff gerne diese Gelegenheit, um der Vorlage dieses Berichts an das Kuratorium (14. IV.) beizufügen, dass, „was seit einer Reihe von Jahren zur Ausführung gekommen, um den nicht zureichenden Unterricht in den philosophischen Lehrzweigen an den Lyzeen dadurch gewissermaßen zu ergänzen, dass die Fachkandidaten in den drei ersten Semestern ein vierstündiges Kollegium hören müssen," sich als *„fast ganz unpraktisch"* erwiesen habe, daher man den Antrag des erzbischöfl. Ordinariats mit Vergnügen unterstütze und bei diesem Anlass die frühere Bitte wiederhole, „dass *wenigstens ein einjähriger philosophischer Kursus nicht bloß für Theologen, sondern auch gemeinsam mit jenen für die künftigen Juristen und Mediziner an der hiesigen Universität wieder eingeführt werden möchte."* Das Ministerium aber erklärte am 15. Juni, dass es sich nicht veranlasst fühle, von der bestehenden Studienordnung *schon jetzt* wieder abzugehen, man überlasse es vielmehr dem Oberstudienrat, dann wieder Vorschläge zu machen, „wenn er selbst über die dermal bestehende Einrichtung weitere Erfahrungen gemacht haben werde."

Fast alljährlich mit ihrer Vorstellung abgewiesen, war die philosophische Fakultät jedes Jahr wieder mit derselben auf dem Plan. So wurde 1846 auf ihre Veranlassung hin die Frage im Plenum am 10. Juni abermals in Beratung genommen, ob nicht doch noch einmal eine Vorstellung an das Ministerium einzureichen sei. Die Frage wurde bejaht und beschlossen, wenigstens darum zu bitten, „*die Wahl der Anstalt,* an welcher Inländer ihren zweijährigen philosophischen Kursus machen wollen, *ob an einem Lyzeum oder an einer Landesuniversität* — im letzteren Fall mit den vorgeschlagenen Einschränkungen und Modalitäten — *freizugeben,* oder wenigstens den Curs des zweiten Jahres in der Weise, wie ihn die philosophischen Fakultäten der beiden Landesuniversitäten in ihrem Bericht vom 10. Januar 1843 bezeichnet haben, an den Landesuniversitäten wiederherstellen zu wollen." Am 26. Juni setzte man auch den Senat in Heidelberg von diesem Schritt in Kenntnis und ersuchte ihn, durch eine auch von dort ausgehende Vorstellung, wie bereits früher die dortige philosoph. Fakultät getan, zur Erreichung des gemeinsamen Zweckes mitzuwirken.

In demselben Jahr 1846 am 3. September wurde die Regirung — auch nicht zum erstenmal, wie wir wissen — auch in der II. Kammer überrascht durch einen gelegentlich der

Budgetberatung¹) von *Buss* gestellten Antrag, „die Kammer wolle sich dahin aussprechen, dass in Freiburg und Heidelberg der philosophische Lehrkurs der Universität zurückgegeben werde." Obwol auch der Abgeordnete der Stadt, Litschgi, den Antrag warm unterstützte, so wurde doch von der Regirungsbank erklärt, dass man diese Frage der Wiederherstellung des philosophischen Kurses an der Universität zwar *in nähere Beratung ziehen, zur Zeit aber von der bestehenden Einrichtung nicht abgehen werde.*

Trotzdem auch diesmal nichts erreicht wurde, gab man die Hoffnung, wenigstens teilweise den früheren Zustand wieder hergestellt zu sehen, nicht auf. Man scheint auch Andeutungen bekommen zu haben, dass wenigstens in absehbarer Zeit solche Hoffnungen verwirklicht werden könnten. Als z. B. es sich darum handelte, ob Lyzealprofessor Baumstark²) in Zukunft ganz von der Universität, nicht wie bisher von Universität und Lyzeum gemeinsam, besoldet werden solle, sprach sich der Senat dafür aus, dass Baumstark ganz von seinen Obliegenheiten am Lyzeum entbunden werde, um sich einzig und allein der Universität widmen zu können. Denn eine Verstärkung der gegenwärtigen Lehrkräfte in der philosophischen Fakultät sei schon nach der gegenwärtigen Studieneinrichtung ein Wesentliches, „in dem Fall aber, wenn wenigstens *einer* der früheren philosophischen Jahreskurse an unserer Universität, *wie man in nahe Aussicht stellen zu dürfen glaube,* wieder werde hergestellt, ein ganz unerlässliches Bedürfnis."

Um Wiedereinführung des philosophischen Kurses wurden auch *verschiedene Bittschriften an die Kammer* gerichtet. Selbst eine Anzahl von Schülern des Lyzeums reichte eine solche bei der II. Kammer ein. — Schließlich konnte Geh. Rat v. Hirscher, der z. Z. Vertreter der Universität in der I. Kammer war, im Mai 1848 dem Senat gegenüber die Hoffnung ausdrücken, dass der philosophische Lehrkurs von dem Lyzeum in Freiburg und in Heidelberg wieder getrennt und an die Universität werde zurückgegeben werden. Da nun der Senat der Ansicht war, dass eine Beschleunigung der Sache — so dass die Ausführung für das nächste Schuljahr gleich ermöglicht

---

¹) Genauer bei der Besprechung der 55000 fl., die für das Lyzeum in Freiburg und dessen Einrichtung verlangt wurden.

²) Weiteres über ihn siehe unten.

werde — sehr wünschenswert sei, und weil man die notwendigen Vorbereitungen früh genug treffen wollte, so wurde in der Senatssitzung vom 9. Juni 1848 beschlossen, das Ministerium d. I. um *möglichst schnelle* Entschließung zu bitten.

Auch der *Gemeinderat der Stadt* (Freiburg) verwandte sich in gleichem Sinn beim Ministerium. Im Dezember 1848 richtete er an dasselbe die Bitte, es wolle mit allen ihm zu gebote stehenden Mitteln auf die Hebung der Universität, die das schönste und höchste Kleinod der Stadt sei, wirken. Als Hauptmittel dazu sieht der Stadtrat neben anderen — so z. B. der Besetzung der Lehrkanzel der Chirurgie usw. — die *Wiederherstellung des philosophischen Lehrkurses* an, „da diese unglückliche Maßregel" von 1836 nicht nur der Universität mit *einem* Federstrich 80 bis 100 Studenten entzogen, sondern auch der Gründlichkeit des philosophischen Studiums im Lande überhaupt den größten Nachteil gebracht habe.

Daß aber in jenen stürmischen Jahren 1848 und 1849 kein weiterer Schritt höheren Orts geschah, darf uns wol kaum wundern. Um so freudiger war man berührt, als der unten zu erwähnenden Abordnung der Universität gegenüber, die gelegentlich des glücklichen Zurückschlagens des revolutionären Ansturms am 3. Sept. 1849 in Karlsruhe war, die *Wiedererrichtung* wenigstens *eines einjährigen philosophischen Kurses* in einer Weise berührt wurde, die, wie man seitens der Universität glaubte, „*zur Hoffnung auf baldige Wiederherstellung dieses für die Blüte der Universität so wichtigen Instituts berechtigt.*" Anschließend an diese Versicherung suchte nun der Senat auf jede Weise dahin zu wirken, dass diese Einrichtung „etwa schon mit Beginn des Wintersemesters (1849/50) ins Leben treten könne."[1]) Gleich Anfangs Oktober

---

[1]) Dass diese Erwartung allgemein gehegt wurde, erhellt auch u. a. aus den Verhandlungen des Stadtrats am 21. Sept. 1849. Es handelte sich um die Unterbringung der in Garnison in Freiburg bleibenden Truppen, die in den beiden Kasernen (der „ärarischen" und der „städtischen") keinen Platz fanden. Der Gemeinderat schlug nun vor, beim Verwaltungsrat des Lyceums um Abtretung des ehemaligen Domänenverwaltungsgebäudes (Petershof), in dem 2 Klassen des Lyzeums Unterricht erhielten, anzuhalten, um dort Truppen unterbringen zu können. Dieser Bitte, heist es, sei um so leichter zu willfahren, als ja doch „*dem Vernehmen nach ohnehin, wahr-*

1849 wurde zu diesem Zwecke ein erneuter Antrag mit Anschluss der Berichte sämtlicher vier Fakultäten an das Ministerium d. I. abgeschickt. Und wirklich vernahm man auch bald, dass das Staatsministerium daran denke, eine *Kommission* zusammen zu berufen, um über die Durchführung eines solchen einjährigen Kurses zu beraten und Vorschläge über dessen Einrichtung vorzulegen; und zwar sollte diese Kommission bestehen aus dem Referenten beim Ministerium d. l. über die beiden Landesuniversitäten (z. Z. Ministerialrat Fröhlich), sowie dem über die übrigen Gelehrtenschulen (Ministerialassessor Schmidt), dem Oberstudienrat (v. Wöllwarth und Hofrat Feldbausch)[1]), Professoren der beiden Landesuniversitäten (Oettinger für die philosophische Fakultät von Freiburg, Bähr für Heidelberg), Geistl. Rat v. Hirscher (als Vertreter des katholischen Konvikts in Freiburg) und Lehrern der Lyzeen (die Lyzeumsdirektoren Kärcher in Karlsruhe und Nokk in Freiburg).

Ob diese Kommission überhaupt zusammengetreten, weiß ich nicht. *Sicher ist, dass alles beim alten*, d. h. bei der 1836 getroffenen Einrichtung, *blieb*.

Es dürfte hier der geeignetste Platz sein, einiges Wenige über die anderweitige *Stellungnahme der Universität in dieser Zeit zum Gymnasium*, nunmehrigem *Lyzeum der Stadt* einzufügen, nachdem schon früher (im 1. Hauptabschnitt) ausführlicher von diesem Verhältnis zu sprechen war.

Das Verhältnis der beiden Schulen kam im Senat wiederum zur Sprache am 26. Nov. 1847. Es handelte sich damals zunächst um einen Bericht der Wirtschaftsdeputation wegen *Anschaffung von neuen Kirchenstühlen in der* — von Akademikern und Lyzeumsschülern gemeinsam benutzten[2]) — *Universitätskirche*, welche infolge Vermehrung der Schülerzahl des Lyzeums nötig geworden war. Die Hauptsache war na-

---

scheinlich schon in diesem Spätjahr" *die 6*. *Klasse des Lyzeums doch wieder als philosophischer Kurs zur Universität gezogen würde* usw. (der Verwaltungsrat verweigerte übrigens am 27. Sept. die Abtretung).

[1]) v. Wöllwarth, zugleich Direktor des evangelischen Oberkirchenrats, war Direktor, Feldbausch ordentliches Mitglied des Oberstudienrats.

[2]) Vgl. im vorigen Hauptabschnitt.

türlich der Kostenpunkt. Der Senat sprach sich zwar für Genehmigung der geforderten Summe (57 fl.) aus, verlangte jedoch von der Wirtschaftsdeputation eine gutachtliche Aeußerung darüber, „*ob dermal noch eine rechtliche Notwendigkeit vorhanden sei, die Kosten des Gottesdienstes für die Lyzeisten aus der Universitätskasse zu bestreiten,* nachdem das vormalige *Gymnasium nicht mehr eigentlich bestehe* und das *Lyzeum keine akademische,* sondern nur *allgemeine Landesanstalt* sei." Man war eben nicht recht gewillt, dem neuen Lyzeum, dessen Einrichtung der Universität, wie oben gezeigt, so großen Schaden zugefügt, noch weiter materielle Opfer zu bringen.

Unterdessen war aber eine andere Frage in Fluss gekommen. Schon am 20. Sept. 1847 hatte der Verwaltungsrat des Lyzeums bei der Universität anfragen lassen, ob dieselbe sich „in eine Unterhandlung wegen *Adquirirung des Gymnasiumsgebäudes*" — dasselbe war freilich eigentlich schon Eigentum der Universität, aber ein belastetes — mit demselben einlassen wolle, indem die Herstellung eines neuen Schulgebäudes für das Lyzeum beabsichtigt werde." Nach längeren Beratungen wurde am 17. Januar 1848 Baurat Voss ersucht, das fragliche Gebäude abzuschätzen, am 25. Februar d. J. aber die Juristenfakultät zu einem Gutachten aufgefordert darüber, „ob die Universität für das *Aufgeben des beschränkten Benutzungsrechtes Seitens der Lyzeumsanstalt,* welche ein neues Gebäude erhalten soll, *zu Bezahlung einer Geldsumme werde angehalten werden können.*" Dieser Bericht wurde erstattet am 26. März und lautete ganz anders als die Ansicht des Verwaltungsrates des Lyzeums. Der Senat ließ diesem deshalb auch am 30. März eröffnen, dass es ein *Irrtum* sei, wenn er glaube, *das Gebäude sei Eigentum des Lyzeums;* vielmehr sei die Universität die Eigentümerin, wenn auch „möglicherweise" dem Lyzeum ein umfassendes Recht zustehe.

Da unterdessen die Regirung sich weigerte, jetzt schon zu einem neuen Lyzeumsbau Geld zu bewilligen, so blieb auch hier der alte Zustand beibehalten.

V. Abermalige Gefährdung des Bestandes der Universität.

Schon im Jahre 1831, also noch vor der Schließung der Universität, ging das — damals vielleicht noch verfrühte —

Gerücht, dass bei den Landständen ein *Antrag auf Vereinigung beider Landesuniversitäten* werde gemacht werden. Die Professoren Bekk, Fritz und Amann verhandelten damals mit dem Magistrat der Stadt, und dieser versprach, eine Bittschrift um Erhaltung und Schutz der Universität beim Großherzog einzureichen. Die Bittschrift, der man die oben erwähnte Vorstellung um Dotationsvermehrung anschloss, wurde vom Magistrat, vom Bürgerausschuss und von 1140 Bürgern unterschrieben.[1] Nun wurde in den Kammern freilich damals noch kein förmlicher Antrag gestellt, aber es wurden doch schon Stimmen in dieser Richtung laut, welche die nicht allzurosige Stimmung eines großen Teiles der Kammermitglieder nur allzusehr erkennen ließen. v. Itzstein z. B. warf — gelegentlich der Beratung des Budgets — die Frage auf, „ob zwei Universitäten nothwendig seyen; ob es Bedürfnis sey, dass auf

---

[1] Dies geschah im März 1831. Die Frage kam aber von da an in privatem und öffentlichem Gespräch und in der Presse fast nie mehr ganz von der Tagesordnung. Der Originalität der Form wegen und weil darin auch die im vorigen Kapitel behandelte Angelegenheit vorkommt, möge hier ein Artikel aus Nr. 303 der Freiburger Zeitung jenes Jahres (2. Nov. 1831) in seinen wichtigsten Teilen zum Abdruck kommen. „Badisches Glaubensbekenntniß über Badens Lehranstalten.

Artikel 1. Ich glaube, dass, wenn Baden noch *keine* Hochschule hätte, seine Regirung großen Anstand nehmen würde, eine solche zu begründen, und dass ihr diese Bedenklichkeit eben nicht sehr verargt werden könnte.

Artikel 2. Ich glaube, dass, da Baden zufälligerweise *zwei* Hochschulen hat, es Versündigung am eigenen und am ganzen deutschen Volke wäre, beide, oder auch nur *eine* derselben aufheben oder verstümmeln zu wollen.

Artikel 3. Ich glaube, dass der Aufwand für beide, auch wenn er noch mehr erhöht werden sollte, für keinen Landesteil drückend, und dass er nicht nur für beide Universitätsstädte, sondern auch für eine weite Umgegend derselben in leiblicher und geistiger Hinsicht höchst wohlthätig sey.

Artikel 4. Ich glaube, dass Baden gar kein *Lyzeum*, sondern *vier Gymnasien* haben, und jeder studirende Inländer gehalten seyn sollte, nach seiner Entlassung von einem jener Gymnasien einen *zweijährigen*, streng geregelten und streng beaufsichtigten *philosophischen Kurs auf einer der beiden Landesuniversitäten zu machen*."

Usw.

jeder Universität alle Lehrfächer gleich gut besetzt sind, oder ob es vielleicht nicht ebenso zweckmäßig sey, wenn auf jeder Universität nur *ein* Fach gut besetzt ist und den Studirenden überlassen bleibt, entweder in Heidelberg oder in Freiburg dieses oder jenes zu lernen." Auf eine heftige Entgegnung Rottecks erklärte er sich denn noch deutlicher dahin, dass die auf jedem Landtag wiederkehrenden Forderungen der Universitäten auf bessere, größere und vollständigere Dotation, und namentlich die diesjährige der Universität Freiburg gewaltsam zu der Frage hindrängen müsse, ob *zwei Universitäten für das Großherzogtum Baden, das nur ein kleines Land ist, notwendig sind.*[1]) Ein anderer Abgeordneter, Buhl, machte den anscheinend wolwollenden Vorschlag, *die Universität Freiburg in ein großes polytechnisches Institut*, eine Art *höherer Gewerbsschule* umzugestalten, und erklärte später, dass es seine Absicht war, (durch diesen Vorschlag) „durch eine Radikalreform die Universität Freiburg auf eine Höhe zu erheben, die ihr in Deutschland zur größten Ehre gereicht haben würde."

Nun kam das nächste Jahr (1832) die *Schließung der Universität*, von der oben gesprochen worden ist und die ihrerseits selbstverständlich auch nicht fördernd auf die Entwicklung der Schule eingewirkt hat — wenn die letztere auch alsbald wieder eröffnet wurde. Denn viele ängstliche Väter sahen in dieser Maßregelung eine Art von moralischem Interdikt über die Universität verhängt und hielten ihre Söhne von da an sorgfältig von der Hohen Schule fern.

Wurde schon dadurch ein Rückgang der Frequenz herbeigeführt und dem Ansehen der Schule der erste schwere Stoß versetzt, so kamen nur allzuschnell noch weitere Ereignisse hinzu, die diese rückgängige Bewegung verstärkten. Im Jahre *1833* wurde die *Hochschule zu Bern gegründet*, und gleich im nächsten Jahre die zu *Zürich*. Die Errichtung dieser beiden so nahe gelegenen Hohen Schulen beraubte die Universität in Freiburg des ganzen Zuzugs der schweizerischen Studenten, der immer ein sehr starker gewesen war.[2])

---

[1]) Dass dieser letzte Satz nichts Neues enthält, wissen wir zu Genüge aus dem in früheren Jahren Erörterten.

[2]) Dummdreiste Verleumdung war es natürlich, wenn im Anfang des Jahres 1835 es in Zeitungen hieß, es sei vor kurzem

Aber ein Unglück kommt nie allein: gerade in dieselbe Zeit fällt die *Einführung des Universitätszwangs in Bayern und in Württemberg*,[1]) wodurch der Hohen Schule in Freiburg auch der Zuzug von Studenten aus diesen Nachbarländern im Osten wegfiel. Nun war freilich, wie schon mehrfach erwähnt wurde, in Freiburg die Zahl der fremden d. h. außerbadischen Studenten von jeher nicht so groß wie in Heidelberg. Wenn wir aber bedenken, dass anderseits auch die Zahl der Studenten überhaupt eine geringere war, so war der Abgang auch so doch noch empfindlich genug.

Rechnen wir nun zu alle dem den Verlust, den die Universität durch die genannte Neuorganisation der Gelehrtenschulen vom Jahr 1836 erlitt, so darf es uns nicht wundernehmen, dass ein solcher *äußerlich* jedem sichtbarer Rückgang allein schon den Gedanken an eine Aufhebung nur noch näher legen musste.

Nun kam aber noch dazu, dass auch im Innern manches nicht so war, wie es hätte sein sollen, dass namentlich die Einigkeit im Kollegium keine solche war, wie sie in solchen Zeiten äußerer Gefahr notwendig gewesen wäre. Doch davon wird eingehend später zu handeln sein. Dagegen soll hier ein langjähriger Streit erwähnt werden, den *die Universität* bezw. ein Teil der *Professoren der medizinischen Fakultät, mit den die Spitalkommission bildenden Mitgliedern des Gemeinderats* führte, und der — namentlich infolge des Aufbauschens und nimmer endenden Haderns in der Presse verstärkt — jedenfalls nicht günstig auf das Verhältnis von Hochschule und Stadt einwirkte. Schon Anfangs der vierziger Jahre brach

---

an der Hohen Schule einem jungen Schweizer die Immatrikulation verweigert worden, weil er auf der Berner Hochschule studirt habe. Der Senat beeilte sich auch natürlich (10. II. 35), die Angabe als eine lügnerische zu bezeichnen, „indem man in diesem Semester keinen Anlass gehabt habe, auch nur *Einem* Schweizer die Immatrikulation zu verweigern". — Eine schweizerische Zeitung hatte behauptet, es sei von der badischen Regirung beim deutschen Bundestag beantragt worden, den Besuch der Hochschule in Zürich zu verbieten.

[1]) Weniger kam für Freiburg inbetracht die (1833) erfolgte Einführung des Universitätszwanges in Preußen, der dagegen umsomehr für Heidelberg ins Gewicht fiel.

dieser Streit aus. Es handelte sich um die Verwaltung des Vermögens des Krankenspitals. Nach dem provisorischen Statut vom Jahr 1836 nämlich war die Spitalkommission zusammengesetzt aus sämtlichen Professoren der medizinischen Fakultät, dem jeweiligen Bürgermeister und zwei Gemeinderäten — insofern also ungleich, als die medizinische Fakultät damals immer 7 bis 8 Mitglieder zählte, die Stadt aber nur durch 3 vertreten war. Mit Beharrlichkeit kämpfte der Gemeinderat daher gegen diese Zusammensetzung an. Durch Erlass des Ministeriums d. I. wurde am 15. Juli 1846 bestimmt, dass die Spitalkommission in Zukunft bestehen solle aus drei Direktoren der Kliniken, zwei Mitgliedern des Gemeinderats und einem Mitglied der allgemeinen Stiftungskommission unter dem Vorsitz eines vom Ministerium zu bestimmenden Regirungskommissärs. Dadurch bekamen also die Mitglieder der Universität gleiche Stimmenzahl wie die städtischen, bei Stimmengleichheit sollte der Regirungskommissär die Entscheidung haben. Der Verwaltungsrat des Spitals legte aber gegen die Verfügung des Ministeriums d. I. Berufung ein beim Staatsministerium.

Aber auch die Universität erklärte am 5. Nov. 1846, mit dem Gemeinderat keinen andern Vergleich einzugehen, „als einen solchen, wodurch die ihr von der Eckischen Stiftung übertragenen Rechte und Pflichten in keiner Weise verletzt werden."[1]) Dies sei aber nur möglich, wenn 1) *alle* Fakultätsmitglieder auch Mitglieder des Verwaltungsrats seien, und 2) der Vorsitz dieser Kommission und die Stelle des Hofspitaldirektors wie bisher einem Mitglied der Fakultät vorbehalten sei.

Der ganze, ohnehin schon unerquickliche Streit wurde, wie gesagt, von den von jeher zahlreichen Feinden der Universität in fremden Zeitungen ausgebeutet und übertrieben und als gänzlicher Zusammenbruch des guten Einvernehmens

---

[1]) Demgegenüber machte der Gemeinderat geltend, dass die medizinische Fakultät zwar in Beziehung auf die Exekutorien der *Jungfer-Eckischen Teilstiftung* testamentskräftig neben dem Bürgermeister berufen sei, dass man ihr aber nicht die Verwaltung der ganzen Anstalt und bezw. *aller* dieselbe bildenden Stiftungen, die sie sich aneignen wolle, zuerkennen könne und dürfe.

zwischen der Hohen Schule und der Stadtgemeinde hingestellt, der den Niedergang der ersteren beschleunige.

Schmähungen und Verleumdungen waren übrigens der Universität nichts Neues. Wir haben schon früher Gelegenheit gehabt, von solchen zu sprechen. Diese Angriffe wurden aber um so zahlreicher, je mehr man auf die so schwer geschädigte Schule vor ihrem Absterben noch einen Stein werfen zu können glaubte. So gab eine Schrift eines gewissen Hofgerichtsadvokaten Achert „Promemoria für den deutschen Ministerkongress in Wien, die Herstellung und Erhaltung der Ruhe von Deutschland betr.", die in anmaßendem Ton geschrieben war, vielen Stoff zum Stadtgerede, aber auch zur Erbitterung seitens der verunglimpften Hochschule. Die letztere beriet daher am 8. Januar 1834, ob man, „da zumal das seitherige Treiben und die Persönlichkeit des Verfassers auswärts nicht so wie hier bekannt ist," nicht darauf erwidern solle, und beschloss nach längerer Erörterung der Frage. 1) ein Schreiben an den Staatsminister v. Reizenstein als badischen Bevollmächtigten beim Ministerkongress in Wien zu richten; 2) dass mit Zugrundlegung dieses vom Syndikus zu verfassenden Schreibens Prof. Fritz zwei kleinere (Verteidigungs)-Aufsätze in die Karlsruher und in die Augsburger Allgemeine Zeitung im Namen des Senats einrücken solle.

Weiterhin erregte Aufsehen ein Angriff in einem Artikel der Mannheimer Zeitung, in der Beilage zu Nr. 66 des Jahres 1834. In diesem war die Rede von Teilnahme der Akademiker an der Politik, von nächtlichen Zusammenkünften vor der Stadt, von Botengängen in die Schweiz, Umherschwärmen und dgl. mehr. Der Senat veranlasste am 10. März das Universitätsamt zu genauer Erkundigung darüber, ob in der jüngsten Zeit etwas geschehen sei oder gegenwärtig etwas vorgehe, was zu solchen Zeitungsartikeln Anlass hätte geben können. Auf den Bericht des Universitätsamtes hin ließ dann der Senat am 14. April bemerken, „man erwarte und hege das Vertrauen, dass dasselbe der zu seiner Kenntnis gelangten Verbindung von 20 bis 30 Akademikern mit exaltirten hiesigen Bürgern seine besondere Aufmerksamkeit schenken, und dem Treiben dieser jungen Leute bei Zeiten auf die Spur komme und sich darüber Gewissheit zu verschaffen wisse . . . . . ." *Etwas* war also an der Sache; dieses

Etwas wurde aber auch hier aufgebauscht, anderes hinzugedichtet, und die Universität als solche dafür verantwortlich gemacht und als eine Anstalt hingestellt, die in jeder Beziehung zum Bankerott reif sei.

Solche Angriffe und Verleumdungen im Bunde mit dem Zurückgehen der Besuchsziffer (aus den oben erwähnten Gründen)[1]) und andern den Niedergang beschleunigenden wirklichen Missständen — z. B. waren Jahre lang ein oder mehrere Lehrstühle unbesetzt — machen es uns erklärlich, dass von verschiedenen Seiten, selbst in Briefen aus Karlsruhe das seit Anfang des Jahrhunderts nun schon so oft erklungene Lied von der Aufhebung der Universität wieder angestimmt wurde. Im März 1841 stellte der „Schwäbische Merkur" es als eine ziemlich zuverlässige Mitteilung aus der Residenz hin, dass das polytechnische Institut von Karlsruhe nach Freiburg komme, in Freiburg aber dann die Universität mit Ausnahme der theologischen Fakultät, die man zu einer Spezialschule machen werde, aufgehoben und mit Heidelberg vereinigt werden solle; dadurch würden dem Staat mindestens 60,000 fl. erspart werden. Diese Nachricht brachte, ohne dass man sie auf ihre Echtheit untersuchte, große Erregung und Unwillen bei der Bevölkerung der Stadt hervor; man tröstete sich nur mit dem Bewusstsein, dass der Fortbestand der Universität durch die Verfassung gewährleistet sei und zwei Drittel der Kammern einem solchen Beschluss erst beistimmen müssten, bevor er zur Ausführung gelangen könne. Doch wurde schon einige Tage nachher von angeblich maßgebender Seite die boshafte Nachricht Lügen gestraft, und am 8. April kam auch die *offizielle* Mitteilung von Karlsruhe, dass das Gerücht von einer Aufhebung unbegründet sei. Immerhin bildete die Aufhebungsfrage auch fernerhin noch das Tagesgespräch, und in der Leipziger Allg. Zeitung hieß es u. a. sogar, selbst die

---

[1]) Man musste sich freilich sagen, dass diese Gründe doch zum Teil wenigstens nur zufälliger und vorübergehender Natur seien. Denn der Universitätszwang in Bayern und Württemberg, der die Landeskinder dieser Staaten fernhielt, konnte unmöglich allzulang dauern; und die neuen Hochschulen in der Schweiz konnten — wie es wenigstens den Anschein hatte — leicht wieder eingehen, von Bern, das 1844 nur 237 Studenten hatte, war sogar gleich ernstlich die Rede.

theologische Fakultät müsse nach Heidelberg „zur Belebung und zeitgemäßen Durchbildung des wissenschaftlichen Geistes der katholischen Theologen."

So wühlten denn die Feinde der Universität im stillen fort. Und wer geglaubt hatte, durch jene offizielle Mitteilung aus Karlsruhe sei die Frage der Aufhebung aus der Welt geschafft, der hatte sich gründlich getäuscht. Freilich nicht von der Regirung geschah der nächste Schritt, sondern von den Volksvertretern. Am 14. Januar 1842 nämlich machte der Abgeordnete Sander in der II. Kammer die Anzeige, dass er einen Antrag einbringen (und begründen) werde, „es möge die Kammer beschließen, S. Kgl. Hoheit den Großherzog um Vorlage eines Gesetzes zu bitten, wonach

1) *eine unserer beiden Gelehrten-Universitäten aufgehoben und mit der andern vereinigt* wird, und

2) *die polytechnische Schule* unter ihrer Vergrößerung mit einer weiteren Fachschule für die Landwirtschaft und für die Kameralwissenschaft *an die Stelle der aufgehobenen Gelehrten-Universität* mit dem Rang und allen Rechten einer Universität *verlegt wird.*"

Sander brachte diese Anträge am 25. Januar ein, bezeichnete jedoch bei der Begründung als die aufzuhebende Universität — Heidelberg! Er stellte dies übrigens ausdrücklich nur als *seine* Meinung, nicht als Bestandteil des Antrags hin. Staatsrat v. Rüdt erklärte jedoch alsbald, dass die Regirung unter den bestehenden Verhältnissen auf keine Aenderung in dem Bestand der beiden Landesuniversitäten einzugehen geneigt sei. — Bei der Abstimmung wurde daher auch über beide Anträge zur Tagesordnung übergegangen.

Dagegen erhoben sich in der Presse wieder um so mehr Stimmen in der Angelegenheit. Ein Artikelschreiber im „Oberländer" (der trotz seines Namens der Universität im Oberland feindselig gegenüber stand) z. B. verlangte sogar, die Universität Heidelberg solle den größten Teil der Einkünfte der Alberto-Ludoviciana erhalten; die theologische Fakultät in Freiburg solle in eine katholische „Spezialschule" verwandelt und lediglich unter die kirchliche Obrigkeit gestellt werden. — Ich führe diesen Vorschlag mehr nur seiner merkwürdigen Begründung halber an. Der Verfasser des Artikels meint nämlich, es sei dies neben der Förderung der Wissenschaft

auch eine Forderung der Gerechtigkeit: die Pfalz und die
Geistlichkeit, welche im Jahr 1803 so viel verloren hätten,
müssten jetzt in die Einkünfte der Universität Freiburg sich
teilen und so entschädigt werden.

In der Angst[1]) witterte man nun überall Anträge auf
Aufhebung der Universität. So brachte bald nachher die
„Oberrheinische Zeitung" die Nachricht, dass der Abgeordnete
Bassermann einen solchen Antrag in der II. Kammer stellen
werde: eine Nachricht, die sich zum Glück nicht bewahrheitete.

Aber schon am 11. August 1842 sprach sich wirklich ein
anderer Abgeordneter, Gerbel, für *Einziehung einer der beiden
Landesuniversitäten* aus, da beide in gutem Zustand nicht
erhalten werden könnten. Er war ferner der Ansicht, der
Abgeordnete Sander solle seine Anträge vom 25. Januar alljährlich
erneuern. Ministerialrat v. Marschall erwiderte, die
Regirung habe sich schon genügend für den Fortbestand
beider Hohen Schulen ausgesprochen.

Wenn man diese Antworten von der Regirungsbank
erwägt, so muss man sich wundern, wie kaum zwei Jahre
später gerade von einem Vertreter derselben Regirung die
Aufhebungsfrage ganz anders beurteilt wurde. Und es war
dies um so verhängnisvoller, weil die Zahl der Studirenden
in Freiburg unterdessen noch mehr gesunken und es deshalb
um so wahrscheinlicher war, dass, wenn wirklich eine der
beiden Hochschulen fallen müsse, es die der Breisgaustadt
sein werde.

Am 20. Mai 1844 nämlich machte, als gelegentlich der
Budgetberatung die Anstellung eines zweiten Lehrers an der
Forstschule zu Karlsruhe gefordert wurde, der Abgeordnete
Mathy in der II. Kammer den Vorschlag, die *Forstschule von
der Residenz nach Freiburg zu verlegen*. Dies veranlasste den
Abgeordneten Posselt, die *Zweckmäßigkeit der Aufhebung
einer der beiden Landesuniversitäten* zu entwickeln. Nachdem
mehrere teils für, teils gegen diese Anschauung sich ausgesprochen,
trat *Ministerialrat Regenauer* auf und gab folgende
Erklärung: „Einmal muss man der Sache ins Auge
schauen, und das sage ich unverhohlen, und gewiss in der
besten Absicht und in dem besten Bewusstsein, dass ich

---
[1]) Oder waren es auch wiederum Feinde, die solche Gerüchte
ausstreuten?

keinem Landesteil, keiner Konfession, keinem Ort irgend einen Nachteil zufügen will: *es ist an einer Universität genug und wir müssen die zweite eingehen lassen.*" Und er fügte denn im weitern selbst hinzu, *wenn aber eine fallen müsse, so sei es die zu Freiburg.* Die theologische Fakultät könne ja dort bleiben, oder noch besser in Heidelberg „ihren würdigen Sitz finden." — Der Stadt Freiburg bot man als „*reichen Ersatz*" für den Verlust ihrer Universität die noch junge *polytechnische Schule* an, über deren Abnahme[1]) aber damals schon Klage geführt wurde. Und der Abgeordnete Mathy äußerte: „Ich kann nicht begreifen, warum die Freiburger sich so sehr dagegen sträuben, einen *Kreuzer* herzugeben, um einen *Gulden* dafür zu nehmen."[2]) Und ähnlich meinte im weiteren Verlauf der Verhandlung der Abgeordnete Gottschalk, er könne nicht einsehen, warum die Abgeordneten Freiburgs „nicht mit beiden Händen nach dem Vorteil greifen, eine große polytechnische Anstalt zu erhalten." Wacker verteidigten die Abgeordneten der Stadt Freiburg,[3]) die durch die Verfassung gewährleisteten Rechte ihrer Hohen Schule und erklärten, dass, wenn auch jene Verfassung geändert werden könnte, doch die Universität auf dem historischen Recht, dem Willen und der Absicht ihrer Stifter fest gegründet erscheine . . . . . Einer derselben klagte auch darüber, dass das viele Gerede gegen die Universität nun schon seit langer Zeit schließlich die Ansicht bei der großen Masse des Volkes hervorrufe, es verdiene die Universität in der Tat den Vorwurf, nichts mehr zu taugen. Die Folgen davon würden dann freilich sein, „dass die Professoren verwaist auf den Kathedern stünden und leeren Bänken predigten" usw.

Nach langen Verhandlungen wurden schließlich die geforderten 1200 fl. für Anstellung eines zweiten Lehrers an der Forstschule bewilligt, und so war einstweilen die Gefahr beseitigt. Nachdem aber einmal ein so hochgestellter Staatsbeamte —

---

[1]) Sie zählte im Winterhalbjahr 1843/44: 349 Schüler, davon waren 252 Inländer, 97 Ausländer.

[2]) v. Weisseneck meint in seiner unten zu erwähnenden Schrift (S. 13) mit Bezug auf diese Aeußerung, es sei gerade so, wie wenn man einem Kind einen neuen Kreuzer hinhält, um einen alten Dukaten dafür zu erhalten.

[3]) Hägelin und Litschgi.

freilich nur in seiner Eigenschaft als Abgeordneter — die Frage der Fortdauer der Universität Freiburg wenigstens als *diskussionsfähig* bezeichnet hatte, so wurde die Sache auch in der I. Kammer erörtert. Es geschah dies am 12. Juni. In beredten Worten traten für die Universität ein der edle Freiherr Heinrich v. Andlaw, der seine männliche Stimme zur Abwehr eines Angriffs auf die geheiligte Stiftung erhob,[1]) als dankbarer Zögling der alma mater der Fürst von Fürstenberg, der wissenskundige Staatsrat Nebenius, welcher namentlich nachwies, dass der wissenschaftliche Wirkungskreis als katholischer Anstalt der Albert-Ludwigsuniversität nie entzogen werden könne. Der evangelische Prälat Hüffell erwähnte rühmend die Größen der theolog. Fakultät, insbesondere Hugs Verdienste gegen D. Fr. Strauß. Auf eine unmittelbare Anfrage v. Andlaws an den Ministertisch erklärte zur freudigen Ueberraschung aller Staatsrat v. Rüdt, „*die Großh. Regirung denke von Ferne nicht daran, die Universität aufzuheben.*"

Auch in der I. Kammer kam die Frage der *Verlegung der polytechnischen bezw. der Forstschule von Karlsruhe nach Freiburg* zur Sprache, aber nicht *als Ersatz für* die Universität, sondern *als Zugabe zu* derselben. Ueber die Gründe der Verlegung sprach sich Oberforstmeister v. Kenner in längerer Rede aus. Der forstwissenschaftliche Unterricht an der polytechnischen Schule in Karlsruhe führe nur deshalb nicht zu einem erwünschten Ergebnis, weil es an den nötigen Vor-

---

[1]) Wenn soviele — erörterte Andlaw u. a. — sagten, *eine* Universität genüge auf badischem Boden, so müsse man billig fragen, ob denn Berge und Flüsse, ob Pfähle und Schlagbäume die Grenzen der geistigen Welt zögen. — Auch der damalige Kurator der Universität, Geh. Rat v. Reck (zugleich Abgeordneter), drückte sich aus, dass nur derjenige zu dem Schluss, zwei Universitäten seien für das Land zuviel, komme, „der den Wert der Hochschulen mit der Elle ausmisst und die verfassungsmäßigen Rechte nach eigenen Heften zuschneidet." Er erinnerte mit Recht an die große Vergangenheit der Albertina, und wie sie Großherzog Karl Friedrich neu geordnet, Karl durch die Verfassung geheiligt, Ludwig ihre Einnahmen mit freigebiger Hand bereichert und Leopold durch weise und väterliche Fürsorge alle vier Fakultäten „zu einem harmonischen Ganzen ausgebildet." Endlich legte er auch darauf Gewicht, dass die zwei Drittel Katholiken des Landes ihren Bedarf an Priestern nur hier sich ausbilden lassen könnten.

bedingungen, Einrichtungen und Mitteln an der Anstalt selbst und in den örtlichen Verhältnissen von Stadt und Umgegend fehle. Durch *Verlegung nach Freiburg* werde nicht nur ein zweiter Lehrer für das Fach erspart, sondern es würden auch mancherlei andere Kosten noch wegfallen, weil deren Aufwendung neben den Einrichtungen und Mitteln der Universität umgangen werden könne. Ferner sei auch die Oertlichkeit zu beachten: Freiburg biete in seiner Umgegend einen reichen Wechsel in den geognostischen, klimatischen, botanischen, forst- und landwirtschaftlichen Verhältnissen. — Der aus diesen Gründen gestellte *Antrag des Senats vom 22. Mai 1842* (vgl. Buss u. a. O. S. 456 ff. und Beilage II.) *auf Verlegung des forstwissenschaftlichen Lehrstuhls von Karlsruhe nach Freiburg* wurde lebhaft von verschiedenen anderen Mitgliedern der I. Kammer (Geh. Rat v. Marschall, Frh. v. Rinck, Graf v. Kageneck) unterstützt und schließlich auf Antrag des letztgenannten zu Protokoll erklärt, die Regirung möge in Erwägung ziehen, *ob nicht die Vereinigung der Forstschule mit der Universität Freiburg zweckmäßig sei.* — Die Stadt Freiburg selbst erklärte sich unterm 2. April 1844 bereit, ihre Waldungen „zur Benützung Behufs des praktischen Lehrkurses der Forstschule" gegebenen Falles zur Verfügung zu stellen (vgl. Buss u. a. O. Beilage III).

In den nächsten zwei Jahren geschah nichts weiter in der Sache. Am 4. Juni 1846 legte der Prorektor ein an ihn gerichtetes Schreiben des Forstrats Klauprecht in Karlsruhe „die Verlegung der Forstschule nach Freiburg betr.," dem Senat vor und trug darauf an, zur Ausführung dieses Planes neuerdings Schritte beim Ministerium d. I. zu tun. Nach nochmaliger Erkundigung bei Klauprecht wurde eine solche Vorstellung vom Prorektor am 25. d. M. abgeschickt. Tags darauf, am 26. Juni, benachrichtigte man auch den Gemeinderat, „um ebenfalls auch Schritte zu tun, welche das gemeinsame Interesse der Universität und der Stadt zu fördern geeignet seyn werden."[1])

Erst am 24. Februar 1847 wurde sodann dieser Gegenstand wieder berührt, und zwar anlässlich eines Berichtes über die Vervollständigung des kameralistischen Lehrkurses. Der

---

[1]) Ob damals vonseiten der Stadt etwas geschehen sei, darüber steht weder in den Protokollen des Senats noch in denen des Stadtrats etwas.

Prorektor besprach sich in jenen Tagen auch mit den beiden Gemeinderäten Haller und Kapferer, und das akademische Direktorium richtete selbst am 11. März ein Schreiben an den Stadtrat, ihm anzeigend, dass „wiederholte Anregung von Seite des Senats" wegen Verlegung der Forstschule nach Freiburg an das Ministerium abgegangen sei. Der Stadtrat nahm jedoch am 23. März nur Kenntnis von der Sache und ließ sie „einsweilen" ad acta gehen.

Dass in den darauffolgenden Jahren der Revolution nichts weiter geschah, ist leicht zu verstehn. Die Sache erhielt dann eine andere Wendung dadurch, dass ein eigener Lehrstuhl für Forstwissenschaft an der Universität in Freiburg errichtet werden sollte. Näheres darüber wird später zu erwähnen sein.

Unterdessen riefen die immer wiederholten Angriffe und die — wie man aus den Worten Regenauers schließen durfte — wirkliche Gefährdung der Universität auch Verteidigungsschriften, zumeist von Mitgliedern der Hohen Schule selbst verfasst, hervor. Gleich im Jahre 1844 erschien eine solche von Dr. v. *Weisseneck*: „Einige Worte über die Aufhebung der Universität Freiburg, neuerdings angeregt durch Ministerialdirektor Regenauer in der 71. Sitzung unserer II. Kammer vom 20. Mai d. J." In demselben Jahr erschien eine Schrift *ohne Namen* (von Prof. *Wetzer)*: „die Universität Freiburg nach ihrem Ursprung, ihrem Zweck, ihren Mitteln und Studienstiftungsfond, ihrer Eigenschaft als geistlicher Korporation und frommer Stiftung, ihrer Organisation, ihren Instituten, und nach den kirchen- und staatsrechtlichen Generationen ihres Fortbestandes." Eine nicht minder lange Aufschrift trägt die zwei Jahre später erschienene Schrift von Hofrat *Buss*: „Der Unterschied der katholischen und der protestantischen Universitäten Teutschlands, die Nothwendigkeit der Verstärkung der dortigen sechs katholischen Universitäten gegenüber den sechszehn protestantischen, insbesondere die Erhebung der ihrem katholischen Prinzip entrückten Universität Freiburg zu einer großen, rein katholischen Universität teutscher Nation."

Diese letztere Schrift stellt, wie die Aufschrift schon lehrt, die Notwendigkeit des Weiterbestehens der Universität aus konfessionellen Gründen,[1] an die Spitze. Alle drei aber weisen namentlich darauf hin,[2] dass die Universität zu Freiburg

---
[1] Die freilich auch in den beiden andern hervorgehoben werden.
[2] Vgl. hauptsächlich Weisseneck a. a. O. S. 24 ff.

dem Staat, dem sie etwa eine Million Vermögen zubringt, bis 1819 *gar nichts* gekostet habe, von 1819—1830 nur 15000 fl. jährlich, von 1830 an weitere 15000 fl. und seit einiger Zeit 33560 fl., während die zu Heidelberg seit mehr als 30 Jahren dem Staat 60000 fl., seit einiger Zeit sogar 86823 fl. koste.[1]) Ferner suchten die genannten Schriften den auch von Regenauer bei seiner Begründung an die Spitze gestellten Hinweis auf die Abnahme der Besuchsziffer zu entkräften, indem sie u. a. daran erinnerten, dass dieselbe noch lange nicht, wie einst in Heidelberg, auf 80 bis 90 herabgesunken sei, und dass das tatsächliche Zurückgehen nur auf vorübergehenden, zufälligen Verhältnissen beruhe. — Wegen der übrigen vorgebrachten Verteidigungsgründe kann auf die Schrift Rottecks vom Jahr 1817 hier füglich verwiesen werden.

Buss hat in seiner oben genannten Schrift (auf S. 434 flg.) eine zu Heidelberg damals erschienene Schrift: „Wie können, ohne neue Belastung der Staatskasse, die Bedürfnisse beider Universitäten Heidelberg und Freiburg gedeckt, die Blüte beider Anstalten erhöht und ihr Fortbestand gesichert werden?" einer Kritik unterzogen. Weil diese Schrift damals auch sonst vielen Staub aufwirbelte, weil wir später einigen Gedanken derselben wieder begegnen werden, und weil endlich der Verfasser einen so eigenartigen Standpunkt einnimmt, darf dieselbe auch hier nicht unerwähnt bleiben. Dieser biedere Autor[2]) war nämlich angeblich der Hohen Schule zu Freiburg sehr geneigt, in der Tat aber entpuppte er sich bei näherem Betrachten als ihr geriebenster Feind, dessen Absicht es ist, für Heidelberg neue Geldmittel auf Kosten von Freiburg zu verschaffen.

Der Inhalt der Schrift ist der Hauptsache nach folgender:

Die Universität Heidelberg darbt in ihrer höchsten Blüte, die zu Freiburg kränkelt und siecht dahin im höchsten Ueberfluss. Als Mittel, diesem Zustand abzuhelfen, wird angeraten, die polytechnische Anstalt von Karlsruhe nach Freiburg zu

---

[1]) Man wies auch anderwärts damals darauf hin, dass der Bestand der Universität Heidelberg seit dem durch die französische Besetzung des linken Rheinufers erfolgten Verlust ihres Vermögens in der Tat einzig und allein auf der Freigebigkeit der badischen Regirung beruhe.

[2]) Man vermutete denselben in dem derzeitigen Kurator der Universität Heidelberg, dem Geh. Rat Dahmen.

verlegen, aus dem Ueberschuss der Einkünfte der Universität nebst einem Beizug (10000 fl.) des Staatszuschusses, den die polytechnische Anstalt schon bezieht, die Professoren des übergesiedelten Polytechnikums zu besolden, den ganzen übrigen Staatszuschuss (22000 fl.) des Polytechnikums aber, samt dem Kapital, das durch den Verkauf des Gebäudes an den Staat gewonnen wird, an die Universität Heidelberg zu geben. Für Freiburg bliebe so immer noch genug, und die Zahl der Lehrämter in der juristischen und medizinischen Fakultät ließe sich ja füglich einschränken, während die polytechnischen Fächer mit der philosophischen Fakultät vereinigt würden. Karlsruhe endlich könnte anderwärts, etwa durch Verlegung des Hofgerichts von Rastatt dahin, entschädigt werden.

Die Schrift leidet an dem großen Fehler, dass schon die Grundlage, auf die ihre Vorschläge gestellt sind, falsch ist. Freiburg schwamm, wie wir wissen, durchaus nicht im Ueberfluss, wenn auch die finanzielle Lage zum Glücke sich gegen früher gebessert hatte. Freilich stand nach dem Universitätsbudget von 1844/45 einer Gesamteinnahme von 90000 fl. eine Gesamtausgabe von 80000 fl. gegenüber, was also einen Ueberschuss von 10000 fl. bildet. Dieser Ueberschuss war aber eigentlich nur ein scheinbarer, denn 1) waren z. Z. nicht weniger als *vier* (ordentliche) Lehrstühle unbesetzt, nämlich die für Botanik, Geschichte, Anatomie und ein juristischer; 2) waren drei Professoren der theologischen Fakultät (Hug, v. Hirscher und Staudenmaier) zugleich Mitglieder des Domkapitels und hatten, weil sie als solche Besoldung erhielten, in edler Rücksicht auf die eine Hälfte ihrer Universitätsbesoldung verzichtet; wurde das anders, so war gleich die Universitätskasse wieder mehr belastet; 3) waren die meisten Professoren in Freiburg so gering besoldet, dass eine Aufbesserung notwendig und gerecht erschien.

Ein großer Missstand war jedenfalls die als erster Punkt soeben erwähnte Nichtbesetzung mehrerer Lehrkanzeln. Im Hinblick darauf reichten im Anfang des Jahres 1846 mehrere hundert Bürger eine mit ihren Unterschriften versehene Bittschrift: „die Zustände der Universität und insbesondere die Vakaturen einiger Lehrkanzeln betr." beim Gemeinderat ein. Letzterer sollte, dahin ging ihre Absicht, diese Schrift höheren Orts vorlegen und sich für die Universität verwenden. Diese

Bittschrift wurde am 19. Februar 1846 auch im Senat besprochen, fand aber keine Billigung. Vielmehr beschloss der Senat, an den Gemeinderat zu schreiben, dass demselben „keine Veranlassung gegeben seyn dürfte, dieser Petition eine weitere Folge zu geben, wenigstens nicht ohne vorher uns Gelegenheit zu einer Erklärung über das, was bezüglich der damaligen Zustände der Universität in solcher erinnert seyn mag, gegeben zu haben." Der Gemeinderat erklärte sich unterm 24. d. M. mit dieser Ansicht einverstanden und fragte unter Mitteilung der Bittschrift an, ob man gestatte, dass das Schreiben des Senats zur Kenntnis der Bürgerschaft gebracht werde, damit dieselbe sich über den Stand der Sache beruhige. Am 28. d. M. gab das akademische Direktorium bejahende Antwort.

Wir haben oben gehört, wie im Jahre 1844 die Gefahr der — teilweisen oder gänzlichen — Aufhebung der Universität zwar ernstlich gedroht hat, aber glücklich noch abgewendet wurde. Bei der Stimmung eines großen Teils der Kammermitglieder aber, wie sie sich schon mehr als genug geoffenbart, sah man mit Spannung und Angst den Verhandlungen des Jahres 1846, namentlich den Budgetberatungen entgegen. Hatte doch schon der Verfasser (Dahmen?) der oben genannten Heidelberger Schrift gleich der Aufschrift hinzugefügt: „Ein Vorschlag, der bei dem Uebergang in eine neue Budgets-Periode der Beachtung und Prüfung wol gewürdigt werden sollte." Ferner aber wusste man, dass er die Schrift an die Staatsbehörden und Landstände hatte verteilen lassen. Nicht ohne Grund fürchtete man daher, dass Ministerium und Kammern den Vorschlägen des hochgestellten Staatsmannes ihre Aufmerksamkeit widmen, wenn nicht gar zu den ihrigen machen werde.

Im Senat selbst trug am 2. Juli 1846 Prof. Baumstark vor, dass der Universität Gefahr drohe, indem die Budgetkommission in der II. Kammer auf einer ganz unrichtigen Grundlage fußend den Antrag gestellt habe, *einen Teil der Dotationszuschüsse zurückzuziehen*. Wie großes Gewicht man darauf legte, diesen Schlag womöglich abzuwenden, bezeugt die Tatsache, dass gleich andern Tags (3. Juli) der Prorektor (Oettinger) selbst sich nach Karlsruhe begab und sich mit Nebenius, v. Türkheim und Christ besprach, auch bei gedachter Kommission so viel wie möglich darauf hinzuwirken suchte, dass sie ihre Anträge zurückzöge. Leider richtete er nichts oder wenigstens nicht viel aus.

Dies sollten die Tage der Budgetberatung in der II. Kammer[1]) zeigen. Es sind der 13. und 14. Juli, (33. und 34. Sitzung) die hier inbetracht kommen. Im Budget standen für die Universität Heidelberg 87,823 fl., nachträglich wurden von der Regirung noch 6,600 fl. verlangt. Beides, zusammen also nicht weniger als 94,423 fl. wurde von der Kammer bewilligt. Nicht so erging es der Schwesteruniversität, dem Stiefkind im Oberland. Für diese hatte die Regirung 47,524 fl. als staatlichen Zuschuss angesetzt — wovon freilich 15,524 fl. als Ersatz für entzogene Gefälle eigentlich abzurechnen sind.[2]) — Die Budgetkommission aber überraschte mit folgender Erörterung: Trotz allen Zuschüssen[3]) sei die Besuchsziffer der Universität doch bis zu der geringsten (200) in ganz Deutschland herabgesunken. Es scheine also (!) dort an derjenigen „geistigen, wissenschaftlich-freien Lebenslust" zu mangeln, welche zum Aufblühen einer solchen Anstalt durchaus notwendig ist . . . Wollte man sagen, gerade weil die Universität so wenig besucht ist, müsse man ihr helfen durch Berufung tüchtiger Lehrer auf die erledigten Kanzeln usw., also durch Vermehrung der auszuwerfenden Summen, so sei darauf zu bemerken, dass diese Frage aufs engste zusammenhänge mit der schon oft behandelten, ob die Kräfte des Landes überhaupt hinreichen, *zwei Universitäten in dem Stand zu erhalten, dass sie in allen Fächern den Anforderungen der Zeit und der Wissenschaft genügen, eine Frage, die nicht zu bejahen sei.* Oder ob man nicht vielmehr den Vorschlag zur Ausführung bringen solle, die eine der beiden Universitäten mit der polytechnischen Schule zu vereinigen? Dieser Gedanke — zuerst schon 1831 vom Abgeordneten Buhl (dem Aelteren) angeregt — habe zwar früher lebhaften Widerspruch erfahren, man sei ihm aber seither doch allerwärts näher getreten, und *die Ausführung*[4]) stehe

---

[1]) Diese war am 9. Februar 1846 aufgelöst worden, hatte aber durch die Neuwahlen erst recht eine liberal-oppositionelle Mehrheit bekommen.

[2]) Es bleiben also denn noch gerade 32000 fl. (vgl. oben), bezw., wenn man den außerordentlichen mehrere Jahre hindurch geleisteten Zuschuss des Jahres 1837 mit 1560 fl. hinzurechnet, 33560 fl.

[3]) Dieselben werden natürlich auseinandergesetzt, was wir oben schon getan haben.

[4]) Natürlich nur in der von der oben genannten Heidelberger **Schrift bezeichneten Weise.**

über kurz oder lang bevor. Unter diesen Umständen sei wol die Anstellung neuer Lehrer nicht ratsam. Wenn man es aber doch tun wolle, so stünden genug Mittel aus Ueberschüssen zu Gebote. Diese Ueberschüsse betrügen nach dem letzten Budgetbericht der Universität selbst 11,566 fl.,[1]) ließen sich aber noch höher, auf 16—17000 fl., berechnen, weil die Einkünfte aus den schwäbischen Schaffneien nur zu 17.194 fl. veranschlagt seien, in Wahrheit aber im Jahr 1843: 23,946, 1844: 20394 fl. betragen hätten usw. Der Antrag der Budgetkommission lautete schließlich: „*Mindern wir um diesen Betrag — nämlich um den von der Universität selbst angegebenen Ueberschuss von 11,566 fl. — den Staatszuschuss von 47,524 fl., so bleiben zur Deckung der Bedürfnisse der Universität noch 35,958 fl. übrig, deren Verwilligung, oder in runder Summe 36,000 fl. für jedes der beiden Jahre* (1846 und 1847) *wir in Antrag bringen.*"

Gegen diesen Antrag ergriff zunächst Hägelin, einer der Abgeordneten der Stadt Freiburg, das Wort. Schon seit einer Anzahl von Jahren sei man immer wieder auf dem Landtag auf die Frage der Aufhebung einer von beiden Universitäten zurückgekommen; welche man dabei im Auge gehabt habe, sei klar gewesen. Nachdem aber die Regirung und die Mehrzahl der Kammermitglieder nicht darauf eingegangen, wolle man jetzt die Sache anders angreifen und der Hohen Schule allmählich den Lebensfaden abschneiden. Zu diesem Zweck wolle man, während der Universität Heidelberg mit vollen Händen gespendet werde, nicht weniger als 11,566 fl. jährlich streichen. — Nachdem dann Hägelin dargelegt, einen wie geringen Nutzen die Regirung aus dem — allmählichen oder schnellen — Hinscheiden der Universität haben würde, wie es schon Rotteck in der (im II. Hauptteil) besprochenen Schrift getan hatte, spricht er davon, wie die Streichung jener 11,566 fl. auch tatsächlich unbegründet sei:[2]) der größte Teil der Universitätseinkünfte bestehe in Gütererträgnissen und Gefällen, sei also jedes Jahr sehr zweifelhafter Natur, und müsse man „in den sieben fetten Jahren immer sparen auf die sieben mageren." Dies habe die Universität auch getan. Auf Veranlassung der Regirung habe die Wirtschaftsverwaltung aus

---
[1]) Vgl. oben.
[2]) Vgl. auch Pfister a. a. O. S. 166, 167.

den Gefällsüberschüssen und den Besoldungen, die wegen Nichtbesetzung von Lehrkanzeln nicht ausbezahlt wurden, einen Fond angelegt, mit dem sie jetzt die Ausgaben zum Teil schon bestritten habe, zum Teil noch bestreiten werde. So habe sie damit das Gewächshaus im botanischen Garten ...... wiederhergestellt usw. Von Ueberschüssen sei also keine Rede mehr. Sonst hätte auch die Stadt sich nicht dazu verstanden, der Universität zur Erbauung ihres Gewächshauses 2000 fl. zu schenken und aus Stiftungsmitteln ein mit den innern Einrichtungen auf mehr als 100.000 fl. kommendes Spitalgebäude aufzuführen und zu klinischen Zwecken einrichten zu lassen, während der Staat die Auslagen für die Klinik in Heidelberg von sich aus bestreiten muss . . . . Der Antrag Hägelins lautete: *„Die hohe Kammer wolle die Dotation der Universität Freiburg ungeschmälert belassen,* beziehungsweise *die ganze im Budget von der Regirung geforderte Summe bewilligen."*

Von der darauffolgenden Rede des Abgeordneten *Kern* hebe ich nur folgende Gegenüberstellungen hervor. Heidelberg hat z. B. (d. h. 1846) 48 Professoren und 21 Privatdozenten, Freiburg nur 25 Professoren und 7 Privatdozenten; in Heidelberg sind alle Hauptfächer zwei- bis dreimal besetzt, in Freiburg einige schon seit Jahr und Tag gar nicht. Die Anstalten zu Heidelberg sind alle aus der Staatskasse hergestellt, die zu Freiburg blos aus örtlichen Fonds. In Heidelberg beträgt die Summe der Besoldungen aller Professoren das Dreifache des Betrags in Freiburg, nämlich 41,105 fl. usw. Ein „kaum Reiz findender Köder" sei auch der Plan, in Freiburg nur die theologische und philosophische Fakultät (ungeschmälert) zu lassen und für die entgehende juristische und medizinische als Entschädigung das polytechnische Institut geben zu wollen . . . . . „Die oberen Provinzen wollen keine verstümmelte Universität mit einer ungenügend dotirten prekären polytechnischen Schule: ein Studium generale, eine Universitas litterarum ist ihr 400jähriges Besitztum . . . . . " Zum Schluss befürwortet Kern — nachdem er sich noch vorher gegen den als Grund des Rückgangs angegebenen „Mangel an geistiger, wissenschaftlich-freier Lebenslust" verwahrt hat.[1])

---

[1]) In bitterem Ton meinte er, dass Freiburg freilich das Unglück habe, nicht die gleiche politische Farbe zu tragen, wie

— den Antrag Hägelins. Dasselbe tun der Ministerialpräsident *Nebenius* und der Abgeordnete Maier; ebenso am 14. Juli die Abgeordneten Maier, Litschgi, Nombride, Iunghanns I, Rettig, Buss, Bader und Geh. Rat Beck. Letzterer meinte, als kirchliche Stiftung dürfe man die Universität schon um den Gegensatz zwischen Katholiken und Protestanten nicht wachzurufen, nicht aufheben. Noch mehr als Beck rückte den konfessionellen Gesichtspunkt in den Vordergrund der Abgeordnete Fauth. Als Protestant und Unterländer sich vorstellend, wollte er gerade deshalb die Universität als katholische erhalten wissen, weil es eine Ehrensache und Pflicht der Gerechtigkeit sei, seitdem von den 36 früher bestehenden Universitäten Deutschlands seit 1792 vierzehn aufgehoben worden, unter diesen aufgehobenen aber nicht weniger als 11 katholische und nur 3 protestantische seien, also nur noch 6 katholische (außer Freiburg noch Würzburg, München, Wien, Gratz, Innsbruck) übrig geblieben für 20 Millionen Katholiken, dagegen 16 protestantische für 17 Millionen Protestanten.

Von den Gründen, welche die andern genannten Redner vorbrachten für die Erhaltung, braucht nicht weiter gesprochen werden, weil sie schon gelegentlich früher erwähnt warden.

Gegen die volle Erhaltung, also für den Kommissionsantrag sprachen die Abgeordneten Soiron und — was am peinlichsten berührte — ein früheres Mitglied der Universität, Welcker!¹)

Die Abstimmung ergab gerade *30 Stimmen für, 30 gegen den Kommissionsantrag*. Da also Stimmengleichheit herrschte, lag die Entscheidung in den Händen des Präsidenten (Mittermaier). Er gab den calculus Minervae zu gunsten des Hägelinschen Antrags ab und entschied so den ungeschmälerten Fortbestand der Hohen Schule.

---

manche andern Städte, dass es aber „hinsichtlich der Intelligenz und Gesittung auf der gleichen Stufe stehen möchte wie Mannheim und Heidelberg."

¹) In der gleichen Sitzung vom 14. Juli wurde dessen Reaktivirung beschlossen! — Auch die nachbarlichen Abgeordneten Helbing (Emmendingen) und Blankenhorn (Müllheim) stimmten gegen die Universität.

So war denn die Gefahr der Aufhebung oder Verkümmerung der Universität, die schon lange immer wie ein Damoklesschwert über ihr geschwebt, abermals — hoffen wir für immer! — beseitigt.

VI. Die Revolutionsjahre.[1]

Eine schwere Zeit war, wie für Stadt und Land, so auch für die Universität die der badischen Revolution in den Jahren 1848 und 1849.

Gleich beim Beginn der Unruhen im ersten Jahre, im Anfang des Monats März 1848, organisirten sich die Studenten als *bewaffnetes Korps*, wozu sie die Führer aus der Zahl der akademischen Professoren sich selbst gewählt hatten. Dieses „Studentenkorps" trug anfangs in Verbindung mit der Bürgerwehr[2] der Stadt wesentlich dazu bei, wenigstens größere Ruhestörungen zu verhindern. Aber es zeigte sich bald, dass sie mit schlechten Feuerwaffen versehen seien. Wiederholte Bitten an den Gemeinderat der Stadt um Abgabe von Gewehren blieben erfolglos.

---

[1] Ich berichte über die Schicksale der Universität in diesen 2 Jahren, soviel des Interessanten im einzelnen sie auch bieten mögen, hier deshalb nur summarisch, weil ich darüber schon in der „Zeitschrift der Gesellschaft für Beförderung der Geschichts-, Altertums- und Volkskunde von Freiburg, dem Breisgau und den angrenzenden Landschaften" 11. Band, Freiburg i. Br. 1894, S. 23—45 gehandelt habe.

[2] Ueber die „Volks- und Bürgerbewaffnung" jener Tage vgl. J. B. Bekk, „Die Bewegung in Baden vom Ende des Februar 1848 bis zur Mitte des März 1849," Mannheim 1850. S. 97 ff.

Unterdessen nahmen die Unruhen in verschiedenen Gegenden einen bedrohlichen Charakter an. Nachdem schon zu Anfang des Monats April im Seekreis die Fahne des Aufstandes erhoben worden, kam es am 20. d. M. zu jenem Gefecht bei Kandern, in welchem General von Gagern erschossen wurde. Dann zog sich der Kampf auch in den Breisgau herab. Freiburg selbst, in welchem die Aufständischen sich verschanzt hatten, wurde über die Osterfeiertage (23. u. 24. April) eingenommen, die Freischärler versprengt und die Ruhe wieder hergestellt. Die Vorlesungen an der Universität konnten daher ungestört in der zweiten Maiwoche (8. Mai ff.) aufgenommen werden.[1])

Uebrigens war trotz verschiedener Misserfolge die revolutionäre Partei noch keineswegs vernichtet und das Ansehen der Behörden an manchen Orten schwer erschüttert. Im Hinblick darauf wurde auf Vorschlag des derzeitigen Prorektors der Hohen Schule, *Adalbert Maiers*, am 4. Mai eine Ergebenheits-Adresse an den Großherzog gerichtet, in der die Universität demselben die Versicherung unverbrüchlicher Treue ausdrückte.

In banger Voraussicht der sich mehrenden Unruhen hatte gleich anfangs die Staatsregirung die provisorischen Ausnahmebeschlüsse von Karlsbad, Frankfurt und Wien außer Wirksamkeit gesetzt und die Bundesversammlung ihre darauf gegründeten eigenen Beschlüsse aufgehoben. Infolgedessen verordnete sodann am 18. April 1848 das Ministerium d. I. „eine Revision der akademischen Gesetze und aller zum Vollzug der jetzt aufgehobenen Beschlüsse erlassenen Verordnungen, Statuten und Instruktionen." Bis zur Vollführung dieser Revision sollte „von allen Normen, die unzweifelhaft durch die erwähnten Ausnahmsbeschlüsse bedingt und hervorgerufen sind," Umgang genommen werden. Namentlich sollten die Amtshandlungen des außerordentlichen Regirungsbevollmächtigten bei der Universität aufhören und jene wieder eintreten, die der Kurator der Hochschule (in dieser Eigenschaft) schon vorher hatte. Endlich hatte der Kurator der Immatrikulationskommission nicht mehr anzuwohnen, bei der Immatrikulation selbst fielen die beschränkenden Bestimmungen, also namentlich

---

[1]) Angesagt waren sie im Vorleseverzeichnis auf 28. April (Freitag nach Ostern).

der vorgeschriebene „Revers" (Abschwörung der Teilnahme an Burschenschaften, Landsmannschaften usw.) weg.

Dass bei Beginn der Unruhen gleich die Einnahmen stockten und bald ganz ausblieben, ist schon früher erwähnt worden. Es war also eigentlich eine überflüssige Vorsicht, wenn ein Ministerialerlass vom 25. April „tunlichst Beschränkung der Kassenvorräte, so lange die Unruhen dauern", anbefahl.

Ueber die Einquartirungslasten vgl. Pfister a. a. O. S. 168.

Am 29. Juni war Erzherzog Johann v. Oesterreich von der Nationalversammlung in Frankfurt zum Reichsverweser gewählt worden, und in der ersten Woche des Septembers war derselbe auch nach Freiburg gekommen, wobei ihm die Universität ein von Prof. Baumstark verfasstes Begrüßungsschreiben in Diplomform überreichte.

Aber mit der eben genannten Wahl war natürlich *die deutsche Einheits- und Oberhauptsfrage* nicht gelöst, sondern begann gerade jetzt der Gegenstand lebhafter Erörterung zu sein und die Gemüter mächtig überall zu erregen. Im Januar 1849 unterzeichneten auch viele Mitglieder der Universität eine in Umlauf gesetzte Zuschrift an die Reichsversammlung, die den Wunsch enthielt, die deutsche Reichskrone möge dem Hause Hohenzollern übertragen werden. Dass die Kaiserwahl am 28. März in diesem Sinne ausfiel, ist bekannt; ebenso aber auch, dass Friedrich Wilhelm IV. die ihm angebotene Würde nicht annahm. Dadurch war die deutsche Einigung wieder in die ferne Zukunft gerückt, und man sah trüben Tagen entgegen.¹)

Das Jahr 1849 war insbesondere für Baden gefährlicher noch als das vorhergehende infolge der Meutereien des Militärs.²) Auch jetzt taten sich Freiburgs Akademiker wieder zusammen und richteten eine Bitte an den Stadtrat um *Aufnahme in die Bürgerwehr* und Abgabe von Gewehren. Der

---

¹) Einen sprechenden Beweis für die pessimistische Stimmung jener Zeit liefert das Schriftchen des Freiburger Universitätsprofessors Werber „Deutschland im Wendepunkt unserer Zeit, besonders in politischer und sozialer Beziehung" Frbg. 1849, bezw. die als Anhang (S. 173 ff.) beigegebenen „patriotischen Lieder."

²) Vgl. Bekk a. a. O. S. 298 ff. und Häusser „Denkwürdigkeiten zur Gesch. d. bad. Revolution." Heidelberg 1851. S. 272 ff.

Rat genehmigte (14. Mai) ihre Einreihung in die Bürgerwehr in der Art, dass sie ein besonderes Fähnlein bildeten. Auch Gewehre wurden abgegeben, mit der Bestimmung, dass für das Stück 15 fl. zu bezahlen oder aber Bürgschaft für Zurückgabe in gutem Zustand geleistet werden müsse.

Unterdessen wurde die Lage immer kritischer. Am 13. Mai hatte jene große Volksversammlung in Offenburg stattgefunden, deren Hauptergebnis die Errichtung des sog. Landesausschusses war. In der darauffolgenden Nacht schon floh die großherzogliche Familie außer Landes, am 14. flohen ebenso die Minister. Damit war der „Landesausschuss" die einzige tatsächliche Regierung im Land geworden. In Freiburg gelang es schließlich dem von diesem als „Civil- und Militärkommissär des Oberrheines" aufgestellten Advokaten *Heunisch*,[1]) die Bürgerwehr sowie das Militär[2]) seinen eigenen Plänen mehr oder minder dienstbar zu machen.

Bei der immer mehr überhandnehmenden allgemeinen Unsicherheit und Verwirrung bemächtigte sich auch der Glieder der Universität eine gewaltige Unruhe, die eine größere Anzahl von Professoren und Studenten in die Flucht trieb. Trotzdem beschloss man (in einer Plenarversammlung vom 14. Mai), vorerst wenigstens noch keine bestimmten Ferien zu geben. Drei Tage darauf wurde festgesetzt, dass die Kollegien jedoch so zu halten seien, „dass nach vier Uhr die Studirenden frei sind und zum Wehrdienst die nötigen Uebungen machen können."

Wichtiger als die Feststellung der Vorlesungen war eine andere Frage (ebenfalls am 14. Mai zum erstenmal behandelt), nämlich die, wie man sich zu verhalten habe, *wenn die eingesetzte „provisorische Regirung" Anerkennung fordere*. Mehrmals suchte man die Beratung über diese wirklich heikle Angelegenheit hinauszuschieben.[3]) Erst als von den „Reichskom-

---

[1]) Vgl. Häusser a. a. O. S. 430.

[2]) Der General von Gailing verließ die Stadt am 14. Mai, ebenso der Regierungsdirektor v. Marschall, der von Heunisch „einstweilen" seiner Stelle enthoben worden war. Der Kommandant des 2. bad. Infanterie-Regiments, Oberstleutenant v. Glock, wurde von den Soldaten nicht mehr als Kommandirender angesehen, dieselben erklärten vielmehr, nur noch dem Heunisch zu gehorchen.

[3]) Die Einzelheiten wolle man in der am Beginn dieses Abschnittes (Anm.) erwähnten Abhandlung in der Zeitschrift des Historischen Vereins S. 35 ff. nachlesen.

missären" die Versicherung abgegeben worden war, die Eidesablegung verpflichte nur insofern zum Gehorsam gegen den Landesausschuss, als derselbe die Reichs- und Landesverfassung nicht verletze, und für jede dieser Grundlage widersprechende Anordnung sei man eben dadurch des Gelöbnisses, Folge zu leisten, entbunden — erst jetzt leisteten, durch diese Erklärung in ihrem Gewissen beruhigt, die meisten[1]) der anwesenden Professoren, Beamten und Bediensteten der Universität am 21. Mai den Eid in die Hände des vorher von Heunisch selbst seinerseits beeidigten Prorektors.

Bald darauf, am 4. Juni, war eine große Anzahl von Akademikern (abends 5 Uhr) unter dem etwa 400 Mann starken ersten Aufgebot[2]) der Freiburger Volks- oder Bürgerwehr nach Rastatt abgezogen, um die Murglinie, welche „die Barrikade der Freiheit gegen die Anmaßungen hochverräterischer Fürsten" werden sollte, verteidigen zu helfen. Erst anfangs Juli, als schon die Sache der Freischärler soviel wie verloren war, kehrten die meisten dieser Studenten zusammen mit anderen, die teils freiwillig, teils „gepresst" die Universität verlassen hatten, zurück. Alle, die an den Kämpfen teilgenommen hatten, mussten sich einer zu diesem Zweck errichteten Untersuchungskommission stellen, die meisten konnten jedoch alsbald wieder auf freien Fuß gestellt werden. Eine Anzahl von Studenten war immerhin in der Festung Rastatt, deren Einschließung seit Ende Juni beendigt war, zurückgehalten worden. Für die Milderung des Schicksals und möglichst baldige Freigebung dieser Akademiker, die nach der Einnahme Rastatts am 23. Juli in den Kasematten der Festung schmachteten, hat sich der Senat nicht ohne Erfolg beim Prinzen von Preußen (den späteren Kaiser Wilhelm I.) eifrigst bemüht. Schon anfangs August waren die meisten wieder heimgekehrt.

In den Zeiten der höchsten Gefahr (Mai 1849) hatte die Universität ihre wichtigsten *Papiere und Wertsachen* zur Si-

---

[1]) Eine Ausnahme machten nur v. Hirscher, Staudenmaier, v. Madai, v. Woringen, Schwörer, Helfferich und die Privatdozenten Weiß und Steingess.

[2]) Dasselbe umfasste alle jungen Leute bis zum 30. Jahre. Vgl. Stadtratssitzung vom 8. Mai 1849.

cherung nach Basel geschafft. Dort bewahrte Professor und Stadtrat Peter Merian sie in seinem Haus, bis sie am 21. Juli, als die ärgste Gefahr vorbei war, wieder abgeholt wurden. Der in der Kasse sich befindende Geldvorrat von etwa 1200 fl. war zu Besoldungszahlungen für den Monat Mai verwendet worden, und so ging der Landesausschuss, der die Beschlagnahme der Gelder aller öffentlichen Kassen verfügt hatte, bei der Universität leer aus.

Zum Schluss dieses Abschnitts möge darauf hingewiesen werden, dass, während andere Universitäten, wie Heidelberg, Gießen, Berlin, eine bedeutende Herabminderung ihrer Frequenz in diesem Jahre erfuhren, die Besuchsziffer in Freiburg sogar fast stetig gewachsen ist. Die Zahlen vom Sommer 1847 an sind: 217, 270, 231, 280, 295, 331 usw. Vgl. Abschnitt X.

VII. Das Lehrerkollegium.

Veränderungen im Stand des Lehrerkollegiums[1]) kamen in diesem Zeitabschnitt folgende vor.

a) In der theologischen Fakultät.

Am 22. Februar 1832 zeigte der bisherige Ordinarius der Kirchengeschichte *v. Reichlin-Meldegg* seinen (am 19. d. M. geschehenen) Uebertritt zur protestantischen Kirche an, nachdem er schon längere Zeit vorher um Versetzung in die philosophische Fakultät eingekommen war. Die wichtige Folge jenes Schrittes war, dass durch allerhöchste Entschließung des Großherzogs aus dem Staatsministerium vom 27. Februar 1832 das Staatsdienerverhältnis v. Reichlin-Meldeggs durch seinen Uebertritt als von ihm freiwillig aufgelöst erklärt, jedoch ihm gestattet wurde, bei einer jährlichen Unterstützung

---

[1]) Auch das Amt des Kurators wurde in dieser Zeit nicht weniger als viermal neu besetzt. Im Jahr 1831 wurde der bisherige Kurator Frhr. v. Türkheim Minister; an seine Stelle trat Geh. Rat und Kreisdirektor Dahmen, der jedoch schon am 18. April 1832 durch Frhr. v. Beck (auch Direktor der Regirung des Oberrheinkreises) ersetzt wurde. Dieser blieb bis 1845, wo ihm Aug. Frhr. Marschall v. Biberstein (als Kreisdirektor und Kurator) folgte. Dieser endlich war Kurator bis im Winter 1850/51. Von da an blieb das Amt unbesetzt.

von 600 fl. aus der Universitätskasse (zu Freiburg) in Heidelberg Vorlesungen zu halten. Sein Lehrstuhl wurde — nachdem der bisherige Supplent und (seit 1833) Extraordinarius Klenkler 1835 gestorben — erst 1836 (29. Sept.) wieder ordentlich besetzt durch Dekan *A. Vogel*,¹) Regens am Erzbischöflichen Seminar — unter der Bedingung, dass derselbe seine bisherige Stellung aufgebe. Als derselbe im Jahr 1845, die seelsorgerische Tätigkeit der akademischen vorziehend, auf die Pfarrei Hofweier ging, bekam *Schleyer*²) — schon seit 10. Mai 1838 Ordinarius, jedoch ohne Sitz und Stimme in der Fakultät — die Lehrkanzel.

Mit dem Winterhalbjahr 1836/37 schied *Buchegger*, zum Domkapitular ernannt, aus dem Kollegium aus. Auf den dadurch erledigten Stuhl der Dogmatik wurde am 6. März 1837 Prof. *Staudenmaier*³) aus Gießen berufen. — Am 14. Juni 1836 trat Schreiber aus der theologischen Fakultät in die philosophische über. Sein Nachfolger in der Moraltheologie wurde am 31. Aug. 1837 Prof. *v. Hirscher*⁴) in Tübingen. — Am 11. März 1846 starb nach nicht weniger als 58jähriger Tätigkeit an der Universität der Geistl. Rat und Domdekan *Hug*. Sein Nachfolger als Professor der Exegese wurde *Adalbert Maier*, der, schon am 9. Mai 1841 zum Ordinarius ernannt und Hug als Gehilfe beigegeben, selbst eine nicht geringe Anzahl von Jahren an der Universität tätig sein sollte († 1889).⁵) — Endlich ließ sich der Professor der Pädagogik und Pastoraltheologie, *Werk*, am 14. Aug. 1847 in den Ruhestand versetzen.⁶) Von den an seine Stelle Vorgeschlagenen wurde dem (später) als Volksschriftsteller berühmten *Alban Stolz* (damals provisorischer Direktor des Collegium theologicum) am 13. Okt.

¹) Vgl. Bad. Biogr. III, S. 192.
²) Ebenda III, 138.
³) Ebenda II, 308.
⁴) Ebenda I, 372.
⁵) Er begann an der Universität (zuerst als Supplent) schon 1836 zu lesen. — Beide miteinander, Hug und Maier, haben also über 100 Jahre lang den Lehrstuhl innegehabt. Gewiss ein seltenes Zusammentreffen!
⁶) Derselbe hatte am 26. Okt. 1842 schon sein goldenes Priesterjubiläum unter lebhafter Beteiligung von Stadt und Universität gefeiert. Er blieb Wirtschaftsdirektor und Stiftungskommissär bis 1855 und starb in hohem Alter 1857.

d. J. die Lehrkanzel provisorisch, im nächsten Jahre endgiltig übertragen.

Demnach sind die Lehrkanzeln der theologischen Fakultät im Verlauf der Regirung des Großherzogs Leopold sämtlich in andere Hände gekommen.

b) In der *juristischen Fakultät* fällt die wichtigste und der Zeit nach erste Veränderung in das Jahr 1832; es ist die von der Regirung verfügte Entfernung der beiden Professoren *v. Rotteck* und *Welcker* von ihren Lehrstühlen. Von der politischen Tätigkeit derselben und der Uebertragung ihrer Ideen auf die Studirenden ist schon früher die Rede gewesen. Namentlich letzteres suchte die Regirung zu verhindern. Und da sie den beiden Männern in ihrer Eigenschaft als Abgeordneten keinen Einhalt tun konnte, so glaubte sie um so eher ihnen in ihrer Stellung als Lehrer an der Universität einen Riegel vorschieben zu müssen. Für diese, die Universität, aber galt von vornherein die Entfernung zweier so bedeutender Lehrer als großer Verlust. Sobald daher das Gerücht von einer beabsichtigten Entfernung beider — wozu auch noch Duttlinger anfangs genannt wurde — zu den Ohren des (damals noch sehr jungen) Senats drang, beeilte sich derselbe (am 14. Okt. 1832), eine Bitte um Abwendung einer solchen Maßregel beim Staatsministerium einzureichen. Es half jedoch nichts mehr; am 26. Okt. 1832 wurden v. Rotteck und Welcker in den Ruhestand versetzt. Damit war, wie man sagte, eigentlich erst die für notwendig erklärte „subjektive Reorganisation" der Universität vorgenommen. — Man hoffte übrigens immer noch, wenigstens nicht beide auf einmal verlieren zu müssen (vgl. Senatsprotokoll vom 10. Nov. d. J.). Aber alle Bemühungen[1]) halfen nichts.

[1]) Am 7. Dezember 1832 bat man das Kuratorium, dass Rotteck wenigstens das Amt des Stiftungskommissärs behalten dürfe, damit wenigstens „dieses einzige Band, durch welches derselbe an diese Universität, der er seit mehr denn 3 Decennien mit vielfach ausgezeichneter Wirksamkeit angehört habe, jetzt noch geknüpft sey, nicht möge zerrissen werden." Durch Entschließung des Staatsministeriums vom 2[?]. Dezember 1832 wurde jedoch die Bekleidung dieses Amtes als mit der Versetzung in den Ruhestand unvereinbar erklärt.

So musste denn mit den Neuberufungen Ernst gemacht werden. An die Stelle Rotteeks (Natur, Staats- und Völkerrecht) wurde *Birnbaum* berufen, der jedoch schon 1835 einem weiteren Ruf nach Utrecht folgte, worauf *Warnkönig*[1]) aus Gent 1836—44 den Lehrstuhl innehatte. Die Lehrfächer Welckers wurden unter mehrere verteilt, indem *Baurittel*[2]) zum Ordinarius für juristische Enzyklopädie und badisches Zivilrecht ernannt, die Pandekten aber abwechselnd von Fritz, Amann und Warnkönig gelesen wurden.

Aber bei jeder Gelegenheit fast bat die Universität um die Wiedereinsetzung Rotteeks und Welckers. Erst nach 8 Jahren sollte der Wunsch erfüllt werden. Am 2. Sept. 1840 wurden beide mit ihren früheren Gehältern[3]) (Rotteck mit 1600 fl. und der ganzen Naturalkompetenz, Welcker mit 2000 fl.) in ihr Lehramt wieder eingesetzt. Doch war es keinem von beiden mehr vergönnt, längere Zeit an altgewohnter Stätte zu wirken. Rotteck starb schon am 26. Nov. desselben Jahres (1840); Welcker aber wurde schon im nächsten Jahr, am 21. Okt. 1841, wegen einiger Reden, die er auf einer politischen Agitationsreise in verschiedenen Gegenden Norddeutschlands gehalten hatte, abermals seines Amtes entsetzt und zwar diesmal für immer. Er verließ die Stadt 1844 und siedelte nach Heidelberg über.

Ganz um die gleiche Zeit trat auch der dritte im Bunde der „Freiheitspioniere" der Hohen Schule vom Schauplatz: *Duttlinger* starb nach schwerem Leiden am 24. August 1841.

So wurde also die Universität innerhalb des Zeitraums von 11 Monaten dreier ihrer berühmtesten Lehrer beraubt. Aber nicht genug. In demselben Jahr 1840 wurde dem Lehrer des (Röm. Zivil- u.) Kirchenrechts, Hofrat *Amann*, auf Drängen der Kurie die Facultas legendi entzogen und nur das Amt des Oberbibliothekars belassen.

Nachfolger Duttlingers wurde (28. Okt. 1841) *Stabel*, bisher Hofgerichtsrat in Mannheim. Im Jahr 1845 zum Hofgerichtsdirektor (in Freiburg) ernannt, las er noch zwei Semester hindurch über bürgerlichen Prozess und Prozesspraxis.

---

[1]) Vgl. C. Jäger a. a. O. S. 168.
[2]) Vgl. im vorhergehenden Hauptteil.
[3]) Wieder auszuzahlen vom 1. November 1840 an.

Schon 1843 war *v. Woringen*[1]) für Kriminalrecht, deutsches Privat- und Staatsrecht und Rechtsgeschichte berufen worden, während — nach dem völligen Weggang Stabels — Zivilprozess und badisches Landrecht am 21. Sept. 1846 an den Hofgerichtsrat *Anton Maier* in Konstanz übertragen wurde.

Unterdessen war 1836 von den Lehrfächern Rotteeks bezw. Warnkönigs das deutsche Staats- und Bundesrecht an *Buss*[2]) übergeben worden. Derselbe las bald auch über Staatswissenschaften und erhielt 1844 von den Lehrfächern Amanns[3]) auch das Kirchenrecht.

1844 war Warnkönig einem Ruf nach Tübingen gefolgt. Sein Lehrstuhl wurde durch keine neue Berufung wieder besetzt (Naturrecht las Woringen). Dagegen wurde 1848 der derzeitige schleswig-holsteinische Bundestagsgesandte in Frankfurt, *v. Madai*, als (zweiter) Lehrer des römischen Rechts berufen. Derselbe folgte aber schon im folgenden Jahr (1849) einem Ruf nach Gießen, wo er übrigens bald nachher starb. Als Nachfolger kam 1850 *Ad. Schmidt* von Greifswald.

So war also von allen schon 1830 tätigen Lehrern dieser Fakultät 1852 nur noch *Fritz* im Amt.

c) In der medizinischen Fakultät

war Schultze mit Beginn des Jahres 1831 nach Greifswald berufen worden. Sein Nachfolger (auf dem Lehrstuhl der Physiologie, vergleichenden Anatomie und „Veterinärkunde") wurde 1832 *Leuckart*.[4]) Nach dessen Tod (26. Sept. 1843) blieb die Lehrkanzel zwei Jahre lang unbesetzt, bis am 6. September 1845 *v. Siebold* aus Erlangen (zugleich für Zoologie) berufen wurde. Als auch dieser schon im Februar 1850 einem Ruf nach Breslau folgte, wurde *Alex. Ecker*, Sohn des mehrfach schon genannten Professors der Chirurgie und Geburtshilfe, am 16. April 1850 „in die alte neue Heimat" berufen.[5])

---

[1]) Vgl. Bad. Biogr. II, 521.
[2]) Vgl. Bad. Biogr. III, 15.
[3]) Derselbe starb am 23. Nov. 1849 in Illenau.
[4]) Vgl. Bad. Biogr. II, 21. — Vergeblich war eine Vorstellung an das Ministerium vom 15. Januar 1835, einen eigenen Lehrstuhl für Tierheilkunde zu errichten, zu dessen Dotation schon die Stände von 1783 eine Summe bewilligt hätten.
[5]) Vgl. die schon erwähnten biographischen Aufzeichnungen Eckers S. 108 u. 109 (sowie S. 59 ff.).

Nach dem Tode des alten Ecker (1829) war *J. Schwörer*¹) erst provisorisch mit dessen Lehrfach betraut, dann 1832 zum außerordentlichen, 1833 zum ordentlichen Professor der Geburtshilfe ernannt worden. Nach Becks Tod erhielt er auch die gerichtliche Medizin.

Am 7. April 1835 wurde der bisherige Extraordinarius *Werber*²) zum Ordinarius für Pathologie, Therapie, Arzneimittel- und Giftlehre, sowie Geschichte der Medizin, 1845 auch zum Leiter der Poliklinik ernannt.

Am 15. Juni 1838 starb plötzlich der Professor der Chirurgie und Augenheilkunde und Direktor der chirurgischen Klinik, *Beck*, erst 44 Jahre alt. Sein Lehrstuhl blieb 4 Jahre lang unbesetzt, seine Fächer wurden unterdessen vom außerordentlichen Professor *C. Hecker*³) supplirt. Erst 1842 berief man *Stromeyer*. Doch wurde schon 1845 Hecker zum (einstweilen überzähligen) Ordinarius ernannt und wurde auch der Nachfolger Stromeyers, als dieser im November 1848 aus dem badischen Staatsdienst austrat.

Botanik war bis 1832 nur von *Perleb*, der der philosophischen Fakultät angehörte, vorgetragen worden. Erst in diesem Jahre ernannte man *Spenner*⁴) zum ordentlichen Professor eigens für die medizinischen Fächer der Botanik. Nach seinem im Jahr 1841 erfolgten Tod wurde aber erst 1846 wieder ein Nachfolger ernannt, und zwar der Professor an der polytechnischen Schule in Karlsruhe, *Braun*,⁵) der als Prorektor in der stürmischsten Zeit der Revolution, treu auf seinem Posten ausharrend, durch Klugheit und Festigkeit wesentlich dazu beigetragen hat, „das Vermögen der Universität vor unrechtmäßigem Eingriff zu bewahren und schließlich in Sicherheit zu bringen." Zugleich war (1845) von der medizinischen und philosophischen Fakultät beschlossen worden, dass die Lehrkanzel der Botanik von jener der Zoologie getrennt und letztere mit der vergleichenden Anatomie und Physiologie vereinigt werden sollte.

---

[1] Vgl. Bad. Biogr. II, 293.
[2] Vgl. Bad. Biogr. II, 451.
[3] Vgl. C. Jäger a. a. O. S. 66.
[4] Vgl. Bad. Biogr. II, 305.
[5] Vgl. Bad. Biogr. I, 125.

Nach dem Weggang Brauns im Jahr 1850 nach Gießen wurden seine Lehrfächer von dem Extraordinarius Mettenius vorgetragen, bis Nägeli kam, dessen Berufung jedoch schon nicht mehr in den hier zu besprechenden Zeitraum fällt.

Gleich wie Beck wurde auch der Anatom *Buchegger* der Hohen Schule im schönsten Mannesalter entrissen: er starb am 13. Oktober 1839 im 45. Lebensjahr. Seine Nachfolger waren *Arnold*[1]) 1840—45 (aus Zürich berufen), und *Kobelt*,[2]) von 1847 an (bis dahin außerordentlicher Professor).

So waren also aus der Zeit von 1830 auch in dieser Fakultät im Jahre 1852 nur noch zwei in Amt und Würden: *Baumgärtner* und *Fromherz*.

d) In der philosophischen Fakultät

wechselten am häufigsten die Vertreter des eigentlichen philosophischen Lehrfachs. Im Jahr 1833 starb Schneller, und wurde für ihn *Winnefeld*[3]) berufen. Derselbe hatte schon Vorlesungen angekündigt, lehnte aber nachträglich aus Liebe zu seiner bisherigen Tätigkeit am Lyzeum in Rastatt ab. Auf ihn wurde (am 12. April 1834) *Reidel* aus Bruchsal berufen. Aber auch er las nur bis 1837, wo er wegen Krankheit Urlaub nehmen musste. Als er schließlich gänzlich sich in den Ruhestand versetzen ließ, erhielt 1842 *Sengler*[4]) den Lehrstuhl.

Am 9. August 1834 wurde nach längeren Verhandlungen der Diensttausch zwischen *Wucherer* und *Seeber* von der Regirung genehmigt. Wucherer kehrte also jetzt wieder an die Stätte seiner früheren Wirksamkeit, auf den Lehrstuhl für Physik und Technologie zurück. Als er 1842 in den Ruhestand versetzt und 1843 gestorben war, wurde sein Nachfolger 1844 *Müller*.[5])

Am 7. September 1835 starb der Mathematiker *Buzengeiger* und wurde durch *Oettinger*[6]) (bis dahin Privatdozent in Heidelberg) ersetzt. — In demselben Jahre wurde am 21. Dezember *Zell* zum Mitglied der neu zu errichtenden Ober-

---

[1]) Vgl. Bad. Biogr. I, 8.
[2]) Vgl. ebenda I, 471.
[3]) Vgl. ebenda II, 491.
[4]) Vgl. ebenda III, 152.
[5]) Vgl. ebenda III, 114.
[6]) Vgl. ebenda II, 114.

studienbehörde in Karlsruhe ernannt. An seine Stelle beantragte man am 17. Februar 1836 beim Ministerium, die Gymnasiallehrer *Anselm Feuerbach*¹) in Speier und *Anton Baumstark*²) in Freiburg selbst (schon seit 1830 „Collaborator" am philologischen Seminar) zu berufen, jenen vorzugsweise für die zur allgemeinen klassisch-philologischen Bildung gehörenden Lehrgegenstände, diesen für den philologisch-technischen und praktischen Unterricht. Betr. des Seminars solle es beiden überlassen werden, sich in die Geschäfte und Amtshandlungen zu teilen, so jedoch, dass demjenigen, der die Erstattung von Berichten, den Briefwechsel u. a. besorgt, der Name „Geschäftsführer" beigelegt werde; später (10. Okt. d. J.) beschloss man, an das Kuratorium die Bitte zu richten, dass einfach die Direktion des Seminars zwischen beiden alljährlich wechsle. Schon diese Frage der Seminarleitung, aber auch der Umstand, dass mit kränkender Zurücksetzung Baumstarks in erster Linie Feuerbach und zwar mit größerem Gehalt³) berufen wurde, musste zu den Zwistigkeiten führen, von denen später noch zu sprechen sein wird. — Feuerbach starb, nachdem er schon 1849 Urlaub genommen, am 7. September 1851, und Baumstark war somit einstweilen wieder der einzige Ordinarius für (klassische) Philologie.

Es wurde schon früher erwähnt, dass *vor* Zells Berufung die philologischen Fächer durch Hug und Deuber gelesen wurden. Letzterer beschränkte sich jetzt, nachdem ein besonderer Lehrstuhl für Philologie errichtet war, nur mehr noch auf sein „Nominalfach" d. h. auf Geschichte. Aber das Bedürfnis nach einem *zweiten Lehrer für Geschichte* machte sich bald fühlbar. Schon im Jahr 1844 beschäftigte man sich mit diesem Gedanken. Die Fakultät dachte zuerst an Häusser, der z. Z. Privatdozent in Heidelberg war. Aber das Ministerium d. I. äußerte am 19. November d. J., dass in dieser Berufung „bei sonst gleichen Verhältnissen einem Katholiken der Vorzug zu geben sein dürfte." Auf diesen Wink hin suchte man 1845

---

¹) Vgl. Bad. Biogr. I, 245.
²) Vgl. ebenda I, 48.
³) Feuerbach erhielt gleich 1200 fl., Baumstark, der vorerst seine Stelle am Gymnasium (bis 1849) beibehielt, nur 450 fl. mit der Verbindlichkeit, wöchentlich 5 Stunden Unterricht an der Universität zu geben.

Fallmerayer in München zu gewinnen, jedoch ohne Erfolg. Ebenso wenig glückte die Berufung Bartholds in Greifswald. Erst am 4. Dezember 1846 gelang es, den bisherigen Professor und Bibliothekar in Stuttgart, *Gfrörer*,[1]) für den neuen Lehrstuhl zu gewinnen. — *Deuber* aber starb am 24. November 1850 nach zweiunddreißigjähriger Tätigkeit an der Hohen Schule.

Für historische Hilfswissenschaften war 1836 der aus der theologischen Fakultät übergetretene *Schreiber* angestellt worden. Ueber dessen Uebertritt zum sog. Deutschkatholizismus und die darauf erfolgte Zuruhesetzung wird unten zu sprechen sein.

Am 11. Juni 1845 starb der Professor der Botanik und Naturgeschichte, *Perleb*. Ein Nachfolger, der der philosophischen Fakultät angehört hätte, wurde ihm nicht gegeben. (Vgl. dagegen oben unter c.)

Im Jahr 1843 wurde ein *neuer Lehrstuhl für staatswirtschaftliche Fächer* errichtet, nachdem lange Verhandlungen vorangegangen waren (vgl. das Protokoll der Plenarversammlung vom 16. November 1841 und die Verhandlungen der II. badischen Kammer vom 11. August 1842). — (S. auch Buss a. a. O. S. 508 ff.) Der neue (seit 1847) Ordinarius *Helferich* folgte aber schon 1849 einem Ruf nach München, ohne dass bis 1852 ein ordentlicher Nachfolger ernannt wurde.

Von den schon 1830 wirkenden Lehrkräften dieser Fakultät war also 1852 auch nur noch *Wetzer* im Amt.

Zu keinem Resultat führten die lange andauernden Verhandlungen zwischen Universität und Regirung, bezw. Stadtbehörde und Regirung über Errichtung eines *forstwissenschaftlichen Lehrstuhls*, für den man schon den Forstrat Klauprecht in Karlsruhe ausersehen hatte (vgl. z. B. die Senatsprotokolle vom 17. August 1850 und die in jener Zeit geführten Verhandlungen des Stadtrats).

Nach all den genannten Veränderungen war der *Stand des Lehrerkollegiums* im Winter 1851/52 folgender:

	theol.	iur.	med.	phil.	Fak.
Ordinarii	6[2])	6	7	7[3])	26
Extraordinarii	—	—	1	1	2
Privatdozenten	1	--	5	3	9
	7	6	13	11	37

[1]) Vgl. Bad. Biogr. I, 300.   [2]) Davon einer (Werk) in den Ruhestand versetzt.   [3]) Davon einer (Schreiber) im Ruhestand.

Dazu kamen noch ein Lektor für französische und englische Sprache, ein Zeichenlehrer, ein „Bereiter" (Reitlehrer) und ein Tanzlehrer. Die Gesamtzahl der Dozenten betrug also jetzt 41; unbesetzt waren, nach zahlreichen und längeren Vakaturen,¹) wie erwähnt, jetzt nur noch zwei Lehrstühle.

Leider fehlte es auch in den dreißiger und vierziger Jahren nicht an Zwistigkeiten verschiedener Art. Zunächst blieben die *Rangstreitigkeiten* auch jetzt nicht aus. So verwahrte sich z. B. 1834, als Wucherer wieder nach Freiburg versetzt und als Senior der philosophischen Fakultät begrüßt wurde, Deuber in der Plenarversammlung am 13. November d. J. gegen die Anerkennung Wucherers als Senior der Fakultät, indem er selbst diese Würde beanspruchte.²) 1836 fühlte sich Werber gekränkt, dass er bei der Dekanatswahl für 1836/37 übergangen worden, obschon an ihm der Turnus sei.

Um ähnlichen Streitigkeiten vorzubeugen, bestimmte man im gleichen Jahr 1836 bei der Berufung Warnkönigs, dass demselben seine in niederländischem und belgischem Dienst verbrachten Jahre mit eingerechnet werden und er also „nach seiner Anciennität von seiner ersten Anstellung als Professor gerechnet" in die Fakultät eintreten solle, unter Vorbehalt jedoch des Vorrangs des derzeitigen Seniors der Fakultät.

Mehrere Jahre füllten die Zwistigkeiten aus, welche, wie schon oben erwähnt, zwischen Baumstark und Feuerbach ausbrechen. Auf dieselben näher einzugehen, würde zu weit führen. Ich verweise namentlich auf das Senatsprotokoll vom 27. Dezember 1836 u. a.

In der Absicht wol, auch allenfalls vorkommenden Rangstreitigkeiten bei öffentlichen Auftritten vorzubeugen, wurde durch Senatsbeschluss mehrmals die 1840 erneuerte „*Rangordnung des corporis academici bei feierlichen Aufzügen und Versammlungen*" mittelst öffentlicher Bekanntmachung ins Gedächtnis zurückgerufen. Nach derselben hatten sich bei

---

Unbesetzt z. Z. zwei Lehrstühle, einer für (klassische) Philologie und der für die staatswirtschaftlichen Fächer.

¹) 1846 waren einmal 5 Lehrstühle (1 theol., 2 jur., 1 med., 1 philos.) zu gleicher Zeit unbesetzt.

²) Deuber war seit 1799 im bairischen Schuldienst, seit 1818 an der Universität, Wucherer seit 1802 in badischem Kirchendienst, seit 1813 Hochschullehrer.

solchen Anlässen die Mitglieder der Universität in folgender
Reihenfolge anzuschließen:
1) der Prorektor,
2) die 4 Dekane (bezw. Prodekane) nach dem Rang der
Fakultäten,
3—6) die ordentlichen Professoren der einzelnen Fakultäten
nach ihrem Altersrang in dieser Eigenschaft,
7) der Syndikus und der Amtmann,
8) die außerordentlichen Professoren nach ihrem Dienstalter,
9) die anderen Beamten nach ihrem Dienstalter,
10) die Privatdozenten, nach der Zeit ihrer Aufnahme als
solche, ohne Rücksicht auf den Rang der Fakultät.
Besonders wurde noch bemerkt:
a) Bei feierlichen Aufzügen geht der Prorektor in Begleitung der zwei ersten Dekane. Zwei Pedellen tragen die Fasces voran,
b) die anderen Klassen reihen je zwei und zwei dergestalt sich an, dass möglicherweise z. B. der jüngste ordentliche Professor der theologischen Fakultät zur Rechten des ältesten der Juristenfakultät, der Universitätsamtmann zur Rechten des ältesten außerordentlichen Professors seinen Platz haben kann,
c) bei der Frohnleichnamsprozession ... ist die Ordnung umgekehrt, weil die Universität vor dem Sanctissimum im Zuge sich einreiht,
d) bei Doktorpromotionen, bei einer Jubiläumsfeier, einem Leichenzug und den darauffolgenden Exequien, sowie bei der Parentationsfeier eines Professors erscheinen die ordentlichen Professoren jeder Fakultät mit den Dekanen an der Spitze, und die näher beteiligte Fakultät hat nach dem Prorektor den Vortritt, bei Promotionsakten aber haben nächst diesem die Dekane der drei übrigen Fakultäten ihren Sitz,
e) in gewöhnlichen Plenarversammlungen gebührt nach dem Prorektor den Dekanen der Vorsitz,
f) wenn ein Kommissär der Regirung oder der Universitätskurator anwesend ist, so gebührt diesem und bei Doktorpromotionen immer dem Promotor der Ehrensitz zur rechten Seite des Prorektors.

Auf Streitigkeiten anderer Art — so z. B. auf die zwischen
Fritz und Buss im Jahre 1832 wegen gegenseitiger persönlichen
Bemerkungen in ihren Vorlesungen[1]) — einzugehen, würde
wiederum zu weit führen. Es konnte natürlich nicht ausbleiben, dass sie fast alle mehr oder minder in die Oeffentlichkeit drangen und, begierig von feindlicher Seite, von den
offenen und geheimen Gegnern der Anstalt aufgegriffen, zu
Angriffen, Vorwürfen und Schmähungen eine Handhabe boten.
Freilich kamen fast gleichzeitig die oben genannten politischen
Bewegungen noch hinzu. So griff z. B. die in Heidelberg er-
scheinende „Mannheimer Zeitung"[2]) die Professoren der Freiburger Hochschule aufs heftigste an, legte ihnen Gesetz-
widrigkeit zu Last, beschuldigte sie, dass sie für Umsturz der
Fürstenthrone sprächen usw.

Schließlich muss noch eine Angelegenheit Erwähnung
finden, die mehr konfessioneller Natur ist; sie betrifft den uns
schon bekannten Professor *Schreiber*.

Schreiber hatte schon 1829 bei der Kurie Anstoß erregt
dadurch, dass er sich in seinem „Compendium der christlichen
Moral" (Band II, S. 273) öffentlich für Aufhebung des Zölibats
erklärte. Das Ordinariat drängte deshalb in einer Beschwerdeschrift darauf, dass Schreiber von seinem Lehrfach (Moraltheologie) womöglich entfernt werde. Das Gerücht davon kam
im Dezember 1832 auch dem Senat zu Ohren, und schon von
da an fanden Verhandlungen statt (vgl. die Protokolle vom
11. Dezember 1832, 6. Mai 1833 u. a.). Die Entscheidung zog
sich in die Länge. Noch am 16. August 1836 riet der Senat
Schreiber, zu erklären, dass er die anstößig befundenen Paragraphen in seinem Lehrbuch beim mündlichen Vortrag „mit
einem passenden Uebergang überschlagen" wolle. Für die

---

[1]) Bemerkenswert ist die Vielseitigkeit, die der junge Buss
(damals noch Privatdozent) entfaltete. Für das Sommersemester 1834
z. B. hatte derselbe nicht weniger als 8 Kollegien mit zusammen
54 Stunden angekündigt. Auf Anregung des Senats versagte damals
(und später nochmals) das Ministerium (14. Februar 1834) die Genehmigung seiner nicht zu seinen Nominalfächern gehörigen Vorlesungen.

[2]) Ueber die Angriffe dieser Zeitung auch auf die Landstände
u. a. vgl. Schneller „Das Jahr 1831 in seinen Staatsumwälzungen
und Hauptereignissen" Stuttg. 1833, S. 220.

Folge könne er sich ja den Uebertritt in die philosophische Fakultät auf den schlimmsten Fall vorbehalten.[1]) Schreiber weigerte sich jedoch, jenes zu tun, und so wurde am 27. Aug. an das Ministerium die Bitte gerichtet, dass die Vorlesungen Schreibers über Moraltheologie aus dem Vorleseverzeichnis wegzulassen, dagegen Vorlesungen von ihm in der philosophischen Fakultät über Geschichte der deutschen Sprache und Literatur, sowie über Diplomatik anzukündigen seien. Die Bitte wurde vom Ministerium am 6. September d. J. genehmigt.

So war Schreiber von nun an in der philosophischen Fakultät tätig. Da kam der sog. Deutschkatholizismus Ronges und seiner Anhänger. Schreiber warf sich der neuen Bewegung alsbald in die Arme und zeigte diesen Uebertritt am 23. März 1845 dem Erzbischof an. Nach vergeblicher Ermahnung zur Rückkehr wurde Schreiber am 9. Mai vom Erzbischof (Hermann v. Vicari) exkommuniziert. Schon mehr als 8 Tage vor dieser (vorauszusehenden) Ausschließung Schreibers aus der römisch-katholischen Kirche hatte der derzeitige Prorektor (Schwörer) diesem das Halten von Vorlesungen untersagt, und als Schreiber trotzdem am 2. Mai Vorlesungen über Ethik ankündigte, den Anschlag vom schwarzen Brett abgenommen und solches dem Kurator, dem Ministerium und Schreiber selbst angezeigt. Schwörer rechtfertigte diesen von mehreren Kollegen ihm vorgeworfenen Schritt im Senat am 3. Mai damit, dass durch den Austritt Schreibers aus der katholischen Kirche sein staatsrechtliches Verhältnis und das zur Universität in Frage gestellt sei;[2]) er (Schwörer) habe „hinsichtlich seiner amtlichen Wirksamkeit keine Prärogativmaßregeln getroffen," in der Erwartung, dass Schreiber vor der Entscheidung durch die höheren Behörden von selbst keine Vorlesungen werde halten wollen. Da derselbe aber doch solche angekündigt, so habe er es für seine Pflicht erachtet, so zu handeln, wie er gehandelt habe. Der Senat begnügte sich daraufhin, von der Sache einstweilen Kenntnis zu nehmen, „in Erwartung des weiteren, was vom hohen Ministerio d. I. herabgelangen werde."

---

[1]) Senator Buchegger gab zu Protokoll, Schreiber solle nur ersucht werden, die Gründe zu beseitigen, die den Anstoß hervorriefen.

[2]) Vgl. damit die Erklärung des Ministeriums beim Uebertritt v. Reichlin-Meldeggs am Anfang dieses Abschnitts.

Auf Verlangen einiger Senatoren wurde jedoch in der Angelegenheit Schreibers („betr. die verfügte Suspension seiner angekündigten Vorlesungen") eine nochmalige Sitzung auf den 7. Mai (früh morgens) angesagt. Die weitläufigen Verhandlungen dieser Sitzung, die Reden und Gegenreden des Prorektors und des Vertreters der theologischen Fakultät (Schleyer) einerseits und der übrigen Senatsmitglieder (v. Woringen, Stromeyer, Sengler) anderseits[1]) finden sich bei Buss a. a. O. S. 223—226 genau nach dem Protokoll abgedruckt. Ich kann daher schon deshalb dieselben hier übergehen und begnüge mich damit, das schließliche Ergebnis der Verhandlungen zu verzeichnen. Es wurde — mit drei Stimmen gegen eine — beschlossen, die Bitte an das Ministerium zu richten, dasselbe möge den Prorektor veranlassen, seine Maßregel gegen Schreiber zurückzunehmen — trotzdem Schwörer wiederholte, dass er dies nie tun werde, und implicite erklärte, eher abtreten zu wollen. Das Protokoll selbst wurde samt mehreren Separativvoten ebenfalls an das Ministerium mit der Bitte um baldige Entscheidung eingesandt.

Eine weitere Senatssitzung in dieser Sache wurde auf Wunsch und unter dem Vorsitz des Kurators am 20. Mai d. J. abgehalten. Die Verhandlungen finden sich wiederum fast wörtlich bei Buss a. a. O. S. 230 ff. abgedruckt. Durch Stimmenmehrheit (wieder v. Woringen, Stromeyer, Sengler gegen den Prorektor und Schleyer) wurde beschlossen, an das Ministerium d. I. den Antrag zu stellen, „Hochdasselbe möge verfügen, dass Herr Geistl. Rat Schreiber in seiner Stellung zu belassen und nur inskünftig keine Vorlesungen über religiöse Disziplinen an der Universität Freiburg zu halten befugt sey." Das Protokoll wurde wieder an das Ministerium abgeschickt, zugleich aber auch eine Eingabe der theologischen Fakultät „die Inhibirung der Vorlesungen des Herrn Schreiber betr." — Ein Ministerialerlass vom 23. Mai gebot dem Kurator, für die Einstellung der Vorlesungen Schreibers über Ethik in seiner Wohnung — wo derselbe sie abzuhalten gedachte — „unverzüglich" zu sorgen. Und auch der nach Karlsruhe gesandte Entwurf der Vorlesungen für das nächste Semester (Winter 1845/46) wurde nur mit ausdrücklicher Ausnahme der

---

[1]) Der Exprorektor (Stabel) fehlte.

Vorlesungen Schreibers genehmigt, deren Strich „bis auf weiter nachfolgende Entschließung" anbefohlen wurde. Durch Entschließung des Großherzogs vom 16. Januar 1846 endlich wurde Schreiber „bis zur weiteren Verwendung desselben einstweilen" in den Ruhestand versetzt, in der Mitteilung dieses Bescheides an das Ministerium d. I. (23. Januar) aber bemerkt, „dass der Prorektor zur geschehenen Hinwegnahme des Anschlags der Vorlesungen des Professor Schreiber nicht ermächtigt, vielmehr verpflichtet gewesen sei, diese Sache vor den Senat zu bringen . . . ." Schreiber erhielt einen Ruhegehalt von 1354 fl. 14 kr., der durch Staatsministerialentschließung vom 21. Mai 1849 zusammen mit dem Werks auf die Staatskasse übernommen wurde.[1])

Es erübrigt noch, auch diesmal über die *Besoldungsverhältnisse* einige Worte zu sprechen. Für die erste Zeit der dreißiger Jahre sind wir in dieser Beziehung unterrichtet durch die Angaben, die in einer Bittschrift an die Landstände um Erhöhung der an die verschiedenen Fakultäten auszuwerfenden Geldsummen gemacht sind. Diese Bittschrift stammt aus dem Jahr 1831. Es bezogen damals a) in der theologischen Fakultät die 5 ordentlichen Professoren und ein Lehramtsgehilfe zusammen nur 4884 fl., b) in der juristischen Fakultät 5 ordentliche Professoren und ein außerordentlicher 8511 fl., c) in der medizinischen Fakultät 5 ordentliche Professoren,

---

[1]) Die Angelegenheit hatte übrigens noch folgendes Nachspiel. Am 30. Dezember 1846 hatte Schreiber 7 Abdrücke seiner Lebensbeschreibung Perlebs an den Senat geschickt und in dem Begleitschreiben nur „Dr. H. Schreiber" unterzeichnet. In dem Dankschreiben (vom 5. Januar 1847) hatte deshalb auch der Senat ihm den Titel „Geistl. Rat" nicht beigelegt, wogegen nun Schreiber am 13. Januar eine Klageschrift einreichte. Dieselbe wurde am 20. d. M. an das Ministerium eingesandt, mit der Bemerkung, „dass hochdasselbe (d. h. das Ministerium) dem Herrn Schreiber jenes Prädikat in letzten Erlass auch nicht beigelegt habe," ebenso sei ihm derselbe in dem neuesten Universitätsadressbuch auch nicht beigelegt. Als Antwort erfolgte vom Ministerium die Eröffnung einer höchsten Entschließung vom 13. Oktober 1845, des Inhalts, dass die an Schreiber geschehene Verleihung des Charakters eines Geistl. Rates mit Vorbehalt des dadurch erlangten Dienstranges zurückgenommen werde — was sofort (18. April 1847) dem Beschwerdeführer eröffnet wurde.

ein außerordentlicher und 3 Assistenten 6361 fl., und endlich
d) in der philosophischen 7 ordentliche Professoren und ein
außerordentlicher 7922 fl. Demnach waren — wenn auch
immerhin der verschiedene Wert des Geldes inbetracht gezogen werden muss — im Vergleich mit heute die Gehälter
damals bedeutend geringer, am geringsten aber jedenfalls in
der theologischen und philosophischen Fakultät, deren (ordentl.)
Professoren nicht einmal 1000 fl. durchschnittlich bezogen.
Für die Bedürfnisse der theologischen Fakultät beantragte
deshalb damals die sonst so sparsame Budgetkommission als
dringend notwendig (mindestens) 2100 fl. (für 2 weitere Anstellungen[1]) und für Aufbesserung der Gehälter), „wenn überhaupt Männer von wissenschaftlichem Ruf einberufen oder
auch nur der Universität erhalten werden sollen." Nun wurden
freilich öfters in den darauffolgenden Jahren Besoldungszulagen erteilt, bald an einzelne, bald an eine ganze Anzahl
von Lehrern (z. B. am 26. März 1835 an zehn, am 26. Oktober
1837 an sechs). Trotzdem betrug, wie aus den Kammerverhandlungen vom 14. Juli 1846 hervorgeht, auch in diesem
Jahre noch die durchschnittliche Besoldung eines ordentlichen
Professors der theologischen Fakultät erst 1280 fl., der juristischen 1426, der medizinischen 1356, der philosophischen 1384.
Diese Zahlen sind immer noch nicht zu vergleichen weder mit
den jetzigen überhaupt noch mit den damaligen in Heidelberg.

Diese Durchnittsziffern wurden übrigens selbstverständlich sowol nach oben wie nach unten bedeutend überschritten
bezw. bei weitem nicht erreicht, je nach den Dienstjahren des
betr. Lehrers und verschiedenen anderen Verhältnissen. Einige
Beispiele mögen zum Beweis angeführt werden.

In der theologischen Fakultät wurde 1832 nach dem
Ausscheiden v. Reichlin-Meldeggs für einen zu berufenden
Nachfolger ein Dienstgehalt von 1200—2400 fl. bestimmt „je
nach den Verhältnissen seiner durch Tüchtigkeit und frühere
Stellung begründeten Ansprüche." — Staudenmaier (seit 1830
Universitätslehrer) wurde am 6. März 1837 mit einer Besoldung von 1650 fl. (in Geld und halber Naturalkompetenz) angestellt, v. Hirscher (schon 20 Jahre in Tübingen als Universitätsprofessor tätig) 31. August desselben Jahres mit 2000 fl.

---

[1] eines ordentlichen und eines außerordentlichen Professors

Ad. Maier erhielt 1840 bei seiner Anstellung als Extraordinarius 700 fl., 1841 als Ordinarius eine Zulage von 500 fl.

In der juristischen Fakultät scheinen im allgemeinen von jeher die Gehälter am höchsten gewesen zu sein. Welcker und v. Rotteck hatten 1832 (und wiederum 1840) 2000 bezw. 1600 fl. (s. oben). Stabel wurde 1841 mit 1800 fl. berufen, Anton Mayer 1846 gleich mit 2000 fl.

Eine der geringsten Besoldungen erhielt wol lange Zeit Werber (medizinische Fakultät): anfangs (1835) nur 550 fl., später (1837) 750 und erst vom 1. Juli 1838 ab 1000 fl. — Der Anatom Arnold erhielt bei seiner Berufung aus Zürich (28. Januar 1840) 1500 fl., Siebold im Jahre 1845 gleich 2200 fl. — Prosektor Ecker hatte im Jahre 1840 300 fl.

Reidel, Professor der Philosophie, erhielt 1835 in Geld 1092 fl., dazu an Naturalien 3½ Ohm Wein, 20 Sester Weizen, 20 Sester Roggen und 6 Sester Gerste.   Zell bezog 1835 (neben der Naturalkompetenz) als Ordinarius der Philologie 900 fl., als Direktor des Seminars 50, als Oberbibliothekar 150, zusammen also 1100 fl. Die Naturalkompetenz wurde zu 200 fl. veranschlagt. — Baumstark hatte neben seinen 1100 fl. aus der Lyzeumskasse und der Universitätskasse zuerst 450, dann 600 und schließlich 658 fl. erhalten. Erst 1849 — als Feuerbach Urlaub genommen — bekam er die ganze Summe (1100 + 658 fl.) aus der Universitätskasse unter der Bedingung, dass er sich gänzlich nur der Universität widme.[1]

Um die Ungleichheiten in der Besoldung zu beseitigen (wenigstens für die Zukunft), sprach es der Senat — gelegentlich der Aufstellung des Budgets — am 4. Februar 1848 als Bedürfnis aus, „dass vielfach ausgesprochenen Wünschen gemäß die Besoldungen der Professoren und Beamten unter sich sowol als im Verhältnis zu den anderen Staatsdienern nach gleichen Kategorien geregelt . . . . werden sollten." Es blieb aber einstweilen bei diesen Wünschen.

---

[1] Hatte doch der Senat schon am 7. April 1848 die Ansicht ausgesprochen, zwei philologische Lehrer zu besitzen sei für die Universität nicht zu viel, weil namentlich sie die Schule für den größten Teil der katholischen Gymnasiallehrer des Landes und auch die einzige Lehranstalt für die den philologischen Studien zugewiesenen Theologen des Landes sei.

Schließlich dürfte es des Vergleichs halber von Interesse sein, die durch Verordnung vom 1. Oktober 1841 geregelten Bestimmungen über die Besoldung des Oberpedells zu erwähnen. Der Oberpedell erhielt:

a) Aus der Universitätskasse baar . . . . 250 fl.
b) Die halbe Naturalkompetenz, berechnet zu . . . 108 fl.
c) 3 Klafter Buchen- und 3 Klafter Tannenholz, veranschlagt zu . . . . 60 fl.
d) 30 Pfd. Lichter „unter der bisher üblichen Verbindlichkeit" . . . . 10 fl.
e) Von einer jeden Immatrikulationsgebühr 30 kr., im ganzen veranschlagt zu . . . . 60 fl.
f) Von einer jeden Inskription 30 kr.: . . . . . 60 fl.
g) Von den für Abgangszeugnisse eingehenden Gebühren je 12 kr., veranschlagt zu . . . . . . 12 fl.
h) Eine Dienstwohnung, angeschlagen je nach dem Finanzgesetz zu . . . . 80 fl.

Zusammen 800 fl.

Ohne also, dass man noch die üblichen Bezüge bei Promotionen, die Arrestgebühren u. a. dazurechnet, erhielt der Oberpedell mehr als ein oder der andere Ordinarius, von anderen Dozenten gar nicht zu sprechen.

VIII. *Die Institute.*

Beginnen wir wieder mit' der *Bibliothek*. Einen bedeutenderen Zuwachs erhielt dieselbe 1832 durch den Ankauf von Büchern aus dem Nachlass des *Staatsrats Karl v. Baden;* darunter waren u. a. sechs „große Kunstwerke," die auf 658 fl. zu stehen kamen. Fast um dieselbe Zeit wurde die Bibliothek des 1830 verstorbenen Mitglieds der Hohen Schule, des Hofrats *Schmiderer*, gegen 1000 Bände (namentlich über Tierarznei), und ein Teil der chemischen und botanischen Bibliothek *Menzingers* erworben. Endlich vermachte *Hug* der Universität seine Bücher und Münzen,[1] erstere soweit solche die Uni-

---

[1] Feuerbach begann im Jahr darauf diese zu katalogisiren. Vgl. „Die Universität Freiburg 1852—81," Festschrift zur silbernen Hochzeit des großherzoglichen Paares 1881. S. 70. Diese Schrift enthält die fernere Geschichte der verschiedenen Institute der Hohen Schule in dem genannten Zeitraum (1852—81).

versität nicht schon besaß; alle die, welche in der Universitätsbibliothek sich schon vorfanden, vermachte er dem Lyzeum seiner Vaterstadt Konstanz; die berühmte Londoner Polyglotte (im Wert von 250 fl.) bekam das Collegium theologicum. Der Schätzungspreis, der aus diesem Nachlass an die Universität gekommenen Bücher, Münzen und Antiquitäten betrug 4888 fl. 3 kr. — In demselben Monat erhielt die Bibliothek aus der Hinterlassenschaft des am 15. März 1866 verstorbenen prakt. Arztes und Hofrats Dr. *Jak. Pfost* eine reichhaltige Sammlung von medizinischen, naturwissenschaftlichen und philosophischen Werken, geschätzt zu 1720 fl.

Am 1. März 1838 *schloss die Universitätsbibliothek mit dem Museum einen Vertrag*, wonach die Universitätsbibliothek alle ihre Zeitungen und Zeitschriften 14 Tage lang auf dem Lesezimmer des Museums auflegt. Alle Halbjahre vergütet das Museum den Vorteil durch Abtretung seiner Zeitungen und Zeitschriften an die Universitätsbibliothek als Eigentum. Die Vergütung geschieht dadurch, dass die Preise der von der Universitätsbibliothek im Museum aufgelegten Schriften „nach authentischen Rechnungen deklarirt und im Vergütungsbetrage mit 50% berechnet werden . . . . ." Das Museum tritt dann so viele Zeitungen bezw. Zeitschriften wissenschaftlichen Inhalts an die Universität ab, als erfordert werden, um die Summe des genannten „Rekompensbetrages" auszugleichen, „wobei der Wert dieser Schriften gleichfalls durch authentische Rechnungen von Seiten des Museums deklarirt wird." Auf diese Weise wurden dem Museum von der Universitätsbibliothek abgegeben: 10 politische Zeitungen, 2 belletristische Blätter, 12 allgemeine litterarische, 4 theologische, 15 juristische, 9 medizinische, 20 philosophische, historische und naturwissenschaftliche Journale und 15 Intelligenz- und Wochenblätter.

Für das *Münzkabinet* wurden 1832 die Daktyliotheken des Freiherrn v. Baden und Lipperts erworben. Ueberhaupt wuchs in dieser Zeit die Zahl der verschiedenen Antiquitäten so an, dass der Senat am 1. Juli 1840 den Gedanken der *Errichtung einer Kunst- und Altertumssammlung* fasste und ein Gutachten darüber von der philosophischen Fakultät bezw. von Schreiber forderte.

Aber auch die anderen Anstalten wurden entsprechend bereichert. Für das *physikalische Kabinet* — welches 1834, als Wucherer wieder nach Freiburg kam und Direktor desselben wurde, 948 Nummern zählte (vgl. die Gedächtnisrede auf Wucherer S. 25) — wurden im Jahr 1831 von der Budgetkommission zu den bisherigen 200 fl. 100 weitere hinzugefügt. Gern hätte man auch das gerade in diesem Jahr zum Verkauf kommende physikalische Kabinet des verstorbenen Herzogs Wilhelm von Württemberg erworben, stand aber schließlich aus verschiedenen Gründen davon ab, namentlich weil die Wirtschaftsdeputation in Erfahrung gebracht hatte, dass dasselbe schwerlich unter 5000 fl. würde erworben werden können, indem schon der König von Württemberg 4500 fl. darauf geboten habe, ferner auch in Erwägung, dass weit dringendere Bedürfnisse zu befriedigen seien und erst im vorhergehenden Jahr 1300 fl. für das physikalische Kabinet verwendet worden waren.

Nicht unbedeutende Förderungen erhielten auch das *zoologische* und das *Mineralienkabinet*,[1]) das *chemische Laboratorium* und die *anatomischen Sammlungen*. Im Jahr 1835 musste ein eigenes Zimmer für die geognostische und petrefaktische Sammlung eingerichtet werden.

Mit landesherrlicher Genehmigung vom 24. April 1834 wurde die *zootomisch-zoologische Sammlung* des verstorbenen Professors Leuckart um 5000 fl. angekauft. Weitere nicht unbedeutende Bereicherungen erhielten das zoologische und das zootomische Kabinet in den Jahren 1834—37 durch vier Sendungen des (aus der Universitätskasse unterstützten) Afrikareisenden Dr. Schimper (afrikanische Säugetiere, Vögel, Amphibien usw.), sowie von einem früheren Schüler der Universität, B. Mayer aus Waldkirch, z. Z. Bataillonsarzt bei den kgl. niederländischen Truppen in Surinam, einen schönen Zuwachs von Tieren aus dieser Kolonie u. a. m. — Von kleineren Schenkungen muss hier selbstverständlich abgesehen werden.

¹) Ein seltsamer Dieb vergriff sich 1851 an dieser Sammlung. Im August dieses Jahres wurden Mineralien im Wert von 800 fl. entwendet, darunter 7 Stück Diamanten, 6 Meteorsteine, 6 Stücke gediegenen Goldes u. a. m. Der Diebstahl musste zwischen 21. Aug. mittags und 23. August mittags 12 Uhr geschehen sein. Auf geschehene Fahndung hin war schon am 25. d. M. im oberen Gang der Universität, so dass man darauf stoßen musste, ein Packet mit der Aufschrift: „An das Universitätsamt. Pressant, bei Gott, sehr pressant!" Der größte Teil der gestohlenen Sachen befand sich darin.

Verhältnismäßig die meisten Anforderungen machte die *medizinische Fakultät* für ihre Anstalten. Dieselben waren seit Ende der zwanziger Jahre in erfreulichem Aufschwung begriffen. (Vgl. das entsprechende Kapitel des vorigen Zeitraums.) Für das Budgetjahr 1832/33 z. B. wurden 3600 fl. für Klinik, Poliklinik und *chirurgische Klinik*, 2400 fl. für die *geburtshilfliche Anstalt* und das Hebammeninstitut bestimmt. Trotzdem wurden, um mit anderen Universitäten (verhältnismäßig) gleichen Schritt zu halten, immer erhöhte Ansprüche an die Staatskasse gemacht. Der Umfang der klinischen Anstalten und ihr Wirkungskreis[1]) wurden schließlich so bedeutend, dass — während bis jetzt Baumgärtner Direktor der Klinik *und* der Poliklinik war — man es 1846 für notwendig erachtete, letztere von der ersteren zu trennen und der Leitung Werbers zu unterstellen.

Am 2. Juni 1837 beschloss die medizinische Fakultät auf die Kunde hin, dass eine *Irrenheilanstalt* für das Oberland bei den Ständen zur Sprache gebracht wurde, an das Ministerium eine Eingabe einzureichen, in der die Gründe für die Errichtung einer solchen Anstalt *in Freiburg* ausgeführt wurden. Diese Eingabe samt einer Zuschrift des Senats, ebenfalls die *Bitte um Errichtung einer Irrenheilanstalt und einer psychiatrischen Klinik in Freiburg* enthaltend, übergab Duttlinger am 8. Juni in der II. Kammer. Freilich könne — so führte dieser aus — die Errichtung einer großen Anstalt bei Achern (Illenau), nachdem die Sache schon so weit gediehen, nicht mehr rückgängig gemacht werden; aber die von der medizinischen Fakultät geltend gemachten Gründe *gegen* die Errichtung einer einzigen, das Maß überschreitenden Zentralanstalt und *für* die Gründung von zwei Anstalten und für ihre Verbindung mit den beiden Universitäten seien doch wichtig genug, um die Aufmerksamkeit der Kammer verlangen zu können. Der Abgeordnete Knapp machte aber der Verhandlung ein schnelles Ende dadurch, dass er solche Gegenvorstellungen nicht nur als verspätet bezeichnete, sondern auch behauptete, dass der Senat oder eine Fakultät der Uni-

---

[1]) Die Anzahl der in der medizinischen Klinik und der Entbindungsanstalt Verpflegten betrug im Jahre 1841/42 804, im Jahre 1851/52 schon 1007. Vgl. die erwähnte Festschrift vom Jahre 1881. S. 108.

versität, als bloße Staatsbehörde, überhaupt kein Recht habe, sich mit Bittschriften an die Kammer zu wenden — worauf man trotz Duttlingers Widerspruch zur Tagesordnung überging.

Im ganzen wurden in den 10 Jahren von 1827—37 für die medizinische und philosophische Fakultät die für damalige Verhältnisse gewiss beträchtliche Summe von 23,820 fl. auf bauliche Einrichtungen, Anschaffung von Präparaten u. a., 13000 fl. für Bücheranschaffungen verwendet, für die theologische und juristische Fakultät im gleichen Zeitraum nur 5500 fl. Dass die staatliche Unterstützung fast nur den Sammlungen und Instituten zugute kam, davon ist schon oben im Kapitel über die Finanzen die Rede gewesen (vgl. auch Pfister a. a. O. S. 158). So konnte auch am 22. Januar 1838 der Senat in einem Bericht an das Ministerium befriedigend sich dahin äußern, es seien die Sammlungen und Institute der Universität oder vielmehr der medizinischen und philosophischen Fakultät „von der Art, dass sie denen an anderen Universitäten würdig an die Seite gesetzt werden können."

Von den heute bestehenden *Seminarien* reicht außer dem schon behandelten (alt)philologischen nur das *mathematisch-naturwissenschaftliche* in diese Zeit zurück. Den Plan der Errichtung eines solchen legte Oettinger, damals Prorektor, am 21. Juli 1846 dem Senat vor. Als Zweck wurde die Heranbildung von Mittelschullehrern in diesem Lehrzweig bezeichnet. Auf einer Versammlung am 29. August d. J. legte Professor Müller einen Entwurf der Statuten vor. Nach § 2 derselben sind Vorsteher die ordentlichen Professoren der Mathematik, Physik, Chemie, Zoologie und vergleichenden Anatomie, Botanik, Mineralogie und Geognosie. Das Direktorat wechselt (nach § 3) jährlich in der Reihenfolge nach dem Alter. Nach § 10 sollen jährlich zwei „Verdienstprämien" mit 80 fl. für eine Dissertation erteilt werden. — Die Statuten wurden am 13. Oktober d. J. vom Ministerium genehmigt. Noch im gleichen Winterhalbjahr 1846/47 konnte das Seminar eröffnet werden.

Im ganzen besass im Jahr 1852 die Universität folgende Institute und Sammlungen: Bibliothek, philologisches Seminar, mathematisch-naturwissenschaftliches Seminar, Münzkabinet, Naturalienkabinet (mineralogische und zoologische Sammlung) botanischer Garten, physikalisch-mathematisches Kabinet, chemisches Laboratorium, anatomische Sammlungen und Institute anthropologisch-physiologisches Institut, Veterinäranstalt, pharmakologisches Kabinet, Sammlung chirurgischer Instrumente, Sammlung geburtshilflicher Apparate und Instrumente, medizinische Klinik, medizinische Poliklinik, chirurgische und ophthalmologische Klinik, Entbindungsanstalt, Zeichnungsinstitut, Reitbahn und Marstall.

IX. Die Stiftungen

der Universität wuchsen gerade in den dreißiger und vierziger Jahren so bedeutend an, dass ihnen ein besonderes Kapitel gewidmet zu werden wol verdient. Ich verweise übrigens hier für solche Leser, die genaueres zu erfahren wünschen, auf „die *Urkunden über die der Universität Freiburg i. B. zugehörigen Stiftungen* (von 1497—1875) nebst den auf das Stipendienwesen bezüglichen Verfügungen"[1]), herausgegeben von der akademischen Stiftungskommission, Freiburg 1875. Das Werk bildet einen Abdruck und eine Ergänzung zu der ersten Ausgabe der Stiftungsurkunden, die im Jahre 1841 von Werk als dem damaligen Stiftungskommissär gemacht wurde. — Die wichtigern Stiftungen, die in unserem Zeitraum gemacht wurden, sind folgende.

Am 28. November 1837 vermachte *Pantaleon Rosman*, Dekan und Stadpfarrer in Breisach, 2000 fl. zur Lösung von Preisfragen aus der Theologie für (katholische) Theologen. Vgl. Stiftungsurkunden S. 330.

Am 18. April 1838 wurden von dem später als Domkapitular in Rottenburg verstorbenen *Martin Tobias v. Münch*, damals Dekan und Pfarrer in Wurmlingen, 1000 fl. für Anverwandte und Theologen vermacht. Vgl. Stiftungsurkunden S. 331.

In demselben Jahr 1838 wurden von *Franz Löffler*, Bürger und Landwirt von Endingen, zwei theologische Stiftungen, vorzüglich für Verwandte, im Gesamtbetrag von 6679 fl. 53 kr., gemacht. Vgl. Stiftungsurkunden S. 335 ff.

---

[1]) Von diesen den zweiten Teil des Buches bildenden Verfügungen kommt für unsere Zeit namentlich inbetracht die auf S. 397 ff. erwähnte Verordnung des Senates vom 1. Januar 1840 über das sog. praktische Jahr.

Der am 11. Juni 1845 verstorbene Professor der Naturgeschichte und Botanik an der Hohen Schule, *Karl Julius Perleb* vermachte der Universität nicht nur seine sämtlichen Bücher und Handschriften u. a., sondern auch 2000 fl. in baar zur Förderung der Naturwissenschaften an der Universität, Reisestipendien usw. Weiteres s. in den Stiftungsurkunden S. 338 ff. und in der Biographie Perlebs von Schreiber S. 13. — (Perleb bestimmte u. a. auch 1000 fl. zur Ausschmückung des Universitätschörleins im Münster mit Glasgemälden.)

Am 26. Juli 1848 starb in Basel der reiche Bürger und Rentner von da, *Philipp Merian*, Ehrenbürger und Ehrenrat der Stadt Freiburg. Wie derselbe der Stadtgemeinde Freiburg als solcher reiche Summen vermachte, so vergass er auch die Hohe Schule nicht. Laut seinem letzten Willen vom 8. März 1848 bekam dieselbe 5000 fl. zur Errichtung zweier Stipendien für arme Studirende der Hohen Schule mit Ausnahme der Theologen, „da diese anderweit Unterstützung finden." Sodann vermachte Merian auch 4000 fl. dem Freiburger Krankenspital, zunächst bestimmt zur Verpflegung armer kranker Akademiker, die nicht in der Stadt ihre Heimat haben, sowie armer Durchreisender (anderer) Personen.

Für die Gründer von Studienstiftungen an der Albertina waren früher für jeden Einzelnen *Jahrestage*[1]) abgehalten worden. Statt dieser einzelnen Jahrestage nun wurde — wesentlich nach dem Antrag der Stiftungskommission — am 20. April 1830 beschlossen, „ein allgemeines und feierliches Anniversarium für die Gründer der hiesigen Studienstiftungen" abzuhalten. Dasselbe sollte bestehen 1) in einem Traueramt im Münster unter Begleitung von Choralgesang „mittels Beizug der Seminaristen, die Stipendien genießen; 2) in einer Trauerrede, gehalten in der Aula academica.[2]) Die Kosten der kirch-

---

[1]) Vgl. Stiftungsurkunden Anhang S. 403.

[2]) Zur Abhaltung dieser Trauerreden erbot sich Schreiber. Derselbe hielt sie auch eine ganze Reihe von Jahren hindurch und ließ deren einige gesammelt auch im Druck erscheinen als „Gedächtnisreden," Beiträge zur Geschichte der Albert-Ludwigs-Universität zu Freiburg i. B von H. Schreiber I. Abteilung. Freiburg 1832." Von den späteren sind vereinzelt im Druck erschienen die vom Jahr 1833 (über Matthäus Hummel im Bach), 1834 (Joachim Mynsinger von Frundeck) und 1837 (Heinrich Loriti Glareanus). Zum letztenmal hielt sie Schreiber im Jahr 1837.

lichen Feier — so wurde ferner bestimmt — sind aus den Stiftungen, welche die Kommission in Vorschlag gebracht hat, die Kosten des Drucks der Rede aber, die im Durchschnitt sich nicht über 40 fl. belaufen sollen, aus sämtlichen Stiftungen nach Verhältnis zu bestreiten. (Durch Erlass des Ministeriums vom 25. Mai 1830 bestätigt.) — Am 21. Juni wurde der Tag des Anniversariums auf den 8. Juli angesetzt. Am 1. Juli wurde auch der Vorstand des Gymnasiums (damals „Gymnasialpräfekt") aufgefordert, die Gymnasiasten, welche Stipendien genießen, zur Teilnahme aufzufordern.

Durch Erlass des Ministeriums d. I. vom 10. Oktober 1837 wurde ein Antrag der Universität genehmigt, wonach alle Stipendiaten verbunden sein sollen, am Ende eines jeden Semesters sich einer Prüfung zu unterwerfen aus den Fächern, welche zu hören sie durch die Studienpläne angewiesen sind, „mit der Modifikation jedoch, dass der Fortbezug der Stipendien nicht von der Erteilung der vorgeschlagenen Noten . . . ., sondern lediglich von dem allgemeinen Urteil der Prüfungsbehörde abhängen soll, dass der Stipendiat nach dem Erfund der Prüfung und mit Rücksicht auf die für einzelne Stipendien bestehenden besonderen Vorschriften der Stifter zum Fortbezug des Stipendiums für würdig erklärt werde."

X. *Studenten und Studentenleben.*

1) *Frequenz.*

Dass der Besuch von Mitte der dreißiger Jahre an abnahm und aus welchen Gründen dies geschah, ist schon oben dargelegt worden. Es erübrigt hier noch, durch Zahlen den Beweis zu liefern. Die Besuchsziffern waren folgende:

Jahrgang	Inländer	Ausländer	Gesamtzahl
S. 1830	485	108	593
W. 1830/31	495	91	586
1831	476	83	559
1831/32	503	124	627
1832	450	107	557
1832/33	437	94	531
1833	409	75	484
1833/34	408	79	487

Jahrgang	Inländer	Ausländer	Gesamtzahl
1834	370	72	442
1834/35	366	87	453
1835	322	81	413
1835/36	325	92	417
1836	333	72	405
1836/37	332	73	405
1837	320	70	390
1837/38	302	98	400
1838	274	71	345
1838/39	275	74	349
1839	222	89	311
1839/40	243	72	315
1840	238	58	296
1840/41	214	87	301
1841	208	80	288
1841/42	195	83	273
1842	179	70	249
1842/43	182	71	253
1843	167	61	228
1843/44	175	69	244
1844[1])	163	65	228
1844/45	186	62	248
1845	162	51	213
1845/46	171	41	212
1846	146	54	200
1846/47	175	44	219
1847	173	44	217
1847/48	200	70	270
1848	156	75	231
1848/49	195	85	280
1849	206	89	295
1849/50	265	86	351
1850	242	90	332
1850/51	279	80	359
1851	272	83	355
1851/52	269	77	346
1852	231	71	302

[1]) Heidelberg hatte in diesem und den folgenden Semestern, also in der Zeit, wo Freiburg am niedrigsten stand, freilich immer um 800 Studenten (745, 759, 839 usw. ohne die Hospitanten), ebenso Tübingen (845, 852 usw.).

Seit dem Winterhalbjahr 1851/52 kommen noch *Hospitanten* hinzu, sowie *niedere Chirurgen*, die an den Vorlesungen teilnahmen. Die Zahl jener betrug 1849/50: 22, in den folgenden Semestern 30, 29, 31, 31, 21; die der niederen Chirurgen[1]) (die übrigens auch nicht immatrikulirt waren) 15, 16, 17, 17, 14, 15.

Die einzelnen Fakultäten reihen sich der Zahl nach in folgender Ordnung aneinander. Die größten Zahlen weisen wieder durchweg die Theologen auf: ihre höchste Ziffer ist 206 im Winter 1831/32, wo, wie aus der Tabelle zu ersehen ist, überhaupt die Besuchsziffer in unserem Zeitraum den Höhepunkt erreicht hat; ihre niedrigste 75 in den beiden Sommerhalbjahren 1843 und 1844. An zweiter Stelle marschiren die Mediziner, ihre Zahl schwankt zwischen 160 (1831/32) und 8 (1848). Nach ihnen kommen diesmal nicht die Angehörigen der philosophischen Fakultät, sondern die Juristen, die ihre höchste Zahl ebenfalls im Winter 1831/32 hatten mit 147, ihre niedrigste 1846 mit 29. An letzter Stelle stehen diesmal infolge der früher auseinandergesetzten misslichen Verhältnisse (neuer Studienplan für Mittelschulen) die philosophischen Zuhörer. Betrug ihre Zahl im Jahr 1830 noch 131, so sank sie bis auf 22 (1839/40), 15, 12, 5 und 2 (1841/42), um sich dann wieder — aber nur langsam — zu erholen: 6, 10, 10, 18, 34, 37, 35, 31, 27, 38, 36, 43, 31, 42, 40, 42, 29, 51, 48, 29, 19 (1852) — also immer wieder mit bedenklichen Rückgängen.

2) *Ausschreitungen.*

Wenn ich es versuche, Züge aus dem Treiben der Studenten vorzuführen, so muss von vornherein (namentlich für

---

[1]) Schon am 21. Mai 1838 war vom Senat an das Ministerium der Antrag gestellt worden: 1) es sollen niedere Chirurgen wie bisher zum Besuch der Kollegien zugelassen werden, wenn sie in einem vor dem Dekan der medizinischen Fakultät gut bestandenen Examen Talent und die nötigen Vorkenntnisse bewiesen haben. 2) Das Stadtamt sei gehalten, dem Universitätsamt von jedem gegen einen solchen Chirurgen vorkommenden Straffall Nachricht zu geben. 3) Der Senat kann auf den Vortrag des Universitätsamts einen niederen Chirurgen von dem Besuch der Vorlesungen ausschließen, und die Ausschließung soll ohne Ausnahme in dem Fall stattfinden, wenn ein solcher Chirurg ein Vergehen verübt hat, welches bei Studenten mit der Unterschrift des Concilium abeundi oder mit einer schwereren Strafe geahndet wird.

diesen Zeitraum geltend) folgendes bemerkt werden. In leicht erklärlicher Weise bekommen wir aus den Protokollen des Konsistoriums bezw. Senats oder Plenums ebenso wie aus andern Quellen (Zeitungen usw.) fast nur Kunde von solchen Zügen, welche die schlimme Seite des Studentenlebens zeigen, von Ruhestörungen, Ausschreitungen u. a. — weil eben meist nur solche das Interesse der Behörden und der Oeffentlichkeit in Anspruch nahmen und nehmen mussten. Dazu kommt, dass gerade in dieser Zeit auch politische Regungen bei der studirenden Jugend nicht ganz ausbleiben konnten, solche aber von gegnerischer Seite — noch mehr als gewöhnliche, nicht politische Vorkommnisse — in Schrift und Wort vergrößert uns vielfach überliefert sind. Das also sind die Gründe, warum im folgenden mehr nur die Schattenseite des studentischen Treibens sich uns zeigen kann. Im allgemeinen war das Studentenleben nicht nur nicht schlimmer geartet, als an andern Universitäten in jener gärenden und stürmischen Zeit, sondern es wird mehrfach bemerkt, dass das Betragen der Studenten im großen und ganzen ein lobenswertes sei.

Beginnen wir also damit, zunächst die Vorkommnisse *nicht* politischen Charakters aufzuzählen, die erwähnenswert sind.

Am 11. März 1831 entstand, während das Konsistorium zur Budgetberatung versammelt war, ein Tumult auf der Straße. Eine größere Menge von Akademikern zog von dem Jung-Kuenzerschen Bierhaus herauf in die Hauptstraße und vor die Universität. Dem Auflauf lagen, wie man erfuhr, *Reibungen von Unteroffizieren mit Akademikern* zugrunde. Der Universitätsamtmann schritt gleich energisch ein, ebenso der derzeitige Prorektor Schreiber, dem es gelang, bei einem drohenden Kampf auf dem Münsterplatz das Blutvergießen zu verhindern (vgl. Rauch im erwähnten Lebensabriss Schreibers S. 249.). Der Amtmann wurde nachher samt dem Ersten Pedellen vor das Konsistorium berufen, während der Zweite Pedell „nicht zu finden war." Es wurden beiden Weisungen gegeben, namentlich dass ersterer noch an demselben Tag mit dem Obristen und Stadtkommandanten v. Erdorf Rücksprache nehmen solle. Nachdem der Amtmann noch in der gleichen Sitzung Bericht erstattet, wie er dies in Gegenwart des Kurators getan, wurde beschlossen, „dass jeder der anwesenden Professoren privatim auf die Studirenden einzuwirken trachten wolle, damit die seit einiger Zeit herbeigerufene Aufregung der Gemüter gedämpft und die Ruhe und Ordnung erhalten werde." Am Abend des folgenden Tages - Samstag den 12. März — fand abermals ein Auflauf statt. Wiederum standen Soldaten, namentlich Unteroffiziere des II. Linien-Infanterieregiments Erbgroßherzog, gegen Akademiker, und es kamen abermals mehrere Verwundungen vor. Deshalb fand alsbald am folgenden Sonntag (13. III.) vormittags bei dem Stadtkommandanten v. Erdorf eine „Konferenz" statt, welcher der Kurator und der Prorektor beiwohnten. Gleich daran schloss sich von 12 Uhr mittags eine bis 1½ Uhr dauernde Konsistorialsitzung an, in der der Prorektor über die dort gemeinsam gefassten Maßregeln Bericht erstattete. Dieselben bezogen sich darauf, dass „die bisherigen Vorfälle gehörig untersucht und die Schuldigen bestraft werden sollen, und wie die Ordnung für die Zukunft aufrecht zu erhalten sein werde." U. a. war dort beschlossen worden, eine Bekanntmachung an die gesamte Einwohnerschaft zu richten, welche von Konsistorium, Stadtkommando und Stadtamt zu unterzeichnen sei. Das Konsistorium fasste nun den weiteren Beschluss, „eine Estafette an den Großherzog abzuordnen und ihm den Tatbestand darzulegen." Da zu gleicher Zeit auch die Akademiker in der Aula versammelt waren, so erhielten die Hofräte Amann und Beck den Auftrag, die Beschlüsse denselben zu eröffnen und auf ihre (der Akademiker) Beschlüsse „in geeigneter Weise einzuwirken." — Die Konsistorialsitzung selbst wurde gleich um 3 Uhr nachmittags fortgesetzt und dauerte bis 7½ Uhr. Bei Beginn derselben wurde eine Abordnung sämtlicher Studenten in den Saal eingelassen und ihnen eröffnet, dass man — mit Ausnahme eines einzigen Punktes, dessen Abänderung sie sich aber gleich gefallen ließen — mit ihren „auf Erhaltung der Ruhe und Ordnung zielenden" Beschlüssen einverstanden sei. Nachdem der Prorektor dann noch die geeigneten Ermahnungen im Namen des Konsistoriums an sie gerichtet, wurden sie wieder entlassen. Dem Stadtkommando gab man darauf Nachricht, die Studenten hätten versprochen, ihrerseits Versuchen zu Reibereien von der andern Seite her soviel wie möglich ausweichen und überhaupt in den Schranken der Gesetze bleiben zu wollen. Man werde natürlich Ungesetzlichkeiten, die etwa von den Studenten doch noch begangen würden, streng entgegentreten, erwarte aber dasselbe von der Militärbehörde. Auch stellte man das Ansuchen, dass es erlaubt sein möge, den Militärpatrouillen die Universitätspedellen beizugeben. In derselben Sitzung wurde eine Kommission eingesetzt, die alsbald den geplanten Bericht an den Großherzog abfassen solle, worauf man zur Entgegennahme desselben um 10 Uhr (Abends) wieder zusammentreten wolle -- ein Beweis, wie ernst die Angelegenheit aufgefasst wurde. Die Sitzung kam jedoch erst um Mitternacht zustande und dauerte bis 2 Uhr (!). In dieser nächtlichen Versammlung[1]) wurde der Bericht, wie ihn die Kommission aufgesetzt, der Hauptsache nach genehmigt — nur mit der Beschränkung, dass die Kommission, „um die Militärpersonen möglichst zu schonen, alles dasjenige, was auf bloßen Gerüchten beruht . . . ., aus dem Bericht weglassen solle." Das Schreiben selbst wurde an die beim Landtag in Karlsruhe weilenden Mitglieder der Hohen Schule (also Zell, Rotteck, Duttlinger, Welcker und Administrator Schinzinger) abgeschickt, und dieselben aufgefordert, alsbald in einer zu erbittenden Audienz dasselbe dem Großherzog zu übergeben. Die im Bericht enthaltenen Bitten waren der Hauptsache nach folgende: 1) „die strengen militärischen Strafen und Vorsichten allerhöchst landesväterlich schützend eintreten lassen zu wollen," 2) „allerhöchst unmittelbare strenge Befehle geben zu wollen, worin die Universität mit den Studirenden die einzige sichere Bürgschaft wegen Wiederholung der vorgefallenen Angriffe in den nächsten Tagen sehen können."

Schon am 16. d M. erhielt man das — mit dem Ausdruck höchsten Bedauerns über die aufregenden Vorgänge verbundene — Versprechen, alle zugebote stehenden Mittel anwenden zu wollen . . . . An dem gleichen Tag schrieb Zell von Karlsruhe, dass ihnen, den Abgeordneten, von dem Großherzog mit den gnädigsten Ausdrücken erwidert worden sei; namentlich habe derselbe sich dahin geäußert, dass man einen unpartei-

---

[1]) Der Syndikus schrieb an den Rand des Protokolls die Bemerkung, dass er dieser Sitzung *nicht* angewohnt habe, weil der Bericht nicht von ihm verfasst und er selbst infolge der vorhergehenden Arbeiten und Sitzungen zu erschöpft sei.

ischen Kommissär zur Untersuchung absenden wolle. Im gleichen Sinn habe sich auch der Chef des Ministeriums d. I., Staatsrat Winter, geäußert.

Dieser Kommissär, Ministerialrat und Geh. Referendär Beck, kam schon am 17. März an. An demselben Tag wurde eine Kommission eingesetzt, um zu beraten, wie die Untersuchung zu führen sei ... und um sich mit dem Regirungskommissär ins Einvernehmen zu setzen. Zugleich ließ man in einem Anschlag ad valvas bekannt machen, wie der Großherzog selbst wolle, „dass eine strenge Untersuchung durch die kompetenten Behörden eintreten, dass der Gerechtigkeit ihr voller Lauf gelassen werden, dass nicht die mindeste Begünstigung eines Standes Platz greifen solle, dass aber auch S. Kgl. Hoheit das Zutrauen hätten, es werde nun die Ruhe durch keine weitere Störung mehr unterbrochen, und im Vertrauen auf diese Maßregeln aller Selbsthilfe sich enthalten werden."

Auch in Briefen von Duttlinger und Welcker wurde das Wohlwollen des Großherzogs bestätigt. Zugleich aber meldeten dieselben auch, dass bei dieser Veranlassung die Universität „von gewissen hiesigen Personen, die im öffentlichen Dienst sind," hart verläumdet worden sei.

Die genannte Kommission, bestehend aus dem Prorektor und den Professoren Fritz und Amann, berichtete am 26. März, wie der Regirungskommissär neben andern Maßregeln die Vermehrung der Universitätspedellen, sowie die Anwendung einer Bürgergarde o.!er des Bürgermilitärs für den Fall einer Wiederholung der Unruhen vorgeschlagen habe. Das Konsistorium sprach sich aber gegen diese nur in Beziehung auf Freiburg zu ergreifenden Maßregeln aus, „weil dadurch bei dem auswärtigen Publikum leicht der Schein erregt werden könnte, als hätten die Scenen vom 11. und 12. März in einem Kampf der kommandirten bewaffneten Macht gegen akademische oder andere nichtsoldatische Ruhestörer bestanden, da sie doch vielmehr in *Anfällen zahlreicher militärischer Ruhestörer auf friedliche und wehrlose meist vereinzelte Personen* bestanden habe. So könnte die hiesige Studentenschaft, *die ruhigste in Baden, und vielleicht in Teutschland*, als eine besonders unruhige erscheinen, und Bürger und Professoren in ein übles Licht kommen. Abgesehen von der gegen das

Militär zu übenden Strenge müsse man wünschen, dass für Freiburg keine nicht allgemeine und namentlich nicht auch für Heidelberg giltige Maaßregel getroffen werde. Im Falle aber, dass sie allgemein angeordnet würde, wünsche er allerdings, dass auch einige Professoren bei ihrer Ausführung verwendet werden möchten."

Der Regirungskommissär reiste am 30. März wieder ab. Er hinterließ verschiedene Anordnungen und Ermahnungen, z. B. dass man Sorge tragen müsse, „dass die Versammlungszimmer der Studenten von den gewöhnlichen Wirtsstuben, wo Soldaten und Handwerkspursche sich einfinden, abgesondert werden," für die Anstellung einer hinlänglichen Anzahl von Unterpedellen werde er sich verwenden u. a. m. Von den (andern) Vorschlägen für den Fall bedenklicher Zusammenrottungen in Zukunft werde er übrigens Umgang nehmen.

Aber die versprochene *Vermehrung der Pedellen* ließ lange auf sich warten. Es war noch nichts in dieser Hinsicht geschehen, als Ende Mai 1831 nächtliche Ruhestörungen, sowie angebliche Ungebührlichkeiten gegen die Wache am Schwabentor vorkamen und am 4. Juni vom Universitätsamt dem Konsistorium gemeldet wurden. Das letztere beschloss deshalb am 8. Juni, dass Zell in Karlsruhe Erkundigungen über den Stand der Sache einziehen solle. Am 29. Juli beschloss man nochmals, die in Karlsruhe anwesenden Kollegen zu ersuchen, „dass sie die Erledigung betreiben und sich besonders dafür verwenden möchten, dass die anzustellenden Unterpedellen aus der Stadtkasse bezahlt werden." Aber erst nachdem nochmals eine Bitte um Verwendung in dieser Sache an das Kuratorium am 27. Oktober d. J. abgegangen war, wurde durch einen Kreisdirektorialerlass vom 18. November 1831 wenigstens soviel bestimmt, „dass das Stadtamt einstweilen zwei Polizeidiener zur ausschließlichen Disposition an das Universitätsamt abgeben soll." Erst am 19. Dezember d. J. kam die Ministerialermächtigung (23. Dezember durch die Kuratel mitgeteilt), dass einstweilen und auf Probe zwei Unterpedellen angestellt werden könnten gegen eine bestimmte Tagesgebühr. Am 26. Februar des nächsten Jahres teilte die Kuratel eine weitere Ministerialermächtigung mit, nach welcher die Zahl der Unterpedellen vorläufig auf vier zu vermehren sei. Dies geschah auch durch Kuratelerlass vom 14. März, trotzdem das Konsistorium am 9. März sich dahin äußerte, es sei vorderhand an *einem* weiteren Pedellen genug. Es geschah also nach seiner Ansicht diesmal des Guten zuviel.

Unterdessen war am 28. Juni d. J. die Untersuchung der im März von dem Militär verübten Ausschreitungen vom Universitätsamt beendigt worden. Am gleichen Tag wurde der Bericht vom Konsistorium an die Kuratel eingesandt mit dem Bemerken, dass das Universitätsamt die Untersuchungsakten dem Großh. Hofgericht zur Entscheidung der in demselben vorkommenden Beschuldigungen übergeben werde. — Das kriegsgerichtliche Urteil lautete dahin, dass von jenen wegen Streithändeln mit Akademikern in Untersuchung gezogenen Militärs des II. Linien-Infanterieregiments 46 Unteroffizire, Korporale, Fourire, Hoboisten usw. mit schwerem Arrest von 3 bis 10 Tagen bestraft, zwei derselben zu andern Regimentern versetzt und sämtliche zu Tragung der Untersuchungskosten verurteilt wurden. Der Inhalt des Urteils wurde Mitte November in Gegenwart des Prorektoratsverwesers (Ex-exprorektors), der „eine passende Anrede" hielt, den Akademikern bekannt gegeben. Auch wurde das Amt beauftragt, für die Veröffentlichung an die inzwischen abgegangenen seinerzeit beteiligten Akademiker durch die zustehenden Aemter zu sorgen. — Die Untersuchung gegen die wegen ebenderselben Märzunruhen angeschuldigten Studenten zog sich bis in das Jahr 1832 hinaus. Schließlich wurden sämtliche Angeklagte teils klag-, teils schuldlos erklärt.

Gelegentlich der Vorgänge im März 1831 war vorhin auch von einer *Versammlung der Studirenden in der Aula* die Rede. Schon am 11. Dezember desselben Jahres fand wieder eine solche Studentenversammlung in der Aula statt, und es kam daselbst zu „unziemlichen Auftritten." U. a. wurden daselbst „durch das unvorsichtige Benehmen eines Akademikers aus Karlsruhe" dem Staatsrat Minister Winter Pereatrufe gebracht. Die Mannheimer Zeitung, deren Gesinnung der Universität gegenüber wir schon zur Genüge kennen gelernt haben, brachte alsbald auch die Nachricht, dass ein Student der Medizin von Freiburg bei dieser Versammlung sich sogar eine Verunglimpfung der Büste des Wiederbegründers der Hohen Schule, also des Großherzogs Ludwig, habe zu schulden kommen lassen. Diese Anschuldigung stellte sich jedoch bei der Untersuchung als völlig erdichtet heraus, und man beschloss daher, nicht nur dem Kuratorium von dieser Verleumdung Nachricht zu geben, sondern auch eine offizielle Erklärung gegen die Mannheimer Zeitung in die Karlsruher Zeitung einrücken zu lassen. Im übrigen wurde nur beschlossen, am schwarzen Brett „eine ernstliche aber väterliche" Zurechtweisung in lateinischer Sprache bekannt zu machen und jenem Karlsruher Akademiker einen Verweis zu geben. Um aber auch für die Zukunft ähnlichen Auftritten bei Studentenversammlungen vorzubeugen, beschloss man am 16. Dezember, das Universitätsamt zu beauftragen, „sich künftig von solchen Versammlungen vorläufig in Kenntnis zu setzen und dem Prorektorat zum Zweck der näheren Information über den Gegenstand der Versammlung, und der zu erteilenden Erlaubnis zu ihrer Abhaltung davon die Anzeige zu machen." Ohne Erlaubnis des Prorektors werde man in Zukunft die Aula oder „ein anderes Universitäts-Lokale" solchen Versammlungen nicht mehr aufschließen lassen. Am 24. Dezember trug dann der Exprorektor weiter vor, „er habe veranstaltet, dass immer einige Akademiker, welche die Einladung zu einer Versammlung unterzeichnen, sich verbindlich machen müssen, dass kein anderer Gegenstand als der von ihnen voraus zu bezeichnende vorkommen werde, und dass zur Zeit der Versammlung der Universitätsamtmann in seinem Amtszimmer sich aufhalte, um, wenn etwas Ordnungswidriges sich zutragen sollte, von den für die Ordnung haftenden Akademikern ersucht, in der Versammlung erscheinen und durch sein amtliches Ansehen Ungebührnisse in der Entstehung unterdrücken und die Ordnung handhaben zu können."

Gegen solche Studentenauftritte sind auch die Worte gerichtet, die der Großherzog in seiner Erwiderung auf das ihm geschickte Dankschreiben wegen Erhöhung der Dotation am 30. Januar 1832 aussprach: „.... aber es ist auch mein fester Entschluss, jeder ungebührlichen Anmaßung und noch mehr jeder gesetzwidrigen Handlung mit Kraft entgegenzutreten . . . .," sowie der am Schluss ausgesprochene Wunsch, es möge die Universität „die ihr anvertraute Jugend zu tüchtigen, Gesetz und Ordnung liebenden Bürgern heranbilden." denn nur dann könne sie auf seinen und des Vaterlandes Dank zählen, wenn sie zugleich „den Frieden der Gemüter, die Eintracht und die Ruhe zu erhalten und zu befestigen sucht."

Dass leider diese Ruhe und dieser Friede der Gemüter schon im August desselben Jahres empfindlich gestört wurden, und wie jene Störung der unmittelbare Anlass zu der — übrigens schon länger vorauszusehenden und namentlich durch die (noch unter näher zu besprechenden) Anteilnahme an Politik seitens der Akademiker und der Lehrer heraufbeschworenen — Schließung der Universität war, ist schon oben gesagt worden.

Weitere Ruhestörungen kamen am 1. Dezember 1833 vor. Ein, wie es hieß, an sich unbedeutender Auftritt zwischen einigen Studenten und der Polizei zog durch das Herbeirufen der Militärwache unangenehme Folgen nach sich. Kurz nach 9 Uhr[1]) kamen sechs Studenten in die Nähe des Museums, wo sie ein Ständchen brachten und das Liedchen „Stille, stille! Leise, leise!" sangen. Zwei Polizeidiener, die dazu kamen, geboten den Sängern Ruhe. Die Studenten erhoben dagegen Einsprache, da es nicht außer der Polizeistunde sei und ein solches Lied ihnen durchaus nicht verboten werden könne; jedenfalls stehe es nur dem gleichfalls anwesenden Universitätspedell zu, sie zur Ruhe zu verweisen. Letzterer selbst untersagte aber nur einen lärmenden Gesang und erhob auch seinerseits Einsprache gegen Festnehmung durch die Polizei. Darauf entfernte er sich während des Wortwechsels, um einen seiner Kameraden herbeizurufen. Einer der Polizeidiener aber holte inzwischen die Militärwache. Da die Studenten auch jetzt noch, im Gefühl, nichts Gesetzwidriges getan zu haben, der Gefangennehmung widersprachen, so wurden sie von der Militärwache mit Gewalt, unter Anwendung von Kolbenstößen, auf die Hauptwache gebracht. Aber in wenigen Augenblicken versammelten sich, da es gerade Sonntag war, die Studenten und andere Einwohner in zahlreicher Menge vor der Hauptwache und verlangten die Verhafteten heraus, ohne jedoch eine gewaltsame Befreiung zu versuchen, da niemand der Anwesenden bewaffnet war. Inzwischen kamen der Prorektor der Universität, der Universitätsamtmann, ei-

---

[1]) Ich entnehme die nun folgende Schilderung einem Artikel der Freiburger Zeitung (Nro. 343 jenes Jahres).

nige Professoren und Offizire, sowie der Stadtkommandant herbei und stellten in wenigen Augenblicken die Ruhe wieder her.

So weit der ausführliche Bericht in der Freiburger Zeitung. In auswärtigen Blättern wurde die Sache alsbald aufgegriffen, vielfach entstellt und in einer für die Studirenden höchst nachteiligen Weise berichtet. Anderseits aber zeigte es sich auch bald, dass jener Bericht des Freiburger Blattes den ganzen Vorgang zu optimistisch aufgefasst und die Studenten unverdientermaßen zu sehr in Schutz genommen hatte. Dazu kam, dass am darauffolgenden Sonntag (8. Dez.) noch ärgere Ausschreitungen nachfolgten. Abends 8 Uhr wurde an diesem Tag ein Soldat, der auf der Kaiserstraße ruhig der Kaserne zuging, mit einem Stockdegen von einem jungen Mann — einem Studenten,[1]) wie dem Senat berichtet wurde — angefallen und verwundet, so dass er noch am nämlichen Abend in das Spital gebracht werden musste. Auch wurden in der Nähe des Theaters von vier Studenten gegen einen Soldaten Gewalttätigkeiten verübt. Diese Vorgänge riefen in Verbindung mit denen am 1. Dezember eine große Aufregung unter den Einwohnern der Stadt hervor, welche „nicht ohne bedrohende Folge für die Sicherheit und Ruhe der Stadt" blieb. Das Stadtamt erließ deshalb am 9. Dezember einen Aufruf an die Bürger und Einwohner, in dem zunächst ein Tadel ausgesprochen wird über die einseitige Schilderung in öffentlichen Blättern, namentlich auch in der Freiburger Zeitung, deren Darstellung eine Begünstigung der Selbsthilfe und des Auflehnens gegen die Behörden sei. Sodann mahnte das Stadtamt, zur Versöhnung der Gemüter und zur „Hinweisung der Gekränkten auf den gesetzlichen Weg" beizutragen, warnte vor jeder voreiligen Parteinahme und schloss mit folgender Drohung: „Die Uebelgesinnten aber, welche solche die öffentliche Ruhe störende Auftritte zu fördern, und das Wohl ihrer Mitbürger für leeren Wortschall zu erklären geneigt sind, versichern wir, dass wir das Ansehen der Gesetze um jeden Preis aufrecht zu erhalten entschlossen sind . . . . (und) dass es uns weder an hinreichenden Mitteln, noch an Mut gebricht, frevelhafte Umtriebe jeder Art mit Nachdruck und Erfolg zu bekämpfen."

---

[1]) Offenbar aus Rache für das Eingreifen der Militärwache am vorausgehenden Sonntag.

Zum Glück wiederholten sich die Auftritte nicht mehr, wie man befürchtet hatte. Das Stadtamt gab am 12. Dezember seiner Genugtuung darüber Ausdruck und bemerkte ausdrücklich gegenüber den Gerüchten von „Polenliedern und Charivaris," dass politische Tendenz jenen Ausschreitungen *nicht* zugrunde gelegen habe. — Um für die Zukunft ähnliche Vorgänge womöglich zu verhüten, hatte unterdessen der Senat am 9. Dez. unter Anwesenheit des Stadtdirektors (v. Kettenacker) und des Amtmanns (Riegeler) beschlossen, in einem Anschlag ad valvas 1) auf den § 25 der akademischen Gesetze hinzuweisen, wonach wörtliche und tätliche Beleidigungen, welche von Studirenden . . . verübt werden, . . . nach den bestehenden Gesetzen zu behandeln sind, welche auf derlei Fälle schwere Strafen gesetzt haben; 2) die Drohung auszusprechen, dass jeder Akademiker, der mit einer Waffe versehen, und jeder, der einigermaßen eine Militärperson wörtlich oder tätlich beleidigt hat, außer den Strafen, welche vom Gesetz bereits bestimmt sind, als Ruhestörer die Aufkündigung des akademischen Bürgerrechts und die Fortweisung von der Universität zu erwarten habe. In derselben Sitzung beschloss man anderseits aber auch, der Stadtkommandantschaft einzuprägen, „dass auf Seiten der Mannschaft Handlungen positiver Gewalt, z. B. Kolbenstöße, nur dann und insoweit Platz greifen können, wenn und insoweit positiver Widerstand von der andern Seite eingetreten sei . . . . ." Das Stadtkommando aber beschwerte sich hinwiederum wegen Absingens und Pfeifens eines auf das Militär gerichteten Spottliedes nach der Melodie „Prinz Eugen, der edle Ritter," welches bereits auch im Steindruck erschienen sei. Daraufhin beschloss zwar der Senat am 11. Dezember, eine Warnung an die Akademiker anschlagen zu lassen, „sich eines dermaligen Unfugs zu enthalten." Nach mündlicher Rücksprache mit dem Kurator wurde jedoch mit Zustimmung desselben dieser Beschluss nicht in Vollzug gesetzt.[1])

Wegen des genannten Aufrufs des Stadtamts beantragte Schreiber im Senat am 17. Dezember bei höherer Behörde

---

[1]) Am 26. April des folgenden Jahres wurde jedoch ein Studirender der Theologie wegen Verfassens eines solchen Spottliedes bestraft.

eine Beschwerde und Verwahrung einzureichen, gleichwie auch der Stadtrat und einzelne Bürger getan hätten. Es wurde jedoch beschlossen, mit einer solchen Beschwerde zuzuwarten, bis das Universitätsamt „über das Ganze der vorgegangenen Excesse" aktenmäßig Bericht eingegeben habe. Wirklich stellte es sich bei der Untersuchung heraus, dass für die meisten Anschuldigungen — des Auflaufs von etwa 100 Studenten, des Versuchs, die Festgenommenen zu befreien, des Waffendepots von Studenten in Wirtshäusern — Beweise mangelten. Infolgedessen wurden die Verdächtigen und Angeschuldigten schließlich zum größten Teil freigesprochen. Nur einige wenige erhielten (26. IV. 1836) Karzer oder wurden von der Universität weggewiesen „wegen Tragens von Waffen unter erschwerenden Umständen, gesetzwidrigen Gebrauchs eines Terzerols" usw. Der Kurator aber versprach in einem Schreiben dem Senat vom 13. Mai 1834, er werde „nicht ermangeln, der hiesigen Stadtkommandantschaft die geeignete Bemerkung zu machen, dafür zu sorgen, dass für die Zukunft das Auftreten und Einschreiten des Militärs, wenn es in irgend einer Weise nötig fallen sollte, von keinen Misshandlungen, überhaupt von keiner unnötigen Gewaltanwendung begleitet seyn möge."

Leider wurden im nächsten Jahre (1834) die Ausschreitungen und Vergehen von Studenten zahlreicher, wenn auch die Studentenschaft im allgemeinen sich ruhiger verhielt als an vielen anderen Universitäten in jener für die Hochschule stürmischen Zeit. Der Senat beschloss deshalb am 24. Juli 1834, dem Universitätsamt aufzutragen, ihm (dem Senat) *jeden Monat Verzeichnisse sämtlicher vorgekommenen Vergehen*, sowol ein solches der erledigten Untersuchungen als eines der noch im Gang sich befindenden und noch nicht erledigten, *vorzulegen*.

Aber schon um Neujahr 1835 kamen — nach einem Bericht des Universitätsamts vom 15. Januar — *Ruhestörungen im Theater vonseiten der Akademiker durch Singen und Pfeifen* vor. Man beschloss, in einem Anschlag das Missfallen des Senats und die Drohung strengster Ahndung im Wiederholungsfall anzukündigen, und überließ es dem Universitätsamt „in erforderlichen Fällen einen oder mehrere Pedellen in das Theater zu schicken." Da wurde am 29. Januar im Namen der Gesamtheit der Studenten eine Eingabe eingereicht, worin um Belehrung bezw. wie es darin hieß um „Erklärung" gebeten wird inbezug auf diese „aus Anlass des Ordnung und Ruhe störenden Betragens Einiger im Theater" ergangenen Ermahnung. Der Senat ließ, entrüstet, am 20. März den Studenten durch das Universitätsamt sein Missfallen ausdrücken über dieses Unterfangen, da sie ja schon durch das Amt die betr. Aufklärung erhalten hätten. Auch wurde bemerkt, „der Senat erkenne keine Gesamtheit der Studirenden als juridische Persönlichkeit an, und betrachte eben deswegen die eingereichte Schrift bloß als im Namen derjenigen Studenten verfasst und eingereicht, welche in der Versammlung, worin der Inhalt besprochen wurde, zugegen waren und bis ans Ende darin ausharrten."

Aber schon am 12. Juni desselben Jahres kam ein weiterer ungebührlicher Auftritt im Theater vor, indem während der Pause einige Studenten einen Gesang anstimmten. Da ausdrücklich dazu bemerkt wird, dass das aufgeführte Stück Wilhelm Tell war, so dürften es zudem noch Anstoß erregende Freiheitslieder antimonarchischer Gesinnung gewesen sein. Es wäre ja dies nicht das erste und einzige Mal gewesen. Vgl. unten.

Veranlasst durch einen am 1. Februar 1836 im Grammschen Bierhaus abgehaltenen Kommers erließ der Prorektor (Hug) einen Anschlag *über das Vor- und Nachtrinken der Studirenden.*" Gegen die Form dieses Anschlags wurde von einer Studentenkommission am 6. d. M. Beschwerde eingelegt. Bei der Beratung über die Sache kam man nun am 8. Februar im Senat u. a. auch zu dem Entschluss, dem Universitätsamt zu erwägen zu geben, „ob nicht eine *Beschränkung* in Beziehung auf die *Anzahl der Kommersbewilligungen* stattfinden dürfte;" jedenfalls seien die Pedellen bei solchen Gelegenheiten zu einer besseren Aufsicht anzuhalten, „damit, wenn die Unterhaltung in einen Lärmen oder ein alles Maaß überschreitendes Trinkgelag ausarte, sofort eingeschritten werden könne." „Auch dürfte es sowohl im Interesse der akademischen Disciplin, als in den Pflichten des Universitätsamtes liegen, auf diejenigen Individuen, welche sich durch Neigung zum Trunk oder zu anderen Unordnungen bemerkbar machen, unausgesetzt eine strenge Aufsicht zu führen oder führen zu lassen, und gegen dieselben entweder selbst einzuschreiten, oder an das Ephorat die geeignete Mittheilung zu machen."

In einem Erlass vom 28. Oktober 1836 bemerkte das Konsistorium, dass „in auffallendem Widerspruch mit dem lobenswerten Betragen der hiesigen Studirenden" gegen Ende des vorhergehenden Semesters sich „einige unwürdige Subjekte" so weit vergassen, dass sie einander auf der Straße mit Schmähworten anfielen und durch Tätlichkeiten beschimpften. Es sei Pflicht sowol als Genugtuung für die ehrliebenden Akademiker und diene zur Verwarnung derjenigen, welche nicht durch das eigene Gefühl vor derartigen Ausschreitungen bewahrt werden, öffentlich und bestimmt zu erklären, dass solche Vergehen auf strengste bestraft und die Schuldigen unverzüglich von der Universität ausgeschlossen werden. — Auf diese Mahnung des Kuratoriums hin ließ der Senat in einem Anschlag an den § 42 der akademischen Gesetze erinnern, wonach „Realinjurien zwischen Studenten, welche mildernde Umstände dabei auch eintreten mögen, jedesmal mit dem concilium abeundi und nach Befinden mit Relegation bestraft werden."

Ganz auffallende Unterschiede im Benehmen der Studenten müssen zu Ende des Jahres 1839 einer- und zu Anfang 1840 anderseits geherrscht haben. Nach dem Bericht des Universitätsamts vom 1. November 1839 war im Monat Oktober dieses Jahres *kein einziges* Straferkenntnis gegen Akademiker erlassen worden. Auf Grund der Strafliste vom Januar 1840 dagegen richtete der Senat am 3. Februar an das Sittenephorat den Wunsch, in einer Sitzung in Beratung zu nehmen, „welche Maaßregeln genommen werden dürften, um die akademische Sittendisciplin aufrecht zu erhalten, da offenbar seit einiger Zeit ein *Geist der Rohheit unter den Akademikern sich eingedrungen habe, welcher schnelle Fortschritte zu machen scheine.*" U. a. waren am 19. Januar 1840 (einem Sonntag) abermals *Ausschreitungen der Studenten im Theater* vorgekommen. Die beteiligten Studenten wurden, wie der Senat dem Stadtamt am 3. Februar melden ließ, streng bestraft, zugleich aber erhielten auch die Pedellen und Gensdarmen, welche die getroffenen Anordnungen schlecht vollzogen hatten, ernstliche Verweise. — Das Universitätsamt erinnerte bei dieser Gelegenheit daran, dass die Großh. Direktorialregirung am 4. Dezember

1838 verfügt habe, „man finde sich nicht veranlasst, dem Universitätsamtmann zur Pflicht zu machen, jedesmal in das Theater zu gehen; es genüge, wenn ein Pedell anwesend sey und von dem übrigen Aufsichtspersonale unterstützt werde; auch sey es nicht nötig, dass der stadtamtliche Beamte unmittelbar bei Excessen einschreite, und wenn er dieß vermeide, werde er auch nicht compromittirt." Demgegenüber eröffnete das Kuratorium jetzt dem Universitätsamtmann, es wünsche, dass derselbe jedesmal den Vorstellungen beiwohne, jedoch nicht auf einem Sperrsitz, sondern in seiner Loge — was übrigens auch immer geschehen war, ausgenommen gerade jenen Sonntag, wo der Beamte wegen Krankheit das Bett hüten musste. — Der Senat seinerseits sprach am 3. Februar seine Meinung dahin aus, dass man die Sache auf sich beruhen lassen könne, da „die gute Sitte und der Anstand" im Theater in der Zwischenzeit nicht mehr verletzt worden sei.

Im allgemeinen wurden in dieser Zeit vom Senat Ausschreitungen und Vergehen der Studenten nicht streng genug, wie es scheint, geahndet. Der Kurator sah sich deshalb veranlasst, in einem Erlass vom 21. August 1840 an den Senat unumwunden seine Meinung auszusprechen, dass „die Milde, welche bei Bestrafung der tätlichen Beleidigungen vorwalte, auf den Ton der Studenten und den Ruf der Universität nachteilig wirken muss." Im weiteren wurde dann geklagt: „. . . . leider wiederholen sich die eigentlichen Prügeleien der Studenten unter sich und mit anderen Individuen nur zu sehr. Die übrigen Universitäten bestrafen, wie die jeweils mitgeteilten Urteile ausweisen, Studiosen, welche ihre Conflicte mit Schimpfreden, mit der Faust oder dem Stock ausmachen, strenger und dulden solche Leute, die eben noch nicht würdig sind, an der ehrenvollen Universität Theil zu nehmen, nicht in der Gesellschaft. Meines Erachtens sollte Freiburg in diesem Punkte keiner andern Hochschule nachstehen . . . ."

Das Universitätsamt fasste die Studentenstreiche nicht so leicht auf und suchte auf alle mögliche Weise dieselben zu verhindern oder aber mit möglichst vielen Fangarmen die Missetäter ergreifen zu können. Als z. B. im Frühjar 1841 die Bibliothekkommission einen der Unterpedellen für ihr Geschäft ganz in Anspruch nehmen wollte, erklärte das Universitätsamt, dass *ihm drei Unterpedellen* und zwar *vorzüglich wegen des Nachtdienstes unentbehrlich* seien. Der Senat aber meinte — und diese Ansicht stimmt zu dem vorhin Gesagten — am 7. April, „es möchte nur auf einen Versuch ankommen, der zumal jetzt bei der niederen Frequenz und dem *ruhigen (?) Verhalten der Studenten* gemacht werden könnte. Zwei Pedellen machen mit Gensdarmen und Polizeidienern die nächtliche Patrouille. Es könnte genügen, wenn *ein* Pedell verwendet würde, wo dann jeder je um den einen und andern Tag in Ruhe wäre. Auch scheine es unnöthig, dass der Pedell auch in andern, als in den Gassen und Wein- und Bierschenken wo Studenten muthmaßlich anzutreffen sind, die Runde mitmache."

Ob nun das Universitätsamt zu schwarz oder ob der Senat zu hell gesehen habe, das lässt sich jetzt wol kaum mehr beurteilen, namentlich weil die oben erwähnten genauen Listen über Vergehen und Untersuchungen in den Senatsprotokollen jener Jahre (Anfang des fünften Jahrzehnts) uns nicht erhalten sind. Erst für einige Monate der Jahre 1845 und 1846 finden sich ausnahmsweise die Ergebnisse jener — im Senat vorgelegten — Straflisten eingetragen, (so dass wir uns darnach wenigstens für dieses Jahr einigermaßen ein Bild machen können). Es waren demnach an Straffällen wegen Polizei- und Disziplinarvergehen vorgekommen:

1845 im Monat August 7, im Dezember 9,
1846 im Monat Februar 1, im März 5,

in den dazwischen liegenden Monaten (September, Oktober, November 1845 und Januar 1846) *keiner;* ebenso wurde, wie wir gelegentlich erfahren, in den Monaten Juni, Juli und November 1846, sowie September 1847 *kein* Straferkenntnis gefällt.

Es war vorhin davon die Rede, dass der Senat im allgemeinen zu wenig streng gegen die Studenten gewesen zu sein scheint. Und doch will es uns dünken, als ob bei andern weniger gefährlichen Anlässen das Gegenteil der Fall und er eher zu ängstlich war. So machten z. B. am 31. März 1835 einige Studenten eine Eingabe, *eine Vorstellung im Stadttheater*, „Carl XII. auf seiner Rückkehr", *geben zu dürfen*, deren Ertrag sie als *Beisteuer zu Schillers Denkmal*[1]) verwenden wollten.

---

[1]) Wo, wird nicht gesagt. Da jedoch kurz darauf, am 21. Juni 1835, an den Universitätssyndikus eine Aufforderung zu Beiträgen

Der Senat erteilte zwar für dieses Mal die Erlaubnis, da das Stück bereits durch Zettel überall angekündigt war, ergriff jedoch diesen Anlass, um die Studirenden durch einen allgemeinen Anschlag ad valvas „*vor etwa künftigen derartigen Vorhaben*" mit Bezug auf § 37, 7[1]) der akademischen Gesetze, die Ministerialverordnungen vom 6. März und 21. April 1818 usw. *abzumahnen.*

Noch muss — bevor wir zur Besprechung des Verhaltens der Studenten gegenüber den damaligen politischen Bewegungen übergehen — von einer besonderen Art von Ausschreitungen gehandelt werden, von den in den akademischen Gesetzen verbotenen *Duellen.* Der auf diese sich beziehende § 28 der akademischen Gesetze wurde infolge höchster Entschließung vom 4. Juli 1834 dahin erläutert: „In allen Fällen, wo bei vollzogenen Duellen erschwerende Umstände eintreten, sey es .... durch muthwillige Beleidigung, gesuchte Veranlassung zum Streite, oder durch Zurückweisung genügender Versöhnungsvorschläge, oder in Bezug auf die Art der Vollziehung des Duells, oder wegen wiederholten Duellirens, kann auf geschärfte Strafe für den einen oder andern Teil, oder für beide Teile, und zwar nach den Umständen bis zur geschärften Relegation erkannt werden."

Längere Untersuchungen riefen Duelle vor, welche im April 1831 *zwischen angeblichen Freiburger Akademikern und französischen Untertanen in Schlettstatt* vorfielen. Auf Erlass des Kreisdirektoriums beschloss damals das Konsistorium am 29. April, das Universitätsamt zu beauftragen, „den Spuren dieses Verbrechens so viel als möglich auf den Grund zu geben," sowie Anzeige an das Ministerium d. I. zu machen, mit dem Ausdruck des Bedauerns, dass von der französischen Behörde „so ganz keine Indicien" angegeben worden seien, welche auf die Spur führen könnten. In jedem Fall sei nicht die mindeste Wahrscheinlichkeit vorhanden, „dass ein Professor

---

für die Errichtung eines Schillerdenkmals in dessen Geburtsort kam, so dürfen wir wol schließen, dass auch der Ertrag jener Vorstellung für das Denkmal in Marbach bestimmt war. (Errichtet wurde ein solches freilich erst 1876.)

[1]) Spricht aus, dass „das Erscheinen auf dem Theater bei einer Schauspielergesellschaft" „nach Befund, mit Verweisen, Geld oder Karzerstrafe belegt" werde.

irgend einer Anstalt von hier an dem Excesse Theil genommen habe." Kurz darauf steckte das Universitätsamt einen Studirenden der Medizin samt Begleiter ein. Das Konsistorium verlangte jedoch am 9. Mai deren Freilassung, weil sie wegen des im Ausland verübten Verbrechens hier nicht abgeurteilt werden könnten. Nach mehrmonatlicher Untersuchung wurden am 9. September d. J. einige Studenten zu verschiedenen Tagen Karzer, der Hauptheld (Krafft) zu einem dreiwöchentlichen Festungsarrest verurteilt.

3) Anteilnahme an politischen Bewegungen.

Wichtiger und gefährlicher als alle bis jetzt besprochenen Ausschreitungen und Umtriebe schienen und waren diejenigen, welche einen *politischen* Charakter trugen.

Dass auch die Studenten nicht ganz unberührt bleiben konnten von den damals — in den dreißiger und vierziger Jahren — so hochgehenden Wogen des politischen Lebens, war um so weniger zu erwarten, als die Helden des damaligen „Kampfes für der Freiheit Reich" in ihrer Mitte waren und wirkten. Da übrigens von diesen Bewegungen und Regungen — von den Ehrungen der Abgeordneten usw. — schon oben mehrfach zu sprechen war, so sei hier nur das noch Fehlende hinzugefügt.

Gegen die Bundestagsbeschlüsse vom 10. November 1831, die auf Unterdrückung der damals das Hauptziel der freiheitlichen Bestrebungen bildenden Freiheiten gerichtet waren, hatte die II. Kammer lebhaften Protest eingelegt. Die Freiburger Akademiker ließen es sich nicht nehmen, diesen Anlass dazu zu benutzen, der II. Kammer eine *Dankadresse* zu übermitteln. Sie glaubten sich jedenfalls um so mehr veranlasst, als die Hauptverfechter jener Freiheiten ja gerade Lehrer ihrer Hochschule waren. Die Adresse, mit 386[1]) Unterschriften versehen, wurde am 14. Dezember 1831 abgeschickt und am 15. Dezember vom Abgeordneten (Sekretär) Grimm übergeben und hatte folgenden Wortlaut: „Hohe II. Kammer! — Die edle Entschlossenheit, womit die hohe II. Kammer in ihrer 16o. Sitzung den jüngsten Bundestagsbeschlüssen ent-

---

¹) Die am 6. Dezember eingereichte Dankadresse von Bürgern und Einwohnern Freiburgs hatte nur 342 Unterschriften.

gegentrat, erweckte in den Gemütern der Unterzeichneten eine solche Begeisterung, dass sie es wagen, derselben ihren gebührendsten Dank dafür öffentlich auszudrücken. Sie befürchten nicht, sich dadurch dem Vorwurf der Unbescheidenheit auszusetzen, da sie bei einer Angelegenheit aufs lebhafteste beteiligt seyn müssen, deren Erfolg für ihr einstiges Wirken von so hoher Wichtigkeit ist. — Hiermit verbinden sie die Bitte, eine hohe Kammer möge auf die Forderung vollkommener Pressfreiheit um so unerschütterlicher beharren, je weniger ohne ihren Sieg die übrigen großen Rechtsforderungen gewährt werden dürften. — Mit vorzüglicher Hochachtung usw."

Noch in demselben Jahre 1831, namentlich aber im folgenden, 1832, kam ein anderer Umstand hinzu, der zu politischen Verdächtigungen Anlass gab: Die Teilnahme an dem Schicksal der in der Folge der Revolution vertriebenen und ausgewanderten *Polen*.[1])

---

[1]) Schon in den bei früherer Gelegenheit erwähnten Gedichten, die — zur Zeit der Anwesenheit der Abgeordneten v. Rotteck, Duttlinger, Welcker und Zell — von v. Reichlin-Meldegg gedichtet und von den Akademikern gesungen wurden, war *der Befreiungskampf Polens* gefeiert und als ein leuchtendes Beispiel hingestellt. So lautete die 5. Strophe des am 7. Juli 1831 zu Ehren Duttlingers gesungenen Liedes:

„Heil neuem Morgen! Heil!
Heil Deutschlands Freiheit! Heil!
Heil Deutschland Dir!
Waldiges Weichselland
Ficht gegen Knechtesband
An finsterm Abgrunds Rand
Treu für und für".

Noch begeisterter wird in der 4. und 5. Strophe des am 7. Aug. 1831 bei Anwesenheit Rottecks gesungenen Liedes neben Frankreich und seiner Revolution Polen gefeiert:

„4. Auch *Franken* sey ein volles Glas geweihet,
Wo in der nachtumwölkten Sklavenzeit
Im vor'gen Jahr' sich Brust an Brust gereihet,
Dem Eisen sich, dem Tod für's Volk geweiht.
Chor: Tyrannen hat er (dh. Rotteck) nie geschonet,
Der Mann, in dem die Freiheit wohnet.
Der Mann, der sprach, als Sprechen Sünde war,
Ihm bringt der Freund des Dankes Zähre dar.

Diese zumeist auf dem Weg nach Frankreich in Freiburg durchwandernden Polen wurden mit außerordentlicher Teilnahme und Begeisterung in der Stadt aufgenommen, und bei den ihnen zu Ehren oder zu ihrer Unterstützung stattfindenden Festlichkeiten standen die Studenten meist in erster Reihe. Dabei muss es aber auch manchmal ziemlich laut hergegangen sein. Am 6. Februar 1832 erteilte das Kuratorium dem Konsistorium — zugleich mit einer an das Universitätsamt erlassenen Verfügung — Nachricht über „die seit einiger Zeit häufigeren nächtlichen Ruhestörungen." Der Prorektor (Duttlinger) beruhigte aber alsbald den Kurator über diese „mit durchaus keinem Exzess verbundene Erscheinung, veranlasst durch die Teilnahme der hiesigen Einwohner an dem unglücklichen Schicksal der Polen, deren mehrere seit dem 4. d. M. durch unsere Stadt nach Frankreich auswandern." Diese „Teilnahme" sprach sich unter anderm dadurch aus, dass bei Gelegenheit der am 4. Februar zu Ehren durchziehender polnischer Offizire gegebenen Festvorstellung im Theater Studenten nach den ersten beiden Akten ein „patriotisches Lied" sangen, das mit einem lauten „vivat Polonia!" geschlossen wurde. — Fast bei jedem festlichen Empfang durchziehender Polen war, wie gesagt, die akademische Jugend stark vertreten. Eine große Anzahl ritt den neuen Ankömmlingen entgegen und geleitete sie bis vor die Stadt. Dort mussten die Wagen halten, man spannte die Pferde ab und „trotz alles Sträubens der tapferen Helden" wurden sie von den Studirenden unter dem Zujauchzen der Volksmenge, vier Fahnen mit den polnischen Farben voraus, in die Stadt gezogen.

> 5. Auch ihnen, die im *Weichselland* gefallen,
>   Ein Todtenopfer an der Manen Gruft —
> Der Freiheit Kron' *Polonien* vor Allen
>   Und Sieg, wenn Skrzyneczki's Trommel ruft.
> Chor: Bald wird vom Czarendampfe,
>   Aus schwarzem Pulverdampfe
> Das Siegspanier im Strahlenglanz ersteh'n,
> Das Land der Helden wird nicht untergeh'n."

Aehnlich heißt es endlich in dem zu Ehren Welckers am 1. September gesungenen Lied (Nr. 2):

> „Zwei Sterne leuchten uns zum hohen Baue
>   An ferner *Seine*, am *Weichselstrand*" usw.

Am 24. Februar 1832 legten die Studirendem dem Konsistorium die Bitte vor, *selbst ein Schauspiel im Stadttheater zum Besten des Polenvereins aufführen zu dürfen.* Das Konsistorium beschloss, die Bitte „den bestehenden Vorschriften gemäß" abzuschlagen, hingegen „das in eventum gestellte Ansuchen um Erlaubnis, ein Konzert in Verbindung mit einem Deklamatorium geben zu dürfen," zu bewilligen. — Schon im nächsten Sommerhalbjahr wollten mehrere Studirende wiederum eine *theatralische Vorstellung* „zum Vorteil der Polen und der durch Wassernot Verunglückten" geben. Durch das Universitätsamt benachrichtigt, untersagte das Konsistorium jedoch dies unterm 29. Juli „zufolge einer vom Ministerium d. I. im Jahr 1818 erfolgten Interpretation des § 38 Nro. 6, (jetzt § 37 Nro. 7) der akademischen Gesetze." Trotzdem erlaubte auf abermalige Vorstellung der Studenten das Konsistorium schon am anderen Tag (30. Juli) „ausnahmsweise eine einmalige Vorstellung."

Die Harmlosigkeit der Teilnahme für die Polen konnte immer mehr in Zweifel gezogen werden, so dass schließlich von höhern Orts Aufschluss über den Aufenthalt sämtlicher in der Stadt sich befindenden Polen von den städtischen Behörden verlangt wurde. Die (ungenaue) Kunde von diesem Auftrag nun gab zu verschiedenen Gerüchten Anlass, die ihrerseits wieder verschiedentlich böses Blut machten. Der Universitätsamtmann (Dr. Hölzlin) sah sich daher am 1. Juni zu folgender Rechtfertigung am schwarzen Brett genötigt: „Um allen nachteiligen Gerüchten zu begegnen, welche über das Universitätsamt oder über die Person des unterzeichneten Beamten in Betreff eines Berichtes über die beiden auf hiesiger Universität befindlichen Polen — als wäre ein solcher unaufgefordert an die höhere Stelle über dieselben abgesandt worden — in Umlauf gesetzt worden sind, müssen wir zur Berichtigung der öffentlichen Meinung die aktenmäßige Erklärung bekannt machen, dass das Großh. Stadtamt dahier auf Grund eines höheren Auftrags über den Aufenthalt sämtlicher dahier befindlicher Polen unterm 9. April d. J. die Requisition vorher erlassen hat, ob die beiden Polen auf hiesiger Universität immatrikulirt seyen? — Diese Auskunft wurde mittelst eines Auszugs aus dem Matrikelbuch bejahend erteilt, und dabei der untadelhaften Aufführung derselben rühmlich erwähnt, und dies einzig aus dem Grunde, um ihr akademisches Bürgerrecht zu beweisen und ihren gesetzlichen Aufenthalt dahier als Angehöriger der Universität darzustellen ....." Zum Schluss wird erwähnt, dass man diese Erklärung für nötig erachtet habe als Erwiderung auf alle „Angriffe bösartiger Verleumder und nichtswürdiger Pasquillanten."

Bei den erwähnten und anderen freiheitsschwärmerischen Neigungen und Bewegungen unter den Studirenden ist es erklärlich, wie selbst ein geringfügigerer Anlass als der oben (im II. Abschnitt) erwähnte vom 29. August 1832 genügt hätte, die schon länger gedrohte Schließung der Universität zur Wirklichkeit zu machen. — Dass die Anteilnahme der Freiburger Studenten an Politik und politischen Bestrebungen und Bewegungen namentlich von Feinden der Universität in Schrift und Wort vergrößert und so dem guten Ruf auswärts zu schaden gesucht wurde, ist nach all dem früher Gesagten wol leicht glaublich. Bezeichnend ist ein Schreiben des Ministerialkommissärs der Universität München an das Stadtamt Freiburg[1]) „betr. die Benennung der hiesigen Hochschüler, die sich wegen Sittenlosigkeit, Unfleiß und *vorzüglich wegen Anhänglichkeit an die ultraliberale Parthey* bemerkbar gemacht haben." — Und dass auch im Lande selbst fast bei jedem Anlass von gewisser Seite her Anschuldigungen in der genannten Beziehung verbreitet wurden, beweist der Umstand, dass bei dem jedes politischen Charakters entbehrenden Auftritt vom 1. Dezember 1833 gleich von „Polenliedern und Charivaris der Studenten" u. a. m. gesprochen und geschrieben wurde.

Am 18. Mai des folgenden Jahres (1833) berichtete der Universitätsamtmann über *„nächtliches Singen von Freiheitsliedern der Akademiker."* Der Senat ließ am 20. d. M. daher anschlagen: „1. Alles öffentliche Singen nach der Feyerabendstunde, also nach 11 Uhr Nachts ist verboten. 2. Das Absingen politisch aufregender Lieder ist ohne alle Ausnahme und für jede Zeit verbothen. 3. Jede Uebertretung dieser Verbothe wird streng und je nach Beschaffenheit des Falls selbst mit dem consilio abeundi und wol auch mit der Relegation bestraft ......" „In Gemäßheit" dieses Senatsanschlags und „nach

---

[1]) Durch das Universitätsamt dem Senat am 31. Oktober 1832 vorgelegt.

Maßgabe des höchsten Reorganisationsedikts vom 23. Sept. 1832" wurden auch wirklich schon am 23. Juli 1834 vier Studenten *wegen Absingens eines politisch aufregenden Liedes an einem öffentlichen Ort* unter Aufkündigung des akademischen Bürgerrechts von der Universität sich zu entfernen aufgefordert. Auch sonst kamen in diesem Jahre mehrere Anzeigen — bald begründet, bald unbegründet — über „*politische Umtriebe*" der Studenten vor.

Die Begeisterung, welche die liberale Aufregung bei den Studenten hervorgerufen hatte, wurde nur noch größer und gefährlicher durch den Schritt, den die Regirung im Oktober 1832 getan, durch die *Entfernung der Wortführer der liberalen Sache, v. Rottecks und Welckers, von ihren Lehrkanzeln.* Ohne amtliche Bewilligung, ja sogar gegen das ausdrückliche Verbot,[1]) wurde v. Rotteck am 23. Februar 1834 von einer großen Anzahl von Akademikern und von Bürgern ein Ständchen gebracht, während an demselben Abend in die Wohnung des („antiliberalen") Prorektors Beck Steine geworfen wurden. Auf universitätsamtlichen Vortrag wurde im Senat am 24. März d. J. zwei Studenten deswegen das akademische Bürgerrecht aufgekündigt und als Folge dieser Aufkündigung die Fortweisung aus der Universitätsstadt ausgesprochen; einer musste das Consilium abeundi unterschreiben, einer erhielt drei Tage „Carcerarrest," fünf zwei Tage dasselbe mit Androhung der Fortweisung. Ad valvas wurde vor ähnlichen Ausschreitungen und Gesetzesübertretungen ernstlich gewarnt.

Fast um dieselbe Zeit (12. II. 34) übergab die Kuratel ein Exemplar eines „angeblich" *unter von Studenten in Umlauf sich befindlichen Pamphlets von revolutionärer Tendenz*, mit der Aufforderung, schleunigst Nachforschungen anzustellen. Man konnte aber, obwol alsbald nachgespürt wurde, nichts herausfinden. Ob aber deshalb die ganze dem Kuratorium

---

[1]) Schlau hatten dieses Verbot im Juli 1833 „einige junge Männer" (ob es Akademiker waren, ist nicht gesagt) zu umgehen gesucht. Weil ein Ständchen *vor* dem Haus verboten war, brachten sie dem einige Tage in Freiburg auf Urlaub weilenden v. Rotteck ein solches auf der Altane seines Hauses selbst. — (Freiburger Zeitung Nro. 206.) — Das Verbot öffentlicher Aufzüge, insbesondere von Fackelzügen und Ständchen von Studenten wurde erst am 2. Mai 1837 wieder aufgehoben.

gemachte Angabe nur auf Verleumdung beruhte, lässt sich nicht sagen. Genug wurde freilich auch in dieser Hinsicht die Universität bezw. ihre Besucher nicht minder als die Lehrer angeschwärzt. Noch im Januar 1837 war in zwei Artikeln der „Konstanzer Zeitung" und in den „Seeblättern" die Rede von staatsgefährlichen Umtrieben der Studenten in Freiburg und deshalb plötzlich stattgefundenen Verhaftungen. Das Universitätsamt ließ alsbald in der Konstanzer wie in der Freiburger Zeitung eine Entgegnung auf diese Verleumdung erscheinen, und am 26. Januar wurde in einer zu diesem Zweck berufenen Senatssitzung beschlossen, die Sache dem Staatsminister v. Reizenstein zu berichten und noch einen offiziellen Artikel in die Zeitungen einrücken zu lassen. Die Ausfertigung sollte der Prorektor selbst übernehmen. Da es sich jedoch zeigte, „dass jene Mystifikationen keine Folge hatten," unterließ man weitere Schritte.

4) Studentische Vereinigungen.

Erregten schon einzelne Studenten, welche an den politischen Bewegungen Anteil nahmen oder ihnen nahe standen, lebhafte Sorge und großen Anstoß, so musste dies naturgemäß noch in viel höherem Grad bei ganzen Verbindungen der Fall sein. Die *Burschenschaften* wurden, wie wir gesehen haben, schon früher als gefährlich betrachtet und verfolgt. Sie mussten aber noch gefährlicher erscheinen, seitdem sie auf dem Burschentag zu Stuttgart an Weihnachten 1832 die Revolution zur Erreichung der Freiheit und Einheit Deutschlands förmlich in ihr Programm aufnahmen.[1]) Da ferner Mitglieder der Burschenschaften auch unter denen waren, welche als Teilnehmer des Frankfurter Attentats (3. April 1833) verhaftet und bestraft wurden, so darf es uns nicht wundern, dass der Bundestag sowol als die einzelnen Regirungen wieder umfassendere Nachforschungen nach Spuren burschenschaftlicher Regungen anstellten. So hat auch die badische Regirung in dem neuen Entwurf die akademischen Gesetze von 1835, während die Strafen gegen geheime Verbindungen im allge-

---

[1]) Vgl. Flathe „Das Zeitalter der Restauration und Revolution 1815—51" in Onckens Allgemeiner Geschichte in Einzeldarstellungen, Berlin 1883. S. 293.

meinen gegen früher gemildert sind, ganz besonders scharfe Strafen auf die Teilnahme an burschenschaftlichen Verbindungen gesetzt (vgl. § 49 der betr. Gesetze).[1]

In Freiburg hatte man solche Regungen und überhaupt anstößige Verbindungen wenig mehr wahrgenommen. Eigentlich nur einmal war dies der Fall gewesen. Am 6. Febr. 1832 war eine Studentenverbindung, genannt „akademische Lesegesellschaft," und deren Statuten genehmigt worden. Aber schon am 9. März d. J. hatte das Universitätsamt Anzeige gemacht von verschiedenen Gesetzwidrigkeiten bei den offenen Verbindungen und besonders bei der akademischen Lesegesellschaft. Gleich darauf wurde letztere Verbindung „von Kuratelamtswegen" aufgehoben (Meldung des Kuratoriums vom 21. März). Eine Berufungsbeschwerde der aufgehobenen Gesellschaft sandte das Konsistorium gerne an das Ministerium ein und fügte (am 6. April) noch die Bemerkung hinzu, dass ihm „von einem verbothenen oder gefährlichen Treiben dieser von dem Prorektor besonders beobachteten Gesellschaft" nichts bekannt sei. Auch ließ man das Bedauern ausdrücken, dass „ohne alle vorhergegangene Kommunikation mit dem Konsistorium, das doch in einer solchen Sache auch mitzusprechen habe (habe es doch solche Gesellschaften zu genehmigen, also auch zu dulden)," die betr. Verbindung aufgehoben worden sei. Durch Ministerialentschließung vom 13. Mai d. J. wurde jedoch dem Kuratorium versichert, „dass an der von demselben verfügten Aufhebung der unter dem Namen „„akademische Lesegesellschaft"" bestandenen Studentenverbindung wohlgethan sey und es bei dieser Aufhebung sein Verbleiben behalte." Die Bücher (776 Bände) der Gesellschaft kamen laut Statuten an die Universitätsbibliothek. Das Konsistorium ließ in seiner Freude über diesen Zuwachs der Bibliothek am 27. Juni ein Danksagungsschreiben abgehen an Werk, als den Gründer des Vereins und seiner Statuten, und den Wunsch

---

[1] „Die Mitglieder einer burschenschaftl. oder auf politische Zwecke ... gerichteten unerlaubten Verbindung trifft ... geschärfte Relegation. Die ... Bestraften sollen ebensowenig zum Zivildienst, als zu einem kirchlichen oder Schulamte, zu einer akademischen Würde, zur Advokatur, zur ärztlichen oder chirurgischen Praxis zugelassen werden ...."

beifügen, in Bälde eine nähere Mitteilung zu erhalten, „dass vielleicht ein Verein von größerer Ausdehnung mit Beziehungen zur Universitätsbibliothek an die Stelle des aufgelösten Vereins treten werde."

Nun wurden zur großen Ueberraschung des Konsistoriums durch Kuratelerlass vom 20. Juli d. J. zwei universitätsamtliche Berichte mitgeteilt, des Inhalts, dass die aufgelöste Verbindung Germania (wie sich auch die Lesegesellschaft nannte) als eine *geheime Verbindung* fortbestehe, und dass die Fortweisung mehrerer als Hauptteilnehmer verdächtiger Akademiker deshalb beantragt werde. Zugleich wurde der Auftrag erteilt, „das Geeignete vorzunehmen, und wie geschehen, anzuzeigen." Das Konsistorium ließ am 28. Juli dem Universitätsamt sein Bedauern und Befremden darüber ausdrücken, dass dasselbe — überdies nicht zum erstenmal — mit Umgehung der „zunächst vorgesetzten" Behörde sich an das Kuratorium gewendet habe. Auf der andern Seite machte man dem Kuratorium Anzeige und deutete darauf hin, „dass es zweckmäßig seyn dürfte, das Amt in die Grenzen seiner Pflichten einzuweisen."

Natürlich wurde aber nun die Sache untersucht, und man überzeugte sich wirklich nicht nur von der Richtigkeit der gemachten Anzeige, sondern fand auch heraus, dass *Mitglieder dieser geheimen Verbindung* (ehemaligen Germania oder akad. Lesegesellschaft) *auch die Anstifter und Hauptteilnehmer an allen Unruhen im Jahre 1832 gewesen seien*, so z. B. bei der am 27. Mai in St. Ottilien abgehaltenen Studentenversammlung und bei der späteren im Schützenwirtshaus, bei den Ausschreitungen vor der Hauptwache am 29. August usw. Das Urteil, das am 26. November gefällt wurde, lautete dahin, dass einer von den Angeschuldigten mit der (einfachen) Relegation auf zwei Jahre, drei mit dem Consilium abeundi auf ein Jahr bestraft wurden, während vieren das akademische Bürgerrecht „mit dem, dass sie unverzüglich die Stadt verlassen sollen," aufgekündigt wurde.

Diese Tatsachen also genügten, dass auch in Freiburg nach den oben (zu Anfang des Abschnitts) erwähnten Ereignissen neue strenge Untersuchungen für nötig erachtet wurden. Im Jahre 1834 mussten auf Verlangen sämtliche Akten sowol über die Ausschreitungen „der einst hier bestehenden burschenschaftlichen Verbindung" als auch „der akademischen Verbindung Germania" und einzelner Mitglieder derselben an die hohe Zentralbehörde des deutschen Bundes nach Frankfurt eingesendet wurden. Nach einer weiteren Forderung musste auch ein „Fascikel" der Akten der früheren politischen Umtriebe der Freiburger Akademiker überhaupt bis zum Schluss der Universität, namentlich jene über die Vorgänge am 29. August 1832 eingeliefert werden. In seiner 39. Sitzung am 13. November 1834 fasste sodann der Bundestag neuerdings umfassende Beschlüsse über *gemeinsame Maßregeln gegen die Universitäten u. a. Lehranstalten*, bezw. namentlich *gegen Burschenschaften und geheime Verbindungen*. Strenge Strafen wurden gleich festgesetzt. — Am 23. Oktober desselben Jahres 1834 wurden durch Entschließung des Staatsministeriums (unter Bezug auf eine Verordnung vom 9. Okt. 1828 § 2) die *geheimen Verbindungen* als *gerichtliche Vergehen* erklärt und dieselben dem Universitätsamt zur Untersuchung, dem Hofgericht aber zur Aburteilung, „und zwar auch in Bezug auf die bloße Teilnahme in diesem Vergehen" zugeteilt.

Infolge dieser Beschlüsse begann man auch in Freiburg wieder strenger selbst gegenüber *erlaubten „offenen" Verbindungen* und ängstlicher in der Genehmigung neu auftauchender studentischen Vereinigungen zu sein. Dass diese offenen Verbindungen gleich nach Gewährleistung ihres Bestehens zahlreich sich auftaten, ist noch im vorhergehenden Hauptteil dieses Buches erwähnt worden. Aber in dem Grade, als sie zahlreicher wurden, kamen auch Reibungen unter den einzelnen Verbindungen in größerer Menge und mit bedrohlicherem Charakter vor. Ohne weiter auf Einzelheiten einzugehen, verweise ich auf die Protokolle der Sitzungen vom 11. Mai 1830 (betr. die zwei „Studentengesellschaften" Alemannia und Rhenania) und vom 27. Juni 1834.

Längere Zeit nahm das Interesse des Senats ein von Schweizern gegründeter Studentenverein *Helvetia* in Anspruch. Am 18. Juli 1834 gelangte eine vom Universitätsamte unterstützte Eingabe der hier studirenden Schweizerstudenten, die *nicht* Mitglieder der Helvetia waren, an den Senat, worin um Aufhebung der Helvetia gebeten wurde. Der Senat ließ den Bittstellern eröffnen, ihre Beschwerden seien vorderhand noch zu allgemein, als dass ihnen gleich willfahrt werden könne;

übrigens werde man sie gegen jede Verunglimpfung der Helvetia schützen, und erteile deshalb dem Amt die Weisung, eine Warnung an gedachte Gesellschaft ergehen zu lassen, dieselbe streng zu beaufsichtigen und jeden Vorfall dem Senat sofort anzuzeigen. Eine nochmalige, noch in schärferer Form gegebene Weisung erhielt das Universitätsamt am 12. Dezember 1834. Etwa vorkommende ungesetzliche Handlungen bei der Helvetia sollten danach untersucht und das Ergebnis der Untersuchung dem Senat selbt dann, „wenn die Aburteilung *nicht* in seine Kompetenz gehört, zur Beschlussfassung hinsichtlich der Fortdauer oder Aufhebung dieser Gesellschaft" mit den einschlägigen Akten vorgelegt werden. — Noch in demselben Monat aber löste sich nach einem Bericht des Universitätsamtes vom 29. Dezember die Helvetia freiwillig auf.

Nun kam aber auffallender Weise in einer am 10. Aug. 1840 eingereichten Beschwerdeschrift eines Studenten aus Basel, der wegen „Verbal- und Realinjurien" angeklagt und vom Senat verurteilt worden war, die Stelle vor: „Die Schweizer, deren Präses ich seit zwei Semestern auf dieser Universität war, ..." Daraus zog das Ministerium d. J. den naheliegenden Schluss, dass auf der Universität Freiburg noch immer nichtangezeigte Verbindungen unter den Studenten beständen, und befahl deshalb gleich „das Geeignete" zu verfügen. Auf einen Bericht des Universitätsamtes hin und im Einverständis mit demselben beantragte jedoch der Senat am 18. November 1840 beim Kuratorium, dass keine Untersuchung eingeleitet, wol aber eine ernste Abmahnung ad valvas angeschlagen werden solle. Der Prorektor fügte — mit Hinweis auf § 52 und § 53[1]) der akademischen Gesetze — dem Bericht noch die Bemerkung bei, „dass ein Grund dieses Verbindungswesens wol in den abschläglichen Verfügungen zu finden seyn möchte, welche auf die Gesuche um Erlaubnis zur Wiedereingehung öffentlicher Vereine gegen die damalige Ansicht der Majorität des Senats erlassen worden." Das Kura-

---

[1]) § 52 lautet (nach dem abgeänderten Entwurf vom 30. April 1835): „Vereinigungen der Studirenden zu wissenschaftlichen oder geselligen Zwecken können mit Genehmigung des Senats stattfinden . . . ." § 53 spricht von den erlaubten Vergnügungen der Studirenden und von der Aufsicht des Amts über öffentliche Verbindungen.

torium erklärte sich am 1. Dezember einverstanden, wollte aber ad valvas hinzubemerkt wissen, dass man von dem Aufkündigungsrecht nach § 58[1]) der akademischen Gesetze gegen diejenigen Gebrauch machen werde, „welche durch *Tragen von Abzeichen* und dergl. in den Verdacht der Teilnahme an geheimen Verbindungen fallen." Uebrigens sei dem Universitätsamtmann die strenge Anwendung des § 55 anzuempfehlen.

Was nun dieses *Tragen von Abzeichen* betrifft, so war man in dem Verbieten desselben eigentlich erst neuerdings wieder strenger geworden. Noch im Jahre 1830 hatte das Konsistorium auf eine Eingabe der Studentenverbindungen Rhenania, Suevia und Alemania (am 28. Juli) „um Einschreitung, dass das Verbot, Bänderauszeichnungen tragen zu dürfen, aufgehoben werden möchte," dem Universitätsamt am 23. September die Weisung gegeben: „man glaube, dass . . . rücksichtlich dieser Bänderauszeichnungen unter den offenen Verbindungen der Studirenden *die mildeste Ansicht* Platz greifen, und dass nach dem Geist des Gesetzes das Fahnden auf diese Bänder von Seite des Aufsichtspersonals aufhören müsse." — Aber schon am 15. Februar 1832 kam ein Kuratelerlass betr. „*das überhandnehmende Tragen zwei- und mehrfarbiger Kokarden und Bänder unter den Studirenden.*" Das Konsistorium machte den Kurator nun hauptsächlich darauf aufmerksam, dass in Heidelberg solche Auszeichnungen an Mitgliedern der *offenen* Verbindungen geduldet würden, dass man also glaube, die Sache könne so lange „ihr Bewenden behalten," bis auch in Heidelberg eine Aenderung eintrete oder von der höchsten Behörde eine andere, für beide Universitäten gleichförmig geltende Anordnung getroffen sein werde. Auf ein abermaliges Schreiben der Kuratel vom 29. Febr. beschloss der Senat am 3. März eine Vorstellung an das Ministerium zu senden, dasselbe möge, „neben dem § 35 der akademischen Gesetze, welcher Auszeichnungen an Kleidern etc., die erweislich Kennzeichen der Teilnahme an irgend einer *verbothenen* Gesellschaft sind, verbietet," eine Verordnung er-

---

[1]) Derselbe lautet: „Studirenden, deren Entfernung von der Universität zu ihrem eigenen Besten oder im Interesse der Disziplin für nötig gefunden wird, kann, auch wenn kein bestimmtes Vergehen ihnen zur Last fällt, das akademische Bürgerrecht aufgekündigt werden . . . . . ."

lassen, wodurch das, was in diesem Gesetze implicite enthalten ist, ausdrücklich ausgesprochen wird, dass nämlich *solche* Auszeichnungen, die die Kennzeichen einer *erlaubten offenen* Verbindung sind, erlaubt sein sollen. Damit verband man die Anzeige, dass wegen Tragens von Kokarden die geeignete Weisung, diesen Unfug nicht zu dulden, durch den Prorektor an das Universitätsamt ergangen sei. — Durch Ministerialentschließung vom 24. April 1832 wurde sodann bestimmt, dass im Tragen mehrfarbiger Bänder und Kokarden „im Wesentlichen uniform mit dem diesseitigen Antrag vom 24. Februar d. J. — die Sache sowie in Heidelberg gehalten werden solle."

Auf eine weitere Anfrage des Universitätsamtes vom 7. Juni 1832 „das Tragen von Kokarden, welche die sog. allgemeinen deutschen Landesfarben haben, betr.", wurde am 8. Juni beschlossen, zu erwidern, das Amt möge sich vorläufig erkundigen, wie die Sache in Heidelberg gehalten werde. Nun enthielt aber gerade das Regirungsblatt Nr. 31 vom 7. Juni 1832 eine Verordnung, worin es u. a. hieß: „Alles öffentliche Tragen von Abzeichen in farbigen Bändern, Kokarden oder derlei, die nicht in dem Land, dessen Angehörige der ist, welcher solche trägt, zu tragen erlaubt sind, ist untersagt." Den Inhalt dieser Verordnung ließ man am 16. d. M. durch Anschlag bekannt machen; auch gab man Nachricht an das Universitätsamt mit der Bemerkung, dass „nach diesseitigem Dafürhalten den Mitgliedern der *offenen Verbindungen* das Tragen ihrer Abzeichen nach wie vor erlaubt sei; habe das Amt diesfalls einen Zweifel, so möge es mit Heidelberg hierüber kommuniziren." — Später im Dezember 1847, wurde einmal eine offene Verbindung (auch Helvetia sich nennend) nur unter der Bedingung genehmigt, dass sie denjenigen Paragraphen ihrer Statuten, der das Tragen von Abzeichen vorschrieb, strichen.

Wie besorgt und ängstlich man auch in der Frage der Genehmigung selbst von offenen Verbindungen vorging, beweisen die Protokolle der Sitzungen des Senats vom 8. Januar 1841 (betr. eine Verbindung Euthymia), vom 23. März 1841 (betr. eine theologische Lesegesellschaft) u. a.

Am 23. August 1847 teilte das Ministerium einen, wie es scheint, in Leipzig ausgearbeiteten Vortrag „*Die Legalmachung der Studentenverbindungen* betr." zur Aeußerung mit. Das Universitätsamt erteilte auf Aufforderung des Senats am 30. Sept. Bericht darüber. Auch der Senat meinte dem Kurator gegenüber, dass die vorgeschlagene Maßregel der *Anerkennung solcher Verbindungen* einer näheren Prüfung und Würdigung wert sei; übrigens sei „hierzulande" der Artikel 6 des Bundestagsbeschlusses vom 13. November 1834 in den § 52 der akademischen Gesetze aufgenommen, und dürften sich erlaubte Verbindungen nur keinen Namen beilegen (?) und die Mitglieder keine Abzeichen tragen. Zu bezweifeln sei, „ob die Wirksamkeit eines als Kommissär beizugebenden Professors einen besondern Erfolg haben würde, da ein solcher den Studenten leicht als eine Art von Vormund erscheinen könnte und diese ihre Unterscheidung von den Schülern hauptsächlich darin suchen, dass sie nicht mehr bevormundet, sondern selbständig seyn wollten."

Endlich sei noch erwähnt, dass im Jahre 1835 ein *Versuch zur Gründung eines allgemeinen Studentenvereins* gemacht wurde. Ein Student der Rechtswissenschaft legte dem Senat die Statuten zur Genehmigung und Einsicht vor, kraft welcher ein Ausschuss von 16 Mitgliedern ermächtigt sein sollte, die Interessen der Gesamtheit der Studenten zu vertreten. Der Senat ließ aber demselben durch das Universitätsamt eröffnen, „dass man sich nicht bewogen finde, in das Projekt einzugehen."

VII. *Festlichkeiten.*

Kaum war die Trauer um den dahingeschiedenen Großherzog Ludwig vorbei, da erregte hohe Freude die Kunde, dass *Leopold*, der neue Landesherr und Rector magnificentissimus der Hohen Schule, die Perle des Breisgaus noch vor Winter *besuchen* werde. Schon im Mai begannen die Beratungen des Konsistoriums über die Festlichkeiten, die bei diesem so seltenen Besuch vonseiten der Universität veranstaltet werden sollten. Nach dem Vorschlag einer eigens dazu eingesetzten Kommission wurde u. a. am 11. Mai beschlossen, bei der — schon länger geplanten — allgemeinen Illumination die alte und die neue Universität „glänzend und mit Transparenten zu beleuchten." Zwischen der neuen Universität und der Bibliothek wollte man anfangs eine reiche und ringsum zu beleuchtende Säule von wenigstens 50 Fuß Höhe auf einem möglichst hohen Sockel sich erheben und mit transparenten Inschriften und Gemälden — letztere die vier Fakultäten darstellend — zieren lassen. Da sich dieser Plan jedoch bei näherer Betrachtung als unausführbar erwies und wol auch zu teuer gekommen wäre, so beschloss man am 18. Mai, eine Ehrenpforte „in möglichst weitester Ausdehnung" zu errichten. — Die Akademiker wurden durch Anschlag ad valvas ebenfalls im Mai schon zur Beteiligung eingeladen, der Prorektor überdies beauftragt, mit den Vorstehern der offenen Gesellschaften und mit einigen von denen, die zu keiner Verbindung gehören, vermittelnde Rücksprache zu nehmen, „damit sie bei ihren Beratungen nicht zu sehr Corps-Interessen gegen den allgemeinen Willen spielen lassen."

Die Ankunft des Großherzogs und der Großherzogin in Freiburg erfolgte am 12. September 1830 des Nachmittags. An demselben Abend noch nahmen die hohen Gäste die Beleuchtung von Stadt und Universität in Augenschein. Bei der letzteren führten 25 Akademiker einen Gesang mit Musik auf. Am 14. September Vormittags 10 Uhr war die eigentliche *akademische Feier* im größeren Bibliotheksaal mit *Festrede* des Prorektors (Schreiber) und *Ehrenpromotionen*. Erstere handelte „über den Geist der Stiftung der Universität Freiburg" und erschien auch in demselben Jahre im Druck. Mit ihr wurden noch folgende Festschriften an die Behörden und die Akademiker verteilt: 1. „Die Stifter des Hauses zum Frieden," Vortrag bei der Gedächtnisfeier der Stifter am 8. Juli 1830 von H. Schreiber, 2. Gedächtnisrede auf Math. Alex. Ecker, in der Universitätskirche am 5. August 1830, gesprochen von C. J. Beck, 3. „Natalitia augustissimi principis Leopoldi die 19. Augusti . . . . . auctore Carolo Zell, prof. publ. ord.," 4. „Ode Sapphica in adventum exoptatissimum regiarum celsitudinum Leopoldi Magni Badarum Ducis . . . . . et Sophiae coniugis augustissimae, auctore prof. Deuber," 5. „Weihegesang der vier Fakultäten, bei der höchst erfreulichen Ankunft ihrer königlichen Hoheiten von den Akademikern dieser Hochschule ehrfurchtvollst dargebracht (Verf. stud. med. Herm. Walchner). — Von diesen Festschriften wurde das Deubersche Gedicht nomine universitatis den großherzoglichen Herrschaften selbst überreicht, der Weihegesang von den Studenten bei dem am

17. September stattfindenden Fackelzug vorgetragen. — Die Ehrenpromotionen waren folgende: zum Dr. theol. wurde promovirt Ministerialrat Zahn, zum Dr. jur. Geh. Referendar Nebenius, zum Dr. med. Medizinalrat Schrickel, zum Dr. phil. Oberpostdirektor Frhr. v. Fahnenberg in Karlsruhe. Nach der akademischen Feier ließen sich die hohen Herrschaften die interessantesten Handschriften und typographischen Seltenheiten vorzeigen, nachmittags besuchte der Großherzog nochmals die Bibliothek und verschiedene Sammlungen.

Die Gesamtausgaben der Universität bei dieser mehrtägigen Feier beliefen sich auf 1350 fl. 36 kr.

Große Zurüstungen wurden auch von der Universität gemacht, um die im September 1838 in Freiburg tagende (16.) *Versammlung der* (deutschen und fremden) *Naturforscher und Aerzte*[1]) mit Glanz zu empfangen und zu feiern. Schon im Anfang des Jahres begannen die Beratungen. Wichtig und hervorzuheben aus diesen Verhandlungen ist der Plan, der gehegt wurde, eine *neue große Aula zu bauen* und bis im September als einen würdigen Raum für die Versammlungen der genannten Gäste fertigzustellen. Zuerst gedachte man die Räume dazu zu verwenden, welche in dem östlichen Flügel des neuen Universitätsgebäudes sich befinden, also den Konsistoriumssaal mit Vorzimmer, die Administrationskanzleien, die Wohnungen im 3. Stock, sowie den Gang im 2. und 3. Stock. Die Aula wäre also zweistöckig geworden. Am 26. Februar wurde jedoch von diesem Plan Umgang genommen, „weil die Ausführung nicht nur zu kostspielig wäre, sondern auch auf viele Schwierigkeiten stoßen würde." Dagegen beschloss man (in derselben Sitzung), die Aula „in dem Garten in Verbindung mit dem mittleren Teil des Korridors der Länge nach von Ost nach West zu bauen, in der Voraussetzung, dass die Stadt zu solchem Bau ein Drittteil und der Staat ebenfalls ein Drittteil beitragen würde." — Auf Anfrage erklärte sich der Gemeinderat der Stadt am 6. März zur Zahlung eines Drittteils bereit, wenn dasselbe 3000 fl. nicht übersteige. Zu gleicher Zeit ersuchte das Ministerium d. I. das Finanzministerium um einen außerordentlichen Zuschuss von 3000 fl.

---

[1]) Die Zahl der Teilnehmer betrug 534.

für die Budgetperiode 1837—39. Die Universität selber aber ließ am 12. März eine Abordnung — bestehend aus dem Prorektor Fromherz und Leuckart — nach Karlsruhe abgehen, um die Beschleunigung der Angelegenheit womöglich zu betreiben. Dieselbe hatte jedoch kein Glück. Staatsminister Winter zeigte sich dem Plan abgeneigt und bemerkte lakonisch, es sei dies eine ganz ungesunde Idee. Am 20. März erfolgte denn auch der Bericht des Ministeriums, in dem dasselbe erklärte, auf den geplanten Neubau nicht eingehen zu können. Dagegen erklärte sich die Regirung bereit, „wenn die notwendig vorzunehmenden Reparaturen auf die Zeit der Versammlung der Naturforscher aus der Universitätskasse nicht sämtlich bestritten werden können, Ueberschläge zur vorgängigen Genehmigung zu übernehmen."

So musste man sich also begnügen, wenigstens die alte Aula in möglichst neuem Gewand erscheinen zu lassen.

Literarisch wurde die genannte Versammlung[1]) gefeiert durch ein Festidyll des Universitätssyndikus Dr. Biecheler, durch eine von Schreiber unter Mitwirkung anderer herausgegebene Schrift „Freiburg mit seinen Umgebungen," und durch eine gleichartige „Freiburg und seine Umgebungen" mit Beiträgen von den Professoren Fromherz, Leuckart, Spenner, Werber u. a., die namentlich auf die Naturschönheiten der Breisgaustadt und deren Nachbarschaft hinweisen wollte.

Ein weiteres Fest — wenn auch ganz anderer Art — war für Stadt und Hochschule die *Eröffnung der Eisenbahnstrecke Offenburg—Freiburg* am 30. Juli *1845*. Von Stadt *und* Hochschule: sollte doch der letzteren nicht minder als der ersteren dieses neue Verkehrsmittel, wenn auch nicht gleich, so doch später großen Zuwachs aus weiter Ferne, namentlich aus dem Norden, also aus derselben Richtung, von der auch die Bahn zuerst nach Freiburg kam, bringen. Die Doppelinschrift der Universität bei dieser echt modernen Feier lautete:

„Albertina, die mit Würde
Seit Jahrhunderten bestand,

---

[1]) Wer näheres über dieselbe zu lesen wünscht, den verweise ich auf den „Bericht über die Versammlung deutscher Naturforscher und Aerzte, abgehalten zu Freiburg im September 1838," verfasst von Dr. F. S. Leuckart, Freiburg 1839.

Bleibe fortan Stolz und Zierde
Für das schöne Oberland."

Und: „Badens wackern Musensöhnen
Eine *Bahn* zum Hohen, Schönen."

Zum Schluss seien noch die beiden späteren *Besuche* des *Großherzogs Leopold* erwähnt. Der erste davon fällt ins Jahr 1842 und wurde dadurch noch glänzender, dass zusammen mit ihm das *preußische* Königspaar eintraf. Die Universität begrüßte — am 22. September — die Majestäten durch eine Abordnung und feierte in ihrer (lateinischen) Huldigung den König Friedrich Wilhelm IV. als „egregium studiorum artiumque optimarum patronum," und erinnerte daran, wie in jener großen Zeit, „ante haec lustra sex (1813) in parentis sinu blando" er, der jetzige König, als Kronprinz in derselben Stadt und von derselben Hohen Schule mit Freude und Begeisterung empfangen worden war; pries ihn endlich als denjenigen, von dem man anerkenne, „in quantam spem Germaniam omnem patriae integritatis et unitatis stator stabilitorque erexerit de fructu sapientiae seculi rationibus perpetuo profuturae . . . . ."

Der *letzte Besuch des* unterdessen so schwergeprüften *Großherzogs* fand im Juli 1851 statt. (Ankunft 22. Juli). Als derselbe am 24. Juli abends mit dem Prinzen Friedrich von Umkirch zurückkehrte in die Stadt, fand ein glänzender Fackelzug, an dem die gesamte Studentenschaft sich beteiligte, statt. Es wird ausdrücklich hervorgehoben, dass dieser Zug — gegen 2000 Fackelträger — noch größer und stattlicher war, als der in den Befreiungskriegen zu Ehren der anwesenden verbündeten Monarchen abgehaltene.

Es sollte die letzte feierliche und großartige Huldigung, der Abschiedsgruß sein, den die Stadt Freiburg ihrem edlen Fürsten, die Universität ihrem geliebten Rektor brachte. Gerade neun Monate später, am *24. April 1852, starb Großherzog Leopold,*[1]) tiefbetrauert von seinen Angehörigen, dem ganzen

---

[1]) Der *Beisetzung* am 1. Mai wohnte der Prorektor der Universität bei. Am Montag den 24. Mai, einen Monat nach dem Todestag, beging die Universität in der Aula die *Trauerfeier* für ihren edlen Rektor, wozu Professor Baumstark in einer Prolusio academica einlud. Der derzeitige Prorektor, Hofrat Anton Maier, sprach bei der Feier über die Verdienste Leopolds um die Gesetzgebung.

Land und nicht am wenigsten von der Universität, die, unter ihm und durch seine gütige Hand geschützt, so schweren Stürmen und Gefahren entronnen, einer glänzenden Zukunft entgegenschauen konnte. Möge sich für immer bewahrheiten das Wort, und möge in Erfüllung gehen der Wunsch, den Schreiber in seiner Begrüßungsrede bei der ersten Anwesenheit Leopolds im Jahr 1830 gesprochen hat: „So möge er fortblühen, unser Musensitz, in dem heiteren und gastfreundlichen Freiburg. Wie rings umher die Natur ihre Gaben in Fülle spendet, so spende er ohne Unterlass reiche Gaben des Geistes. Er blühe mit dem ganzen glücklichen Baden unter dem über ihn wallenden glorreichen Herrscherstamme der Zähringer! . . . . ."

Das walte Gott!

Im Verlage von P. Hanstein in Bonn erschien:

Publikationen aus der rheinischen Geschichte.

1. **Hesse**, Werner, Geschichte der Stadt Bonn während der franz. Herrschaft (1792—1815). 1879. 6.—
2. **Ropertz**, Quellen und Beiträge zur Geschichte der Benediktiner-Abtei des hl. Vitus in M.-Gladbach. 1877. 3.—
3. **Schwann**, Sanitätsrath Dr. Fr. J., Der Godesberg und die Ara Ubiorum des Tacitus in ihrer Bezieh. zu d. Castra Bonnensia. 1880. 1.50
4. — Wo war das Lager der ersten und zwanzigsten Legion zur Zeit des Germanikus. 1881. —.50
5. **Scheibler**, Dr. J., Die anonymen Meister und Werke der Kölner Malerschule von 1460—1560. 1880. 1.50
6. **Hesse**, Der grosse Brand des kurfürstlichen Schlosses zu Bonn am 15. Januar 1777. 2. Aufl. 1882. —.30
7. **Floss**, Prof. Dr. H. J., Zum Clevisch-Märkischen Kirchenstreit. (Eine Erinnerung aus der früheren Geschichte des Kulturkampfes.) 1883. 1.20
8. Der Zug der Freischärler unter Kinkel, Schurz und Annecke, behufs Plünderung des Zeughauses in Siegburg. Nebst Kinkel's Vertheidigungsrede vor den Assisen in Köln. 2. Aufl. Bonn 1886. —.50
9. **Eiflia sacra** oder Geschichte der Klöster und geistlichen Stiftungen etc. der Eifel, zugleich Fortsetzung resp. Schluss der Eiflia illustrata von **Schannat-Baersch**. Bearbeitet von **Carl Schorn**. 2 Bde. Mit Karte der Eifel u. Registerband. Bonn 1887/92. 27.—
10. **Schorn**, C., Geschichte der Probstei Apollinarisberg bei Remagen (Sep.-Abdr. a. Eiflia sacra). Bonn 1888. —.50
11. **Drouven**, G., Die Reformation i. d. Kölnischen Kirchenprovinz z. Z. d. Erzbischofs und Kurfürsten Hermann V., Graf zu Wied. Neuss 1876. 6.—
12. **Birck**, Der Kölner Erzbischof Dietrich Graf von Moers und Papst Eugen IV. 1889. 1.50
13. **Plönnis**, Die Geschichte des Stiftes Münstereifel sowie der übrigen Kirchen und Klöster der Stadt. 1891. 1.50
14. **Bonner Archiv**, Monatsschrift für die Geschichte Bonns und Umgegend. V. Jahrg. 1893. Jährlich 12 Nummern. 2.—
15. **Urkundenbuch** des Stiftes St. Gereon zu Köln, von Dr. P. **Joerres**. Mit 4 Abbildungen und Karte. 1893. 18.—
16. **Koenen**, C., Gefässkunde der vorrömischen, römischen und fränkischen Zeit in den Rheinlanden, mit 20 Tafeln. 1894. 6.—
17. **Scheins**, Gymnasialdirektor Dr., Urkundliche Beiträge zur Geschichte der Stadt Münstereifel und i. Umgebung. Band I. 4.— Das Werk ist auf mehrere Bände berechnet. Band II befindet sich im Druck.
18. **Rheinische Geschichtsblätter**, Zeitschrift für Geschichte, Sprache und Alterthümer des Mittel- u. Niederrheins, hrgb. von **Minjon** u. **Koenen**, Monatsschrift. Jährlich 4.—

www.ingramcontent.com/pod-product-compliance
Lightning Source LLC
Chambersburg PA
CBHW021200230426
43667CB00006B/483